1803
A L
CA L
FMS
1708
G M
08
F.M.S.
1705
P G
A K
C S
F.F.B.
B B
1708
D L
13
B·B
74
I.P B.
1708

Rolf Dwenger

Kunsthandwerkliches Zinngießen

Mit 209 Bildern und 16 Tafeln,
davon 13 mehrfarbig

4., erweiterte Auflage

Kunsthandwerkliches Zinngießen

Von Rolf Dwenger

VEB FACHBUCHVERLAG
LEIPZIG

Dwenger, Rolf:
Kunsthandwerkliches Zinngießen/von Rolf Dwenger. – 4., erw. Aufl. – Leipzig: Fachbuchverl., 1989. – 220 S.: mit 209 Bild. u. 16 Taf., davon 14 mehrfarb.

ISBN 3-343-00550-9

Vorwort

Durch das große Interesse, das dieses Buch bisher in drei Auflagen bei vielen Lesern fand, wurden Verlag und Verfasser zur Herausgabe einer erweiterten 4. Auflage ermutigt.

Inzwischen wurden in der DDR gesetzliche Vorschriften zur Produktion von Zinnerzeugnissen erlassen (GBl. I Nr. 50 vom 8. Februar 1980 mit Erweiterung im GBl. I Nr. 8 vom 3. März 1980) zur Regelung von Ausnahmegenehmigungen, auf die hier hingewiesen sei. Aber gesetzliche Regelungen zur Steuerung einer (teilweise ausgeuferten) Produktion von Zinnerzeugnissen können das öffentliche Interesse an kunsthandwerklich hochwertigen Erzeugnissen aus dem ständig wertvoller werdenden Rohstoff Zinn nicht beeinträchtigen.

Neben den Abschnitten über Fälschungen und Restaurierungen, die für Sammler und Zinnliebhaber ebenfalls von Interesse sind, wurden in der Neuauflage weitere Gestaltungsmöglichkeiten für die Zinnmontierung an Gefäßen berücksichtigt.

Durch neuere Publikationen zur Thematik »Lichtenhainer Intarsienkrüge« auf die kunstgeschichtlichen Zusammenhänge dieser möglicherweise irreführenden Benennung aufmerksam gemacht, erschien eine Ergänzung zu diesem Thema zweckmäßig. Für Hinweise und Anregungen hierzu habe ich Herrn *Klaus Heinz*, Bamberg (BRD), zu danken.

Herrn *Hellmut Bär*, Dresden, danke ich für Hinweise zum Zinnschweißen mit Mikrobrennern sowie Herrn *Dietmar Jacob*, Reichenbach (Vogtl.), für die Mitarbeit auf dem Gebiet der Zinnrestaurierung, Herrn *Michael Hering*, Jena, für Zuarbeiten zum Thema Reliefteller und Herrn Dr.-Ing. *Peter Hammer*, Scharfenstein, für seine Ratschläge.

Stadtroda *Rolf Dwenger*

Inhaltsverzeichnis

Einleitung

Von der Antike bis zum Jugendstil hat das Zinn die Entwicklung der Metallkunst beeinflußt. Die ursprüngliche Verwendung des Zinns beschränkte sich auf die Legierung mit Kupfer. Es wurde die Bronze gewonnen, die dem Metallhandwerk einer ganzen Kulturepoche das Gepräge verlieh. Erst viel später wurde das Zinn unlegiert verwendet. Die ältesten, aus massivem Zinn gegossenen Gegenstände sind älter als 3000 Jahre. Sie wurden als Grabbeigaben in nordpersischen Gräbern gefunden.

Im Verlauf einer wechselvollen Geschichte wurden aus Zinn Figuren, Schmuck- und Kultgegenstände, Zier- und Gebrauchsgerät gegossen. Manche Orte und Landschaften brachten typische Erzeugnisse hervor: die Glockenkannen der Schweiz, die facettierten Schleifkannen aus dem damaligen Schlesien, die Reliefteller aus Nürnberg, die Bergmannsleuchter des sächsischen Erzgebirges, gepunztes Zinngerät aus Augsburg, die gedrungenen und derben Hansekannen aus Lübeck, Rostock und Hamburg und im Gegensatz zu ihnen die schlanken, fast elegant zu nennenden mainfränkischen Kannen sind hierfür Beispiele.

Es gab Epochen, die man als Blütezeit bezeichnen kann, wie etwa das 16. und das frühe 17. Jahrhundert, aber auch solche, die der Zinngießerei Not und Niedergang brachten. Der Dreißigjährige Krieg ließ manches Zentrum der Zinngießerkunst zur Bedeutungslosigkeit absinken. Es stellte sich zwar ein gewisser Wohlstand wieder ein, dem jedoch schwere Einbußen folgten. Bald entstanden die ersten Fayencemanufakturen, wodurch dem Zinn ein starker Konkurrent erwuchs. Auch die politische Entwicklung blieb nicht ohne Einfluß. Die 1810 ausgerufene Gewerbefreiheit brachte in der Folgezeit nicht nur dem Zinngießerhandwerk wirtschaftliche Nachteile. Im Laufe des 19. Jahrhunderts setzte zunächst in den Städten der große Rückgang dieses Kunsthandwerks ein. Mit der aufkommenden Industrialisierung traten weitere, billigere Materialien, wie Porzellan und Steingut, in den Vordergrund. Es war Mode geworden, farbige Fayencen zu besitzen. Allenfalls durfte der Zinngießer für solche Krüge Deckel gießen, aber der Zinnkrug, die Zinnteller und Schüsseln, Dosen, Flaschen, Suppenterrinen, Tabletts, Leuchter und all das andere Zinngerät verloren an Bedeutung. Auf dem Lande lagen die Verhältnisse anders, zeitweise sogar entgegengesetzt, denn hier konnte sich das Zinngerät länger halten. Aber gegen die immer stärker um sich greifende Massenfertigung wohlfeiler Industriewaren konnten die Zinngießer nicht länger ankämpfen und erlagen schließlich dem Konkurrenzdruck. Die handgearbeitete Zinnkanne, in aufwendiger und uralter Manier in Einzelteilen gegossen und nach paßgerechter Bearbeitung zusammengelötet, war altmodisch und vor allem zu teuer geworden. Die schnelle Entwicklung zahlreicher Industriebetriebe der Blechwaren- und Emaillewaren-Herstellung zwang bis zum Ende des 19. Jahrhunderts die meisten Zinngießer, ihr Gewerbe aufzugeben. Ein uraltes Kunsthandwerk war zum Aussterben verurteilt.

Die um die letzte Jahrhundertwende einsetzende Sammelleidenschaft hat bis heute angehalten. Wenige noch tätige Zinngießer sorgen dafür, daß kunsthandwerkliches Zinn nicht aus unserem Gesichtskreis verschwindet. Es ist zu wünschen, daß auch in Zukunft für schönes Zinngerät und das alte Zinngießerhandwerk ein großes öffentliches Interesse erhalten bleibt.

Hervorragende Möglichkeiten zur organisierten volkskünstlerischen Tätigkeit auf dem Gebiet des kunsthandwerklichen Zinngießens (z. B. Zinnfiguren) gibt es in den entsprechenden Fachgruppen des Kulturbundes der DDR.

Zinn und seine Bedeutung für das Kunsthandwerk

Werkstoff Zinn und seine Herkunft

Zinn wird in Bergwerken und Tagebauen gefördert. 1985 betrug die Weltproduktion 197000 t Sn.[1] Davon entfallen auf

1.	Malaysia	36900 t
2.	Brasilien	26500 t
3.	Indonesien	22400 t
4.	China	18000 t
5.	Thailand	16600 t
6.	Bolivien	16100 t
7.	UdSSR	16000 t
8.	Australien	6900 t
9.	Großbritannien	5000 t
10.	Peru	3800 t
11.	Zaire	3000 t
12.	DDR	2800 t
13.	Südafrika	2200 t
14.	Burma	1600 t
15.	Simbabwe	1200 t
16.	Mongolische VR	1000 t
17.	Namibia	900 t
18.	Nigeria	900 t
19.	Rwanda	700 t
20.	SR Vietnam	500 t
21.	Argentinien	500 t
22.	Japan	500 t
23.	Spanien	500 t
24.	Mexiko	300 t

[1] Nach Institut für Mineralische Rohstoffe und Lagerstättenwirtschaft Dresden

Der Zinnreichtum von Malaysia wird an der Art und Weise der Förderung verdeutlicht. In 965 kleinen Zinnbergwerken wird auf traditionelle und einfache Weise mit einem Wasserstrahl das Erdreich gelockert. Auf Förderbändern gelangt es in Waschanlagen, in denen das erzhaltige Gestein ausgeschlämmt wird. Etwa 45% des Zinnaufkommens wird hier mit Großbaggern gefördert. Die Reinheit des Zinns ist hoch, so daß aufwendige Röst- und Reinigungsverfahren teilweise entfallen können. Das beste Zinn mit einem Gehalt von 99,9% Sn wird auf der indonesischen Insel Banka gefördert (das bekannte Bankazinn).

Europäische Zinnvorkommen sind weniger ergiebig, denn hier kommt es in der Form des Kassiterits, auch Zinnstein genannt, vor. Es handelt sich um Zinndioxid SnO_2, das in mehreren Arbeitsgängen aufbereitet werden muß. Man unterscheidet 2 Arten von Zinnvorkommen: das Bergzinn und das Seifenzinn. *Bergzinn* wird in Erzgängen gefunden und ähnlich wie Kohle abgebaut. Oft ist es in Granit, Tonschiefer oder anderes Gestein eingelagert. Das *Seifenzinn* entstammt dagegen den Trümmerlagerstätten, wo es durch Jahrtausende verwitterte, vom Gestein gelöst und abgeschwemmt wurde. Der Abbau des Seifenzinns ist mit geringerem Aufwand verbunden als vergleichsweise die Förderung des Bergzinns. Um reines Zinn zu gewinnen, muß das Erz zerkleinert, sortiert und gewaschen werden. Dann wird der

Zinnstein geröstet, damit schädliche Verunreinigungen, besonders Schwefel und Arsen, ausgeschieden werden können. Danach wird im Schachtofen erhitzt, wobei das Rohzinn ausschmilzt. Aber erst durch das anschließende Seigern erreicht man die Trennung vom Eisen, und Reinzinn wird mit einem Reinheitsgrad von etwa 99...99,98% Sn gewonnen. Manche Ortsnamen deuten auf die Zinngewinnung in früheren Zeiten hin: Zinnwald, Seiffen, Schlema (am Schlammgraben), Waschleithe u. a.

Hauptlieferant für Europa waren bis zum 13. Jahrhundert die Gruben von Cornwall (England). Bereits um die Mitte des 12. Jahrhunderts waren die ersten Zinngruben in Böhmen und Sachsen entstanden.

Eigenschaften, Wert und Qualitätsmerkmale des Zinns

Zinn ist ein weiches, ungiftiges, unedles Metall aus der 4. Hauptgruppe des Periodensystems der Elemente mit dem chemischen Zeichen Sn (aus dem lateinischen »stannum«), mit der Elektronegativität 1,9, der relativen Atommasse 118,69 und der Dichte von 7,3 (1 cm^3 wiegt 7,3 g).

Das Zinn gehört zu den leichtschmelzenden Metallen. Die Reduktion des Dioxids mit Kohle tritt nach der Gleichung

$$SnO_2 + 2C \rightarrow Sn + 2CO$$

bereits bei 231,8°C ein, so daß das Zinn bereits in prähistorischer Zeit von den Menschen gewonnen werden konnte. Es läßt sich mit einigen anderen Metallen legieren, z. B. mit Antimon, Kupfer, Blei, Wismut, Kadmium und Silber.

Eine nachteilige Eigenschaft ist die Kälteempfindlichkeit des Zinns. Unterhalb von −20°C zerfällt es allmählich zu Pulver. Bei −48°C soll dieser Zerfallprozeß am schnellsten verlaufen. Manche Autoren geben für den Beginn des Zerfallprozesses −12,4°C an. Die Untersuchungsergebnisse gehen auseinander und decken sich nicht mit den Erfahrungen der Praxis, so daß dieser Sachverhalt als noch nicht restlos erforscht anzusehen ist (s. Abschnitt über »Zinnkrankheiten«).

Durch die absolute Ungiftigkeit des Zinns sind zinnerne bzw. verzinnte Gefäße für die Aufbewahrung von Lebensmitteln gut geeignet. Zinn ist sehr dehnbar. Es läßt sich zu papierdünnen Folien auswalzen, worauf der Name Stanniol hinweist.

Zinn kommt in Barren, Blöcken, Platten und Stangen in den Handel. Die Wärmeleitfähigkeit beträgt mit 66,3 J/m s K nur etwa ein Sechstel, die elektrische Leitfähigkeit nur ein Siebentel der des Kupfers.

Die Zugfestigkeit von gegossenem Zinn liegt zwischen 35 MPa und 40 MPa. Die Dehnung beträgt 40%, die Härte *HB* 4. Damit ist Zinn viermal härter als Blei.

Verwendungsmöglichkeiten im reinen und im legierten Zustand

Im Zinngießerhandwerk entwickelte sich durch die Jahrhunderte das »Probezinn« zur bekanntesten Zinnlegierung. Allerdings wurde es in den verschiedenen Landschaften unterschiedlich legiert. Stets ging es um den Bleigehalt. Dieser konnte den sechsten Teil, aber auch den fünfzehnten Teil betragen. In Nürnberg, das bereits im 16. Jahrhundert als Hochburg der Zinngießerkunst galt, wurde auf 10 Teile Zinn 1 Teil Blei gemischt. Aus diesem Legierungsverhältnis bildete sich die »gemeine Reichsprobe« für große Teile des deutschsprachigen Gebiets.

In der Absicht, dem Zinn mehr Härte und silberähnlichen Glanz zu verleihen, wurde im 19. Jahrhundert besonders in Großbritannien außer mit Blei auch mit Antimon, Kupfer, Zink und Wismut legiert. Einige dieser Legierungen sind unter den Namen Queens metal (Zinn der Königin), Englisches Zinn, Pewter und Britanniametall bekannt geworden. Sie setzen sich wie folgt zusammen:

Zinn der Königin: Zinn 73,85%, Antimon, Blei und Wismut je 8,71%
Britanniametall: Zinn 90%, Antimon 10%
Englisches Zinn: Zinn 88,42%, Antimon 7,16%, Kupfer 3,54%, Wismut 0,88%

Unter dem Namen Pewter sind verschiedene Legierungen verwendet worden. Das hochwertigste Pewter kam als »tin and temper« in den Handel und war reines Zinn mit etwas Kupfer.

Das Legieren mit Kupfer ist noch heute üblich und sogar zu empfehlen. Schon durch einen Anteil von 1 Masseprozent Kupfer erhält die

Zinnlegierung eine merklich größere Festigkeit. Das Legieren mit Antimon ist dagegen kritisch zu betrachten. Manche Zinngießer verwenden nicht gern Antimon, weil die Legierung spröde wird. Sie verliert etwas von ihrem »zinnernen« Charakter und läßt sich weniger gut bearbeiten. Die Werkzeuge sind einem höheren Verschleiß ausgesetzt.

Reinzinn wird wegen seiner Sprödigkeit meist nicht allein verwendet, außer für Lebensmittelgefäße. Durch die aus dem atomaren Gitteraufbau herrührende Sprödigkeit ist Reinzinn zum Ausgießen feiner Konturen und Hohlräume nicht gut geeignet. Durch einen geringen Zusatz von Wismut oder Blei bzw. beiden Metallen verbessert sich die Gießfähigkeit erheblich und erreicht mit einem Bleizusatz von 40% ihr Maximum. Auch Kadmium beeinflußt die Gießfähigkeit günstig, ist jedoch noch giftiger als Blei.

Kupfer kann durch den erheblich höheren Schmelzpunkt (1083°C) nicht wie andere Legierungsbestandteile beigemischt werden. Da es sich nur schwer auflöst, muß es zu dünnem Blech (0,5...1 mm) ausgeschlagen, in kleine Stücke geschnitten und in die flüssige Schmelze gegeben werden.

Der willkürlichen Zusammensetzung einer Zinnlegierung stehen jedoch gesetzliche Vorschriften im Wege, hauptsächlich für die Herstellung von Trink- und Schankgefäßen und anderer Lebensmittelbehältnisse. Bereits vor über 500 Jahren war die Giftwirkung von Blei bekannt, so daß sich schließlich eine Markierungspflicht für Zinngerät erforderlich machte. Blei ist ein gefährliches Industriegift, das Jahrhunderte hindurch in der Zinngießerei eine große Rolle gespielt hat. Noch im Jahre 1887 war ein Zusatz von 10% Blei auch für Lebensmittelgefäße als höchstzulässiger Wert gesetzlich erlaubt. Inzwischen sind neue Vorschriften in Kraft getreten, die eine starke Einschränkung bei der Verwendung gesundheitsschädlicher Stoffe fordern. Es erscheint zweckmäßig, die Aufmerksamkeit auf solche gesetzlichen Vorschriften zur Lebensmittelhygiene zu lenken.

Lebensmittelgesetz der DDR vom 30. November 1962
(GBl. I, Nr. 12, S. 111)

Im Lebensmittelgesetz der DDR ist eine Verordnung enthalten, deren Paragraphen 1, 4 und 5 für den Zinngießer von Bedeutung sind. Es ist die »Verordnung über den Verkehr mit Blei, Zink, Kadmium, Antimon oder Kupfer enthaltenden Gegenständen«.

Im § 1 sind allgemeine Vorschriften vorangestellt, denen im § 4 solche spezieller Art folgen, wobei die in Frage kommenden Getränke namentlich aufgeführt werden. Der § 5 befaßt sich mit metallenen Figuren zum Spielen (Bleisoldaten!).

Möglicherweise könnte sich bei einem Zinngießer die Auffassung bilden, ein von ihm mit unzulässig hohem Bleigehalt (bzw. Kadmium, Antimon usw.) hergestellter Zinngegenstand (Bierkrug, Weinkanne usw.) sei nur zu dekorativen Zwecken angefertigt worden und soll im persönlichen Besitz verbleiben. Dieser Auffassung ist folgendes entgegenzuhalten:

Mancher Zinngegenstand überdauert die Generationen. Einem stark bleihaltigen Zinngerät ist seine große Gesundheitsschädlichkeit nicht ohne weiteres anzusehen, und sein Hersteller kann in späteren Zeiten möglicherweise den fortgesetzten Gebrauch nicht verhindern.

Besonders dem Blei haftet eine heimtückisch schleichende Giftwirkung an. Durch den Kontakt mit Fruchtsäuren bildet sich Bleiazetat, das mit dem Getränk dem Körper zugeführt wird. Nachweisbare Todesfälle und schwerste Erkrankungen in der langen Geschichte der Zinngießerei sollten eine eindringliche Mahnung sein, diese Verordnung des Lebensmittelgesetzes genau zu befolgen.

Verordnung über den Verkehr mit Blei, Zink, Kadmium, Antimon oder Kupfer enthaltenden Gegenständen (auszugsweise)

§ 1

Bei Eß-, Trink- und Kochgeschirren sowie anderen Gegenständen, die dazu bestimmt sind, bei der Gewinnung, Herstellung, Zubereitung, Abmessung, Auswägung, Verpackung, Aufbewahrung, Beförderung oder bei einer anderen Behandlung oder bei dem Genuß von Lebensmitteln verwendet zu werden, und die dabei mit Lebensmitteln bei bestimmungsgemäßem oder vorauszusehendem Gebrauch in unmittelbare Berührung kommen, gelten folgende Verbote:

a) Es ist verboten, sie ganz oder teilweise aus Blei, Zink, Kadmium oder aus einer Kadmium oder Zink oder mehr als 10 Gewichtshundertteile Blei enthaltenden Legierung oder aus einer Mennige enthaltenden Masse herzustellen.
b) Sie dürfen nicht mit einer mehr als 1 Gewichtshundertteil Blei enthaltenden Legierung verzinnt oder mit einer Kadmium oder mehr als 10 Gewichtshundertteile Blei enthaltenden Legierung gelötet sein.
c) Es ist verboten, sie mit Glasur oder Email zu versehen, die bei halbstündigem Erhitzen mit iener in 100 ccm 4 g wasserfreie Essigsäure enthaltenden wässerigen Essigsäurelösung auf mindestens 95°C aus den bei bestimmungsgemäßem oder vorauszusehendem Gebrauch mit Lebensmitteln in unmittelbare Berührung kommenden Teilen des Gefäßes oder Gerätes an die Essigsäurelösung Kadmium oder mehr als 2 mg Blei je Liter Rauminhalt des Gefäßes oder je 5 qdm Oberfläche der genannten Teile des Geräts oder bei gleichem Erhitzen mit einer 3%igen wässerigen Weinsäurelösung an diese mehr als 3 mg dreiwertiges Antimon je 5 Liter Rauminhalt des Gefäßes oder je qdm Oberfläche der genannten Teile des Geräts abgeben.

§4

Metalle und Legierungen, die mehr als 1 Gewichtshundertteil Blei enthalten, dürfen nicht verwendet werden zur Herstellung:

a) von Vorrichtungen, Gefäßen, Geräten und Leitungen zum Herstellen, Aufbewahren, Ab- oder Umfüllen oder Ausschenken oder Trinken von Bier, Wein, weinhaltigen oder weinähnlichen Getränken, Trinkbranntweinen, Fruchtsäften, Fruchtsirupen, kohlesäurehaltigen Getränken, Limonaden, Kunstlimonaden, Essig, Essigersatzmitteln, Ölen, Milch und Milcherzeugnissen, soweit sie mit den genannten Lebensmitteln bei bestimmungsgemäßen oder vorauszusehendem Gebrauch in unmittelbare Berührung kommen;
b) von Salz-, Pfeffer- und Zuckerstreuern, von Löffeln und Deckeln für Senfgefäße und von Gefäßen zur Aufbewahrung von sauren Lebensmitteln.

§5

(2) Metallene Figuren zum Spielen dürfen aus Blei oder einer Legierung mit beliebigem Bleigehalt nicht hergestellt werden.

Einfache Qualitätsprüfungen des Zinns

Der »Zinnschrei« – ein sicheres Qualitätsmerkmal?

Biegt man eine Stange Reinzinn (99,9% Sn), läßt sich ein deutlich vernehmbares Knistern oder Knirschen hören. Die Ursache ist im Gitteraufbau dieses Elements zu suchen. Die Kristalle reiben sich aneinander und erzeugen dieses Geräusch. Dieser »Zinnschrei« wird oft genug als Merkmal hoher Reinheit gewertet. Es läßt sich jedoch leicht nachweisen, daß der Zinnschrei auch dann noch zu hören ist, wenn einer Probe etwa 12% Blei beigemischt wurde. Die Verwendung einer derartigen Legierung für Trink- und Schankgefäße ist selbstverständlich ausgeschlossen. Dieses Beispiel zeigt, daß der Zinnschrei kein verläßliches Qualitätsmerkmal sein kann.

Umgekehrt ist es durchaus denkbar, daß Zinn von hoher Reinheit (um 99% Sn) für Trink- oder Schankgefäße verwendet wurde und trotzdem beim Biegen keinen Zinnschrei verrät. Dieser Sachverhalt tritt dann auf, wenn Zinn zu Blech gewalzt wird und aus diesem Zinnblech Gefäße hergestellt werden. Durch den Walzprozeß ist der Gitteraufbau verändert. Die Kristalle sind gerichtet und können sich nicht mehr aneinander reiben. Das Fehlen des Zinnschreies könnte in diesem Fall eine minderwertige Qualität vortäuschen.

Wie läßt sich der Bleigehalt einer Zinnlegierung ermitteln?

Beim Einschmelzen von Zinnbruch oder alten Zinngegenständen ergibt sich die Notwendigkeit, Klarheit über den Bleigehalt der Schmelze zu erlangen, denn ohne hinreichende Kenntnis des Bleianteils ist eine Verwendung des Materials stark eingeschränkt.

Eine genaue Analyse ist nur im chemischen Labor möglich. Da dies mit Kosten verbunden sein dürfte und in vielen Fällen für den praktischen Gebrauch eine annähernde Genauigkeit schon ausreicht, kann die Volumenprobe diesen Zweck erfüllen.

Die Volumenprobe beruht auf dem erheblichen Dichteunterschied zwischen Zinn (1 cm^3 wiegt 7,3 g) und Blei (1 cm^3 wiegt 11,34 g). Wiegt man eine Materialprobe mit bekanntem Volumen und ermittelt eine Masse, die zwischen diesen Werten liegt, dann muß auch der Bleianteil entsprechend sein. Das Volumen sollte wegen der bequemeren Rechenweise ein rundes Maß aufweisen und nicht zu klein sein. Je geringer das Volumen, desto stärker wirken sich Ungenauigkeiten aus!

109,5 g Reinzinn (99,9% Sn) werden auf einer Briefwaage abgewogen (entspricht 15 cm^3). Sodann werden 170,1 g Blei (entspricht 15 cm^3) ebenfalls abgewogen. Diese Probemengen werden geschmolzen, gut durchmischt und zu einer Stange von 32 mm Durchmesser gegossen. Die erkaltete Probe wird auf der Drehbank auf genau 30 mm Durchmesser und 28,31 mm Länge gedreht, denn dies entspricht einem Volumen von 20 cm^3. Die Masse dieser Probe beträgt etwa 186,4 g.

Folgende Rechnung liegt diesen Werten zu Grunde:

$r^2 \cdot p \cdot h$ = Volumen eines Zylinders
also: 15 mm · 15 mm · 3,141 · 28,31 mm
= 20,007 cm^3

Dieser Probekörper hat ein Volumen von 20 cm^3 und besteht je zur Hälfte aus Zinn und Blei. Rechnerisch ergibt sich:

10 cm^3 Zinn = 73,0 g
10 cm^3 Blei = 113,5 g
= 186,4 g

Aus der Differenz zwischen dem gewogenen und dem berechneten Wert kann die Genauigkeit dieser Prüfmethode abgelesen werden.

Für den zwischen reinem Zinn und reinem Blei um jeweils 10% ansteigenden Bleigehalt ergeben sich die im *Kontrollbeispiel* genannten Werte: siehe unten.

Eine weitere Qualitätsprüfung – die Strichprobe

Diese Prüfmethode beruht auf der Eigenschaft von Blei, beim Abrieb auf weißem Papier einen deutlich sichtbaren dunklen Strich zu hinterlassen. Reines Zinn hingegen hinterläßt keine Spur. Entsprechend dem Bleigehalt fällt der Strich schwächer oder dicker aus. Wird beispielsweise ein Becher mit der Öffnung auf weißes Papier gedrückt und hin und her gedreht, kann der geringe Bleigehalt von 1% einen sehr schwachen, vielleicht kaum sichtbaren Strich erzeugen. Handelt es sich um einen alten Becher aus Probezinn (1 Teil auf 10 Teile Zinn), wird der Bleistrich entsprechend dicker sein. Diese Methode kann nur einen ungefähren, groben Anhaltspunkt bieten, jedoch nicht als zuverlässiges Hilfsmittel zur Bestimmung des Bleigehalts dienen.

Eutektische Zinnlegierungen und ihre technische Bedeutung

Für die Zinngießerei sind eutektische Zinnlegierungen von großer Bedeutung, da hiervon besonders die Löttechnik betroffen ist.

Was heißt Eutektikum?

Dieser Begriff kommt aus dem Griechischen. Er bezeichnet den tiefstmöglichen Schmelzpunkt von zwei oder mehreren schmelz- und

Blei % vol	0	10	20	30	40	50	60	70	80	90	100
	7,30	7,70	8,11	8,51	8,92	9,32	9,72	10,13	10,53	10,94	11,34
Zinn % vol	100	90	80	70	60	50	40	30	20	10	0

Die Berechnung der Masseprozente ergibt folgende Dichtereihe:

7,30	7,57	7,68	8,17	8,51	8,88	9,28	9,73	10,21	10,75	11,34

mischbaren Stoffen. In der Zinngießerei betrifft es die Legierungen zwischen

Zinn und Wismut,
Zinn und Blei,
Zinn, Blei und Wismut,
Zinn, Blei, Wismut und Kadmium.

Wo werden eutektische Legierungen angewendet?

Manches Zinngerät besteht aus mehreren Teilen, die miteinander verlötet werden müssen. So besteht zum Beispiel eine Kanne aus 7 Teilen, von denen 6 Teile miteinander zu verlöten sind. Mit dem Kannenmantel sind Boden, Ausguß und Henkel zu verlöten, mit dem Deckel wird das Scharnieroberteil verlötet usw. Es sind also stets 2 Einzelteile miteinander durch Löten zu verbinden. Wenn das Lot den gleichen Schmelzpunkt wie die zu verbindenden Teile hätte, würde unter der Flamme alles zugleich zerschmelzen. Das Ergebnis wäre ein totaler Mißerfolg. Deshalb muß das Lot einen erheblich niedrigeren Schmelzpunkt aufweisen. Wie weit der Schmelzpunkt herabgedrückt werden kann, hängt von den zu mischenden Stoffen und einem bestimmten prozentualen Anteil ab. So ergibt sich jeweils das Eutektikum.

Wo liegen die eutektischen Schmelzpunkte?

Auf der Suche nach den günstigsten Schmelzpunkten für verschiedene Legierungen kommt man einem chemisch-physikalischen Phänomen auf die Spur: Reinzinn hat einen Schmelzpunkt von etwa 232 °C, Blei einen solchen von 327 °C (Bild 1). Mischt man nun 2 Teile Zinn und 1 Teil Blei, so liegt der Schmelzpunkt dieser Legierung nicht etwa zwischen 232 °C und 327 °C, sondern bereits bei 180 °C!

Noch krasser tritt das Eutektikum in Erscheinung, wenn außer Blei noch weitere Stoffe zum Legieren verwendet werden.

Durch die Auflösung eines Metalls in einem anderen fungiert jedes als Lösungsmittel, und es ergibt sich hier eine ähnlich eigenartige Erniedrigung des Erstarrungspunkts beider Metalle, wie vergleichsweise das in Wasser aufgelöste Salz den Gefrierpunkt senkt. Auf dem Zustandsdiagramm der Zinn-Wismut-Legierung ist auf der Abszisse die Zusammensetzung aller Zinn-Wismut-Legierungen dargestellt. Von links nach rechts, vom reinen Zinn ausgehend mit steigendem Wismutgehalt, fällt die Kurve bis zum eutektischen Punkt von 139 °C und steigt dann wieder mit weiter ansteigendem Wismutgehalt bis zum Schmelzpunkt des reinen Wismuts bei 271 °C (Bild 2). Ähnliches ist aus dem Zustandsdiagramm der Zinn-Blei-Legierung zu entnehmen.

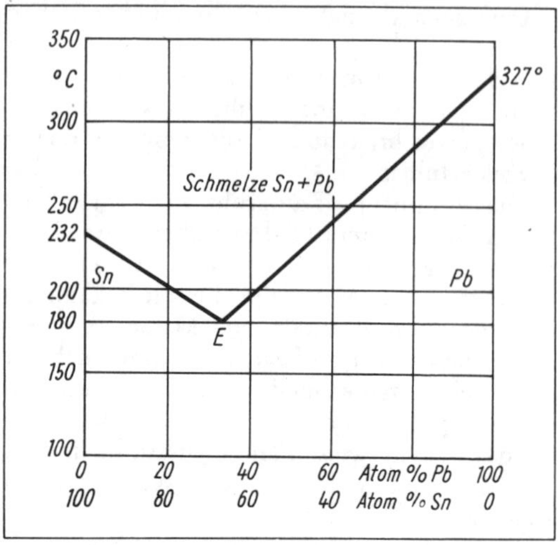

Bild 1. Lage des Eutektikums (E) in der Zinn-Blei-Schmelze

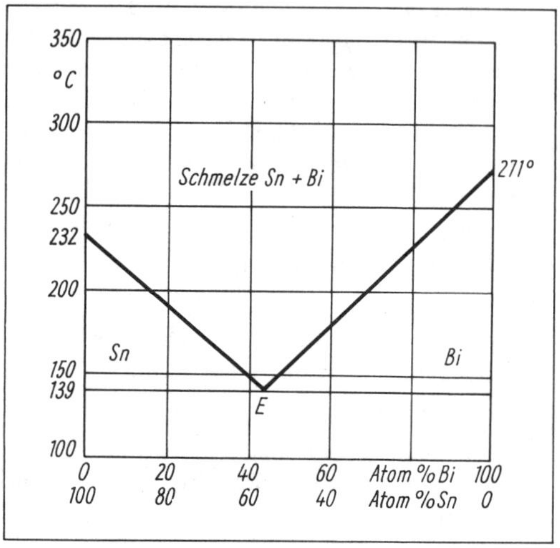

Bild 2. Lage des Eutektikums (E) in der Zinn-Wismut-Schmelze

Die Schmelzpunkte der 4 für eutektische Legierungen in Frage kommenden Stoffe sind für

Zinn	232 °C,
Blei	327 °C,
Wismut	271 °C,
Kadmium	321 °C.

Aus diesen Komponenten ergeben sich folgende Eutektika:

	Schmelzpunkt in °C
2/3 Zinn + 1/3 Blei	180
56% Zinn + 44% Wismut	139
25% Zinn + 50% Wismut + 25% Blei	94
12,5% Zinn + 50% Wismut + 25% Blei + 12,5% Kadmium	60

Die bei 94 °C schmelzende Legierung wird nach dem Chemiker *Rose* *Rose*-Metall, die bei 60 °C schmelzende Legierung *Woodsches* Metall genannt.

Durch die quantitative Veränderung der Komponenten entfernt sich der Schmelzpunkt wieder vom Eutektikum. Es ist also in den vorgegebenen Grenzen jeder beliebige Schmelzpunkt erreichbar.

Es hat sich in der Praxis als vorteilhaft erwiesen, den prozentualen Anteil der Komponenten, auf eine runde Gesamtmasse bezogen, zu wiegen, also insgesamt 100 g, 200 g usw. In einem kleinen Tiegel werden die abgewogenen Anteile geschmolzen, gut durchmischt und dann als Stange in ein Stück Winkeleisen gegossen. Es kann zweckmäßig sein, dieses Lot in einer Goldschmiede zu einem Draht von etwa 2,5 mm Durchmesser auswalzen zu lassen. Allerdings sollte die Stange dann ein rundes Profil haben.

Zur Beschaffung der Grundstoffe

Die Beschaffung von Blei wird nicht schwierig sein. Es muß sich um reines Weichblei handeln. Letternblei aus der Druckerbranche ist bereits mit Antimon legiert. – Wismut ist als Stangenmaterial in Fachdrogerien und Fachgeschäften für Laborbedarf erhältlich. Kadmium kann man in kleinen Mengen aus galvanischen Werkstätten beziehen, soweit dort kadmiert wird. Es sei nochmals auf die Giftwirkung von Blei und Kadmium hingewiesen. Die Verwendung darf nur dem Lebensmittelgesetz entsprechend erfolgen.

Für das praktische Zinngießen kann es von Bedeutung sein, außer den Eutektika auch die stufenweise ansteigenden Schmelzpunkte verschiedener Legierungen zu kennen. In der folgenden Zusammenstellung sind Legierungen mit 2 und 3 Komponenten aufgeführt mit stufenweisem Anstieg des Schmelzpunkts um jeweils 10 K.

Zusammensetzung der Legierungen

in Masseteilen	Schmelzpunkt in °C
120 Blei, 140 Zinn, 120 Wismut	130
145 Blei, 145 Zinn, 100 Wismut	140
150 Blei, 150 Zinn, 75 Wismut	150
150 Blei, 150 Zinn, 50 Wismut	160
170 Blei, 180 Zinn, 35 Wismut	170
210 Blei, 190 Zinn, 30 Wismut	180
140 Blei, 155 Zinn	190
200 Blei, 185 Zinn	200
200 Blei, 185 Zinn	210
240 Blei, 150 Zinn	220

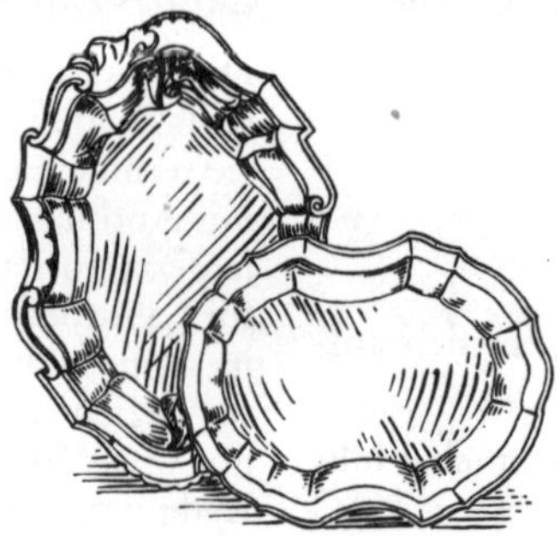

Ein Blick in die Vergangenheit der Zinngießerei

Zinnmarken und ihre Bedeutung

Zinnmarken sind Signaturen, die in der Frühzeit des Zinngießerhandwerks, im 14./15. Jahrhundert, von aufsichtführenden Prüfern in die fertigen Zinngeräte eingeschlagen wurden. Später markierten die Zinngießer ihre Erzeugnisse selbst, und die Zünfte kontrollierten die Markierung und deren Übereinstimmung mit der geforderten Reinheit der Zinnlegierung. Da sich durch den Bleizusatz die Gießfähigkeit der Legierung verbesserte, der beliebigen Verwendung des billigeren Bleis jedoch vom Gesetzgeber enge Grenzen gesetzt waren, wurde den Zinngießern das Einschlagen ihrer Marken zur Pflicht gemacht. Um die Mitte des 16. Jahrhunderts setzte sich die Markierungspflicht allgemein durch. Es gab Ausnahmen, besonders bei Zinngerät für die Kirchen, wenn der Zinngießer über jeden Verdacht des Betrugs erhaben war oder wenn der Käufer die Markierung nicht wünschte. So kommt es, daß zuweilen kostbares Zinngerät ohne Marke geblieben ist und heute seine geographische und zeitliche Einordnung nach anderen Merkmalen erfolgen muß.

Die ältesten Zinnmarken sind aus Hamburg aus dem Jahre 1375 bekannt. Zuerst wurden nur Meistermarken verwendet. Diese zeigten meist die Initialen des Meisters, einen bildlichen Gegenstand (z. B. Pflanzen, Tiere, Kannen, Schwerter, Architektur) und oft eine Jahreszahl. Sehr oft waren die Meistermarken (wie auch später die Stadtmarken) wappenähnlich gestaltet. Stets war das Motiv negativ in das Stempeleisen eingearbeitet, so daß dieses beim Hammerschlag erhaben hervortrat.

Mit der Zunahme der Bevölkerungsdichte und der wachsenden Anzahl der Zinngießer konnte die Meistermarke allein für eine wirkungsvolle Kontrolle nicht mehr ausreichen. Es kam die Stadtmarke hinzu, die das Stadtwappen entweder ganz oder teilweise enthielt. Meister- und Stadtmarke waren manchmal auch zu einer Marke vereinigt (z. B. Nürnberg und Augsburg).

Wurde eine Zinngießerei von der Witwe des Meisters weitergeführt, erhielt das Markeneisen einen eingefeilten Querstrich, der beim Stempeln erhaben hervortrat und nun eine zeitliche Einordnung des Zinngegenstands erlaubte. Aus Meister- und Stadtmarken ergab sich das Dreimarkensystem, indem links und rechts neben die Meistermarke die Stadtmarke geschlagen wurde. Es gab aber auch umgekehrte Regelungen.

Die oft in den Meistermarken enthaltenen Jahreszahlen ermöglichen eine annähernde Altersbestimmung des Zinngegenstands. Allerdings gab es auch hier keine Einheitlichkeit, denn die Jahreszahl konnte die Meisterwerdung, die gesetzliche Vorschrift zur Einhaltung der Zinnqualität oder einen Verstoß des Meisters gegen diese Vorschrift bedeuten.

In Sachsen, dessen Zinnmarken sehr gut erforscht sind, wurde im Jahre 1614 eine Vorschrift zur Einhaltung einer gesetzlich festgelegten Zinnqualität erlassen und dann 1674 und 1708 neu bestätigt. Die Zahlen 13 (weil bis 1613 die alte Vorschrift galt), 74 und 08 deuten im allgemeinen auf sächsische Zinnarbeiten hin.

Zu Beginn des 17. Jahrhunderts folgte eine dritte Markierung: die Qualitätsmarke. Diese konnte eine Rose, eine bekrönte römische Zehn oder ein Engel sein. Auch durch Buchstaben wurde die Reinheit des Zinns gekennzeichnet. Die bekrönte Buchstabenligatur CL bedeutet »clar und lauter«. Diese Qualitätsmarke wurde für bleifreies Zinn in Sachsen und Thüringen verwendet. Die römische Zehn wurde in diesen Ländern für die Kennzeichnung von Probezinn eingeschlagen und bedeutete die »Probe zum Zehnten«, also gemäß der »Nürnberger Probe« auf 10 Teile Zinn ein Teil Blei.

Auch Qualitätsmarken können Anhaltspunkte für die Altersbestimmung von Zinngerät bieten. Etwa von 1550 an wurde in Nürnberg eine hochwertige Zinnqualität mit einer gekrönten Rosenmarke bzw. nur mit der Rose oder mit einer Krone gekennzeichnet. Rosenmarken fanden im norddeutschen Raum seit 1685 Anwendung, in Sachsen seit Mitte des 18. Jahrhunderts. Zu Beginn des 18. Jahrhunderts tauchten mehr Engelmarken auf, die die Rosenmarken verdrängten. Bei den Engelmarken handelt es sich um ein sprachliches Mißverständnis bzw. um eine Verballhornung von Englisch Zinn, das für seine hohe Qualität bekannt war. Häufig waren die Engelmarken kombiniert mit Bezeichnungen wie *Feinzinn*, *Englisch Zinn*, *Blockzinn* oder *Etain sonnant*.

Seit Anfang des 19. Jahrhunderts traten immer häufiger die vollen Namen der Zinngießer in Erscheinung, auch Städtenamen wurden ausgeschrieben. In Sachsen wandelten viele Meister das übliche Dreimarkensystem um und schlugen den mit ihren eigenen Initialen versehenen Engelstempel dreimal ein. Teilweise blieben die Engelmarken auch anonym, also ohne Initialen.

Zuweilen werden alle diese Zinnmarken auch als Punzzeichen bezeichnet (Meisterpunze, Stadtpunze usw.), weil das Marken oder Stempeln in gleicher Weise wie das Punzieren geschieht. Zinnmarken sind jedoch grundsätzlich vom Punzdekor zu unterscheiden, der ausschließlich dekorative Zwecke zu erfüllen hatte.

Verstöße gegen die Reinheitsvorschriften konnten auf verschiedene Weise gekennzeichnet sein. Ein großer Punkt unter oder neben den Meisterinitialen galt als Strafpunkt, der den wiederholten Verstoß gegen die Legierungsvorschrift symbolisieren sollte. Wurde ein solches Vergehen an Zinntellern festgestellt, konnte es möglich sein, daß der Beschaumeister in den Tellerrand ein Loch bohrte und daneben seine Beschaumarke einschlug. Damit war dieser Teller in seinem Verkaufswert gemindert.

Zu den ungewöhnlichen Zinnmarken zählen die des *Kayser*-Zinns. Der Hersteller ist die Firma *J. P. Kayser Sohn*, hervorgegangen aus der Zinngießerei *Engelbert Kayser* in Krefeld. Dieser Betrieb schuf um 1900 mit hoher Produktivität Zinngerät im Jugendstil (viele Tier- und Pflanzenmotive) und numerierte seine Reliefzinn-Schöpfungen, mit der fiktiven Zahl 4000 beginnend. Diese Zinnmarken wurden mitgegossen, waren also in die Gießform eingearbeitet.

Unter den außergewöhnlichen Marken sind auch die Formenstechermarken zu nennen. Sie erscheinen besonders auf Reliefzinn des 16. und 17. Jahrhunderts und geben Aufschluß über den Urheber der Gießform, den Formenstecher. Der berühmte Formenstecher *Caspar Enderlein*, der von 1584 bis zu seinem Tode 1633 in Nürnberg wirkte, schnitt sein Porträt in Form eines Medaillons mitsamt seinem vollen Namen in die Messingformen. Dadurch tragen seine Schüsseln und Kannen seine Marke, obwohl er selbst nie Zinn gegossen hat.

Besitzermarken waren stets in Wappenform gestaltet. Die Eigentümer (meist größerer Bestände) von Zinngerät ließen sich vom Eisenstecher (»Pischierstecher«) einen entsprechenden Schlagstempel anfertigen und markierten ihre Zinngeräte selbst.

Schließlich sind noch Eichmarken zu erwähnen, die bei älteren Gefäßen mit einem innen angelöteten Eichzapfen verbunden sind.

Die technischen Voraussetzungen für das Zinngießen

Technische Einrichtung einer Zinngießerei

Raum

Zinnfiguren und ähnliche kleine Zinngüsse in geringer Anzahl lassen sich am Gasherd in der Küche anfertigen. Schwieriger wird es mit größeren heißen Zinngüssen, bei denen die Metallgießformen mit offener Flamme vorgewärmt werden müssen. Hier ist eine erheblich größere Hitzeentwicklung notwendig als bei kleinen Güssen. Bei der Verwendung von Benzinlötlampen fliegen Rußflocken umher, und bei der Abkühlung nach dem Gießen mit nassen Lappen wird eine starke Wasserdampfbildung verursacht. Aber auch bei kalten Güssen können lästige Begleiterscheinungen auftreten, wenn beispielsweise flüssiges Zinn in eine Holzform gegossen wird und Schweldämpfe entstehen.

Auch die Bearbeitung der Zinngußstücke ist in Betracht zu ziehen. Durch das Drehen, Bohren, Schleifen und Polieren entsteht Metallstaub, Zinnspäne sowie Spritzer von Schleif- und Poliermitteln verursachen weitere Verschmutzungen. Es muß also ein geeigneter Arbeitsraum zur Verfügung stehen, der eine gute Belüftung zuläßt. Dies ist nicht nur wegen der Wasserdämpfe notwendig, sondern vor allem für den schnellen Abzug giftiger Dämpfe, die bei bleihaltigen Legierungen und beim Einschmelzen öliger und ähnlich verunreinigter Zinnspäne nicht zu vermeiden sind.

Strom- und Wasseranschluß

Elektrischer Stromanschluß ist zunächst für eine gute Beleuchtung notwendig, wobei Leuchtstofflampen durchaus vorteilhaft sind. Für den Anschluß elektrischer Geräte sind mehrere Schukosteckdosen vorzusehen. Da es für 220 V Wechselstrom leistungsfähige Elektromotoren bis zu 1 kW Leistung gibt, ist ein Kraftstromanschluß 220/380 V nicht unbedingt notwendig, jedenfalls nicht für die Belange eines Heimwerkers.

In der Zinngießerei wird auch Wasser benötigt, deshalb sollte ein Wasseranschluß (auch Warmwasser ist sehr erwünscht) mit einem größeren Becken vorhanden sein.

Hilfsmittel und Geräte

Für das Zinngießen ist zunächst eine leistungsfähige Schmelzeinrichtung sehr wichtig. In gewerblichen Zinngießereien ist dies ein gemauerter Ofen für Koksfeuerung (Bild 3). Der halbkugelförmige Kessel faßt bis zu etwa 100 kg Zinn. Die zerlegten gußeisernen Gießformen werden in flüssigem Zinn erhitzt. Haben diese Formen die gleiche Temperatur wie das Schmelzgut angenommen, werden die Teile mit Zangen herausgenommen und schnell zusammengesetzt. Dann wird die Form vollgegossen. Der große Vorteil dieses Verfahrens liegt in der gleichmäßigen Erhitzung der Metallformen.

Diese recht einfache und sichere Methode kann dennoch keinem Heimwerker empfohlen werden, da derartig große Materialmengen voraussichtlich nicht zur Verfügung stehen werden.

Elektroherd

Ein handelsüblicher Elektroherd ist für den Betrieb einer kleinen Zinngießerei sehr gut geeignet. Auf einer der Kochplatten läßt sich in einem Tiegel oder flachen Topf Zinn schmelzen, während im Backraum die Gießformen vorgeheizt werden. Für die Kochplatte sind 600...800 W Nennaufnahme anzusetzen zum Schmelzen von etwa maximal 5 kg Zinn. Wird der Backraum mit voller Hitze betrieben, beträgt die Nennaufnahme etwa 1800 W. Dies entspricht einer Reglereinstellung von 300 °C. Im allgemeinen ist diese Temperatur nach etwa 15 min erreicht. Es hängt jedoch von der Masse der vorzuheizenden Gießformen ab, wann diese Temperatur die Formen durchdrungen hat. Elektrische Haushaltherde haben im allgemeinen Backraummaße von 300 mm Höhe, 330 mm Breite und 480 mm Tiefe. Hierdurch sind der Benutzung größerer Gießformen Grenzen gesetzt, so daß in solchen Fällen auf das Anwärmen mit offener Flamme nicht verzichtet werden kann.

Doppelkochplatte – ein guter Notbehelf

Gut bewährt hat sich die elektrische Doppelkochplatte mit etwa 1000 W und 800 W Leistung. Während auf der einen Platte in einem Tiegel Zinn schmilzt, wird auf der anderen Platte die Gießform vorgeheizt (sofern der heiße Guß betrieben wird). Da die von der Kochplatte aufsteigende Wärme eine größere

Bild 3. Zinnschmelzofen für Koksfeuerung – aus dem Nachlaß von *Herbert Knöfel* –

Gießform nicht ausreichend durchwärmen kann, macht sich eine zusätzliche Hitzezuführung notwendig, wofür Benzinlötlampen oder Propangasbrenner in Frage kommen.

Das Zinnschmelzen auf einer elektrischen Kochplatte ist bei sehr geringen Materialmengen mit dem Nachteil verbunden, daß sich aus dem Tiegeldurchmesser bzw. der großen Oberfläche ein entsprechend großer Verlust durch Oxidation ergibt.

Gießlöffel als kleinster Schmelztiegel

Für geringe Mengen Schmelzgut kann ein halbkugelförmiger Gießlöffel als kleiner Schmelztiegel verwendet werden, wobei für eine kippsichere Lagerung zu sorgen ist. Die Beheizung geschieht, soweit Stadtgas nicht vorhanden ist, am besten durch einen Propangasbrenner.

Propangasanlage

Gegenüber Stadtgas ist die Propangasanlage transportabel und kann sehr vielseitig eingesetzt werden, besonders für Heiz- und Lötzwecke. Propangasflaschen werden vom Handel in 9 verschiedenen Größen angeboten. Die Volumen liegen zwischen 360 g und 33 kg. Für die hier in Frage kommenden Zwecke ist die 5-kg-Flasche bestens geeignet. Für Lötzwecke kann eine Füllung ein halbes Jahr reichen, so daß eine noch wirtschaftlichere Energiequelle kaum denkbar erscheint. 5 m Schlauch und 2 verschiedene Brenner vervollständigen diese Anlage.

Werkzeugmaschinen

Der Ausrüstungsgrad der Werkstatt mit metallbearbeitenden Werkzeugmaschinen hängt sehr davon ab, ob in eigener Werkstatt Gießformen hergestellt werden müssen. Als Werkstoffe für Gießformen kommen Stahl, Grauguß, Messing und Aluminium in Frage. Es ist nicht möglich, diese Werkstoffe auf einer Holzdrechselbank zu bearbeiten. Für die Anfertigung von Holzformen und das Bearbeiten kleiner Zinngußstücke ist eine Heimwerker-Drechselbank (z. B. ZDB 250, Antrieb durch »Multimax«-Bohrpistole) ein durchaus brauchbarer Anfang (Bild 4). Kleine Becher, Schalen, Kugeln und Leuchter lassen sich auf dieser Maschine bearbeiten. Die Drehzahl ist regelbar, jedoch nicht an schwierige Arbeiten mit langsamstem Gang anzupassen. Durch die relativ hohe Drehzahl bei einfacher Spindellagerung können Rattermarken entstehen. Zum Schleifen und Polieren von Kleinteilen sind dagegen die hohen Drehzahlen von Nutzen.

Bild 4. »Multimax«-Bohrpistole mit Drechseleinrichtung

Drehbank

In manchen älteren, unmodernen Zinngießereien sieht man uralte, schwere Drehbänke, auf denen einmal zentnerschwere Eisenbrocken bearbeitet wurden. Eine solche Maschine ist zwar gegenüber einer kleinen Drechselbank viel stabiler und für die Bearbeitung aller Metalle geeignet, aber meist zu unhandlich. Werden sie auch noch mit Lederriemen über eine Transmission angetrieben, ist das oftmalige Wechseln der Drehzahl mit großem Zeitverlust verbunden, so daß von der Anschaffung veralteter Drehbänke abgeraten werden muß.

Ideal ist eine handliche, aber stabile kleine Mechanikerdrehbank mit einer Spitzenhöhe von 150...200mm, einer Spitzenweite bis zu etwa 600mm und Getriebeschaltung. Soweit der Motor nicht fest angeflanscht ist, erweist sich der Antrieb durch Keilriemen über mehrstufige Keilriemenscheiben als sehr günstig. Für die Bearbeitung von Gußeisen für Gießformen sind niedrige Drehzahlen erforderlich, besonders zum Einstechen von Nuten und für Radien. Wünschenswert sind Drehzahlen zwischen etwa 20U/min und 1000U/min.

Elektrische Handbohrmaschine

Eine handliche elektrische Handbohrmaschine sollte in keiner Werkstatt fehlen. Die bereits erwähnte »Multimax« ist bestens geeignet, da sie auch mit Bohrständer geliefert wird und als Tischbohrmaschine verwendet werden kann.

Gerät zum Fräsen und Gravieren

Kunsthandwerklich tätige Heimwerker streben im allgemeinen keine Massenproduktion an, sondern suchen ihre Fertigkeiten ständig durch neue Schöpfungen zu vervollkommnen. Nachdem schlichte, einfache Zinngegenstände mit glatten Oberflächen angefertigt werden können, wendet sich das Interesse auch dem Reliefguß zu. Für diese Technik muß das Ornament seitenverkehrt in die Wand der Gießform eingefräst werden. Diese Fräsarbeit erfordert eine hohe Genauigkeit, denn jeder Fehler wird mitgegossen. Hieraus ergibt sich, daß die biegsame Welle Typ ZBW 250 nicht geeignet ist. Dieses Gerät ist für Schleif- und Fräswerkzeuge mit Schäften von 6mm Durchmesser gedacht. Für die Fräsarbeiten an Reliefgießformen werden jedoch Fräskörper mit einem Durchmesser von 0,5...3mm aus der Zahnmedizin gebraucht. Die Schäfte dieser Präzisionswerkzeuge haben einen Durchmesser von 2,4mm. Zahnärztliche Bohrmaschinen werden auch in Gravierwerkstätten benutzt. Die kleinen Fräs- und Schleifkörper kann man auch zum Verputzen von Lötnähten verwenden.

Für die Anschaffung einer zahnärztlichen Bohrmaschine mag der Hinweis nützlich sein, daß in Gravier-, Goldschmiedewerkstätten und zahnärztlichen Praxen zuweilen ausrangierte Bohrmaschinen preiswert zu erwerben sind.

Kleinwerkzeuge

Das Sortiment der anzuschaffenden Kleinwerkzeuge ist nicht umfangreich, soweit es nur für das Zinngießen und die Bearbeitung der Zinngußstücke benötigt wird. Mit handelsüblichem Schlosserwerkzeug, wozu unbedingt Meßschieber, elektrischer Lötkolben (100W), Seitenschneider, kleiner Maschinenschraubstock, Reißnadel, Winkel und Lupe gehören, läßt sich schon einiges schaffen. Gewöhnliche Schlosserfeilen setzen sich schnell voll Zinn, deshalb sind Zinnfeilen erwünscht. Das sind einhiebige Feilen, deren grobe Zähne mit Spanbrechernuten versehen und nicht vom Zinn verschmiert werden.

Stehen geeignete Maschinen zur Anfertigung von Metallgießformen bereit, muß auch das Sortiment der Kleinwerkzeuge erweitert werden, wozu das komplette Gewindeschneidzeug von M3 bis M12 und ein Satz Spiralbohrer gehört. Zum konischen Aufreiben von Gießlöchern ist (mindestens) eine Kegelreibahle erforderlich. Je ein Satz Maulschlüssel, Innensechskantschlüssel und Schraubenzieher, Alu- oder Kupferhammer und Gummihammer sowie ein bis zwei verstellbare Rohrzangen (Blitzzangen) zum Transportieren heißer Gießformen vervollständigen zunächst das Werkzeugsortiment. Die Anschaffung spezieller Kleinwerkzeuge ergibt sich zwangsläufig aus der Verschiedenartigkeit der vorgesehenen Zinnarbeiten und aus der Notwendigkeit, Metallgießformen selbst anzufertigen.

Allgemeines über Gießformen

Die ältesten Gießformen wurden aus Lehm hergestellt. Um einen Hohlkörper für ein Gefäß gießen zu können, wurde zunächst der Kern hergestellt. Dazu hat man um eine sich drehende Spindel Lehmschicht auf Lehmschicht aufgetragen, bis das richtige Maß erreicht war. Dann wurde dieser Lehmkern nach dem Trocknen mit einer Wachsschicht umkleidet. Nach dem Erhärten des Wachses wurden wieder Lehmschichten aufgetragen. Nach dem Trocknen erhitzte man die Lehmform in senkrechter Stellung über dem Feuer bis das gesamte Wachs aus einer unten angebrachten Öffnung herausgeflossen war. Nun war ein Hohlraum entstanden, der dem gewünschten Gefäßmantel entsprach. Der Hohlraum wurde vollgegossen und nach dem Erstarren des Gusses die Lehmform zerschlagen, so daß das Gußstück freigelegt werden konnte. Diese Methode wird »Guß aus verlorener Form« genannt. Sie hat noch heute in gewisser Abwandlung in der Glockengießerei Bedeutung.

Ähnlich ist es mit dem Sandguß, der zuweilen noch in der Zinngießerei angewendet wird. Formen aus Sand sind stets nur für einen Guß vorgesehen, so daß auch hier die Form verloren ist.

Bereits im 16. Jahrhundert wurde im allgemeinen zur Meisterprüfung die Anfertigung von 3 (auch 4) Zinnarbeiten einschließlich Gießformen gefordert. Es wird sich wahrscheinlich um einfachere, jedoch für den wiederholten Gebrauch verwendbare Gießformen gehandelt haben. An den ungewöhnlich arbeitsaufwendigen Reliefgießformen dieser Zeit für prunkvolle Teller, Schüsseln und Kannen konnte dagegen eine ganze Reihe anderer Kunsthandwerker beteiligt sein: Goldschmiede, Graveure, Medaillenschneider, Holzbildhauer, Formenstecher, Ornamentzeichner und andere. Solche Gießformen waren zuweilen so wertvoll, daß ein einzelner Zinngießer an ihnen kein Eigentumsrecht erwerben konnte, sondern nur in Gemeinschaft mit anderen.

Wenn in neuerer Zeit die Zinngießer ihre Metallgießformen nicht mehr selbst herstellen, sondern an fremde Metallwerkstätten in Auftrag geben, so geschieht dies hauptsächlich aus betriebswirtschaftlichen Gründen. Für den zinngießenden Interessenten wird dieser Weg nur in schwierigen Fällen in Frage kommen. In der Hauptsache wird er versuchen müssen, sich seine Gießformen nach eigenen Entwürfen selbst anzufertigen. Hierzu sollen zunächst allgemeine, später auch spezielle Hinweise dienen.

Papierform

Das Material einer Gießform muß gegen soviel Druck und Hitze widerstandsfähig sein, daß mindestens ein Guß möglich ist. Bei einfachen massiven Körpern, etwa einer runden Stange, kann Papier verwendet werden. Man wickelt festes Papier so um eine Metallstange, daß die überstehende Papierbahn einen zylindrischen Hohlkörper ergibt. Die Papierbahn wird mit Bindfaden zusammengebunden und dann vollgegossen. Eine auf diese Weise hergestellte massive Stange erfüllt allerdings nur geringe Anforderungen an die Genauigkeit. Es muß ein erhebliches Übermaß einkalkuliert werden, das man dann auf der Drehbank wieder abdrehen muß. Diese Methode ist somit nur beschränkt anwendbar.

Holzform

Einen etwas höheren Nutzeffekt ergibt die Holzform. Es kommen nur harzfreie Hölzer in Frage, also kein Nadelholz. In 2 Holzscheiben bzw. Holzklötze wird der zu gießende Gegenstand so eingearbeitet, daß beim Zusammensetzen beider Holzformteile der gewünschte Hohlraum entsteht, der dann vollgegossen wird.

Besonders in früheren Zeiten hatten Holzformen eine vorrangige Bedeutung. Schwachwandige Zinngüsse wurden beispielsweise als Schmuckbeschläge für Truhen und Särge gegossen (Bild 5). Der erstaunlich gute Zustand mancher alten Holzform sollte ein Anlaß sein, unter gewissen Voraussetzungen (geringe Wanddicke und Stückzahl, Verzicht auf höchste Präzision) dem Werkstoff Holz einen angemessenen Platz zuzuordnen.

Gießformen aus Modelliermasse

Geeignet ist Plastilin, das bei Erhitzung erhärtet. Der große Vorteil dieses plastischen Werkstoffs liegt darin, daß in kürzester Zeit ein Teil eingeformt und gegossen werden kann. Allerdings kommen hauptsächlich kompakte, unkomplizierte kleine Gußstücke in Frage, die sich offen gießen lassen. Das verwendete Plastilin kann man nicht mehr nutzen, da sich die Erhärtung nicht wieder rückgängig machen läßt.

Der weiche, druckempfindliche Werkstoff kann durch vorheriges Erhitzen in der Backröhre auf etwa 120...150°C gehärtet werden, so daß man dadurch eine Gießform aus mehreren Teilen zusammensetzen kann. Für diese Zwecke ist die Suralin-Modelliermasse sehr gut geeignet. In frisch zubereitetes, ungehärtetes Plastilin zu gießen hat den Nachteil, daß das Gußstück eine rauhe Oberfläche erhält.

Gipsform

Für das Gießen ist am besten Form- oder Modellgips geeignet. Für Präzisionsgüsse kommt Hartgips aus der Zahnmedizin in Frage. Zur Herstellung von Gipskörpern wird Gipspulver in kleinen Mengen in eine entsprechende Menge Wasser gegeben. Dies wird so lange fortgesetzt, bis Gips auf der Wasseroberfläche schwimmt. Der Gips muß »ersaufen«. Umgekehrt wäre es falsch. Es darf nicht etwa Wasser in Gipspulver geschüttet werden. Nach wenigen Minuten hat das Wasser den Gips durchnäßt, und man kann den Gipsbrei umrühren, bis Gips und Wasser eine gleichmäßige, breiige Konsistenz erreicht haben. Falls kein Modell vorhanden ist und der Hohlraum anschließend eingearbeitet werden soll, ist für das Gießen der Gipskörper ein Plasteimer gut geeignet, der sich leicht wieder reinigen läßt, außerdem lösen sich die Gipskörper gut von der konischen Eimerwand.

Nach dem Anhärten der ersten Gipsscheibe wird eine Isolierschicht (Wachs) aufgetragen und dann die zweite Gipsscheibe in gleicher Weise angerührt. Nach einer Härtezeit von 6...8h werden die Gipsscheiben herausgedrückt und stehen nach der Glättung der Oberflächen für die Bearbeitung zur Verfügung. Das Eingraben von »Pfeifen« ist wichtig, damit der aus der Gipsfeuchte entstehende Wasserdampf entweichen kann und durch Luftblasenbildung keinen Schaden anrichtet.

Das Gießen in Gipsformen wird auch über ein Modell praktiziert. Da Gipsformen im allgemeinen mehrmals benutzt werden, muß sich das Gußstück ohne Schwierigkeit herausnehmen lassen. Sind jedoch Unterhöhlungen vorhanden, müßte das Gipsmodell zerstört wer-

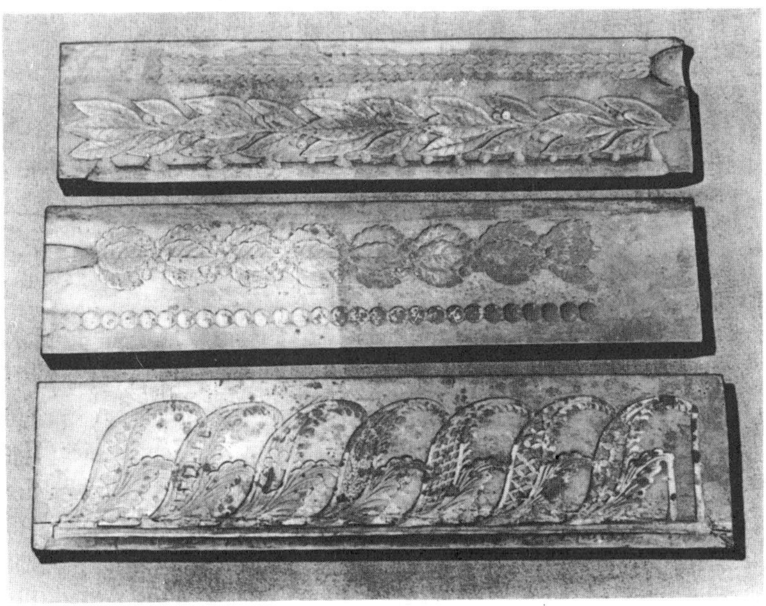

Bild 5. Alte Holzformen zum Gießen von Möbelbeschlägen u. ä.

den. Hieraus ergibt sich, daß zum Abmodellieren nicht jeder Gegenstand geeignet ist. Das Anwärmen von Gipsformen mit der offenen Flamme ist bei vorsichtigem Vorgehen zwar möglich, aber wegen der geringen Hitzefestigkeit kritisch. Hitzebeständiger wird Gips, wenn er mit Ziegelmehl oder Ton angesetzt wird. Soll das Abbinden beschleunigt werden, setzt man Kochsalz zu. Möchte man das Abbinden verzögern, wird Leimwasser oder Bier zugegeben.

Schieferform

Die bisher behandelten Gießformen sind für das »kalte Gießen« gedacht. Ein Erhitzen der Form auf Schmelztemperatur des Zinns ist nicht möglich. Die hier zu besprechende Schieferform war bisher von allen kalten Gießformen die beste. Tonschiefer ist ein weiches Gestein, das sich sehr gut mechanisch bearbeiten läßt und unter günstigen Voraussetzungen von langer Lebensdauer ist. Manche Schieferformen sind 100 Jahre alt und liefern noch immer Güsse von hoher Präzision. Allerdings verlangen Schieferformen viel Pflege. Trockene Lagerung, Vermeiden von Temperaturschwankungen und sehr langsames Anwärmen vor dem Gießen sind wesentliche Voraussetzungen für eine lange Lebensdauer.

Gießform aus Epoxid-Gießharz

Aufgrund der Schwierigkeit, fehlerfreien Tonschiefer mit geeignetem Härtegrad zu beschaffen, gewinnen Kunststoffe stark an Bedeutung. In den letzten Jahren wurden sehr gute Erfahrungen mit dem Gießharz Epilox EGK 19 gemacht. Auch das Epoxidharz EG 34 ist sehr gut geeignet. Diese Kunststoffe sind mit einem Härter zu mischen, erst dann beginnt die Aushärtung. Es sind verschiedene Härter im Angebot.

Allen Epoxidharzen ist eine gewisse Hitzeempfindlichkeit gemeinsam. Diesem Nachteil wird durch Beimischen von Aluminiumpulver entgegengewirkt. Der Anteil kann an der Sättigungsgrenze liegen, wenn also überschüssiges Aluminiumpulver sich abzusetzen beginnt. Durch diesen Füllstoff wird eine hochwirksame Wärmeableitung bewirkt, so daß eine Schädigung der Gießform durch Hitze entfällt. Aluminiumpulver (im Großhandel für den Modellbau zu beziehen) ist in 3 verschiedenen Korngrößen erhältlich:

Feinste Körnung	Aluminiumstaub
Mittlere Körnung	Aluminiummehl
Grobe Körnung	Aluminiumgrieß

Aluminiumstaub kommt für die zu gravierende Seite in Frage. Für andere Partien der Gießform werden Aluminiummehl bzw. Aluminiumgrieß verwendet. Es ist möglich, diese Füllstoffe in Schichten einzubringen.

Epoxid-Gießharzformen weisen gegenüber Schieferformen 2 große Vorteile auf:

- Riß- oder Bruchgefahr ist nicht zu befürchten.
- Epoxidharzformen sind nicht vorzuwärmen.

Mit einem kleinen Nachteil sind diese Formen allerdings behaftet: Erhitztes Gießharz riecht etwas unangenehm. Im abgebundenen Zustand ist der Geruch jedoch nicht mehr giftig.

Beim Gravieren einer Gießharzform ist eine neue Graviertechnik anzuwenden. Während in den Schiefer gestochen wird, muß das Gießharz geschnitten werden. Da die technische Entwicklung dieser Kunststoffe noch nicht abgeschlossen ist, sind qualitative Veränderungen möglich.

Messingform

Messing ist eine Kupfer-Zink-Legierung mit überwiegendem Kupferanteil (etwa 60% Cu, der Rest ist Zn). Durch das Fehlen eines Zinnanteils ist Messing der zinnhaltigen Bronze überlegen, denn bei Messingformen kann es bei Erhitzung nicht zur Diffusion kommen. Messing ist ein sehr teurer Werkstoff. Je größer die Gießform werden soll, desto mehr werden Überlegungen ökonomischer Art im Vordergrund stehen müssen. Für kleine Güsse, etwa Scharniere und ähnliche Teile, denen hohe Präzision abverlangt wird, kommt neben Stahl dieser Werkstoff in Frage. Messing ist nicht nur korrosionsfest, sondern mit einer Brinellhärte um 700 MPa fest und zähe. Die thermischen Eigenschaften sind hervorragend, denn die gute Wärmeleitfähigkeit gleicht einseitige Hitzezuführung gut aus.

Besonders bei Reliefguß kommt Messing als Werkstoff für die Gießform in Frage, da die hohen Anforderungen an Bearbeitbarkeit und Oberflächengüte nur von diesem Werkstoff erfüllt werden.

Gußeiserne Gießform

Gußeisen, auch Grauguß genannt, wird für Zinngießformen am häufigsten verwendet. Gegenüber Stahl ist Grauguß nicht schmiedbar, läßt sich aber besser gießen und besser und preiswerter bearbeiten. Bei Hitzeeinwirkung verhält sich Grauguß weitgehend neutral, denn er verzieht sich nicht so leicht wie Stahl. Grauguß weist zwar nicht das dichte Gefüge auf wie Messing, aber soweit die in Graugußformen hergestellten Gußstücke für eine anschließende Oberflächenbearbeitung vorgesehen sind, spielt die geringe Porosität dieses Werkstoffs keine große Rolle.

Gießform aus Stahl

In einigen Gegenden stand schon früher das Stahlgießen in hoher Blüte, denn es wurden sogar Halsketten und ähnlicher Schmuck aus Stahlguß hergestellt. So kommt es, daß auch stählerne Gießformen in der Zinngießerei verwendet wurden, die im Formsandverfahren hergestellt waren. In den Formsand wurden zuweilen sogar Muster eingearbeitet, so daß man auch Stahlformen für den Reliefguß verwenden konnte.

Gießform aus Aluminium

Aluminium ist ein sehr leicht zu bearbeitender Werkstoff mit sehr guter Wärmeleitfähigkeit. Einer uneingeschränkten Anwendung stehen jedoch einige Gründe entgegen. Gegossenes Aluminium ist meist porös und dann nicht brauchbar. Oft zeigt sich die Porosität erst, wenn die Gießform schon halb fertig ist. Gezogenes Aluminium ist dagegen porenfrei und deshalb besser geeignet. Die thermischen Eigenschaften sind nicht unter allen Umständen befriedigend. Aluminium wird bei Erhitzung weich, so daß Gewinde ausreißen. Besteht eine Aluminiumform aus zusammengeschraubten Einzelteilen, können Komplikationen dadurch entstehen, daß sich das Material durch die Temperaturschwankungen zwischen Erhitzung und Abkühlung, besonders bei heißen Güssen, verzieht. Es passen keine Trennfugen mehr; sie laufen voll Zinn und können das Herausnehmen des Gußstücks erschweren (indem das in die Trennfuge gelaufene Zinn wie eine Verankerung wirkt). Das gleiche Problem tritt auf, wenn Aluminium mit Grauguß verschraubt wird. Aus diesen Gründen kann Aluminium nur unter bestimmten Voraussetzungen als Ersatz für das besser geeignete Messing betrachtet werden.

Gießform aus Blei

Blei hat einen Schmelzpunkt von 327°C, Zinn einen solchen von 232°C. Es ist hierdurch möglich, flüssiges Zinn in eine Bleiform zu gießen. Allerdings kommt nur das kalte Gießverfahren in Frage. Bleiformen sind für Modellabgüsse von Plaketten, Medaillen und ähnlichen kleinen Gegenständen geeignet. Da Blei wegen seiner weichen Konsistenz gegen Schlag und Stoß empfindlich ist, sind der Verwendung solcher Formen gewisse Grenzen gesetzt.

Sandform

Für das Abgießen von größeren Medaillen, Plaketten und flachen Figuren in Einzelanfertigung ist der Sandguß üblich. Am einfachsten sind solche Modelle abzugießen, die nur auf einer Seite eine bildliche Darstellung zeigen. Die einzelnen Arbeitsgänge des Sandgusses sind die folgenden:

Auf einer ebenen, abhebbaren Unterlage steht der Unterkasten. In diesen wird die Plakette eingelegt und aufgepudert. Die erste Sandschicht wird aufgesiebt. Dann füllt man weiteren Formsand auf, anschließend wird spitzgestampft, glattgestampft und abgestrichen. Dann dreht man den Formkasten um und pudert die jetzt nach oben zeigende Seite mit Formenpuder ein.

Nun wird der zweite Formkasten aufgesetzt. In den Sand des unteren Kastens drückt man den Einguß und füllt Formsand auf (Bild 6).

Bild 6. Holzmodell für den Einguß – in den gewendeten Unterkasten eingedrückt

Bild 7. Der Anschnitt wird ausgekehlt

Bild 8. Die zuvor gelokkerte Plakette (Modell) wird vorsichtig abgehoben

Bild 9. Nach dem Aufsetzen des Oberkastens wird gegossen

Bild 10. Im abgenommenen Oberkasten kommt die gegossene Plakette zum Vorschein

Dann wird spitzgestampft, glattgestampft und anschließend das Eingußmodell herausgezogen. (Für dünnwandige Güsse sind besondere Steiger nicht erforderlich.)

Der Oberkasten wird abgehoben, ein »Gußtümpel« trichterförmig ausgeschnitten und dann der Anschnitt ausgekehlt (die Verbindung zwischen dem Eingußkanal und der Plakette [Bild 7]). Den Rand des Modells feuchtet man mit Wasser an, damit sich der Rand verfestigt und nicht abbröckelt. Mit vorsichtigen Schlägen wird die Plakette gelockert, herausgehoben und nach erneutem Pudern der Oberkasten wieder aufgesetzt; die Form ist fertig zum Gießen (Bild 8). Es muß in einem Zug gegossen werden, also ohne nachzuschöpfen (Bild 9). Nach dem Erkalten wird der obere Formkasten abgehoben, die Sandform zerstört und das Gußstück herausgenommen (Bild 10). Im Gegensatz zu anderen Metallgießtechniken (Aluminium, Gelbguß) ist die Sandform in der Zinngießerei relativ selten anzutreffen.

Gießform aus Silikonkautschuk (Bild 11)

Dieser neuartige Kunststoff hat für einen Teilbereich der Zinngießerei revolutionären Charakter, denn mit relativ geringem Aufwand wird in arbeits- und zeitsparender Technologie das Abformen eines Modells in einer Qualität ermöglicht, die alle vergleichbaren Techniken übertrifft. Nicht nur flache Reliefs, sondern auch vollplastische Modelle lassen sich kopie-

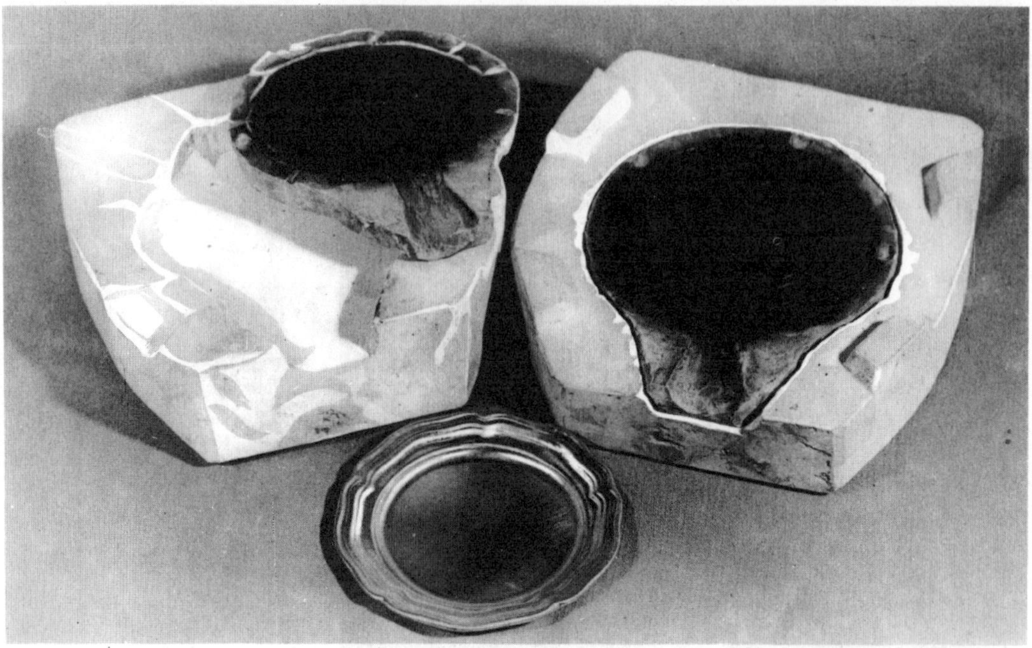

Bild 11. Gipsform mit auswechselbaren Formeinsätzen aus Silikonkautschuk zum Gießen eines kleinen Ziertellers

ren, wobei der ausgehärtete Silikongummi Unterschneidungen (durch gekrümmte oder winklige Partien verursachte Widerstände) zuläßt. Diese weitgehend hitzebeständige Gummiform ist so elastisch, daß sich selbst bei mehreren Unterschneidungen keine Schwierigkeiten ergeben und das Gußstück aus dem Silikongummi relativ leicht herausgezogen werden kann. Für das Gießen vollplastischer Zinnfiguren ist der Silikonkautschuk ein unentbehrliches Hilfsmittel.

Zusammenfassung der zu erwartenden Lebensdauer von Gießformen verschiedener Werkstoffe

Werkstoff	*Anzahl der Güsse*	*Besonderheiten*
Papier	1	Ungenaue Konturen
Holz (Buche)	Etwa 50	Keine Vorwärmung möglich
Gips	Etwa 10	Erhitzung schadet
Formsand	1	Unterschneidung belanglos
Tonschiefer	Tausende	Rißgefahr, empfindlich gegen starke Temperaturschwankungen, pflegebedürftig
Messing	Unbegrenzt	
Gußeisen	Tausende	Rostgefahr, Bruchgefahr durch Hammerschläge
Aluminium	Etwa 300	Bei Heißguß
	Einige Tausend	Bei Kaltguß
Blei	Etwa 50	Kaum Vorwärmung möglich
Epoxid-Gießharz	Tausende	Keine Riß- und Bruchgefahr
Silikonkautschuk	Je nach Volumen 50 ... 100 und mehr	Vorwärmung ausgeschlossen Unterschneidung belanglos

Für die Eignung eines Werkstoffs als Gießform oder als Zubehör ist außer der Festigkeit das thermische Verhalten bedeutungsvoll. Dieses wird zunächst durch den Wärmeleitwert ausgedrückt. Die Ansprüche an den Wärmeleitwert eines Werkstoffs können sehr unterschiedlich sein. Soll beispielsweise ein Schmelztiegel angefertigt werden, ist für den Behälter ein möglichst hoher Wärmeleitwert anzustreben, für den Griff dagegen ein möglichst niedriger. Für einige in Frage kommende Werkstoffe betragen die Wärmeleitwerte J/m s K bei 20 °C:

Aluminium	209,34
Antimon	22,53
Asbest	0,17
Blei	35
Bronze	58,15
Elektron	162,82
Flußstahl	46,52
Graphit	5,02
Grauguß	48,85
Holz, Eiche	0,21
Rotbuche	0,17
Kupfer	372,16
Messing	34,9-104,67
Porzellan	0,81
Stahlguß	52,33
Weißmetall	34,9
Zink	110,48
Zinn	63,96

Aus diesen Werten läßt sich die aufzuwendende Energie zur Erwärmung eines Stoffs ableiten bzw. der Widerstand, der der Erwärmung entgegengesetzt wird. Ein Werkstoff mit hoher Wärmeleitfähigkeit erwärmt sich bei gleicher Energiezufuhr schneller als ein solcher mit geringer Wärmeleitfähigkeit.

Wie läßt sich die Temperatur erhitzter Metallformen ermitteln?

Zinngießformen aus Stahl, Grauguß, Messing und Aluminium werden beim heißen Gießen auf die gleiche Temperatur vorgewärmt, wie sie das flüssige Schmelzgut aufweist. Dadurch ist ein langsames Gießen, das vollständige Entweichen der Luft und das sichere Ausfüllen aller Hohlräume gewährleistet. Da die zwar ideale, aber für den Heimwerker praktisch nicht durchführbare Vorwärmung von Gießformen in flüssigem Zinn außer Betracht bleiben kann, kommt nur die Erhitzung mit der offenen Flamme oder im Backraum des Elektroherds in Frage. Die gleichmäßigere Erwärmung ist nur im Elektroherd zu erreichen.

Probe mit der Zinnstange

Ob eine Metallgießform eine ausreichende Temperatur erreicht hat, kann mit einer Zinnstange geprüft werden. Diese sollte der gleichen Legierung wie das Schmelzgut entstammen. Schmilzt das Zinn bei der Berührung mit der Gießform, ist die Gießtemperatur erreicht. Zuweilen versagt diese einfache Methode jedoch, weil sich an der betreffenden Stelle Oxid gebildet oder Schmutz abgesetzt hat, was von isolierender Wirkung ist.

Probe durch Anlauffarben

Eine etwas grobe, aber dennoch brauchbare Prüfmethode besteht in der Beurteilung von Anlauffarben. Ein blankes Stück Tiegelstahl wird im Backraum des Elektroherds auf die Gießform gelegt. Unter der Voraussetzung der gleichmäßigen Erwärmung nimmt das Stück Tiegelstahl die gleiche Temperatur an wie die Gießform und verfärbt sich bei den folgenden Etwa-Temperaturen (in °C):

Farbe	
Hellgelb	220
Dunkelgelb	240
Bräunlich	255
Braunrot	265
Purpurrot	275
Violett	285
Dunkelblau	295
Hellblau	310
Grau	325

Besonders bei der Anwendung der offenen Flamme können Werkstoffe erheblich höher erhitzt werden, als es für den praktischen Bedarf erforderlich ist. Dies betrifft die zu schmelzenden Legierungsbestandteile, aber auch die Werkstoffe der Gießformen. In extremen Fällen ist eine Schädigung der Gießformen durch Überhitzung möglich, so daß die Kenntnis der Schmelzpunkte in °C einiger wichtiger Werkstoffe von Bedeutung ist:

Aluminium	658
Antimon	630

Blei	327
Bronze	900
Stahl	1400
Grauguß	1250
Kadmium	321
Kupfer	1083
Messing	930
Wismut	271
Zink	419
Zinn	232

Zum Problem der Rostbildung an eisernen Gießformen

Gießformen aus Stahl und Grauguß können der Korrosion ausgesetzt sein, wenn in ungeheizten, feuchten Räumen die Außenluft ungehindert Zutritt hat, aber auch bei längerer Nichtbenutzung durch Kondenswasser infolge Temperaturwechsel. Die Rostbildung läßt sich durch Einfetten der gesamten Innenpartien verhindern. Werden aber die Fettreste vor der Wiederbenutzung nicht vollständig beseitigt, so vergasen sie im Moment des Gießens. Es entstehen auf der Zinnoberfläche zahlreiche Blasen, so daß hierdurch Ausschuß zu erwarten ist.

Zum Problem der Unterschneidung bei Gießformen

Mit »Unterschneidung« wird ein mechanischer Widerstand bezeichnet, der immer dann auftritt, wenn ein Gußstück so gegossen wurde, daß es wie verankert in einer festen Gießform sitzt und sich deshalb nicht herausnehmen läßt. In der Fachsprache der Metallgießer wird dieses bedeutungsvolle Problem so ausgedrückt:

„Das Teil darf nicht hinter sich sein".
Oder: „Das Teil darf nicht unter sich gehen".

Hierdurch wird zum Ausdruck gebracht, daß ein Gußstück nicht »um die Ecke« gegossen werden darf. Es würde sich nach dem Erkalten nicht wieder aus der Gießform lösen. Aus diesem Grunde können komplizierte Güsse, etwa Figuren mit abgewinkelten Armen oder Beinen, im allgemeinen nur in Gießformen entstehen, die aus entsprechend vielen Einzelteilen (Losteilen) zusammengesetzt sind. Bei Sandformen spielt dieses Problem deshalb keine Rolle, weil die Form nach dem Guß zerstört wird und dem Herausnehmen des Gußstücks kein Widerstand entgegengesetzt wird. Ein ähnlicher Sachverhalt liegt bei der Verwendung von Silikonkautschukformen vor, denn der elastische Gummi kann innerhalb gewisser Grenzen nachgeben. Aber für alle Gießformen aus festen Werkstoffen, wie Schiefer, Gips, Metall und Gießharz, ist die Unterschneidung unbedingt zu vermeiden. Es muß von Fall zu Fall untersucht werden, ob sich eine Unterschneidung ergeben könnte und wie sie umgangen werden kann.

Zum Problem der Gußschräge bei Gießformen

Auch hier handelt es sich um einen mechanischen Widerstand, der sich hauptsächlich beim Herausziehen eines zylindrischen oder ähnlich geraden Gußstücks aus der Gießform ergibt. Würde man z. B. einen zylindrischen Körper in einer geschlossenen (nicht aus 2 Hälften bestehenden) Gießform gießen, kann das Herausdrücken des fertigen Gußstücks mit großen Schwierigkeiten verbunden, gegebenenfalls sogar unmöglich sein.

Die Ursache ist darin zu suchen, daß das Zinn auf der gesamten Länge an allen Punkten gleichmäßig anliegt und daß ein durch die Materialschrumpfung bedingter Druck fortwährend erhalten bleibt, auch wenn das Gußstück schon teilweise die Gießform verlassen hat. Um dieser enormen Schwierigkeit auszuweichen, ist eine Gußschräge vorzusehen. Zylindrische Wände an Gießformen (sinngemäß auch an den Kernen) werden konisch. Auch das Gußstück wird nun zwangsläufig konisch. Der zum Hinausdrücken erforderliche Druck wird stets von der dünneren zur dickeren Seite ausgeübt. Durch Schlag oder Druck erreicht man nun eine gleichzeitige Loslösung an allen Punkten, und das Gußstück verläßt ohne weiteren Widerstand die Gießform.

Die konische Gestaltung einer an und für sich zylindrisch gewünschten Partie wird auch »Verjüngung« genannt. Diese Verjüngung kann in Winkelgraden, aber auch in Steigungsmillimetern je 100 mm Länge angegeben werden.

Im allgemeinen reicht für die Gußschräge ein Winkel von 2°, das entspricht (bei der Anfertigung runder Partien an Gießformen) einer Supportverstellung von 1°.

Faustregel:
Eine Supportverstellung um 1° entspricht einer Abweichung von etwa 1,5 mm je 100 mm Länge.

Der Support (auch Kreuzsupport genannt) ist der obere Teil des Werkzeugschlittens der Drehbank, auf dem der Drehstahl befestigt wird.

Auswirkung der linearen Ausdehnungskoeffizienten einiger Werkstoffe

Im vorhergehenden Abschnitt wurde die technische Eignung einiger metallischer Werkstoffe nur in groben Zügen umrissen. Bei der Verwendung gut geeigneter Werkstoffe für Gießformen können dennoch Komplikationen durch die unterschiedliche Wirkung der linearen Ausdehnungskoeffizienten auftreten. Dies soll an einem Beispiel dargestellt werden:

In einer ungeteilten Metallform wird im Heißguß (die Gießform wird zuvor bis auf die Schmelztemperatur des Zinns erhitzt) ein glatter konischer Becher gegossen. Der Außenmantel dieser Form wurde aus Aluminium hergestellt, der Kern aus Stahl. Nach dem Erkalten des Gußstücks ist eine so starke Pressung vorhanden, daß sich weder der Becher aus dem Mantel noch der Stahlkern aus dem Zinnbecher löst.

Auf welche Ursache ist dieser Mißerfolg zurückzuführen?

Die Antwort ist einfach: Die unterschiedliche Längenausdehnung der Werkstoffe wurde bei der Werkstoffwahl nicht beachtet!

Der Längenausdehnungskoeffizient ist der Betrag, um den ein Werkstoff bei Temperaturanstieg um 1 K »wächst« bzw. bei Abkühlung schrumpft. Auf 100 K Erwärmung bezogen, beträgt die Längenausdehnung für

Aluminium	0,0023
Blei	0,0029
Messing, Bronze	0,0018
Grauguß	0,0011
Stahl	0,0012
Kupfer	0,0017
Zink	0,0036
Zinn	0,0027

Der Ausdehnungskoeffizient von Zinn ist erheblich höher als der von Stahl, also ist das erkaltende Zinn entsprechend stark geschrumpft und hat den Stahlkern eingepreßt. Wäre der Kern aus Aluminium gearbeitet gewesen, hätte dieser Druck nicht zustande kommen können.

Gegen einen aus Aluminium hergestellten Außenmantel der Gießform wäre im Prinzip nichts einzuwenden, denn der Ausdehnungskoeffizient liegt unter dem des Zinns. Es ist aber auch die enorme Wärmeleitfähigkeit des Aluminiums zu beachten. Wird die Aluminiumform mit offener Flamme erhitzt, kann sie eine erheblich höhere Temperatur erlangen, als das flüssige Zinn sie aufweist. Dadurch dehnt sich das Aluminium stärker aus und schrumpft auch stärker als das Zinn. Das Gußstück sitzt fest in der (ungeteilten) Form und ist fast immer verloren. Wird der Aluminiummantel zwecks Ausdehnung und Freigabe des Gußstücks erhitzt, schmilzt meist das Zinngußstück.

Grundsätzliches zur Gießtechnik

Zur Gießtechnik gehört die Vorbereitung des Schmelzguts zum Gießen. Auch in der Zinngießerei ist es üblich, die frisch zusammengestellte Zinnlegierung zunächst in kleine Barren oder flache Scheiben zu gießen und nicht etwa sogleich in Gießformen zu füllen. Diese Notwendigkeit hängt mit der Kristallisation und Ionisierung zusammen. Wird dieser chemisch-physikalische Prozeß nach kurzer Schmelzzeit unterbrochen, vermindert sich die Gießfähigkeit der Legierung. Eine optimale Gießfähigkeit und Homogenität kann erst nach dem Wiedereinschmelzen der Barren bzw. Scheiben erwartet werden. Das Bereiten der Zinnlegierung ist somit ein vom Gießen zu trennender Arbeitsgang.

Stehen die Rohstoffe bereit, werden die Anteile gewogen und gemeinsam geschmolzen. Die Schmelzdauer hängt hauptsächlich vom Kupferanteil ab. Erst wenn die auf der Schmelze schwimmenden Kupferblättchen sich vollständig aufgelöst haben, läßt sich nach dem Abziehen der Oxidschicht die gesamte Legierungsmenge zu Barren oder Scheiben gießen (Bild 12). Das Auflösen der Kupferblättchen kann beschleunigt werden, wenn man diese zuvor in ein Flußmittel (Lötessenz) taucht.

Werden Späne und Abfälle eingeschmolzen, erhält die Reinigung des Schmelzguts eine besondere Bedeutung. Ungenügend gereinigtes

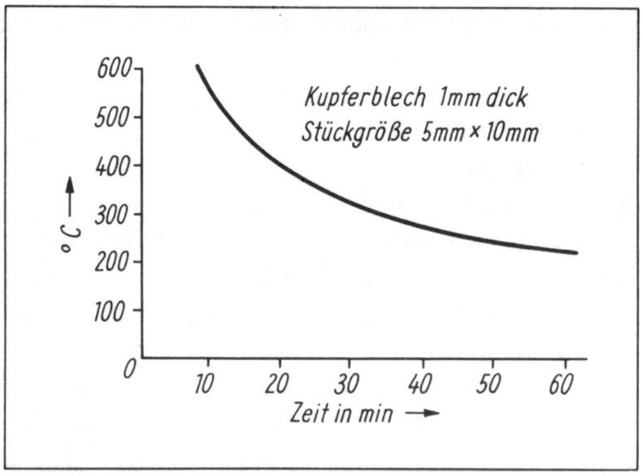

Bild 12. Temperatur-Zeit-Diagramm für die Auflösung von 1 Masse-% Kupfer in der Zinnschmelze – Bei Masseanteilen von mehr als 2 % verliert die Zinnlegierung ihre Gießfähigkeit und nimmt eine teigige Konsistenz an –

Zinn in Formen zu gießen, führt zum Ausschuß, denn Einschlüsse von Fremdkörpern und poröse Stellen bedeuten die Unbrauchbarkeit des Gußstücks.

Wie wird das flüssige Zinn gereinigt?

Die Reinigung des Schmelzguts (in der Zinngießerei »Polen« genannt) beginnt, wenn der Tiegelinhalt dünnflüssig ist. Fremdkörper, wie Eisenspäne, schwimmen stets obenauf und werden zuerst mit einem Löffel abgeschöpft. Sodann wird mit einer halben, geschälten rohen Kartoffel das flüssige Zinn umgerührt. Es ist wichtig, daß bis zum Tiegelboden durchgerührt und das Kartoffelstück kreuz und quer geführt wird. Die Verunreinigungen steigen sofort nach oben und werden mit einem Stück Zinkblech abgezogen. Bei starker Verunreinigung muß das Polen mehrmals wiederholt werden.

Zuweilen findet sich in der älteren Fachliteratur der Hinweis, daß die Zinngießer zum Polen grünes Holz verwenden. Eigene Versuche mit verschiedenen Holzarten zu verschiedenen Jahreszeiten blieben relativ erfolglos. Die Verwendung von Apfelstücken, ersatzweise für Kartoffeln, führte ebenfalls nicht zum Erfolg. Somit ergibt sich, daß nicht der Wassergehalt, sondern die Stärke den reinigenden Effekt ausübt. Man kann auch einige Tropfen Paraffinöl auf die flüssige Schmelze geben, jedoch ist dies mit starker Rauchentwicklung verbunden und außerdem erheblich teurer als das Polen mit rohen Kartoffeln.

Wie wird die Temperatur des flüssigen Zinns kontrolliert?

Falls ein Spezialthermometer nicht zur Verfügung steht, müssen äußere Merkmale zur Einschätzung dienen.

Hat die Zinnlegierung den Schmelzpunkt erreicht, so daß sie gerade flüssig wird, ist zu diesem Zeitpunkt das Gießen nicht zu empfehlen. Sogleich nach dem Gießen, noch während der Verteilung des Schmelzguts in die äußersten Ecken der Gießform, würde zwangsläufig eine Abkühlung unter den Schmelzpunkt erfolgen. Es ergeben sich Löcher im Gußstück und Kaltbrüchigkeit. Wird das Schmelzgut hingegen zu hoch erhitzt, auf über 500°C, entsteht Rotbrüchigkeit, die ebenfalls den Wert des Gußstücks mindert und sich in ausgeprägten Spektralfarben am Gußstück äußert. Die Kontrolle des Schmelzguts mit Hilfe eines Spezialthermometers ist deshalb sehr erwünscht und wird in gewerblichen Zinngießereien auch angewendet.

Die günstigste Temperatur der flüssigen Zinnlegierung liegt im allgemeinen zwischen 300°C und 350°C. Dies ist die Gießtemperatur, bei der das Schmelzgut auf der Oberfläche eine Färbung angenommen hat, die im Übergang von gelb zu blau begriffen ist. Schillert das flüssige Zinn in allen Regenbogenfarben, dann ist es schon zu heiß geworden. Eine weitere Kontrolle ist möglich, indem ein Stück Holz in das Zinn getaucht wird. Bleibt am Holz Zinn hängen, so ist die richtige Temperatur erreicht.

Vor Beginn des Gießens läßt sich eine chemische Reaktion feststellen. Das sauber abgezogene Schmelzgut hat eine spiegelblanke Oberfläche, doch diese ist nicht von Dauer. Dann hat sich wieder eine dünne »Haut« gebildet, die im Laufe der Zeit dicker wird. Diese Haut ist eine Oxidationsschicht, die durch Verbindung mit dem Sauerstoff der Luft entstanden ist. Die Schicht läßt sich immer wieder abziehen, bis schließlich das gesamte Material oxidiert ist. Hieraus ergibt sich, daß man zwar beliebig oft mißlungene Zinngüsse wieder einschmelzen kann, doch ist ein Substanzverlust durch Oxidation nicht zu umgehen.

Zur Wiederverwertung von Abbrand

Durch die Reinigung des Schmelzgutes und die unvermeidliche Oxidation entsteht Abbrand, der in der Metallurgie auch Krätze genannt wird. In dieser abgeschöpften Masse haftet stets eine mehr oder weniger große Menge Zinn tropfenförmig an den Verunreinigungen und der Schlacke. Durch das gewöhnliche Erhitzen im Schmelztiegel ist eine restlose Erfassung dieses Zinnanteils nicht möglich, so daß hierdurch ein fortwährender Materialverlust auftreten würde. Deshalb ist für die restlose Wiederverwertung des Zinnanteils der Krätze ein metallurgisches Hilfsmittel für NE-Schwermetalle zu empfehlen, z. B. das Letterit, ein hellgraues, pulverförmiges Reinigungs- und Ausschmelzmittel für Zinn-, Blei- und Zinklegierungen (Hersteller: VEB Fachanstalt für Gießereiwesen, Am Baggerteich 2, Coswig 8252).

Die zu verarbeitende Masse wird kleingestoßen und zunächst der Ascheanteil ausgesiebt. Dann wird die Krätze unter Zugabe von 1% Letterit portionsweise in den Tiegel gegeben, anschließend nochmals 0,5% Letterit aufgestreut und verrührt. Die sich vom Schmelzgut absetzende Asche wird abgezogen und das Metall ausgegossen.

Durch die Anwendung dieses Hilfsmittels wird das Metall rein, oxidfrei und dünnflüssig. Es empfiehlt sich aber nicht, das auf diese Weise zurückgewonnene Zinn in die übliche Schmelze zu mischen, sondern separat zu verwenden. Die Benutzung von Letterit ist durch die Entstehung von Salmiakdämpfen mit einer gesundheitlichen Belästigung verbunden. Letterit kann auch zum Reinigen von stark verschmutztem Schmelzgut (z. B. bei hohem Späneanteil) angewendet werden.

Übung – Zinnguß in Papier

Um zwei gleich dicke, massive, runde Metallkörper (oder Hartholz) von etwa 25 mm Durchmesser und etwa 80 mm Länge wird festes Papier oder Karton gewickelt, so daß überstehende Papierzylinder von etwa 150 mm Länge entstehen, die unten durch den massiven Metallkörper abgeschlossen sind. Mit Bindfaden oder Draht werden die Papierbahnen umwickelt, damit sie fest zusammenhalten. Die beiden Metallkörper spannt man in senkrechter Stellung in einen Schraubstock.

Eine der Papierformen wird von unten bis oben reichlich mit trockenen Lumpen zwecks Wärmeisolierung umwickelt. Dann werden beide Formen vollgegossen, nach dem Erkalten die Zinngußstücke ausgewickelt. Sie werden sehr unterschiedlich aussehen. Die aus der mit Lumpen umwickelten Form stammende Zinnstange ist außen sauber und glatt, die andere weist tiefe poröse Stellen, Löcher, Rinnen oder Krater auf.

Worauf ist dieser eigenartige Effekt zurückzuführen?

Die flüssige Zinnlegierung macht im Verlauf des Erstarrens einen Schrumpfungsprozeß durch. Es verringert sich das Volumen. Das Schrumpfen, auch Schwinden genannt, ist ein normaler physikalischer Prozeß, der auch bei anderen Metallen abläuft. Bei Zinnlegierungen kann das Schwindmaß 1% und mehr betragen, je nach Gießtemperatur und Zusammensetzung der Legierung. In dieser Übung zeigte sich deutlich, daß es von äußeren Einflüssen (nämlich der Isolierung) abhängt, wie und wo das Schwinden stattfindet. Sobald für den Volumenausgleich nicht die Schwindzugabe (bei der Zinnstange das obere Ende, bei richtigen Gießformen der Einguß) beansprucht wird, geht das Schwinden auf Kosten des Gußstücks. Ein Mißerfolg ist unausbleiblich.

Zinngießformen haben deshalb stets an ihrer oberen Partie (am Deckel auch seitlich) ihren Einguß, dessen Fassungsvermögen proportional zur Masse des Gußstücks ausgelegt sein muß. Der Einguß hat also nicht nur die Funktion, das Eingießen zu erleichtern, sondern hier befindet sich das Reservoir für die Schwinddifferenz.

Es ist also stets zu verhindern, daß die Eingußpartie eher abkühlt bzw. erstarrt als das Gußstück. Das im Einguß befindliche Reservoir muß bis zuletzt flüssig bleiben. Oder mit anderen Worten ausgedrückt: *Das Zinngußstück muß schneller abkühlen als der Einguß!*

Um diesen Zustand zu erreichen, kühlt der Zinngießer unmittelbar nach dem Gießen die Gießform außen mit feuchten Lappen ab, mitunter auch durch langsames Absenken der heißen Gießform in ein Wasserbad. Das Abkühlen beginnt stets an der dem Einguß entgegengesetzten Seite, bei stehenden Formen also unten. Der Zinngießer steuert den Verlauf der Abkühlung, indem er versucht, durch das Kühlen dem Erstarren der Eingußpartie zuvorzukommen.

▶ Wenn nach dem Heißgießen nicht sogleich gekühlt wird, bleibt das Schmelzgut länger flüssig. Diese Partien können vom Schwindprozeß beansprucht werden, so daß hier Löcher entstehen.

Der Schwindprozeß kann sich besonders dort schädlich auswirken, so dicke Wände mit dünnen Wänden im Gußstück zusammentreffen.

Ein Wort zur Gefügebildung

Beim Erstarren der Zinnlegierung ordnen sich die Atome gesetzmäßig. Es bildet sich ein Gitter (auch Atomgitter genannt). Man unterscheidet flächenzentrierte und raumzentrierte Gitterelemente. Während der Erstarrung der Schmelze beginnt die Gitterbildung an einzelnen Punkten, den Kristallkeimen. Sie setzt sich schnell fort, bis der entstandene Kristall (auch Korn genannt) auf den benachbarten Kristall trifft. Vom Verlauf dieser Entwicklung hängt das Gefüge ab. Bleiben heiße Gießformen nach dem Gießen sich selbst überlassen, kann sich das Atomgitter ungünstig gestalten, was sich auf die Gebrauchseigenschaften des Gußstücks auswirkt. Mit einer ungünstigen Kristallbildung beginnt die Entstehung von Spannungszonen. Diese begünstigen die Rißbildung. Allerdings sind auch die thermischen Eigenschaften einer Gießform bedeutungsvoll, so daß von Fall zu Fall der praktische Versuch über die Kühltechnik entscheiden muß.

Kalte und heiße Güsse – wie werden sie gegossen?

Bei der in Papier gegossenen Zinnstange handelt es sich um einen kalten Guß, denn die Gießform ließ sich nicht vorwärmen. Kalte Güsse kommen stets bei Gießformen in Frage, deren Werkstoff eine vorherige Erhitzung auf die Schmelztemperatur der Zinnlegierung nicht zuläßt. Das Kaltgießen ist hauptsächlich für kleine, kompakte und massive Gußstücke geeignet. Daß sich auch Gußstücke von filigranem Charakter gießen lassen, wird sich am Beispiel der Zinnfiguren nachweisen lassen.

Beim Kaltgießen erstarrt das Schmelzgut schon nach wenigen Sekunden. Kalte Güsse werden deshalb mit einem kräftigen »Schwupp« gegossen. Ausreichende Gießhöhe mit hohem Gießdruck, großer Eingußquerschnitt und die sich hieraus ergebende große Gießgeschwindigkeit müssen garantieren, daß alle Hohlräume der Form schnell und vollständig ausgefüllt werden.

Heiße Güsse sind im allgemeinen größeren und komplizierteren Gußstücken mit Kern vorbehalten. Beim heißen Gießen wird die erhitzte Form schräg gehalten. Das Schmelzgut soll nicht mit hoher Geschwindigkeit hineinstürzen, sondern hineinlaufen!

Heiße Güsse werden also langsam gegossen.

Vorteile und Nachteile der kalten und der heißen Güsse

Den großen Vorteilen des heißen Gießens – Präzision, die Möglichkeit der Einflußnahme auf die Gefügebildung und die Möglichkeit des Nachgießens – stehen einige Nachteile gegenüber: hoher Energieverbrauch für das Vorheizen der Gießformen, erheblich größerer Zeitaufwand für jeden Guß sowie die Belästigung durch Wasserdampf beim Abkühlen.

Den Vorteilen des Kaltgießens – durch große Zeitersparnis Möglichkeit der Massenherstellung, selbsttätige Aufheizung der Gießform durch fortgesetztes Gießen, Wegfall der Kühlung – stehen auch Nachteile gegenüber: Falls der Inhalt des Gießlöffels nicht ausreicht, ist ein Nachgießen meist nicht möglich. Das nachgegossene Zinn kann sich nicht mehr mit dem bereits erstarrten Material homogen verbinden. Es bildet sich eine Naht, woraus sich die Unbrauchbarkeit des Gußstücks ergeben kann. Durch das schnelle Erstarren bleibt das Schmelzgut sich selbst überlassen. Eine Einwirkung von außen ist nicht mehr möglich. Durch schnell ablaufende chemische und physikalische Prozesse können Störungen auftreten, die einen fehlerfreien Guß unmöglich machen. In diesen Fällen wird in der Gießtechnik (nicht nur beim Zinngießen) die Gießform innen mit Isoliermitteln behandelt.

Welche Funktion haben Isoliermittel?

In der modernen Gießtechnik werden Isoliermittel verwendet, die auf Graphitbasis hergestellt und allgemein »Schlichte« genannt werden. Durch diese Substanzen lassen sich störende Einflüsse neutralisieren. Der durch die aufgesprühte Schlichte erzielte Effekt läßt sich mit der Silikonwirkung gegenüber Wasser vergleichen. Die Oberflächenspannung wird beeinflußt, das flüssige Zinn läuft schneller, und es haftet nicht Metall auf Metall, denn die neutralisierende Schlichte steht mit einer dünnen Schicht dazwischen.

In der Zinngießerei werden ausschließlich Metallformen mit Schlichte behandelt, soweit sich hierzu die Notwendigkeit ergibt. Die mit Schlichte behandelten Metallgießformen ergeben Gußstücke mit hochglänzender Gußhaut, was bei hohen Stückzahlen zuweilen erwünscht ist.

Die Verwendung von Isoliermitteln muß nicht immer zum Erfolg führen, denn die Zusammensetzung der Zinnlegierung ist auch beim Kaltgießen von großem Einfluß auf das Arbeitsergebnis.

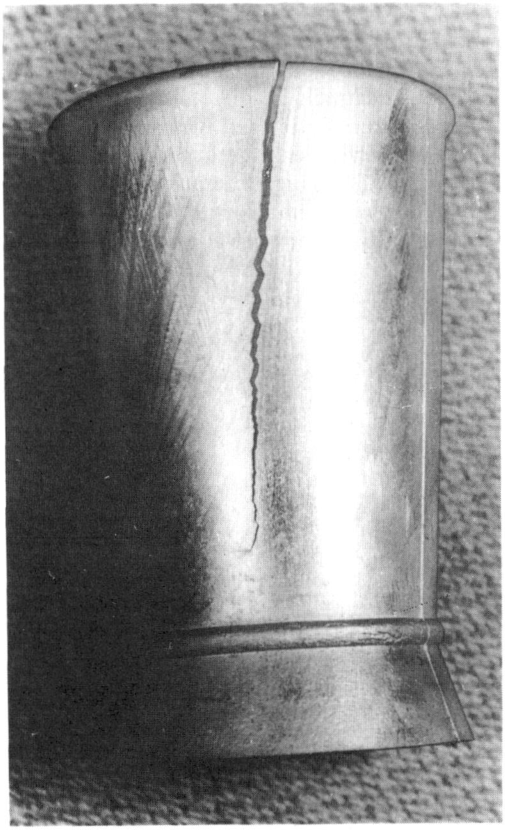

Bild 13. Spannungsriß an einem Zinnbecher

Der Becher im Bild 13 wurde versuchsweise im Kaltgießverfahren gegossen. Es wurde Zinn mit einem Reinheitsgrad von 99,75% Sn verwendet. Alle Becher dieser Serie waren an der Eingußzone vertikal gerissen und zeigten grobkristalline Bruchflächen. Als eine Zinnlegierung mit 1% Antimonzusatz verwendet wurde, gelang das Kaltgießen einwandfrei. Die Becher waren hart, mit feiner Gefügestruktur.

Bei allen kalt gegossenen Gußstücken mit Kern muß das Gußstück sogleich nach dem Erstarren vom Kern gelöst werden. Wurde dies bei den Bechern auch nur um 10s verzögert, war der Becher bereits gerissen. Durch das frühzeitige Abnehmen vom Kern wird die kritische Druckkomponente umgangen. Die Ursache der Rißbildung scheint hier klar erkennbar zu sein: Das flüssige Zinn ist erheblich heißer als der Kern. Das Schmelzgut kühlt sehr schnell bis zum Erstarrungspunkt ab und schrumpft zusammen, der Kern aber nicht. Somit ist eine wesentliche Voraussetzung für die Rißbildung gegeben.

Nicht immer ist die Ursache der Rißbildung klar zu erkennen, weil mehrere ungünstige Faktoren zusammenwirken können. Einige der Ursachen sind:

- Ungeeignete Legierung
- Zu hohe Temperatur des Schmelzgutes und/oder der Gießform
- Ungünstiger Verlauf der Abkühlungskurve

Die »gestörte« Zinnlegierung – eine weitere Fehlerursache

Die Zinnlegierung soll solche Komponenten enthalten, die das Gußstück nicht zu weich, nicht zu hart, aber auch nicht brüchig werden lassen. Die Legierung soll aber auch leicht fließen, damit alle Hohlräume der Gießform ausgefüllt werden können. Besonders beim Kaltgießen können Komplikationen auftreten, wenn die Legierung zuvor »gestört« wurde.

Was ist hierunter zu verstehen?

Eine gut laufende Zinnlegierung kann gestört werden, indem

- die Temperatur verändert wurde. Besonders die Temperatursenkung wirkt sich schädlich aus;

- die Zusammensetzung der Legierung, wenn auch nur geringfügig, verändert wurde.

Beispiel:
Eine gut dünnflüssig laufende Zinnlegierung geht zur Neige und soll wieder aufgefüllt werden, um damit noch einige Güsse zu ermöglichen. Es werden die ersten Fehlgüsse, Abfälle, Späne und ein Teil einer neuen Legierung hinzugeschmolzen. Das Ergebnis ist möglicherweise ein Mißerfolg. Die Legierung »läuft« nicht mehr. Es können sich in dieser zusammengemischten Legierung Bestandteile von teigiger Konsistenz bilden, so daß dünne Wände des Gußstücks mehr oder weniger große Löcher aufweisen. Wird diese Legierung wieder zu dünnen Scheiben gegossen und später nochmals geschmolzen, kann das Gießen durchaus fehlerlos verlaufen.

Auch Zugluft schadet!
Da es sich beim Zinngießen um relativ niedrige Temperaturen handelt, kann schon eine einseitige Abkühlung durch Zugluft schädlich sein. Bei eigenen Gießversuchen gab es regelmäßig Ausschuß, wenn eine heiße, vollgegossene Metallform auf den Betonfußboden gesetzt wurde und die Form durch eine schlecht schließende Tür Zugluft erhielt.

Wie verhält sich eine Metallgießform beim Heißgießen, deren Unter- und Oberteil nur lose aufeinander gesetzt wurden?

Flüssiges Zinn entwickelt einen starken Druck durch Auftrieb, so daß ein lose aufgesetzter Formenmantel in die Höhe gedrückt werden kann und die Form noch während des Gießens ausläuft. Ist erst einmal flüssiges Zinn in die Fuge geraten, hat das nachträgliche Beschweren des Oberteils wenig Zweck, denn dieses schwimmt regelrecht auf dem flüssigen Schmelzgut.

Folgendes *Beispiel* soll diesen Vorgang nochmals verdeutlichen:

An einer gußeisernen Deckelform mit den Daten des Oberteils

Durchmesser	100 mm
Höhe	45 mm
Masse	1,8 kg
Randbreite	5 mm
Masse des Zinngußstücks	200 g

wurde der lose aufgesetzte Formenmantel regelmäßig in die Höhe gedrückt, so daß die Form auslief. Beachtlich ist die Relation, daß 200 g flüssiges Zinn eine Last von 1,8 kg anheben kann. Das Zwischenlegen einer Papierdichtung blieb ohne Wirkung. Hieraus ergibt sich die Notwendigkeit, beide Formenteile stets fest zusammenzuspannen, entweder mit Hilfe einer Schraubzwinge oder mit Stahlschrauben.

Einfache kalte Güsse

Zinnfiguren

Die Zinnfigur hat durch den künstlerischen Aufwand und ihre vielfältige Bedeutung in pädagogischer und historischer Beziehung eine Qualität erreicht, die eine Identifizierung mit Kinderspielzeug ausschließt. Die Zinnfigur ist in ihrer langen Geschichte das von Menschen geschaffene Abbild ihrer gegenwärtigen oder vergangenen Umwelt geworden. Die Zinnfigur kann als wirksames Anschauungsmittel kulturhistorischer Vorgänge betrachtet werden und hat als Kleinplastik einen künstlerischen Rang zu beanspruchen.

Dieser ist ihr längst zuerkannt worden. Hieraus ergeben sich aber auch rechtliche Ansprüche, die durch das Urhebergesetz (Gesetz über Urheberrecht der DDR vom 13. September 1965, Teil 1) geregelt werden. Gegenwärtig nimmt die Anzahl der Offizinen (Vertriebsfirmen) in ganz Europa wieder zu, so daß in steigendem Maße Zinnfiguren zu den verschiedensten Themen vertrieben werden und in aller Welt ihre Liebhaber finden. Solche Figuren zu kopieren bzw. zu vervielfältigen, an denen ein anderer das Urheberrecht hat, ist immer dann gesetzwidrig, wenn sie an Dritte verkauft, vertauscht oder in ähnlicher Weise vertrieben werden. Dieses Gesetz bietet einen wirksamen Schutz auch für die Rechte an Zinnfiguren. Einige Gerichtsverfahren der letzten Jahre sind Anlaß, auf diesen Umstand hinzuweisen.

Die bearbeiteten Themen sind sehr zahlreich und reichen vom Neandertaler bis in die Gegenwart. Das Leben der Inkas, Feldherren und Soldaten aller Zeiten und Länder, in Massenszenen bei Feldzügen und der Belagerung von Städten, der Handel und Wandel in Stadt und Land, Jagd und Fischerei, Menagerien mit exotischen Tieren und die Entwicklung der Mode, das sind nur einige der Motive, die bei Ausstellungen immer wieder das Interesse eines großen Publikums finden.

Hier ist ganz besonders das Dölitzer Torhaus in Markkleeberg b. Leipzig zu nennen, in dem sich die einzige ständige Zinnfiguren-Ausstellung der DDR befindet. In 4 Räumen sind 21 Dioramen ausgestellt, in denen 7000 Zinnfiguren die einzelnen Phasen der Völkerschlacht bei Leipzig darstellen. Dem Besucher präsentiert sich hier in historisch getreuer Gestaltung ein bedeutungsvolles Thema zur deutsch-russischen Waffenbrüderschaft.

Bei Zinnfiguren wird zwischen Flachfiguren, halbplastischen und vollplastischen Figuren unterschieden. Flachfiguren sind solche mit einer Dicke bis zu höchstens 2 mm. Bei der Klassifizierung der halbplastischen Figur sind Mißverständnisse möglich, weshalb hierzu eine Begriffsklärung angebracht erscheint.

Halbplastische Figuren mit doppelter Bedeutung

1. Als halbplastisch werden Zinnfiguren mit einer Dicke von mehr als 2 mm bezeichnet. Die Dicken können aber auch 8 mm und mehr erreichen. Diese Figuren gelten als Kinderspielzeug und sind bei Kennern und Sammlern nicht gefragt. Der Grund liegt in der geringen Möglichkeit der künstlerischen Gestaltung, besonders hinsichtlich der perspektivischen Wirkung. Bei einer Flachfigur läßt sich zum Beispiel Pferd und Reiter schräg von vorn ohne Schwierigkeit in verkürzter Perspektive wiedergeben. Bei den dicken halbplastischen Figuren ist dies kaum möglich.
2. Als halbplastisch werden aber auch montierte Flachfiguren bezeichnet, die hauptsächlich durch die Duplizität plastisch wirken. Ein Wagen erhält tatsächlich 2 Räder an jeder Achse. An der Wagendeichsel laufen 2 Pferde nebeneinander usw. Durch diese Anordnung entsteht Tiefenwirkung. Der künstlerische Rang ist unbestritten, da es sich ebenfalls um Flachfiguren handelt.

Welche Figurengrößen sind vorherrschend?

Die Größe von Zinnfiguren ist sehr unterschiedlich. Um eine maßstabgerechte Anpassung und einen besseren Absatz zu erreichen, vereinbarten bereits im vorigen Jahrhundert 2 große Herstellerbetriebe in Nürnberg und in Fürth für menschliche Figuren eine einheitliche Größe von 32 mm (»Nürnberger Größe«). Von vielen Sammlern und Liebhabern sind jedoch auch größere Figuren bis zu etwa 10 cm Größe geschaffen worden, die Vitrinenfiguren genannt werden. Diese werden nicht zu Massenszenen zusammengestellt, sondern haben mehr dekorativen Charakter und werden einzeln (auch mit der Lupe!) betrachtet. Sehr große Zinnfiguren entstanden in Frankreich, wo Statuetten zwischen 20 cm und 40 cm Höhe geschaffen wurden. Dem Zinnfigurengießer bleibt also ein breiter Spielraum, für welche Größe der Flachfigur er sich entscheiden will.

Werkstoffe der Gießformen

Das bisher hauptsächlich verwendete Material ist Tonschiefer, der jedoch nicht zu hart sein darf. Zinnfigurenformen werden auch aus Grauguß, Messing, Zinkguß, Aluminium, Stahl, Bronze und heute auch aus Epoxid-Gießharz hergestellt. Falls von einer Figur nur wenige Stücke, gegebenenfalls nur ein einziges Stück gebraucht wird, kann Buchenholz verwendet werden. Dieses Hartholz hält etliche Güsse aus, doch dann schrumpft es infolge der Hitzeeinwirkung. Durch die sich bildenden Risse läuft das Zinn aus, und die Form ist nicht mehr brauchbar. Auch Gipsformen werden verwendet, jedoch kommt nur Hartgips in Frage, der auch für zahntechnische Zwecke verwendet wird.

Bild 14. Einseitig gravierte Schieferform für ein brennendes Blockhaus

Anfertigung der Gießform aus Tonschiefer

Im allgemeinen besteht eine Gießform für flache Zinnfiguren aus 2 gleich großen und gleich dicken Schieferplatten, in deren Innenseiten jeweils eine Hälfte der Figur eingearbeitet (graviert) wird. Für Figuren, deren Rückseite sichtbar ist, müssen auf jeden Fall Vorder- und Rückseite in die Platten eingraviert werden. Dies ist nicht erforderlich (und bedeutet eine Arbeitsersparnis von 50%) bei Figuren, deren Rückseite nicht sichtbar ist. Die Gießform für ein Blockhaus, dessen Wände und Dach winklig gebogen werden, ist nur einseitig zu gravieren (Bild 14). Die Innenseiten bleiben unbearbeitet. Gegen die gravierte Platte wird eine glatte Platte (gegebenenfalls genügt ein glattes Brett aus Buchenholz) gedrückt, und es kann gegossen werden.

Für eine normale doppelseitige Schieferform sind zunächst 2 fehlerfreie Schieferplatten auf gemeinsame äußere Abmessungen zu bringen. Nachdem die zu gravierenden Seiten glattgeschliffen sind, müssen sie so aufeinander passen, daß sie haften. Es darf nirgends Luft eindringen. Anschließend wird in eine Plattenseite die Kontur der Figur seitenverkehrt mit einer Nadel übertragen. Dann beginnt die schwierigste Arbeit. Alles, was erhaben werden soll, muß in den Schiefer hineingearbeitet werden. Für diese Arbeit werden Gravierstichel benutzt. Die Anforderungen an die Präzision sind hoch. Man denke nur an so winzige Details wie Uniformknöpfe, wo es um Bruchteile eines Millimeters geht. Die Benutzung einer Lupe kann von Vorteil sein. Für die Gravierarbeit ist die eiserne Gravierkugel ein unentbehrliches Hilfsmittel (Bild 15). Die Schieferplatte wird in die Führung eingespannt. Die Gravierkugel hat so

Bild 15. Arbeitsplatz eines Zinnfigurenschöpfers – Gravierkugel und Gravierstichel sind wichtige Hilfsmittel für die Bearbeitung von Schieferformen

viel Masse, daß sie in jeder gewünschten Stellung im Ringkissen stehenbleibt und somit jede Position zuläßt.

Das Gravieren menschlicher und tierischer Figuren ist schwieriger als das Gravieren von Gerätschaften, weil die anatomischen Proportionen zu beachten sind. Es ist vorher in Einzelzeichnungen festzuhalten, was alles in dieser Gravur enthalten sein muß. Allein die Kleidung ist ein gehöriges Stück Arbeit. Tracht, Uniform, Harnisch sind historisch exakt nachzubilden und auf die Figur zu projizieren. Die Kleidung hat Falten, Uniformen haben Knöpfe, Schulterstücke, Schnüre, Orden, Koppelschloß und viele andere Einzelheiten. Daß Schuhwerk und Kopfbedeckung zur Tracht bzw. Uniform passen müssen, ist selbstverständlich. Manche Figuren tragen eine Waffe, Landsknechte eine Hellebarde, andere wieder ein Musikinstrument. Arbeitet man die Gravur nicht spiegelbildlich, also seitenverkehrt ein, wird aus einem Rechtshänder ein Linkshänder. Die Soldaten schießen alle links, und die Musiker halten ihre Instrumente verkehrt in den Händen. Diese Fehler sind zu umgehen, wenn alle Zeichnungen auf Transparentpapier übertragen werden. Dieses läßt sich umdrehen, und man hat für die Gravurvorlage das Spiegelbild.

Was am meisten erhaben sein soll, wird am tiefsten in den Schiefer graviert. Aber zuerst werden die flachen Stellen eingeschabt, dann die tieferen. Der Reihe nach wird die Figur »angezogen«, wobei ständig mit eingedrücktem Plastilin der Fortgang der Arbeit zu kontrollieren ist.

Handelt es sich um Tiere, können beim Fehlen zoologischer Grundkenntnisse ebenfalls erhebliche Fehler auftreten. Beispielsweise sind Elefanten, Giraffen und Kamele Paßgänger. Beide Extremitäten einer Seite werden gleichzeitig nach vorn bewegt, also anders als beim Pferd. Manche Tierarten sind Sohlengänger, andere Zehengänger. Bei Pferden sind die verschiedenen Stellungen der Gangarten Schritt, Trab und Galopp zu berücksichtigen. Um variable Stellungen zu erhalten, werden Pferde mit 6 Beinen graviert und am Gußstück jeweils 2 Beine abgekniffen.

Ist die eine Hälfte der Form fertig, wird sie zusammen mit der zweiten Hälfte für die Haftkerne gebohrt. Die Bohrlöcher reichen in die zweite Hälfte nur ein Stück hinein. Die Löcher werden voll Zinn gegossen, und auf diese Weise ist die paßgerechte Arretierung der beiden Schieferplatten zueinander gewährleistet.

Die gravierte Schieferplatte wird kräftig angerußt und dann auf die andere Hälfte gedrückt, die zuvor angefeuchtet wurde. Hierdurch entstehen die Konturen der Gravur, die nun mit einer Graviernadel nachgezogen werden müs-

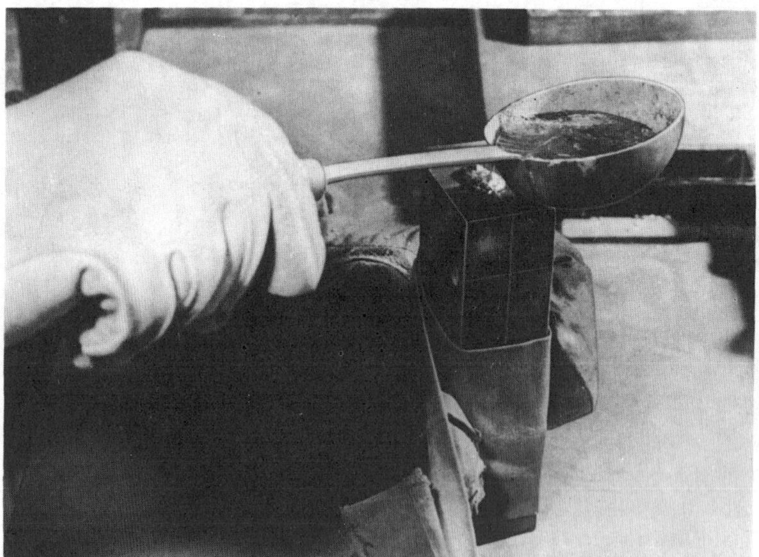

Bild 16. Eine Hand drückt die umwickelten Schiefersteine fest aneinander; mit der anderen Hand wird die Schieferform mit einem kräftigen Guß vollgegossen

sen und die äußerste Begrenzung der Gravur kennzeichnen. Von der einwandfreien Funktion der Haftkerne und der Genauigkeit der Übertragung der Umrisse von der einen auf die andere Hälfte hängt ab, ob die Naht sauber und gleichmäßig verläuft oder ob die beiden Hälften gegeneinander versetzt sind.

Nach dieser Arbeit ist der Einguß in beide Platten zu graben. Von dessen Querschnitt und Länge ergibt sich der Druck, mit dem das flüssige Metall in die Form gelangt und alle Hohlräume ausfüllt. Nicht immer reicht ein einfacher Kanal aus, sondern es müssen von einem Hauptkanal Abzweigungen zu weiter abseits liegenden Partien gegraben werden.

Ähnlich verhält es sich mit den Luftkanälen, die »Pfeifen« genannt werden. Diese haben die Aufgabe, die durch das eindringende Metall verdrängte Luft nach außen abzuleiten. Es sind also feine Luftkanäle einzuritzen. Werden sie zu kräftig gezogen, fließt Zinn aus. Dann müssen die Luftkanäle wieder verengt werden, indem etwas Material eingestemmt oder aber nach dem Schließen der Gießform ein Holzspan eingesetzt wird. Der Holzspan läßt die Luft entweichen, nicht aber das flüssige Zinn. Hauptsächlich kommen dünn ausgezogene Gravuren, wie Säbel, Lanzen und Fahnenstangen, für Luftkanäle in Frage. Probegüsse geben darüber Auskunft, wo noch Luftkanäle anzusetzen sind. Luftkanäle, die nicht zum Rand der Form geführt werden können, z. B. zwischen den Beinen der Figur, werden zu senkrechten Bohrlöchern geleitet, durch die die Luft entweichen kann. An der unteren Kante wird schließlich beidseitig das Fußbrett eingearbeitet, und die Schieferform ist fertig.

Behandlung der Schieferform vor dem Gießen

Eine optimale Funktion der Schieferform wird erst dann erreicht, wenn die Gravur eingerußt wurde. Ruß ist ein schlechter Wärmeleiter, wirkt isolierend und erleichtert dem flüssigen Metall das Hineinlaufen in die Hohlräume. Allerdings ist gewöhnlicher Kerzenruß für feinste Gravuren ungeeignet, da er sich in filigranen Hohlräumen festsetzt und sie dem flüssigen Metall unzugänglich macht. Erfahrene Figurengießer rußen ihre Schieferformen über der Petroleumlampe oder benutzen Talkum, das mit einem feinen Pinsel aufgetragen wird (Bilder 16 und 17).

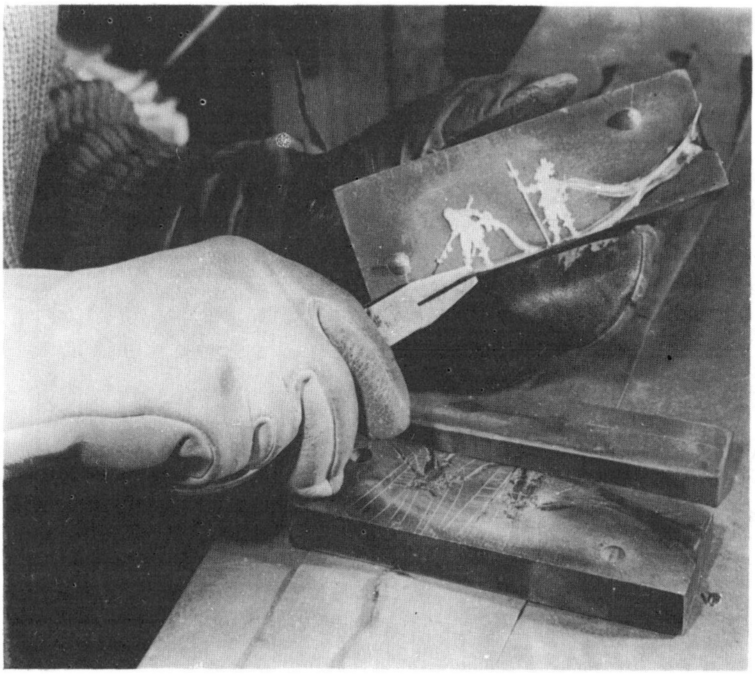

Bild 17. Nach dem Erstarren der Zinnlegierung öffnet man die Schieferform und nimmt die heiße Zinnfigur mit einer Flachzange heraus

Welche Lebensdauer ist bei Schieferformen zu erwarten?

Bereits während der Bearbeitung können verborgen gewesene Materialfehler sichtbar werden, so daß die Brauchbarkeit der Form ausgeschlossen ist. Der Schieferstein kann Risse haben, die erst spät erkannt werden und zum Bruch führen. Durch Druck oder Schlag können schwerwiegende Beschädigungen auftreten. Fällt eine Schieferform zu Boden, ist auf jeden Fall ein Schaden zu erwarten. Ist einmal ein Stück abgebrochen, läßt es sich jedoch kleben. Als Kleber wurde früher Wasserglas verwendet, dem Schieferstaub beigemischt war. Allerdings ist es nicht immer möglich, das abgebrochene Stück wieder zu verwenden, sondern es muß ein Paßstück angesetzt werden. Hierzu sind beidseitig glatte Flächen zu schaffen, und das Paßstück ist neu zu gravieren.

In den letzten Jahren ist die Verwendung von Wasserglas aus der Mode gekommen. Es wird mit sehr gutem Erfolg Epoxidharz für gerissene bzw. gebrochene Schieferformen verwendet. Das Epoxidharz EP 11 ist für Restaurierungen besonders gut geeignet. Durch das Hinzumischen von Aluminiumpulver (es ist auch Kupferpulver geeignet) wird eine ausreichende Hitzefestigkeit erreicht.

Theoretisch ist die Lebensdauer einer Schieferform unbegrenzt, aber durch starke Temperaturschwankungen wird sie herabgesetzt. Zinnfiguren werden in den meisten Fällen nur von Zeit zu Zeit gegossen. Die Schieferform wird stets aufs neue erhitzt und anschließend wieder abgekühlt. Immerhin ist damit zu rechnen, daß bei guter Pflege der Form viele Tausend Güsse möglich sind. Hierzu gehört die trockene Lagerung im warmen Raum, sehr langsames Anheizen der Form auf einer geeigneten Heiz- oder Wärmeplatte auf höchstens 80°C und ebenso langsames Abkühlen. Es muß angestrebt werden, in den einmal erhitzten Schieferstein möglichst viele Figuren zu gießen, um das oftmals zu wiederholende Erhitzen zu umgehen. Auf keinen Fall darf eine Schieferform mit der offenen Flamme erhitzt werden, da dann mit Sicherheit Spannungsrisse entstehen.

Zinnfigurenformen aus Metall

Aus den vorangegangenen Ausführungen ergibt sich, daß nicht nur die Anfertigung, sondern auch die Benutzung einer Schieferform mit einem Risiko behaftet sein kann. Der Umgang mit Schieferformen erfordert Geschick und Umsicht, wenn ein optimaler Erfolg erreicht werden soll. Aus diesem Grunde haben sich manche Hersteller (Offizinen) entschlossen, Metallformen in den Handel zu bringen (Bild 18). Dadurch sollte der weiteren Verbreitung

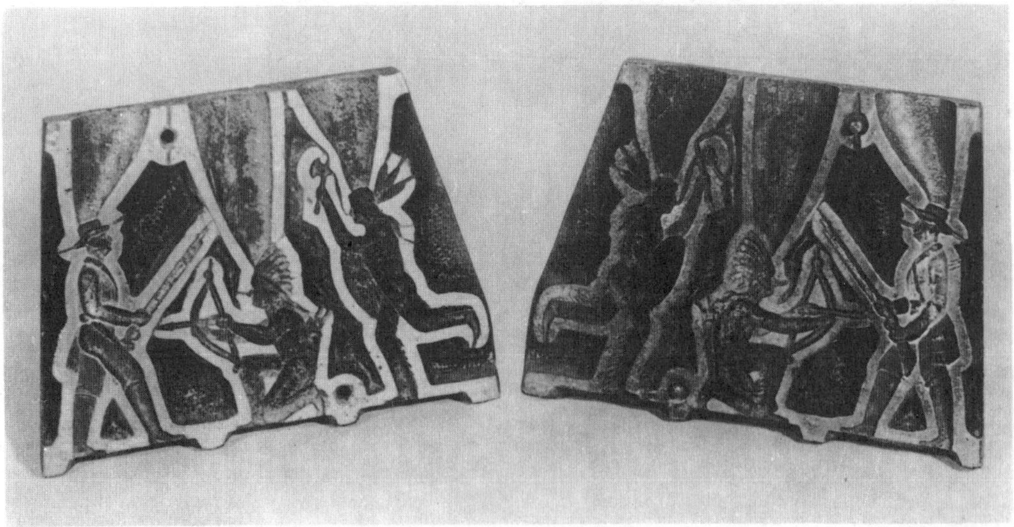

Bild 18. Zinnfigurenform aus Zinkguß für 3 verschiedene Figuren

der Zinnfigur Vorschub geleistet werden. Metallformen sind tatsächlich unverwüstlich und meist für das gleichzeitige Gießen mehrerer (auch verschiedener) Figuren vorgesehen. Metallformen können aus Bronze, Messing, Stahl, Gußeisen, Aluminium oder Zinkguß bestehen. Die Selbstanfertigung von Metallformen ist sehr aufwendig und teuer, so daß auch in Zukunft die Schieferform trotz mancher Nachteile ihren Platz behaupten wird.

Welche Legierungen sind für Zinnfiguren geeignet?

Reines Zinn scheidet von vornherein aus, weil es eine rauhe und körnige Oberfläche ergibt. Erst durch einen Bleizusatz wird das Material geschmeidiger, füllt besser die feinsten Einzelheiten der Gießform aus und ergibt eine glatte und saubere Oberfläche. Für das Zinnfigurengießen hat sich eine Legierung von 60% Zinn mit 40% Blei bewährt. Wird diese Legierung noch etwas verändert, so daß 3% Wismut enthalten sind, ergibt sich ein sehr gut geeignetes dünnflüssiges Schmelzgut. Sind Figuren mit langen Fahnen oder Lanzen zu gießen, ist ein Antimonzusatz angebracht. Durch Antimon erhält die Legierung mehr Festigkeit und Härte, so daß die Fahnen und Lanzen steif bleiben und nicht umbiegen. Dies kann durch Beimischen von etwas Weißmetall WM 80 erreicht werden. Zuweilen werden Figuren aus reinem Blei gegossen, denn Blei ist preiswerter als Zinn. Blei ist jedoch sehr weich, weshalb auch hier ein Antimonzusatz erforderlich ist. Bei starkem Antimongehalt, etwa 12...15%, werden die Figuren glashart. Zinnfiguren sollen jedoch etwas biegsam bleiben und dürfen nicht brechen; sie sollen sich nicht leicht verbiegen, aber auch ausreichend elastisch sein.

Legierungsversuche mit Weißmetall sind durchaus zu empfehlen, da es außer Antimon auch Blei, Kupfer und Zinn enthält.

Gießen der Zinnfigur

Die auf einer Wärmeplatte langsam auf maximal 80°C vorgeheizte Schieferform läßt sich nur mit Handschuhen anfassen. Die beiden Hälften werden mit einer Hand zusammengedrückt, während mit der anderen Hand gegossen wird. Bei seitlicher Anordnung des Fußbrettchens würde das Zinn hier wieder auslaufen, deshalb muß in diesen Fällen ein dritter Schieferstein gegengehalten werden. Routinierte Zinnfigurengießer umwickeln vor dem Gießen das ganze Paket mit einem breiten Leinenstreifen.

Da es sich stets um geringe Zinnmengen handelt, braucht das Schmelzgut nicht aus einem Tiegel geschöpft, sondern kann gleich im Gießlöffel über der Gasflamme geschmolzen werden (Bild 19). Das flüssige Zinn wird stets mit etwas Schwung in den trichterförmig erweiterten Eingußkanal gegossen. Es entsteht ein Druckeffekt, der den gesamten Hohlraum mitsamt den feinsten Verästelungen ausfüllen soll. Nach dem Guß wird einige Sekunden gewartet, dann läßt sich ein Teil des im Eingußtrichter noch nicht erstarrten Materials in den Gießlöffel zurückgießen. Hierdurch werden eine unnötige Aufheizung der Form vermieden und zugleich eine Zeitersparnis erreicht, denn die geringere Menge Schmelzgut erstarrt in kürzerer Zeit. Anschließend wird die Schieferform geöffnet und die Zinnfigur mit einer Flachzange herausgenommen.

Die weitere Bearbeitung der Zinnfigur

Die Eingußkanäle und Luftkanäle werden mit einer scharfen Zange oder einem Seitenschneider abgekniffen. Auch bei gutem Paßsitz der beiden Formhälften wird sich etwas Grat an der Trennfuge gebildet haben. Deshalb ist jede Zinnfigur ringsum zu entgraten, was mit einem schmalen Messer und mit Schlüsselfeilen geschieht. Erst dann ist die Zinnfigur fertig und kann bemalt werden.

Die vollplastische Zinnfigur und ihre Gießform

Die vollplastische Zinnfigur hat in den letzten Jahren an Bedeutung gewonnen, was nicht zuletzt auf die Entwicklung synthetischer, siliziumorganischer Verbindungen zurückzuführen ist, die unter der Bezeichnung Silikonkautschukpaste in den Handel kommen. Die große Bedeutung dieser kaltvulkanisierenden Silikonkautschukpasten hängt mit folgendem Sachverhalt zusammen:

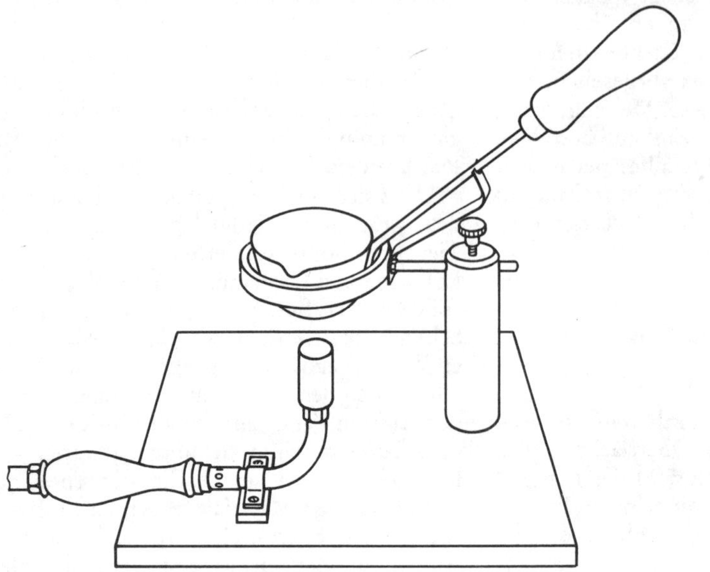

Bild 19. Gießlöffel als Schmelztiegel für geringe Mengen

Die Herstellung einer Gießform für eine vollplastische Zinnfigur nach herkömmlicher Methode unter Verwendung fester Werkstoffe, wie Gips, Tonschiefer oder Metall, würde einen enormen Aufwand verursachen. Um die zwangsläufig auftretenden Unterschneidungen zu bewältigen, wäre eine entsprechende Unterteilung der Gießform (in »Losteile«) erforderlich, so daß sich viele Fugen und Nähte ergeben würden. Aus diesem Grunde konnte sich die vollplastische Zinnfigur unter den Voraussetzungen der herkömmlichen Gießformenherstellung nicht durchsetzen.

Kalthärtende Silikonkautschukpaste – ein neuer Werkstoff für Zinngießformen

Bei dieser Silikonkautschukpaste handelt es sich um eine viskose Flüssigkeit, die in Verbindung mit einem Vernetzungsmittel bei Raumtemperatur zu einer gummielastischen Masse aushärtet. Silikonkautschukpasten werden in verschiedenen Typen vom VEB Chemiewerk Nünchritz (Kreis Riesa) hergestellt. Die Typen unterscheiden sich in der Viskosität, Gießfähigkeit und im Temperaturverhalten. Unterschiedliche Topfzeiten werden durch entsprechende Vernetzertypen erreicht. Unter Topfzeit ist die Zeitspanne zu verstehen, die zur plastischen Verarbeitung des Materials zur Verfügung steht. Ist die Topfzeit abgelaufen, geht die Silikonkautschukpaste in den gummielastischen Zustand über.

Neben 7 Typen von Silikonkautschukpaste werden 7 Typen Vernetzungsmittel angeboten. Diese werden der Paste in Verhältnissen von 2...8 Masse-% zugesetzt, wodurch sich die Topfzeiten verlängern bzw. verkürzen. Bei den Vernetzungsmitteln kann es sich um weiße Paste, gelbe und ölige Flüssigkeit sowie um rot eingefärbte Flüssigkeit handeln. Die Vernetzungsgeschwindigkeiten sind unterschiedlich. Die meisten Vernetzungsmittel kristallisieren auch bei niedrigen Temperaturen nicht aus und sind auch bei Kältegraden verwendbar.

Das Vernetzungsmittel wird mit der Paste gut vermischt, möglichst in einer mechanischen Rühreinrichtung. Es ist intensiv und zeitsparend zu mischen, um eine ausreichende Topfzeit zur Verfügung zu haben. Die Topfzeit nimmt nicht nur mit steigender Vernetzerkonzentration ab, sondern auch mit steigender Temperatur.

Viskosität – eine wichtige Eigenschaft

Um einen möglichst hundertprozentigen Abformeffekt zu erreichen, darf die Silikonkautschukpaste nicht zu dick sein. Eine ausschließlich streichbare, nicht gießbare Paste ist für die Zinnfigurenherstellung nicht brauchbar. Die Viskosität darf also nicht zu hoch sein. Gut geeignet sind die Pasten NG 3150 mit einer Viskosität von 20 Pa · s sowie NG 3170 mit einer Viskosität von 6 Pa · s.

Silikonkautschukpasten unterschiedlicher Viskosität sind untereinander mischbar. Zu hoch ausgefallene Viskositäten lassen sich mit einem Spezialverdünner (Silikonöl NM 1-50) herabsetzen, jedoch wird hierdurch die mechanische Festigkeit des fertigen Gummis etwas vermindert.

Erreichbare Topfzeiten (in min) für 2 Kautschuktypen mit verschiedenen Vernetzertypen bei jeweils 3% Zusatz (Bild 20):

	NG 3150	NG 3170
Vernetzer 1	1 ... 2	2 ... 6
Vernetzer 2	15 ... 35	30 ... 50
Vernetzer 3	60 ... 120	100 ... 150

Mit steigender Vernetzergeschwindigkeit nimmt die Topfzeit ab, so daß immer weniger Zeit zur Verarbeitung bleibt. Langsam wirkende Vernetzer können durch höhere Temperatur beschleunigt werden, so daß sich eine Zeiteinsparung ergibt. Diese Abhängigkeit ist aus der Topfzeit-Temperatur-Kurve zu ersehen.

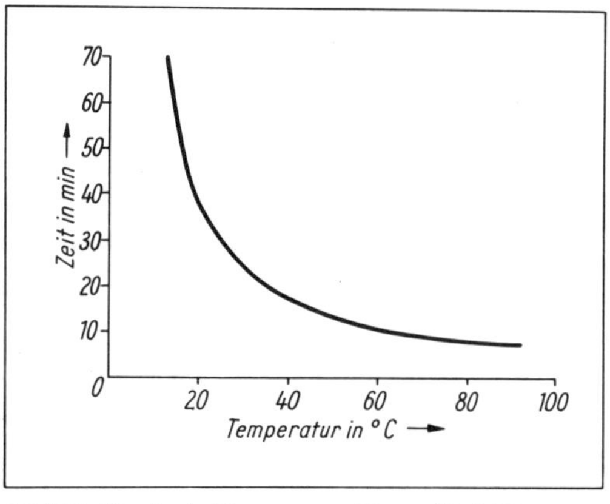

Bild 20. Topfzeit-Temperatur-Kurve für NG 3150 mit 3 % Vernetzer 2

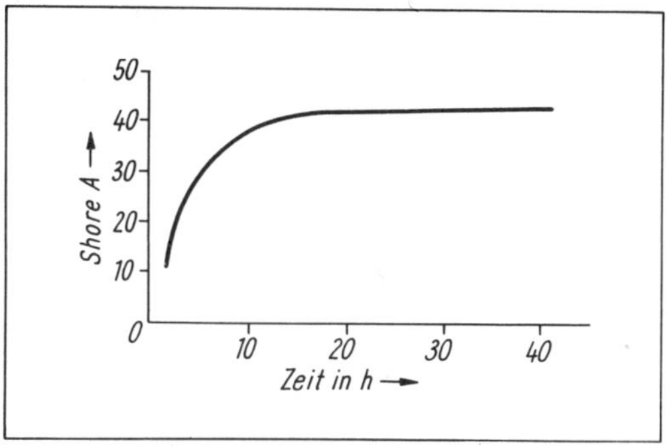

Bild 21. Aushärtegeschwindigkeit von kaltvulkanisierendem Silikonkautschuk bei 20 °C

Nach dem Erreichen der Topfzeit läßt sich der zubereitete Silikonkautschuk nicht mehr streichen oder gießen. Es schließt sich der Aushärtevorgang an, der hauptsächlich durch den Zeitfaktor beeinflußt wird (Bild 21).

Welche Temperaturen hält Silikonkautschuk aus?

Der Hersteller gibt für die genannten Silikonkautschuktypen eine Temperaturbeständigkeit von −55 ... +180 °C an. Eine kurzzeitige Überlastung bis zu +250 °C ist möglich. Damit ist dieses Material als Werkstoff für Zinngießformen geeignet. Die fertige Silikonkautschukform ist von weißer Farbe. Durch Hitzeeinwirkung dunkelt der Werkstoff im Laufe der Zeit etwas nach. Die begrenzte Haltbarkeit ergibt sich jedoch nicht primär aus der Hitzeeinwirkung, sondern aus der Belastung entsprechend der Masse des Gußstücks. Da es sich um massive Figuren handelt, läßt sich aus dem Volumen eine proportionale Beziehung zur Lebensdauer der Gießform ableiten.

Zum Werdegang einer Gießform aus Silikonkautschuk (Bild 22)

1. Von der gewünschten Zinnfigur wird zunächst ein Modell aus Hartgips angefertigt. Das Herausarbeiten der Modellfigur aus dem vollen Gipskörper stellt die schwierigste Arbeit dar und ist als der eigentliche schöpferisch-künstlerische Aufwand anzusehen.
2. Zunächst ist eine aus 4 Außenwänden bestehende Form aufzustellen. Wer die techni-

Bild 22. Silikonkautschukform mit Gipsmodell (links) und Blankfigur (rechts) – hergestellt von *Helmut Peipp* –

schen Möglichkeiten hat, kann auf einer elektromagnetischen Spannplatte (wie im Maschinenbau und in Schleifwerkstätten) die Wände aus Flachstahl aufstellen, was ein bequemes Arbeiten bedeutet. Dann gießt man eine Schicht in halber Dicke des gewünschten Gummikörpers auf und – bevor diese Schicht erstarrt – drückt das Modell bis zur Hälfte seines größten Durchmessers in die Gummischicht ein. Anschließend läßt man die Schicht aushärten. Erst dann wird isoliert und die zweite Schicht aufgegossen, so daß das Modell völlig überdeckt ist.

Das Gießen in 2 Etappen bedeutet, daß der Gummiklotz bereits in 2 Teile geteilt ist, die sich später gut voneinander lösen. Falls erwünscht, lassen sich in der unteren Schicht Vertiefungen anbringen, die beim zweiten Guß die passenden Zapfen ergeben.

3. In die Formhälften wird der Einguß eingearbeitet, wobei – wie bei der Schieferform – auf eine trichterförmige Gestaltung Wert zu legen ist. Danach steht die Kautschukform zum Gießen zur Verfügung.

Es wird empfohlen, vor dem Abgießen eines in aufwendiger Arbeit entstandenen Modells den technologischen Ablauf einschließlich der Zubereitung der Silikonpaste mit einem kleinen, einfacheren Gipsmodell zu üben.

Vollplastische Zinnfiguren erreichen im allgemeinen keinen höheren künstlerischen Wert als Flachfiguren, aber sie wirken lebensvoller.

Bei vollplastischen Figuren wird meist ein größerer Maßstab gewählt als bei üblichen Flachfiguren. Die Herstellung eines Modells scheint bei kleineren Figuren schwieriger zu sein. Es haben sich hauptsächlich deshalb Figurengrößen mit Augenhöhen zwischen 54 mm und 60 mm herausgebildet. Hierdurch avanciert diese Kleinplastik zur Vitrinenfigur.

Entsprechend der Figurengröße »wachsen« alle Einzelheiten mit und sind der eingehenden Betrachtung durch die Lupe ausgesetzt. Vollplastische Zinnfiguren sind auch als Blankfiguren sehr attraktiv. Werden sie farbig bemalt, treten winzige Details viel deutlicher hervor als bei den Flachfiguren. Uniformen mit ihren Rangabzeichen und Verzierungen, Helme, Mützen, Hüte, Waffen und Lederzeug, alles ist naturgetreu zu bemalen. Bei Fahnenträgern ist die Bemalung der Fahnen wichtig, denn Uniform und Fahne müssen zeitlich zusammenpassen. Auch auf die Bemalung der Pferde ist zu achten. In manchen Armeen ritten Offiziere nur auf Schimmeln, Soldaten hingegen auf Braunen oder auf Füchsen.

Einzelheiten – separat gegossen

Aus dem besonderen Charakter der vollplastischen Zinnfigur ergeben sich gegenüber der Flachfigur einige Möglichkeiten der separaten Anfertigung von Einzelheiten. Bei Reiterfiguren wird der Reiter nicht mit dem Pferd zusammen gegossen, sondern separat gegossen und aufgesetzt. Ähnlich verhält es sich mit der Lanze oder anderen Waffen, der Fahne, dem Visier, der Packtasche, dem Zaumzeug usw. Die Kopfbedeckung kann einzeln gegossen und dann aufgesetzt werden. Es hängt vom künstlerischen Empfinden und dem handwerklichen Geschick des Figurenschöpfers ab, wie weit er diese Kleinarbeit treiben will oder kann.

Sturzguß – ein Hohlgußverfahren für große Zinnfiguren

Unter »Zinnfigur« ist hier eine sehr große vollplastische Figur zu verstehen, die nicht massiv gegossen werden soll. Beispielsweise sind die Figuren der Bergmannsleuchter so groß, daß sie als Massivguß einen unvertretbar hohen Materialeinsatz erfordern würden. Solche Figuren werden horizontal auf Rumpfmitte geteilt und jeweils eine Hälfte gegossen. Die Formen sollen etwas vorgewärmt werden, damit das Schmelzgut alle Hohlräume erreicht. Nach dem Gießen soll das flüssige Material am Außenmantel zuerst erstarren. Nach dem Erstarren der äußeren Partien wird das noch flüssige Material wieder zurückgegossen (»gestürzt«). Das Gußstück ist dadurch mit einer hohlen Schokoladenfigur vergleichbar.

Dieses Verfahren wird auch für Güsse angewendet, in die kein fester Kern eingelegt werden kann. Beispielsweise würde ein Kern aus einem geschwungenen, schwanenhalsartigen Ausguß für eine Kaffeekanne nicht herausnehmbar sein (Bild 23). In diesen und ähnlichen Fällen kann der Sturzguß zum Erfolg führen.

Zinnminiaturen – Puppengeschirr und Puppenmöbel

Für manchen Liebhaber von Zinnminiaturen sind der Besitz und das Sammeln von Puppengeschirr schon deshalb reizvoll, weil sich auf engstem Raum und in gut übersichtlicher Form eine große Kollektion winziger Kannen und Krüge, Becher und Schalen, Teller und Tassen sowie Bestecke, Uhren, Wandschmuck und an-

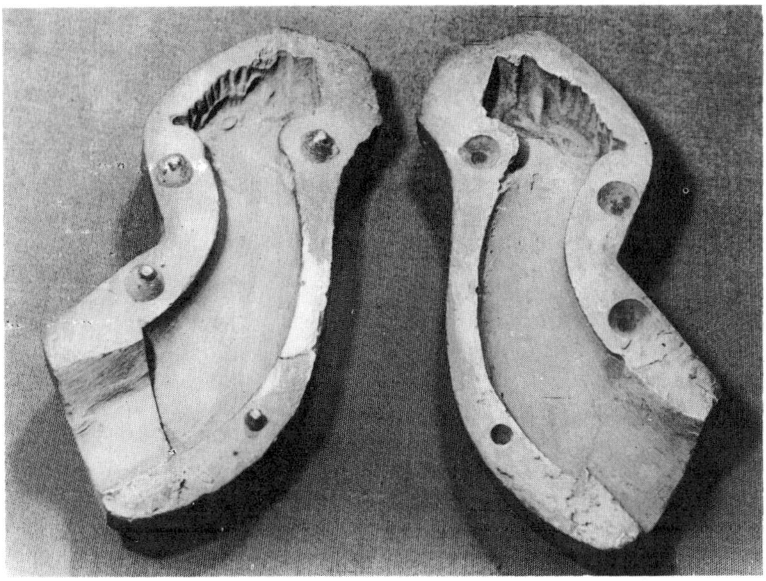

Bild 23. Eiserne Gießform ohne Kern für einen Kannenausguß, der im Sturzguß gegossen wird

Bild 24. Schieferform für einen Puppensessel – aus der ehemaligen Zinnspielwarenfabrik Krause in Gotha –

deres Inventar in einem Puppenzimmer anordnen läßt und ein Stück Geschichte vergangener Wohnkultur widerspiegelt.

Vom Serviettenring bis zum Kronleuchter, alles wurde in Zinn gegossen und in früheren Zeiten von einigen Offizinen vertrieben. Einige wenige Offizinen produzieren derartige Miniaturen noch heute. Die Eigenanfertigung führt am besten über die Schieferform (bzw. Epoxid-Gießharzform) zum Erfolg. Da man die Gußstücke wegen ihrer Winzigkeit anschließend nicht bearbeiten kann, müssen sie fertig aus der Gießform kommen. An die Präzision werden somit hohe Ansprüche gestellt.

Ähnlich verhält es sich mit Puppenmöbeln, die fast immer in Schieferformen gegossen werden. In die Platten ist das Gußstück beidseitig im aufgeklappten Zustand (im Sinne der Abwicklung) eingraviert (Bild 24). Nach dem Gießen wird nur der Einguß abgekniffen, gegebenenfalls Grat beseitigt, dann das Stück zurechtgebogen und bei Bedarf zusammengelötet. Puppenmöbel bleiben oftmals blank, sie werden aber bespannt (Bild 25).

Bild 25. Gußstücke aus dieser Schieferform und fertiger Puppensessel

Einfache heiße Güsse

Becher, Teller und Schüssel – Anfertigung von Gießformen

Becher, Teller, Schalen, Schüsseln und viele andere Gefäße sind stets rund. Alle runden Körper lassen sich relativ einfach in ein Drehbankfutter spannen und bearbeiten. Diesen Vorteil sollte man so oft wie möglich schon bei der Konstruktion der Gießform berücksichtigen. Runde Gießformen können jederzeit nachgearbeitet oder geändert werden. Außerdem lassen sie sich in vielen Fällen als Spannhilfe für das betreffende Gußstück verwenden, soweit dessen Innenbearbeitung nicht auf noch einfachere Weise möglich ist.

Glatter, gerader Becher und seine Gießform

Becher sind relativ einfache Gußstücke. Sie sind für Anfänger wie für Fortgeschrittene dennoch geeignete Objekte, weil sie sehr unterschiedliche Schwierigkeitsgrade aufweisen können, was natürlich auch für die Gießformen gilt. Die einfachsten Becher sind glatt und zylindrisch oder auch konisch, so daß sie in einer ungeteilten Form gegossen werden können. Soll der Becher einen Fuß oder einen Profilring an der Außenwand bekommen, muß die Gießform aus Hälften bestehen. Zunächst sollen Möglichkeiten für die Anfertigung einfacher Becher vorgestellt werden. Als Werkstoff für eine Becherform kommt zunächst Grauguß in Frage. Nur in Ausnahmefällen sollte man Aluminium einsetzen. Grundsätzlich ist vorher zu klären, wie der Kern aus dem Becherrohling gelöst werden soll. Da der Nachbau einer Originalform voraussichtlich an den hohen Kosten für Modelle, Gießen und Bearbeitung scheitern wird, können auch nicht originale Arbeitsverfahren angewendet werden. Es gilt, Ersatzlösungen zu suchen. Hierfür gibt es folgende Möglichkeiten:

1. Der Becher wird in einer offenen Form gegossen. Der Kern zeigt mit seinem dünnen Ende nach oben. Es ist reichlich Material aufzugießen, das dann wieder abgedreht wird, bis die gewünschte Bodendicke erreicht ist. Diese zusätzliche Dreharbeit eignet sich für Einzelanfertigungen.
2. Der Becher wird in einer geschlossenen Form gegossen. Eine geschlossene Gießform hat nur durch den Eingußkanal Verbindung nach außen. Die Kontur des Gußstücks ist endgültig, abgesehen von der minimalen Spanabnahme. Das Abdrehen von Übermaterial ist hier ausgeschlossen. Für das Gießen größerer Serien ist diesem Bautyp der Vorzug zu geben.

In der geschlossenen Form zeigt der Becher mit seiner Öffnung nach oben. Falls ein Fußkern vorgesehen ist, kann dieser mit der Grundplatte aus einem Stück bestehen. Auch der große Kern kann mitsamt dem Deckel aus einem Stück gearbeitet sein. Ein dicker, weit über den Außenmantel hinausragender Deckel bietet für die Hammerschläge gute Angriffsmöglichkeit. Ist jedoch der Einguß als Durchbruch in den Deckel gearbeitet, könnten Schwierigkeiten auftreten. Es muß hierbei der Widerstand des im Einguß erstarrten Zinns zusätzlich überwunden werden. Dieses Problem kann umgangen werden, indem Kern und Deckel getrennte Bauteile sind, die miteinander verschraubt werden. Nach dem Lösen des Deckels läßt sich die gesamte Gießform zerlegen, bis auf den im Becher sitzenden Kern. Mit Hilfe einer eingeschraubten Schlagstange, ein in Zinngießereien sehr seltenes, aber nützliches Hilfsmittel, läßt sich der Kern herausziehen. Die Benutzung der Schlagstange (für das Lösen von Kernen in vielen Fällen zu empfehlen) ist deshalb vorteilhaft, weil die Zugkraft genau auf Mitte ansetzt (Bild 26). Der auf der Stange verschiebbare runde Körper wirkt als Hammer. Die erreichbare Schlagkraft hängt von der Masse des Schlagkörpers, aber auch von der Länge der Schlagstange (sie sollte etwa 30 cm lang sein) ab. Das wechselseitige Schlagen an einen Deckel ist zwar sehr zeitsparend, verursacht aber stets ein Verkanten.

Die Verwendung einer Schlagstange ist besonders bei festen Werkstoffen (Stahl, Grauguß) gut möglich. Bei Aluminium reißen leicht die Gewinde aus. Wird die zuerst beschriebene Methode angewendet, also Kern und Deckel aus einem Stück, ist Aluminium ebenfalls nicht brauchbar, weil dieser weiche Werkstoff durch die Hammerschläge sofort deformiert wird.

Eine einfache, ungeteilte Becherform entsteht

Es ist zweckmäßig, die Becherlänge der Arbeitslänge des Kreuzsupports anzupassen. Der Drehstahl muß die gesamte Becherlänge zuzüglich Aufmaß infolge Übermaterials in einem Zuge abfahren können. Andernfalls muß der Support nachgesetzt werden, wobei lästige Absätze entstehen, die die Arbeit erschweren.

Ein normaler Trinkbecher hat einen Öffnungswinkel von 10°, was einer Gradeinstellung am Support von 5° entspricht. Um einen Trinkbecher bei diesem Öffnungswinkel mit einem Volumen von 250 ml auszustatten, sind folgende Innenmaße des fertigen Bechers vorzusehen:

Tiefe 85 mm, großer Durchmesser 72 mm, kleiner Durchmesser etwa 57 mm. Der kleine Durchmesser ergibt sich bei richtiger Gradeinstellung von selbst. Zu diesen Maßen sind doppelte Wanddicke und Bearbeitungszugabe zu addieren. Ist eine maschinelle Bearbeitung mit dem vom Support geführten Drehstahl vorgesehen, sollte die Bearbeitungszugabe reichlicher bemessen sein als beim Einsatz des Stichels. Die Bearbeitungszugabe ist je zur Hälfte auf die Außen- und Innenseite zu legen. Bei maschineller Bearbeitung ist eine Wanddicke des rohen Gußstücks von 3,5 mm zweckmäßig. Hiervon sind 1,5 mm als Bearbeitungszugabe gedacht, so daß der fertige Becher eine Wanddicke von 2 mm aufweist. Wird aus besonderen Gründen sicherheitshalber eine dickere Wand eingeplant, so kann man dies nach Fertigstellung der Gießform nicht mehr rückgängig machen. Es müßte dann ein neuer Kern angefertigt werden.

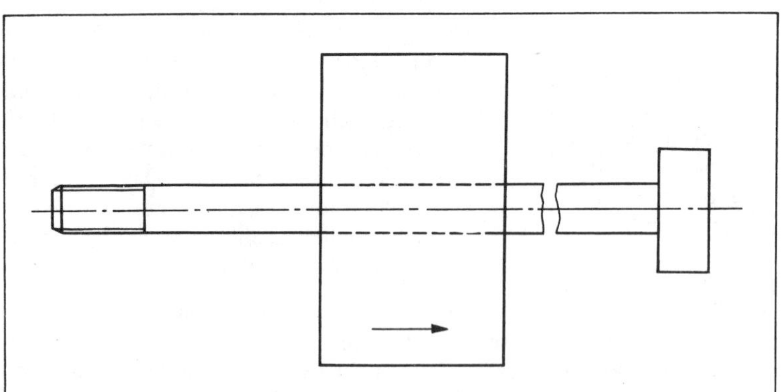

Bild 26. Schlagstange

Anschließend ist für den Boden eine ausreichende Dicke festzulegen. Diese kann am fertigen Becher ebenfalls 2mm betragen. Das hier vorzuschlagende Gießformmuster sieht vor, daß der Becher mit dem Boden nach oben zeigt, sich also der Einguß über den ganzen Bodendurchmesser erstreckt. Somit macht es sich erforderlich, den Außenmantel um den Betrag des Eingusses länger zu halten. Bei dieser Methode entsteht nun ein entsprechend dicker Becherboden, der sich aber leicht auf das gewünschte Maß abdrehen läßt.

Diese einfache Becherform ist eine »offene Form« (Bild 27). Komplikationen durch eingeschlossene Luftblasen kann es bei diesen Formen nicht geben. Schwierigkeiten treten erst dann auf, wenn man über den Rand gießt. Das überstehende Material wirkt wie ein Nietkopf, der das Hinausdrücken des Bechers verhindert.

Das heiße Gießen setzt eine vorherige Erhitzung der gesamten Gießform voraus. Ob die Gießform mit offener Flamme erhitzt wird oder im Backofen, ist gleichgültig. Mit einem Zinnstab, der der gleichen Legierung angehört, kann die Erhitzung der Form kontrolliert werden. Es ist nicht immer notwendig, daß der Zinnstab beim Probieren zerfließt. Es kann sein, daß die Temperatur ausreicht, wenn der Zinnstab zu schmieren anfängt.

Nach dem Vollgießen der Form wird von unten her gekühlt. Nach dem Erkalten muß zunächst eines der beiden Formteile vom Gußstück gelöst werden. Löst sich zuerst der Kern (das ist bei Verwendung von Aluminium sehr wahrscheinlich), kann der Becher im Mantel verbleiben und wird mit diesem in das Drehbankfutter gespannt. Jetzt ist die Innenbearbeitung möglich. Ist der Becher innen fertig, wird durch Schläge auf den dicken Boden der Becher aus der Form geschlagen. Nun beginnt die Außenbearbeitung. Aber ein Zinnbecher läßt sich nicht ohne weiteres in ein Drehbankfutter spannen. Der ganze Becher könnte deformiert werden. Deshalb ist ein konischer Aufnahmedorn anzufertigen, der selbstverständlich das gleiche Winkelmaß wie der Becher erhält. Jedoch muß der Aufnahmedorn kürzer sein als die Bechertiefe, damit er nicht auf dem Boden aufsitzt. Der Becher darf nur mit der Wandung anliegen.

Viele Zinngießer benutzen nur Holzdorne, weil sie eine günstige Reibungskraft entwickeln und die bearbeitete Zinnoberfläche vor Beschädigungen bewahren. Aber wenn ein Holzdorn in ein Dreibackenfutter gespannt wird, kann er ebenfalls Schaden erleiden und läuft dann nicht mehr rund. Dieses Problem läßt sich umgehen, indem man Metalldorne verwendet und Zeitungspapier beilegt, damit das Zinn nicht auf dem Metall aufliegt und sich Kratzer bilden.

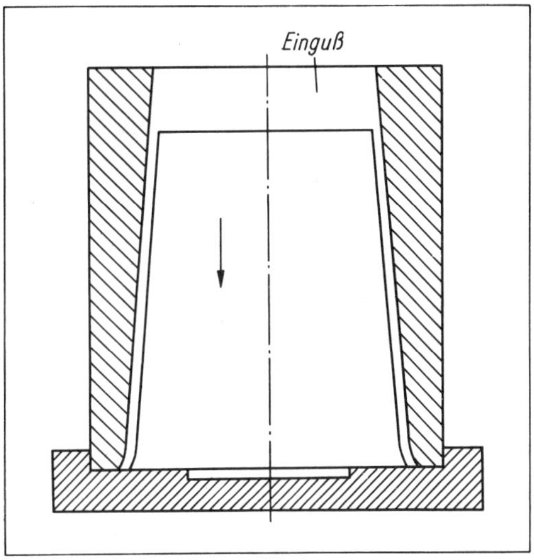

Bild 27. Einfache, ungeteilte und offene Becherform, bei der Kern und Außenmantel in Zentrierungen angebracht sind

Nach der Außenbearbeitung kann es durchaus geschehen, daß sich der Becher nicht vom Dorn löst. Ein glatter Becher hat nirgends einen Absatz, gegen den man Druck ausüben könnte.

Wie läßt sich ein festsitzendes Zinnwerkstück vom Dorn lösen?

Da diese Schwierigkeit vorauszusehen ist, sollte durch einen technischen Kniff vorgebeugt werden. In gleicher Weise, wie Metallkerne ein Gewinde zum Herausziehen erhalten, kann auch ein Aufnahmedorn mit einem kräftigen Gewinde versehen sein. Das Gewinde M 12 hat sich zum Herausziehen von Becherkernen gut bewährt. Zu diesem Gewinde gehört eine Schlagstange, die an ihrem hinteren Ende einen Kopf aufweist (voller Kopf oder festgeschweißte oder vernietete Mutter). Am vorderen Ende der Stange befindet sich ebenfalls ein Gewinde M 12. Die eigentliche Kraft wird durch den durchbohrten Eisenkörper ausgeübt,

Bild 28. Ungeteilte Becherform – aus dem Nachlaß von *Herbert Knöfel* –

der sich auf der Stange leicht hin und her bewegen läßt. Nach dem Einschrauben der Stange wird der runde Eisenkörper mit Wucht gegen den Kopf am Stangenende geschlagen. Dies wirkt wie ein Hammerschlag, ohne daß das Zinnwerkstück irgendeinen Schaden nimmt. Entschließt man sich zu dieser Methode, sind alle vorhandenen Kerne und Dorne (soweit es deren Größe zuläßt) an ihren Stirnseiten mit dem Gewinde M 12 zu versehen.

Für die Lösung dieses Problems sind mehrere konstruktive Wege denkbar. Im Grunde ist es jedoch gleichgültig, auf welche Weise das Herausziehen des Kerns bzw. des Gußstücks aus dem Formenmantel geschieht. Die Möglichkeiten der Eigenanfertigung sind sehr verschieden, ebenso die Ansprüche an die Handlichkeit und den Zeitaufwand für den einzelnen Guß.

Wenn einleitend gesagt wurde, daß der in einer ungeteilten Form (Bild 28) gegossene Becher keinen Profilring haben darf, so gilt das nicht für den oberen Becherrand. An der äußersten Kante des Formenmantels darf stets ein Profil ausgedreht werden, doch muß es nach außen offen sein und darf sich nicht wieder halbkugelförmig verengen. Eine gewünschte Rundung kann man also nicht fertig gießen, sondern sie muß zum Schluß mit Stichel und Klinge geformt werden.

Geschwungener Becher und seine Gießform

Die Anfertigung eines Bechers mit geschwungenen Konturen ist ungleich schwieriger. Die Kontur des Kerns wird konkav, also hohl gewölbt. Diese Oberfläche läßt sich noch relativ leicht bearbeiten, weil man mit der Feile bequem Zugang hat. Das Ausarbeiten des konkaven Profils läßt sich mit einer entsprechend geschnittenen Blechschablone kontrollieren. Schwieriger wird es mit dem konvexen Profil des Formenmantels. Der Anteil der Handarbeit ist hierbei hoch. Wird für den Formenmantel Grauguß verwendet, muß ein Mehrfaches an Arbeitsaufwand gegenüber dem Werkstoff Aluminium angesetzt werden. Oftmalige Kontrollen mit Hilfe von Plastilin zwecks Einhaltung der richtigen Wanddicke sind notwendig. Damit das Plastilin nicht festhaftet und aufreißt, sind beide Metallteile leicht einzuölen.

Für das Zusammenpassen der beiden wichtigen Bauteile Kern und Formenmantel ist stets eine Zentrierung erforderlich, damit die konzentrische Stellung gewährleistet ist. Andernfalls ist eine gleichmäßige Wanddicke des Gußstücks nicht zu erreichen.

Die Oberflächenbearbeitung des geschwungenen Bechers muß überwiegend von Hand erfolgen, da Radien nicht präzise mit dem Support abgefahren werden können. Nur den Boden kann man beidseitig mit dem Drehstahl bearbeiten. (Radien lassen sich nur mit Hilfe einer Formschiene abfahren. Siehe »Kopierdrehen bei hohen Stückzahlen«, S. 87)

Becher mit Fuß

Es ist leicht einzusehen, daß ein Becher mit Fuß in einer ungeteilten Form zwar gegossen werden kann, sich aber dann weder nach oben noch nach unten herausnehmen läßt. Der Becher ist blockiert, weil auf den kleinen Durchmesser in der Mitte wieder ein größerer Durchmesser folgt, nämlich der Fuß. Das Gußteil ist »hinter sich«. Somit wird die Anfertigung einer geteilten Gießform erforderlich. Hierunter ist der in Längsrichtung halbierte Formenmantel zu verstehen. Die Anfertigung einer derartigen Gießform ist recht aufwendig und stellt erhebliche Anforderungen an das fachliche Können, so daß sie vornehmlich dem gelernten Dreher oder Schlosser zu empfehlen ist.

Anfertigung einer geteilten Becherform (Bilder 29 und 30)

Für den Formenmantel kommt Grauguß in Frage. Aluminium ist weniger gut geeignet, weil das Öffnen und Schließen der Form mit relativ hoher Belastung der Kanten und Trennfugen sowie der Arretierung verbunden ist. Es ist am sichersten, massives Material zu verwenden. Graugußstangen haben oft ein Kernloch. Es muß sorgfältig geprüft werden, ob genügend

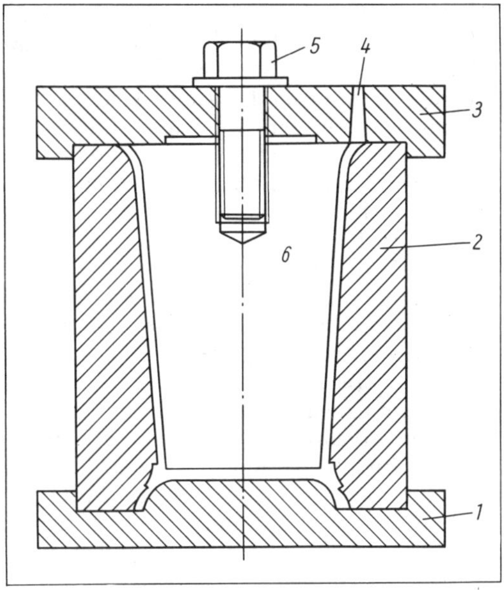

Bild 29. Bei der Becherform sind Deckel und Kern miteinander verschraubt
(1) Grundplatte mit Fußkern
(2) Außenform (auch Formmantel, Mantelform)
(3) Gießformdeckel
(4) Eingußkanal
(5) Schraubverbindung
(6) Kern
– Fußkern und Grundplatte sind aus einem Stück gearbeitet. Ein Fußkern kann auch nachträglich aufgeschraubt werden. Dann ist für den konzentrischen Sitz eine Zentrierung vorzusehen – wie im Deckel vorhanden –

Bild 30. Geteilte Becherform

Bearbeitungszugabe vorhanden ist. Der kritische Punkt in der Berechnung ist der Sägeschnitt, um dessen Breite zuzüglich Bearbeitung der Trennfugen die beiden Hälften ihren Durchmesser einseitig verändern. Im Bereich der Trennfugen verändert sich der Durchmesser kaum, wohl aber der Durchmesser im Winkel von 90° hierzu. Somit muß mit einer erheblichen Spanabnahme gerechnet werden, bis die beiden Hälften rundlaufen.

Um das in Längsrichtung erforderliche Sägen zu erleichtern, ist bei massivem Material das Vorbohren zweckmäßig. Bei einem Sägeschnitt von 3 mm Breite ist für die Innenbearbeitung eine Materialzugabe von etwa 10 mm vorzusehen. Der vorgedrehte Graugußkörper wird auf einer Fräsmaschine mit der Metallkreissäge (eine Bügelsäge ist ungeeignet) auf Mitte zersägt, und zwar jede Wand einzeln. Anschließend werden die entstandenen Flächen überfräst oder geschliffen.

Nun müssen beide Hälften verstiftet werden. Die eine Hälfte erhält 2 Zylinderstifte, die andere Hälfte die erforderlichen Löcher. Diese Arbeit verlangt große Genauigkeit beim Anreißen und Bohren. Ist eine Ungenauigkeit von nur 0,2 mm entstanden, klemmen die beiden Hälften, und die Trennfugen liegen nicht aufeinander. Die Winkligkeit der Bohrlöcher ist sehr wichtig, damit die Stifte in fluchtende Bohrlöcher passen. Diese Löcher können nicht freihändig mit der Handbohrmaschine gebohrt werden, es ist eine Tischbohrmaschine zu benutzen. Um die in aufwendiger Arbeit entstandenen Gießformhälften nicht durch ungenaues Bohren zu verderben, empfiehlt sich die folgende *Übung* (Bild 31):

> Zwei bearbeitete Metallstücke (Grauguß, Aluminium von je 100 mm Länge, 60 mm Breite und etwa 10 mm Dicke werden nach Anriß mit 8 mm tiefen Sacklöchern versehen, so daß beim Aufeinanderlegen beide Lochpaare miteinander fluchten. In die eine Seite werden 5 mm dicke Zylinderstifte fest eingepaßt. Die andere Seite des zweiten Metallstücks muß sich nun, ohne zu klemmen, fugendicht auflegen lassen.

Erst wenn diese Übung beherrscht wird, kann das Bohren der Gießformhälften gewagt werden. Die einwandfreie Funktion der Paßstifte ist dann erwiesen, wenn sich die beiden Hälften

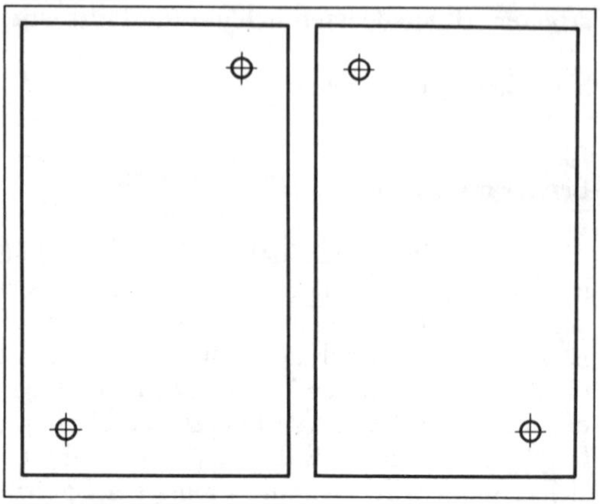

Bild 31. Übungen zum Bohren von Sacklöchern

von Hand so aufeinanderdrücken lassen, daß an den Trennfugen nirgends eine Fühllehre von 0,03 mm hineinpaßt (Bild 32). Nach diesem Zusammenpassen werden die beiden Hälften mit Hilfe eines Druckrings und 4 Stahlschrauben zusammengespannt. Die Dicke der Stahlschrauben hängt von der Größe der Form ab. Schwächer als M 6 sollten Druckschrauben möglichst nicht sein.

Für den Druckring ist Stahl zu empfehlen (Bild 33). Die Verwendung von Grauguß ist bedenklich. Durch die Gewindelöcher entstehen im Ring 4 schwache Stellen. Beim Zusammenspannen kann ein Graugußring hier reißen. Soll dieser Ring nicht nur zum Bearbeiten der Hälften oder des Gußstücks dienen, sondern auch zum Zusammenspannen beim Gießen, ist mit Sicherheit Bruch zu erwarten. Durch das Erhitzen und das anschließende Kühlen bilden sich Spannungsrisse an den Gewindelöchern. Graugußringe halten nur wenige Güsse aus.

Die Fertigbearbeitung der zusammengespannten Gießformhälften erfordert nochmals große Umsicht, weil diese innen und außen schlagen, verursacht durch den Sägeschnitt. Durch das abschließende Bohren und Drehen ergibt sich die endgültige Wanddicke der Gießform.

Welche Mindestwanddicken sind einzuhalten?

Die notwendige Wanddicke einer Metallgießform ergibt sich aus dem verwendeten Werkstoff und aus der Größe. Da im allgemeinen nur Grauguß in Frage kommt, können andere

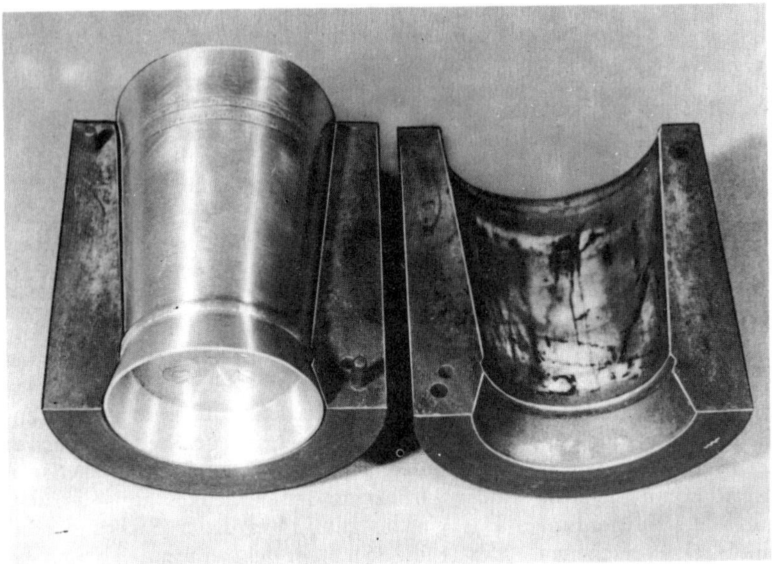

Bild 32. Zur Innenbearbeitung in die geteilte Gießform eingelegter Becher

Bild 33. Mit einem Druckring zusammengespannter Gießformmantel, der sich in ein Drehbankfutter gut einspannen läßt

Werkstoffe außer Betracht bleiben. Für eine Becherform ist eine Mindestwanddicke von 12 mm einzuhalten, bezogen auf die dünnste Partie. Dies ist ein Erfahrungswert, der sich auf die mechanische und thermische Belastung stützt. Soll eine Gießform für einen ähnlichen, aber erheblich größeren Gefäßkörper geschaffen werden, etwa für eine Kanne von 1 l Inhalt oder mehr, muß auch die Wanddicke steigen und kann Dikken von 16 mm erreichen. Eine reichliche Wanddicke bietet ganz allgemein mehr Sicherheit gegen Verzug und Bruchgefahr.

Wie sind die Gießformhälften voneinander zu lösen?

Nach dem Gießen sitzen die Gießformhälften »wie angegossen« zusammen. Da sie außen rundgedreht sind, bietet sich kaum eine Handhabe, sie voneinander zu trennen. Die einfachste Methode ist das Bohren von kurzen Löchern zu beiden Seiten der Trennfugen. In die kurzen Sacklöcher läßt sich ein passendes Werkzeug einsetzen (Durchschlag, Dorn). Mit Hammerschlägen lassen sich die beiden Hälften voneinander lösen. Um ein einseitiges Klemmen zu umgehen, müssen diese Sacklöcher an jeder Trennfuge oben und unten beidseitig gebohrt werden, so daß für 2 Formhälften insgesamt 8 Löcher zu bohren sind.

Die Grundplatte muß je eine Zentrierung für den Formmantel und den kleinen Fußkern aufweisen. Dem Hohlraum des Becherfußes entsprechend wird ein Kern aus Grauguß gedreht, mit einer Gewindebohrung von M 6 oder auch

M 8 versehen und auf die Grundplatte geschraubt. Als Zentrierung genügt das Gewindeloch. Die konzentrische Stellung der geteilten Formhälften wird am leichtesten durch einen auf die Grundplatte geschraubten Stahlring erreicht. 3 Schrauben M 5 halten den Ring sicher, jedoch muß die konzentrische Stellung zum Fußkern gewährleistet sein.

Als weiteres wesentliches Teil ist ein Deckel anzufertigen, der oben über die Gießformhälften mit einem Absatz greift. Dieser Absatz hat wiederum die Funktion einer Zentrierung. An den Deckel kann der Becherkern angeschraubt werden. Somit befinden sich alle Teile derartig übereinander angeordnet, daß sie gegen seitliche Verschiebung gesichert sind. Aus dem Abstand zwischen dem Fußkern und dem am Deckel befestigten großen Kern ergibt sich die Dicke des Bodens. Aber nun fehlt noch der Einguß. Da es sich bei dieser mit Deckel versehenen Gießform um eine geschlossene Form handelt, ist das gesamte Schwindreservoir in den Einguß zu verlegen. Zunächst ist in den Deckel eine Eingußöffnung einzuarbeiten. Diese kann nicht ein einfaches Bohrloch sein, weil nur der Querschnitt der Wandpartie für den Durchlaß wirksam wird. Es kommt also nur ein Langloch in Frage, das genau über der Becherwand verlaufen muß. Für einen Becher mit einer Masse von etwa 250 g ist ein Eingußquerschnitt von 45 mm^2 ausreichend. Da das Langloch die gleiche Breite haben soll wie die Becherwand dick wird (etwa 3 mm), ergeben sich für die Länge des Langlochs 15 mm. Auf dieses Langloch läßt sich eine (innen konische!) Stahl- oder Graugußbuchse setzen, die als Eingußtrichter dient. Wer über weitergehende technische Möglichkeiten verfügt, kann diese Buchse etwas in den Deckel einlassen. Dadurch läßt sich die Gießform neigen, ohne daß der Eingußtrichter abrutscht.

Es hängt von der paßgerechten Bearbeitung der Zentriersitze ab, ob diese Gießform zusammengeschraubt werden muß. Sind untere Zentrierung und Deckel genau gearbeitet, brauchen die beiden Formhälften nicht zusätzlich mit dem Druckring zusammengespannt werden. Das gleiche gilt in vertikaler Richtung (Bilder 34 und 35). Stellt sich heraus, daß beim Gießen flüssiges Zinn austritt oder sich der Deckel infolge Auftriebs hebt, ist eine Spannvorrichtung erforderlich. Schraubzwingen sind jedoch unhandlich, können leicht abrutschen (besonders bei Hitzeeinwirkung!) und zum Mißerfolg führen. Sicherer sind kräftige Schrauben oder Stehbolzen, die die gesamte Form zusammenhalten.

Bild 34. Geteilte Bechergießform – aus dem Nachlaß von *Herbert Knöfel* –

Bild 35. Bechergießform, zerlegt

▶ Zylindrische und sich nach oben erweiternde Gefäße können stets mit Boden gegossen werden. Sich nach oben verengende Gefäße kann man nur als Mantel gießen, in den später ein Boden eingesetzt werden muß.

Becher mit Reliefdekor

Im allgemeinen müssen Gußstücke mit erhabenen Profilringen oder Wülsten stets in zweigeteilten Formen gegossen werden, weil sie aus ungeteilten Formen nicht zu lösen wären. Der Profilring entsteht durch das Vollgießen einer in die Innenseite des Formmantels eingedrehten Nute. Der Ring kann aus der Nute herausgleiten, weil weitere hintergossene Widerstände nicht vorhanden sind.

Beim Reliefdekor verhält es sich etwas anders. Hier sind nur stellenweise Hohlräume in den Formmantel hineingearbeitet. Werden diese vollgegossen, ist ein Herausgleiten des erhabenen Musters nicht möglich, trotz der Zweiteilung der Gießform. Der hier auftretende Widerstand ist von *radialer* Wirkung (Bild 36).

Ein völlig anderer Sachverhalt entsteht, wenn ein Relief nicht in den Formmantel, sondern in die Stirnseite einer Form eingearbeitet wird wie bei einem Leuchterfuß. In diesem Fall ließe sich das Gußstück sogar aus einer ungeteilten Form ohne Schwierigkeiten herausnehmen, weil dieser Widerstand von *axialer* Wirkung ist und sich mit dem in gleicher Richtung bewegten Gußstück aufhebt.

Wird eine zweigeteilte Gießform mit Reliefdekor versehen, bilden sich an den Trennfugen die kritischen Punkte. Hier bleibt das Gußstück hängen. Würde man diese Partien wegfräsen, verringert sich der Winkel von 180°. Aus diesem Grunde sind viele Reliefformen dreiteilig, denn der Winkel beträgt nur noch 120°. Die kritische Partie an der 180°-Trennfuge existiert nicht mehr, und das Gußstück läßt sich leicht herausnehmen.

Becher mit Reliefdekor sind ein reizendes Objekt für den Selbstbau, ausreichende technische Fertigkeiten vorausgesetzt.

In einer staatlichen Zinnwerkstätte in Prag fand der Verfasser eine dreigeteilte Becherform, die über 150 Jahre alt ist und noch einwandfrei funktioniert. Der Becher, der die Konturen eines Eierbechers aufweist, ist am oberen Rand und am Fuß mit Reliefdekor verziert (Bild 37).

Teller und seine Gießform

Zu allen Zeiten gehörten Teller zu den wichtigsten Geräten im Haushalt. Schon sehr früh, etwa im 16. Jahrhundert, avancierte der Zinnteller vom einfachen Gebrauchsgerät zum Ziergegenstand und wurde in extremen Fällen zum kunstvollen und kostbaren Prunkstück. So kam es, daß der Teller durch den Einfluß der verschiedenen Stilepochen eine große Vielgestaltigkeit erreichte: klein, groß, glatt, passig geschweift, flach, tief, mit breitem oder mit schmalem Rand, mit erhabener Mitte, mit Re-

Bild 36. Einzelteile einer dreigeteilten Becherform mit Reliefdekor

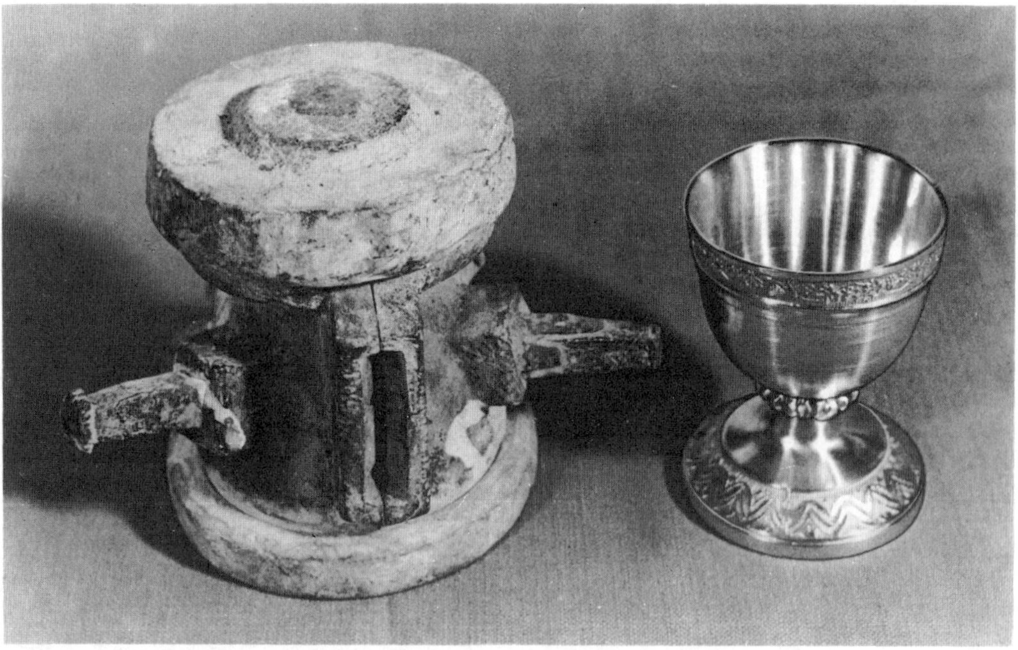

Bild 37. Becherform, zusammengesetzt – Entstehungszeit um 1820; im staatlichen Besitz der ČSSR – Rechts: fertiger Becher

liefdekor oder Gravur, gepunzt, geschlagen, mit Münzen oder Medaillen geschmückt usw.

Aber auch der Gebrauchsteller konnte sehr aufwendig und kompliziert gearbeitet sein wie etwa ein um 1850 von *Carl August Schwarz* in Glauchau geschaffener Wärmeteller. Dieser war doppelwandig, und es wurde heißes Wasser eingefüllt, um die Speisen lange warm zu halten. Bei den Gebrauchstellern war der Tellerrand fast immer hohl, also konkav geschwungen und zum äußersten Rand ansteigend. Bei den Ziertellern des 16. und des 17. Jahrhunderts hingegen, von denen sich einige durch einen besonders breiten Rand auszeichneten (Blumenteller, Kardinalshut), war die Vertiefung relativ klein geworden. Der breite Rand war bei diesen Tellern gerade und stets parallel zur Bodenfläche.

Somit eröffnen sich dem Zinngießer mehrere Möglichkeiten zur Gestaltung eines Tellers und zur Anfertigung einer entsprechenden Gießform. Als Werkstoff für die Gießform dient Aluminium oder Grauguß. Für einen einfachen glatten Teller würde Aluminium ausreichen. Soll der Teller hingegen mit Punzdekor versehen werden, ist unbedingt Grauguß zu verwenden. Eine Aluminiumform würde die vielen Hammerschläge nicht aushalten, so daß mit Deformation oder Bruch gerechnet werden muß.

Fällt die Werkstoffauswahl auf Aluminium, ist der Abguß der beiden Gießformteile (Unter- und Oberteil) am kostengünstigsten in einer Leichtmetallgießerei durchzuführen. Allerdings müssen zuvor 2 Holzmodelle angefertigt werden. Es sind ausreichende Bearbeitungszugaben einzurechnen, damit nach der Bearbeitung auf der Drehbank die dünnsten Stellen noch eine Wanddicke von mindestens 10mm aufweisen.

Soll für die Tellerform Grauguß eingesetzt werden, ist ebenfalls mit Hilfe von Holzmodellen das Abgießen in einer Eisengießerei möglich. Allerdings sind Einzelstücke unwirtschaftlich, und es erscheint fraglich, ob ein solcher Kleinauftrag unterzubringen ist. Falls das Gießen abgelehnt wird, bleibt nur die Möglichkeit, die gesamte Tellerform aus vollem Material herauszuarbeiten. Graugußplatten von etwa 40mm Dicke sind in Eisengießereien gegebenenfalls vorhanden. Es kann unter Umständen auch Schrott verarbeitet werden. Alter Grauguß ist durch den Alterungsprozeß spannungsfrei und läßt sich besser bearbeiten als ein frischer Abguß.

Einen Nachteil hat das Herausarbeiten aus vollem Material allerdings, beide Formteile werden rund. Es ist nicht möglich, einen seitlichen Einguß anzuordnen, wie das beim Abgießen nach einem Holzmodell möglich wäre. Das nachträgliche Anschrauben eines Eingußkanals gelingt nur bei sehr dicken Wänden.

Tellergießformen mit seitlichem Einguß können bequem in schräger Stellung (30°C bis 45°C) vollgegossen werden. Fehlt ein seitlicher Einguß, kommt die senkrechte Stellung der

Bild 38. Tellergießform aus Aluminium – Im staatlichen Besitz der ČSSR –

Bild 39. Tellergießform mit zentrischem Einguß und Auswerfer

Form beim Gießen in Frage (Bild 38). Bei tiefen Tellern und Schüsseln können sich ungünstige Druckverhältnisse ergeben. Die während des Gießens aufsteigende Luft bleibt als Blase im scharfen Knick des Seitenbords stehen, so daß hier ein Loch entsteht. Somit ist es interessant, eine andere Konstruktion mit spezieller Technologie näher zu betrachten.

Tellergießform mit zentrischem Einguß für den Schleuderguß (Bild 39)

Diese Tellergießform eignet sich besonders gut für den Selbstbau, denn sie ist rund. In der Mitte des Unterteils befindet sich das Gießloch. Eine Einsenkung nimmt den Einguß auf. Es ist zweckmäßig, diesen Einguß aus Sechskantmaterial herzustellen. Nach dem Erstarren des Gusses läßt sich mit einem passenden Maulschlüssel der Einguß drehen, bis der Zinnzapfen im Gießloch abreißt und der Einguß abgenommen werden kann.

Die nach unten gekehrte Oberseite der Tellerform hat eine Zentrierung möglichst großen Durchmessers. Diese paßt auf eine kugelgelagerte Drehscheibe (ein »Karussell«). So kann die gesamte Tellerform vor dem Gießen in Drehung versetzt werden (Bild 40). Es entstehen Zentrifugalkräfte, die das eingegossene flüssige Zinn sofort in die äußersten Ecken drücken. Die Bildung von Luftblasen ist ausgeschlossen. Die Erhitzung der Gießform ist allerdings nicht in der horizontalen Lage möglich, da die nach unten gekehrte Seite mit der Flamme schlecht erreichbar ist. Hierzu muß die Gießform in einen Schraubstock gespannt werden, wird hier von beiden Seiten erhitzt, dann auf das »Karussell« gesetzt und in Drehung gebracht.

Welche Drehgeschwindigkeit ist erforderlich?

Bei eigenen Gießversuchen ergab sich als günstige Drehgeschwindigkeit 125 m/min, gemessen am Außendurchmesser der rotierenden

Bild 40. Schleudergießen eines Tellers – Die zusammengespannte Gießform kommt auf eine kugelgelagerte Drehscheibe und wird in kräftige Drehung versetzt; der oberste Absatz dient zum Einspannen der Gießform in ein relativ kleines Drehbankfutter –

Form. Das Minimum liegt bei etwa 80 m/min. Unterhalb dieses Werts bleibt die Zentrifugalkraft unwirksam. Die Drehgeschwindigkeit ergibt sich aus der Formel

Gießformdurchmesser · 3,14 · U/min

Beispiel:

Eine Tellergießform mit einem Durchmesser von 28 cm macht auf dem Karussell 140 U/min.

Es ergibt sich:

$0{,}28\,\text{m} \cdot 3{,}14 \cdot 140 = \underline{\underline{123{,}09\,\text{m/min}}}$

Dieser Wert ist ausreichend für eine gute Füllung der Form. 140 U/min lassen sich im Handbetrieb erreichen.

▶ Je größer die Gießform, desto geringer kann die Drehzahl sein.

Welchen Einfluß hat die Masse der Gießform?

Die in Drehung versetzte Gießform erhält die Funktion eines Schwungrads. Je schwerer, desto günstiger! Eine leichte Aluminiumform verliert schneller ihre Drehzahl und muß möglicherweise noch während des Gießens wieder beschleunigt werden.

Wie verhält es sich mit kleinen Gießformen?

Es erscheint verlockend, auf dem Karussell auch kleine Gußstücke, wie Deckel u. ä., zu gießen. Aber kleine Gießformen haben wenig Masse. Das Erreichen einer entsprechend hohen Drehzahl und ausreichender Zentrifugalkraft wird schwieriger. Es werden mit kleiner werdenden Durchmessern Drehzahlen erforderlich, die im Handbetrieb nicht zu erreichen sind. Hier kann ein kleiner Elektromotor gute Dienste leisten. Da aber im allgemeinen Elektromotoren nicht mit schaltbaren Getrieben ausgerüstet sind, müßte die volle Drehzahl auf die Gießform übertragen werden. Hierbei können Zentrifugalkräfte in einer Höhe auftreten, die für den Gießvorgang nicht erforderlich sind. Der höhere Druckeffekt ist gießtechnisch zwar nicht schädlich, aber er birgt folgende Gefahren in sich:

- Die geringste Undichtheit der Gießform führt zum Auslaufen der Form.
- Durch die hohe Motordrehzahl bedingt, wird das austretende flüssige Schmelzgut ringsum in der Werkstatt verspritzt, was hohe Unfallgefahr bedeutet (besonders Hautverbrennungen, Augenverletzungen usw.).
- Ein großer Teil des verspritzten Materials ist kaum zurückzugewinnen, deshalb hoher Materialverlust.

▶ Für das Schleudergießen kommen hauptsächlich größere Gießformen in Betracht, die im Handbetrieb auf ausreichende Drehgeschwindigkeit zu bringen sind.
Danach sollen die Gußstücke eine horizontale Ausdehnung ihrer Kontur aufweisen, denn bei tiefnapfigen Gefäßen können sich die Zentrifugalkräfte nicht in gewünschter Weise auswirken.

Wandteller mit erhabener Mitte

Dieser dekorative Zierteller bereitet in seiner Herstellung keine größeren Schwierigkeiten als ein Teller mit glattem Boden. Um die Mitte erhaben gestalten zu können, muß die Kernseite eine entsprechende Aussparung aufweisen. Diese läuft beim Gießen voll und wird zur erhabenen Mitte. Es ist nicht unbedingt notwendig, hierfür einen Kern vorzusehen. Ein Kern würde zwar das Ausdrehen an der Rückseite ersparen, doch erscheinen vor Anfertigung einer solchen Tellerform folgende Überlegungen zweckmäßig:

- Eine Tellerform mit glattem Boden kann jederzeit zum Gießen eines glatten und erhabenen Tellers verwendet werden. Ist der Kern für eine erhabene Mitte mit der Gießform fest verbunden (aus einem Stück), können nur Teller mit erhabener Mitte gegossen werden.
- Ein Kern ließe sich zwar anschrauben, doch müßte bei Nichtbenutzung das Schraubenloch bündig verschlossen werden.
- Ist die Kernseite zugleich Eingußseite, ist es fraglich, ob sich das Anbringen eines Kerns konstruktiv lösen läßt.
- Der Zeitaufwand für den Umbau und das Risiko, daß flüssiges Zinn in Fugen und Gewindelöcher dringt und alles blockiert, lassen das Ausdrehen der rückwärtigen Partie der erhabenen Mitte einfacher erscheinen.

Ein nützliches Detail – die Randwulst als Zentrierung

Das Unterteil der Tellergießform ist zugleich auch Spannhilfsmittel für den Teller bei der Bearbeitung auf der Drehbank. Der Teller ruht »wie angegossen« in seiner Gießform, und beides läuft miteinander rund. Ist der Teller jedoch erst allseitig bearbeitet, klappert er in der Gießform hin und her und läuft nicht mehr rund. Es ist jedoch wünschenswert, daß der Teller auch nach seiner Fertigstellung noch sicher in der Gießform ruht, so daß Nacharbeiten noch möglich sind. Hierfür ist eine Zentrierung vorzusehen. Gut geeignet ist die Randwulst. Die Zentrierung ist auch dann wirksam, wenn der

Bild 41. Punzarbeit an einem Wandteller

Bild 42. Punzdekor an einem Tellerrand

Teller gewendet und die Unterseite bearbeitet wird.

Die Randwulst entsteht dadurch, daß mit gleichem Durchmesser (das bedeutet unveränderte Position des Profilstahls) in jedes Gießformteil an den äußersten Rand eine Rundnute eingedreht wird.

Bearbeitung eines Wandtellers mit erhabener Mitte

Ablauf der Arbeitsgänge:

1. Gegossenen Teller entgraten, Gießformunterteil in das Drehbankfutter einspannen, Teller einsetzen und mit der Pinole unter Verwendung eines Zwischenstücks (Holz, Hartgewebe) festdrücken
2. Tellerrand komplett bearbeiten, Zierlinien einstechen, Punzdekor einschlagen (Bilder 41 und 42)
3. Wechsel der Spannbefestigung: 3 Spannklammern werden am Umfang im gleichmäßigen Abstand so angesetzt, daß sie auf die Randwulst drücken. Es sind Stücke aus Leder, Weichplast oder Fußbodenbelag zwecks Vermeidung von Druckstellen zwischenzulegen.
4. Komplette Bearbeitung der gesamten Innenpartie
5. Losspannen des Tellers
6. Messen: Bodendicke, Durchmesser der erhabenen Mitte und deren Höhe zum Spiegel (Bodeninnenseite)
   (*Beispiel:* Bodendicke 3 mm, Durchmesser der erhabenen Mitte 98 mm, Höhe 7,5 mm)
7. Mäßiges Andrücken der Tellerrückseite mit der Pinole. Durch kurzen Rundlauf kontrollieren, daß die Randwulst sicher in der Zentrierung sitzt
8. Bearbeitung des rückwärtigen Tellerrands
9. Wechsel der Spannbefestigung: Die 3 Spannklammern werden wieder an den Tellerrand gesetzt, der Reitstock zurückgefahren
10. Der Boden wird auf die vorgesehene Dicke abgedreht. Der Durchmesser der erhabenen Mitte wird abzüglich doppelter Wanddicke ausgedreht. Die Höhe der erhabenen Mitte erscheint hier in umgekehrter Weise als Einsenkung in gleicher Tiefe wie die vorn gemessene Höhe.
    (Zu obigem *Beispiel:* Die Bodendicke möge mit 1,8 mm vorgesehen sein. Somit sind noch 1,2 mm abzudrehen. Der Durchmesser der Einsenkung beträgt bei 1,5 mm Wanddicke 95 mm. Die Einsenkung wird 7,5 mm tief.)

Der eigentliche kritische Punkt dieses Verfahrens ist das unter Nr. 7 angeführte mäßige Andrücken. Weil der Teller nur mit seiner Randwulst aufliegt, federt er unter dem Druck der Pinole. Damit der Teller trotz des mäßigen Drucks nicht rutscht, ist die Randwulst sauber und trocken zu halten. Treten dennoch Schwierigkeiten auf, kann mit zwischengelegtem Zeitungspapier ein Notbehelf erreicht werden.

Glatter Teller

Für den Guß eines glatten Tellers kann das Angießen der erhabenen Mitte entfallen. Hierdurch ließen sich Material und Zeit sparen, denn das überflüssige Material muß wieder abgedreht werden. Um mit weniger Schmelzgut auskommen zu können, müßte der Hohlraum für die erhabene Mitte mit einer Paßscheibe ausgefüllt werden. Solche Maßnahmen können aber nur dann sinnvoll sein, wenn winklige Wände den exakten Sitz einer Paßscheibe garantieren. Ist jedoch die Einsenkung mit einem auslaufenden Radius versehen (das ist bei einem Zierteller die Regel), müßte auch die Paßscheibe diesen Radius aufweisen, damit ein fugendichtes Anliegen möglich ist. Es ist fraglich, ob sich dies technisch realisieren läßt. Wahrscheinlich wird also flüssiges Zinn in die Fuge eindringen und gegebenenfalls sogar hinter die Paßscheibe gelangen. Damit ist eine Verankerung vorhanden, die ein Herausnehmen des gegossenen Tellers verhindert.

Es erscheint angesichts dieser Schwierigkeiten einfacher, den Teller mit erhabener Mitte zu gießen und durch Abdrehen der Erhebung aus ihm einen glatten Teller zu machen.

Auf den ersten Blick mag ein glatter Teller einen geringeren Schwierigkeitsgrad gegenüber dem zuvor besprochenen Wandteller mit erhabener Mitte aufweisen. Das ist aber nicht der Fall. Der glatte Teller wirkt mit seiner großen, ebenen Bodenfläche wie ein Spiegel. Alle Fehler (Rattermarken s. S. 85, Lötstellen, Vertiefungen, Erhebungen, Absätze, poröse Stellen usw.) wirken sehr auffällig. Sehr kritisch ist die Verwendung von breiten Klingen, weil Schwingungen erzeugt werden, die ihre Spuren hinterlassen. Ist beispielsweise an einer Stelle ein Absatz entstanden, muß bei stillgesetzter Maschine zunächst dieser Absatz mit scharfer Klinge und Schmirgelleinwand egalisiert werden, bevor der Rundlauf fortgeführt wird.

Öse für den Wandteller

Meist kommen Zinnteller mit erhabener Mitte als Wandteller in Betracht, doch wirkt auch ein glatter Teller sehr dekorativ, wenn der breite Rand mit reicher Gravur oder anderem Dekor versehen ist. Ein Teller mit 26 cm Durchmesser kann eine Masse von 1 kg erreichen. Allein hieraus ergibt sich die Notwendigkeit, eine haltbare Öse zum Aufhängen anzubringen (Bild 43).

Die Verwendung käuflicher Ösen für Bilderrahmen und deren Befestigung durch Kleber kommt unter keinen Umständen in Frage, auch nicht bei Verwendung hochbelastbarer chemischer Spezialkleber. Für die Öse kommt kein anderer Werkstoff als eine Zinnlegierung in Betracht. Somit ergibt sich für die Befestigung der Öse nur eine Lötverbindung.

Bei Verwendung eines anderen metallischen Werkstoffs für die Öse, Eisen- oder Messingblech, können chemisch-physikalische Abstoßungserscheinungen auftreten, die zur Zerstörung der Lötverbindung führen.

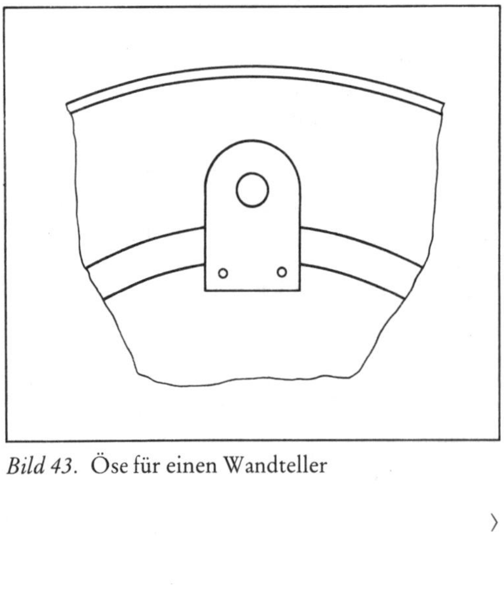

Bild 43. Öse für einen Wandteller

Die Gestaltung der Ösenform ist gegenüber der Festlegung ausreichender Maße weniger wichtig. Eine Öse kann stumpf angelötet werden, so daß sie mit dem Tellerboden bündig abschließt. Für einen Wandteller kommt aber auch das Aufsetzen einer (flachen) Öse in Frage, so daß die Öse mit ihrem unteren Teil aufliegt. Die Lötverbindung kann dann zusätzlich durch zwei kleine Zapfen hergestellt werden. Hierzu sind in der Öse 2 Löcher von je 4 mm Durchmesser vorgesehen. Die Ösengießform ist hier durchbohrt und mit Paßstiften versehen. Dadurch können die Löcher nicht vollaufen. Ein dritter, dickerer Paßstift spart das Aufhängeloch aus. Im allgemeinen reicht ein Loch von 6 mm Durchmesser aus. Für einen Wandteller mit einer Masse von 1 kg wird eine flache Öse mit folgenden Maßen empfohlen:

Breite	20 mm
Länge	28 mm
Dicke	2,5 mm

Ist eine passende Öse für den fertigen Teller entworfen, sollte dem Anlöten unbedingt eine Übung vorausgehen.

Übung:
Es werden mehrere Ösen aus der gleichen Legierung gegossen, wie sie für den Teller verwendet wurde. Ebenfalls aus dieser Legierung wird dann ein Probestreifen von etwa 25 mm Breite, 100 mm Länge und der gleichen Dicke wie der Tellerboden gegossen.

Die erste Öse wird bündig angesetzt, stumpf angelötet und nach dem Abkühlen mit 3 kg, 6 kg und 10 kg belastet. Reißt die Öse ab, ist die Lötnaht auf Fehler zu untersuchen.

Die zweite Öse wird mit etwa 8 mm überlappt. Die vorgegossenen Löcher werden auf dem Probestreifen mit einer Reißnadel durchgerissen und in die markierten Kreise mit einem 80-W-Lötkolben kleine Zapfen aufgesetzt. Die Finne des Lötkolbens darf den Probestreifen kaum berühren. Zwischen Probestreifen und Finne hängt der Tropfen Lot, bis er bindet und zu einem Zapfen hochgezogen werden kann. Nach dem Auflöten beider Zapfen (wofür sich handelsüblicher Kolophonium-Lötdraht gut eignet), wird die Öse aufgelegt, und die Zapfenenden werden mit der Öse verlötet, so daß die Löcher vollständig ausgefüllt sind. Anschließend wird etwas leichtflüssiges Lot an die Fuge gebracht und mit der Gasflamme geschmolzen. Auch diese Lötverbindung ist durch die Belastungsprobe auf Haltbarkeit zu überprüfen.

Nach jeder Übung ist zu kontrollieren, ob sich die Unterseite des Probestreifens (der ja dem Tellerboden entspricht) verändert hat. Wurde zuviel Hitze zugeführt, sind blinde Stellen entstanden. Erst nach dem einwandfreien Verlauf mehrerer Übungen kann das Anlöten einer Zinnöse an den fertigen Teller vorgenommen werden.

Erfahrene Zinngießer können umständliche Sicherheitsmaßnahmen umgehen und löten die angesetzte oder aufgelegte Öse mit dem Lötkolben an. Durch die Verwendung von Flußmitteln können Spritzer entstehen, die auf dem polierten Tellerboden häßliche Flecke hinterlassen. Es ist zweckmäßig, die Umgebung der Lötstelle mit einem passenden Stück Pappe oder Blech abzudecken.

Schüssel und ihre Gießform

Als Schüssel wird bei alten Stücken ein sehr großer Teller bezeichnet, der nicht zum Essen, sondern zum Aufbewahren oder Auftragen von Speisen verwendet wurde. Schüsseln können ausschließlich dekorativen Charakter haben und Durchmesser von über 45 cm erreichen. Die Temperantiaschüssel von *Caspar Enderlein* (1611) und die Marsschüssel von *Francois Briot* (Ende 16. Jahrhundert) sind hierfür die bekanntesten Beispiele. Schließlich können sich Schüsseln durch ihre Tiefnapfigkeit von Tellern unterscheiden und, von geringerem Durchmesser, glatt oder auch mit Reliefdekor verziert sein. Schüsselformen mit original eingeschnittenem Reliefdekor waren zu allen Zeiten kostbare Objekte, die nicht allen Zinngießern zur Verfügung standen. Um die hohen Kosten zu umgehen, wurden auch Gießformen mit eingegossenem Dekor (Bilder 44 und 45) hergestellt, deren Qualität allerdings nicht die der geschnittenen Form erreicht.

Die Selbstanfertigung einer Schüsselgießform ist wegen der zu bewältigenden Materialdicke durch die Tiefnapfigkeit erschwert. Das Einarbeiten eines Dekors kommt nur für den Schüsselrand in Frage und bleibt routinierten Könnern vorbehalten.

Alte Gießformen können undicht sein

Zuweilen gelingt es, eine alte Schüsselgießform aus dem Nachlaß eines Zinngießers zu beschaffen. Eine solche Gießform ist möglicherweise 100 Jahre alt. Durch Abnutzung sind die Dichtflächen nicht mehr einwandfrei, so daß beim Heißgießen Zinn ausläuft. Der durch die übli-

Bild 44. Schüsselform mit Reliefdekor; im Vordergrund das Gußstück

Bild 45. Schüsseln mit gleichem Dekor

che Schraubzwinge ausgeübte Druck reicht nicht mehr aus, die beiden Formteile zusammenzudrücken. Bei Schraubzwingen ungenügender Größe kann durch außermittiges, schiefes Ansetzen eine Kippwirkung entstehen, so daß die Dichtflächen nicht überall aufeinanderliegen. Um diese Undichtheit auf ein Minimum zu reduzieren, ist eine Papierdichtung beizulegen und der Anpreßdruck zu erhöhen. Hierfür eignet sich sehr gut ein Radabzieher (Bild 46), der mit 3 Armen angreift und einen stärkeren und gleichmäßigeren Druck ausübt. Auf diese Weise lassen sich auch verzogene und undichte Gießformen für Teller und ähnliche Gußstücke verwenden, soweit nicht bereits andere Spannhilfsmittel vorgesehen sind.

Zur Eigenanfertigung einer Schüsselgießform

Als Werkstoff kommt im allgemeinen nur Grauguß in Frage. Bei der Konstruktion der Gießform ist zu klären, ob sie auch zur Bearbeitung der Schüssel verwendet werden soll. Ist dies nicht zu realisieren, muß das Gußstück so gestaltet sein, daß es sich bequem in ein Drehbankfutter spannen läßt. Große Aufmerksamkeit muß der Gestaltung der Fußpartie gelten. Ein kräftiger Fuß ist erwünscht, damit die Futterbacken sicher greifen können. (Die Verwendung der Spannzange wird im nächsten Abschnitt behandelt.)

Ist der Fuß im Größenverhältnis zur Schüssel zu dick geraten, kann er zum Schluß abgedreht werden. An der Schüssel entsteht der Fuß dadurch, daß in den Boden des Gießformunterteils eine Nute eingestochen wird. Von der Gestaltung dieser Nute kann die gesamte Funktionsfähigkeit der Gießform abhängen, weil der Ausdehnungskoeffizient des Zinns in ungünstiger Weise wirken kann. Die zwischen dem Zinnfuß stehende Partie wird als kreisrunder Körper vom heißen Zinn umschlossen. Der Ausdehnungskoeffizient von Zinn ist höher als der von Grauguß. Wird der Fuß kräftig dimensioniert, kann er auch entsprechenden Druck ausüben.

Beispiel:

Eine 5 mm breite und 5 mm tiefe Nute mit abgeschrägten Wänden (mit einem Öffnungswinkel von 4°) faßt so viel Zinn, daß sich die gegossene Schüssel nicht aus der Gießform löst. Das erstarrte Zinn schrumpft stärker als die Gießform und legt sich wie eine Bandage fest um das scheibenartige Mittelfeld (Bild 47).

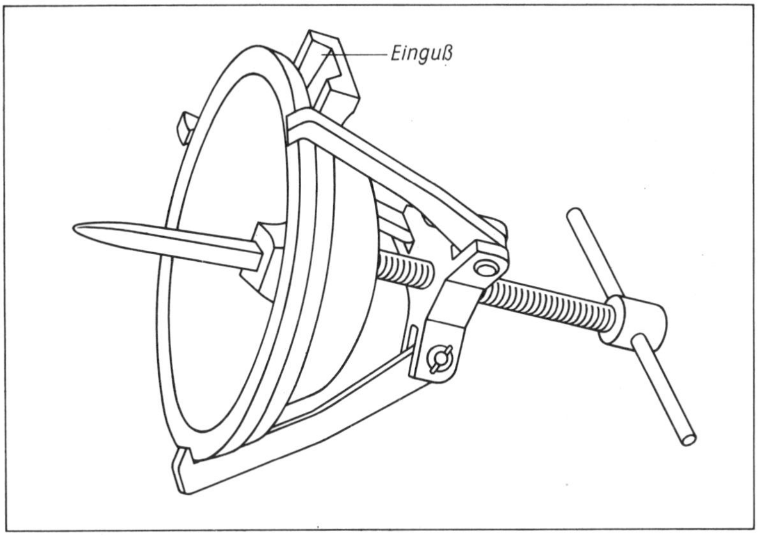

Bild 46. Anwendung eines Radabziehers an undichten Gießformen

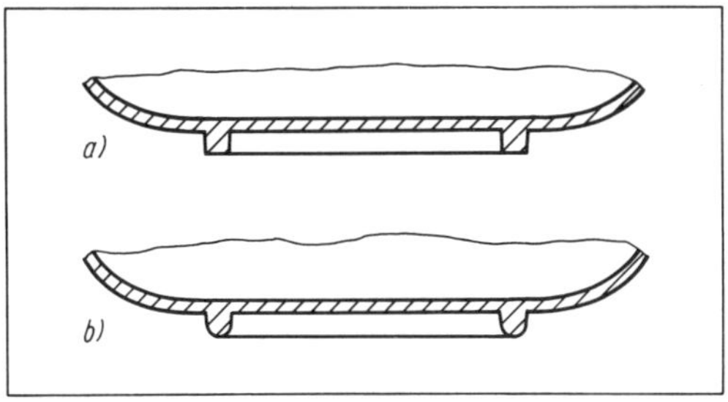

Bild 47. Schüsselgießform
a) falsch
– Hier kann trotz der Gußschräge das Gußstück so festsitzen, daß es sich nicht aus der Gießform löst –
b) richtig
– Die Druckverhältnisse sind günstiger, wenn der Fuß nicht scharfkantig ist und nicht mit geraden Flächen, sondern mit einem Radius versehen wird. Dieser Schüsselfuß löst sich leichter aus der Gießform –

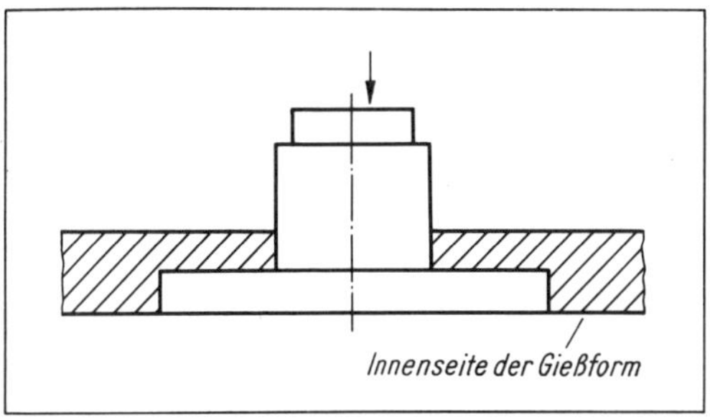

Bild 48. Auswerfer für Teller und ähnliche Gußstücke, die sich nicht von allein lösen

Wie kann dieser Komplikation begegnet werden?

Die Nute muß ein geeignetes Profil erhalten. Da gerade Wände trotz Abschrägung noch einen erheblichen Schrumpfdruck aufnehmen, bleibt als brauchbare Lösung das halbrunde Profil. Dieses ist so zu dimensionieren, daß bei Bedarf durch Überdrehen des Fußes ein ausreichend langer Sitz entsteht, damit die Futterbacken gut greifen können.

Das Gußstück löst sich trotzdem nicht aus der Gießform!

Bei selbstgebauten Graugußformen für Teller oder Schüsseln kann es vorkommen, daß sich das Gußstück nicht aus der Gießform löst. Dafür kann es mehrere Ursachen geben, die der Reihe nach zu untersuchen wären. Für konstruktive Änderungen sind nach Fertigstellung einer Gießform aber nur geringe Möglichkeiten vorhanden. Falls auch ein Kunstgriff nicht zum Erfolg führt (Behandlung mit Graphitschlichte), bleibt als letzter Ausweg der Einbau eines Auswerfers (Bild 48). Das ist allerdings nur bei ausreichender Wanddicke möglich.

Auswerfer

Die Seite, von der sich das Gußstück nicht löst, wird mit einem Auswerfer versehen. Die Wand sollte hierfür mindestens 9 mm dick sein; sie wird mit einer Bohrung versehen, die 2 verschiedene Durchmesser aufweist. Es sind fluchtende Bohrungen erforderlich. Die Durchmesser können z. B. 20 mm H7 und 50 mm H7 betragen. Der Absatz sollte so gewählt werden, daß die größere Bohrung mindesten 5 mm tief wird. Hierzu ist ein entsprechender Stahlstempel erforderlich. Dieser wird mit solchem Sitz eingepaßt, daß er sich nur mit einem Aluminiumhammer hinaus- bzw. hineinschlagen läßt. An der Innenseite muß der Auswerfer mit der Gießformwand (bzw. dem Boden) bündig stehen. Nach außen steht der Auswerfer etwa 15 mm über. Nun ist es kein Problem mehr, das Gußstück aus der Form zu treiben.

Bearbeitung der Schüssel

Die maschinelle Bearbeitung ist meist nur am Schüsselboden beidseitig möglich. Die geschwungenen Konturen müssen mit dem Stichel bearbeitet werden. Besondere Aufmerksamkeit ist auf den Übergang zu legen, denn beim Überdrehen des Bodens sind alle Unebenheiten egalisiert, die mit dem Stichel zu bearbeitenden Konturen haben aber noch ihre Unebenheiten.

Routinierte Zinngießer wenden diese »gemischte« Methode nicht an, sondern bearbeiten alles mit dem Stichel und umgehen hierdurch das Problem der Absatzbildung. Dem Anfänger ist es aber zu empfehlen, zunächst Planflächen mit dem Support zu drehen, weil man das Planziehen mit dem Stichel nur nach einiger Übung erreicht.

Falls die Schüssel in einer Gießform entstanden ist, die sich nicht in ein Drehbankfutter einspannen läßt, aber auch nicht das Angießen eines kräftigen Fußes gestattet, kann die im übernächsten Abschnitt behandelte Klebetechnik mit heißem Pech zum Erfolg führen.

Gießen ohne eigentliche Gießform

Die bisherigen Ausführungen lassen deutlich erkennen, daß die Anfertigung einer Gießform aus Metall einen großen Arbeitsaufwand verlangt. Besonders geteilte Gießformen sind derartig aufwendig, daß sich deren Anfertigung nur für eine entsprechend große Stückzahl lohnt. Für die Einzelanfertigung eines einfachen Zinngegenstands ist also die Herstellung einer Metallgießform nicht ohne weiteres lohnend. Unter Einfachheit des Zinngegenstands ist hier die Außenkontur zu verstehen. Eine zylindrische oder leicht konische Außenkontur gilt als einfach im Gegensatz zur geschwungenen oder bauchigen Kontur.

Bei aller Einfachheit sind jedoch Mindestforderungen zu erfüllen. Für einen Hohlkörper muß im allgemeinen ein Kern angefertigt werden. Da sich hierfür Hartholz verwenden läßt, ist die Anfertigung des Kerns kein Problem. Für den Außenmantel wird zunächst Papier verwendet (Bild 49).

Ein Zierbecher entsteht

Der etwas konische (2°) Holzkern wird an beiden Stirnseiten plangedreht und mit seiner dickeren Seite auf ein Brett geschraubt, damit er beim Gießen nicht seine Lage verändert oder in die Höhe steigt. Konzentrisch um den Holzkern wird ein eiserner Ring gelegt. In diesen Metallring wird eine zusammengerollte Papierbahn derart eingesetzt, daß der Abstand zwischen Holzkern und Papierbahn der gewünschten Wanddicke entspricht (Bild 49).

Welche Wanddicke ist erforderlich?

Da das Gießen in eine Papierform mit einer erheblich geringeren Genauigkeit gegenüber einer Metallform verbunden ist, muß eine dicke Wand angestrebt werden. Für einen Zierbecher von 12 cm Höhe und etwa 6 cm Durchmesser sollte die rohe Wand eine Dicke von 5 mm erhalten. Nur so lassen sich die entstehenden Ungenauigkeiten infolge ungleichmäßigen Rundlaufs unterbringen. Die Dicke des Bodens ergibt sich nach dem Abdrehen des Eingusses sowie nach der Innenbearbeitung. Zwangsläufig ist der gesamte Becher auf der Drehbank zu bearbeiten. Eine Drechselvorrichtung reicht für die Bearbeitung eines unrunden und dickwandigen Werkstücks nicht aus. Aber die reichliche Wanddicke bietet auch einen Vorteil: Es lassen sich aus dem vollen Material Profilringe herausarbeiten, für die normalerweise eine geteilte Gießform notwendig gewesen wäre.

Eine Papierform mag einfach und billig sein, aber die aus ihrer geringen Stabilität herrüh-

Bild 49. Bechergießen in Papierform – Der Holzkern ist mit dem Brett von unten verschraubt –

Bild 50. In Papier gegossene Zierbecher
Mitte: Zylindrische Vase, die in einer Konservenbüchse gegossen wurde

rende Ungenauigkeit steht einer ökonomischen Arbeitsweise doch sehr im Wege. Das innen anliegende Ende der Papierbahn bildet keine exakte Rundung. Wird Karton verwendet, ist das Ende besonders steif und paßt sich schlecht der Rundung an. Es muß vom Gußstück viel Material abgedreht werden, bis der Becher endlich rund läuft.

Konservendose als Formmantel

Der Nachteil der groben Ungenauigkeit läßt sich durch die Verwendung einer schlanken Konservendose ausschalten. Nachdem der Boden ausgeschnitten wurde, wird der Blechzylinder als Formmantel benutzt. Im allgemeinen kann auch auf den eisernen Zentrierring verzichtet werden. Allerdings ist nun zu berücksichtigen, daß Konservendosen verzinnt sind. Das flüssige Schmelzgut haftet fest an der Innenwand, so daß sich das fertige Gußstück kaum löst. Deshalb ist eine Konservendose mit der Flamme auszuglühen. Es bildet sich sofort Oxid, das isolierend wirkt. Die Konservendose läßt sich nach dem Gießen sogar kühlen (langsam, von unten nach oben) und ergibt einen annähernd runden und sauberen Guß. Daß die Blechwand aufgeschnitten werden muß, also nur einmal verwendet werden kann, darf als Nachteil nicht ins Gewicht fallen. Die ganze Sache ist nur als Einzelanfertigung gedacht.

Eine Komplikation kann sich beim Gießen dadurch ergeben, daß die Konservendose auf dem Holzbrett nicht dicht aufliegt und das flüssige Schmelzgut ausläuft. Man kann sie mit einer Paste aus Feldspat und Wasserglas oder mit feuchtem Lehm abdichten.

Wie läßt sich der Holzkern aus dem Gußstück lösen?

Auch abgelagertes Holz hat stets einen gewissen Feuchtigkeitsgehalt. Beim Gießen tritt eine erhebliche Erhitzung des Holzkerns ein, die bis zum Erkalten des Gußstücks andauert. Das Holz verliert einen Teil seiner Feuchtigkeit und schrumpft. Dadurch läßt sich der Holzkern relativ leicht aus dem Gußstück lösen. Werden anschließend weitere Becher gegossen, schrumpft er jedoch nicht mehr. Er läßt sich nur noch schwer lösen. Falls der Holzkern auf dem Grundbrett mit einer Holzschraube befestigt war, reißt diese beim Schlagen auf das Brett aus dem Holz, ohne daß sich der Kern rührt. Ein Holzkern würde zwar 50 Zinngüsse aushalten, aber durch gewaltsame Eingriffe wird der Kern vorzeitig ruiniert. Es erscheint verlockend, in die Stirnseite eine tellerartige Flanschbuchse aus Stahl mit Innengewinde für eine Schlagstange einzusetzen. Diese Stahlbuchse ließe sich mit einigen Holzschrauben befestigen. Zunächst mag dies als brauchbare Lösung erscheinen. Aber wenn erst der Holzkern durch Hitzeeinwirkung gerissen ist, läuft flüssiges Zinn in die Spalten und bildet eine Verankerung, die kaum loszureißen ist.

Der Holzkern bleibt also ein Provisorium für eine Einzelanfertigung. Für eine Serie von Bechern ist ein Kern aus (möglichst gezogenem) Aluminium besser geeignet und in der Anfertigung kaum aufwendiger als ein Holzkern.

3 Übungen:

1. Becherguß mit Holzkern und Papier als Außenform
2. Becherguß mit Holzkern und Konservenbüchse als Außenform
3. Becherguß mit Aluminiumkern und Konservenbüchse als Außenform

Bearbeitung des zylindrischen Zierbechers

Der in Papier oder in einer Konservenbüchse gegossene Becher ist dickwandig, so daß das Gußstück ohne Bedenken in ein Drehbankfutter gespannt werden kann. Für die einzelnen Arbeitsgänge wird folgender Ablauf vorgeschlagen:

1. Becherrohling mit der offenen Seite zum Futter spannen
2. Die dicke Bodenpartie (den Einguß) auf etwa 4 mm Wanddicke abdrehen. Einplanung von 30 mm Durchmesser und 1,5 mm Tiefe drehen
3. Becher außen überdrehen, bis die Oberfläche rund und sauber ist
4. Becher umdrehen, Eingußseite in das Futter spannen
5. Becher innen vor- und fertigdrehen, sauberschleifen
6. Becher ausspannen
7. Passenden Hartholzdorn (2° konisch) in das Futter spannen. Den Becher auf den Holzdorn schieben, mit einem Gummihammer

leicht festklopfen, auf Rundlauf ausrichten. Passendes, mit einer Zentrierung versehenes Druckstück aus Hartgewebe (Pertinax, Novotext) von 30mm Durchmesser in die Einplanung am Becherboden einsetzen. Mitlaufende Körnerspitze gegensetzen

8. Den Becher außen bearbeiten. Die vorgesehenen Profilringe werden an den betreffenden Stellen markiert, wo Material stehenbleiben muß, entsprechend der Breite der Ringe. Das Überdrehen hat so zu erfolgen, daß dem fertigen Becher an den dünnsten Stellen noch eine Wanddicke von etwa 1,7mm verbleibt

Der kritische Punkt ist die 1,5mm tiefe Einplanung am Becherboden. Anschließend wird der Becherboden innen gedreht, aber ein Messen der Wanddicke ist nun nicht mehr möglich. Hierzu ist es erforderlich, die Skale an der Spindel des Kreuzsupports auf Null zu stellen, sobald der Stahl den Boden berührt. Der noch abzudrehende Betrag läßt sich nun einstellen.

Es geht auch ohne Einplanung!

Die Einplanung von 1,5mm Tiefe ist nur deshalb vorgesehen, damit ein zentriertes Paßstück eingesetzt und der Reitstock zur Führung herangezogen werden kann. Das Herausarbeiten von Profilen mit zurechtgeschliffenen Stählen ist ohne Reitstockführung undenkbar. Statt eines relativ kurzen Zierbechers könnte es sich auch um eine schlanke Vase von fast 20cm Länge handeln, deshalb sind Übungen mit dem Reitstock hierfür eine Voraussetzung.

Die etwas lästige Einplanung könnte wegfallen, wenn der Becher mit seinem Außendurchmesser in einer genau passenden, zentrierten Aufnahme sitzt, gegen die die Körnerspitze drückt. Aber dann ist ein Stück der Becherlänge verdeckt und kann nicht bearbeitet werden. Dieses Stück (etwa 8mm lang) müßte zunächst ohne Reitstockführung bearbeitet werden, dann läßt sich die vorbereitete Aufnahme aufsetzen, und eine sichere Bearbeitung ist garantiert. Auf keinen Fall ist es möglich, einen zylindrischen Zinnbecher auf einen konischen Holzdorn zu schlagen und mit Profilstählen die Oberfläche zu bearbeiten.

Es ist leicht zu erkennen, daß für alle auf der Drehbank zu bearbeitenden Zinnwerkstücke präzise Sitze, genaue Zentrierungen und das sichere Spannen eine wesentliche Voraussetzung für den Erfolg der Arbeit darstellen.

Bearbeitung und künstlerische Verzierung der Oberfläche

Zur Anwendung von Spannhilfsmitteln

Zinn ist weich und von relativ geringer Festigkeit. Oft genug ist das Zinnwerkstück nicht stabil genug, den Druck der Spannbacken aufzunehmen. Es fehlen auch häufig rechtwinklige Kanten, die den Spannbacken ein kraftschlüssiges Anpacken ermöglichen. In vorangegangenen Abschnitten wurde bereits erwähnt, daß für manche Zinnwerkstücke die Gießform zur Innenbearbeitung herangezogen werden kann. Halbierte Formen sind hierfür besonders gut geeignet. Das Werkstück wird in die Form eingelegt, und beide Mantelhälften werden mit einem Spannring zusammengedrückt. Falls das Zinnwerkstück zuvor außen überdreht wurde, klappert es nun in der Form. Entsprechende Beilagen aus Karton müssen deshalb vor dem Zusammenspannen beigelegt werden.

Geschlitzter Spannring

Handelt es sich um das Einspannen eines bereits innen fertig bearbeiteten Deckels, müssen zur Außenbearbeitung die Futterbacken innen angreifen. Deckel haben nur schwache Wanddikken. Die an 3 (bzw. 4) Stellen drückenden Spannbacken würden jeden Deckel deformieren. Um eine gleichmäßige Belastung am gesamten Umfang zu erreichen, wird der Spanndruck auf einen kräftigen, geschlitzten Ring (aus Stahl, Grauguß, Messing) übertragen. Der Ring darf nur wenig kleiner sein (etwa 0,3 mm) als das zu spannende Werkstück. Mit Hilfe einer Sprengringzange wird dieses Spannhilfsmittel eingesetzt (Bild 51), und die Spannbakken drücken gegen diesen Ring von innen nach außen.

Geschlitzte Spannplatte

Soll hingegen von außen nach innen gespannt werden, ist die Anfertigung einer runden, geschlitzten Spannplatte eine einfache Lösung (Bild 52). Spannplatten sind in der Mitte stets gebohrt. Der eigentliche Sitz wird gebohrt, wenn sich im Spannschlitz eine Beilage befindet. Nach dem Herausnehmen der Beilage läßt sich die Spannplatte um diesen Betrag zusammendrücken und spannt das Werkstück fest ein. Als Werkstoff für Spannplatten hat sich Hartgewebe gut bewährt. Da dieser Werkstoff in verschiedenen Dicken gehandelt wird, ist es möglich, 2 oder sogar 3 Sitze hintereinander anzubringen. Hierdurch lassen sich Werkstücke mit verschiedenen Durchmessern auf einer Spannplatte bearbeiten.

Spannzange

Der dreifach oder vierfach geschlitzte Spannkörper wird durch ein Spannrohr mit einem kleinen Handrad in den Kegel gezogen, drückt sich zusammen und spannt das Werkstück si-

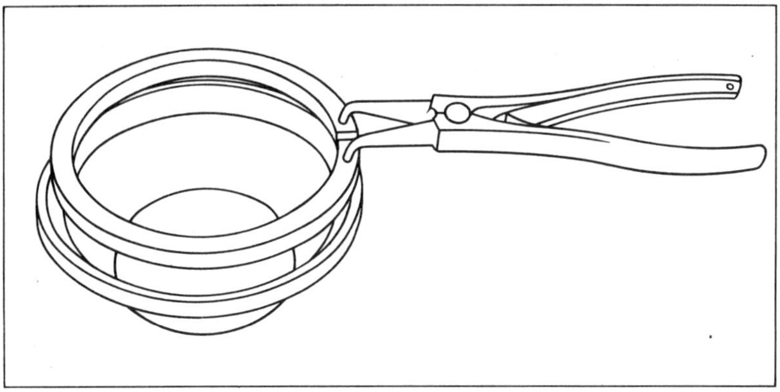

Bild 51. Einsetzen eines Spannrings in einen Zinndeckel

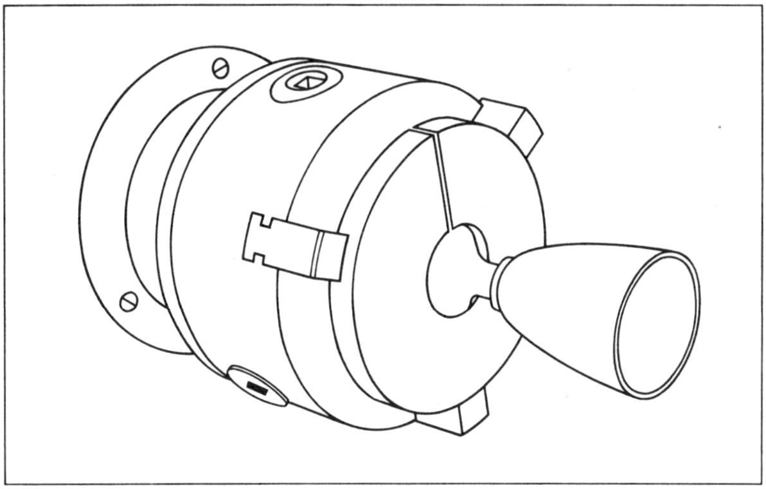

Bild 52. Spannvorrichtung für schwachwandige Zinngußstücke

cher ein. Ähnlich arbeitet das Innenstufenfutter, das ebenfalls für Zinnarbeiten in Frage kommt. Die Spannzange kommt für kleinere, das Innenstufenfutter für größere Werkstücke in Frage. Eine Umkehrung des Innenstufenfutters stellt das Außenstufenfutter dar, das von innen greift und für Zinnarbeiten weniger in Frage kommen dürfte. Diese Spannhilfsmittel sind relativ kompliziert und mit hoher Präzision hergestellt, so daß ein Selbstbau nicht zu empfehlen ist.

Hartholzdorn

Für manche Zinnarbeiten sind Hartholzdorne unentbehrliche Spannhilfsmittel, die an der Drehbank in verschiedenen Abmessungen bereitliegen sollten. Holzdorne sind etwas konisch, um zylindrische Hohlkörper »auf Anzug« aufnehmen zu können. Handelt es sich um ein innen konisches Zinnwerkstück, sollte der Holzdorn den gleichen Kegel aufweisen, damit sich eine gute kraftschlüssige Verbindung bilden kann. Der Vorteil der Holzdorne liegt im günstigen Reibungswert gegenüber Metall, auf dem ein Zinnwerkstück leichter rutscht. Durch den rotierenden Holzdorn wird das Zinnwerkstück sicherer mitgenommen. Sinngemäß ist diese Wirkung mit der eines Kupplungsbelags zu vergleichen.

Auf einem Holzdorn können mehrere Absätze angedreht sein, so daß Hohlkörper verschiedener Durchmesser aufgepaßt werden können. Der Nachteil aller Holzdorne liegt in der geringeren Präzision gegenüber zentrierten Metalldornen.

Weiche Beilagen

Die Backen des Drehbankfutters können häßliche Druckstellen auf der bearbeiteten Zinnoberfläche verursachen. Falls keine andere Spannmöglichkeit besteht, können zurechtgeschnittene Stücke von Weichplasten, Fußbodenbelag oder ähnlichen Stoffen beigelegt werden.

Kleben statt spannen

Manches Werkstück hat derartig geschwungene Konturen und relativ dünne Wände, daß keine der üblichen Spannmethoden zum Ziel führt. Hier kann das Kleben versucht werden. Im Prinzip spielt der verwendete Kleber keine Rolle hinsichtlich seiner Zusammensetzung. Er soll preiswert und leicht zu verarbeiten sein, schnell härten und sich leicht wieder lösen lassen. Diese Bedingungen erfüllt annähernd das Faßpech. Allerdings muß auch hier wieder eine Platte angefertigt werden, die das aufzuklebende Werkstück aufnimmt, zweckmäßigerweise mit einer entsprechend eingearbeiteten Zentrierung, damit man annähernd einen Rundlauf erreicht.

Faßpech wird bei etwa 70 °C sehr flüssig, läßt sich aber schlecht auf kalte Gegenstände streichen. Diese müssen ebenfalls erhitzt werden. Bei vorsichtiger Hitzebehandlung ist als Werkstoff für die Platte Hartgewebe (Novotext) durchaus brauchbar. Mit der Flamme wird das flüssig aufgetragene Pech verteilt, dann der Boden des Zinnwerkstücks angewärmt und auch mit Pech bestrichen. Beide Teile werden aufeinandergesetzt, unter kurzer Wärmezufuhr drehend hin und her bewegt und dann kaltgestellt. In aufgeklebte Schüsseln kann man kaltes Wasser hineingießen und eine schnellere Abkühlung erreichen. Anschließend die Platte mit dem aufgeklebten Zinnwerkstück in das Drehbankfutter spannen und mit der Bearbeitung beginnen.

Durch die großflächige, kraftschlüssige Klebeverbindung werden Vibrationen auf ein Minimum reduziert. Es entstehen nicht so leicht Rattermarken wie beim Spannen im Drehbankfutter. Soll die Klebeverbindung wieder gelöst werden, genügt ein leichter Hammerschlag gegen die Platte. Die große Schlagempfindlichkeit ist allerdings ein Nachteil bei der Verwendung von Pech. Die zu klebenden Seiten sollen fettfrei, sauber und möglichst rauh sein. Auf der spiegelglatten Gußhaut eines Zinnwerkstücks hält das Pech meist nicht. Am Zinnwerkstück anhaftende Pechreste lassen sich mit Spiritus abwaschen.

Oberflächenbearbeitung

Unbearbeitet bleiben solche Oberflächen, die ein Relief zeigen. Dies ist der Fall bei allen Zinnfiguren. Selbst eine weiche, rotierende Polierscheibe kann Schaden anrichten, indem winzige erhabene Feinheiten abgeschliffen werden. Hier muß eine saubere und feinkörnige Gußhaut bereits durch die Wahl einer geeigneten Legierung angestrebt werden. Zinngußstücke mit hohem Reinheitsgrad haben im Rohzustand stets eine rauhe oder jedenfalls grobkörnige Gußhaut. Alle Zinngüsse, die für den Umgang mit Lebensmitteln bestimmt sind, müssen schon deshalb bearbeitet werden, ferner alle weiteren Güsse, die eine spanabhebende Bearbeitung der Oberfläche zulassen.

Werkzeuge und Hilfsmittel zur Oberflächenbearbeitung

Feilen (Bild 53)

Für die Bearbeitung von Zinngußstücken werden auch Feilen verwendet. Normale doppel-

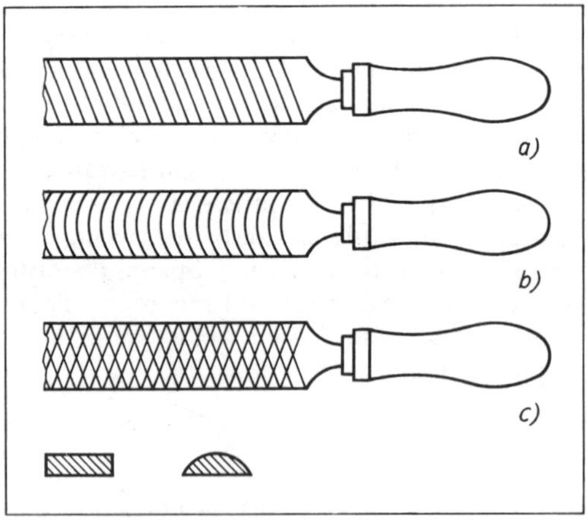

Bild 53. Feilen
a) und b) einhiebige Zinnfeilen
c) doppelhiebige grobe Schlosserfeile

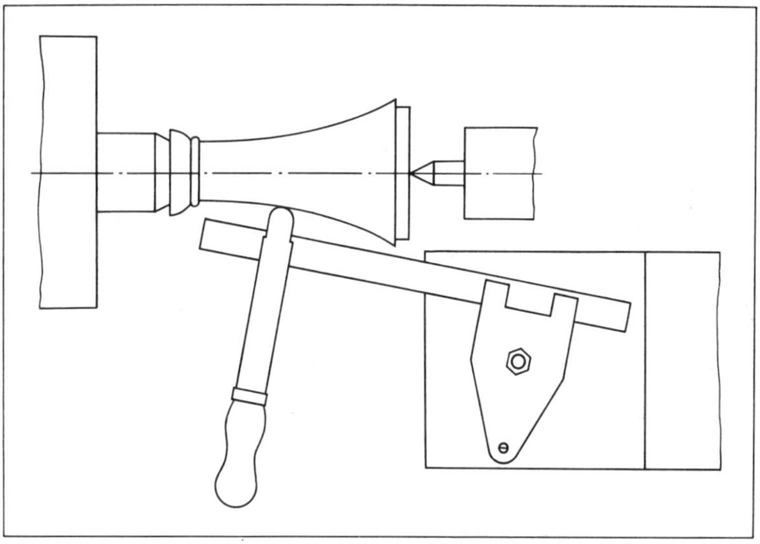

Bild 54. Bauchige und hohle Zinngußstücke werden mit dem Stichel bearbeitet

hiebige Schlosserfeilen haben den Nachteil, durch Zinnspäne schnell verschmiert und wirkungslos zu werden. Verschmierte Feilen lassen sich in verdünnter Salzsäure wieder reinigen. Das Verschmieren kommt nicht vor bei einhiebigen Feilen, die für die Bearbeitung von Blei, Zinn und Aluminium besonders gut geeignet sind. Die Schneiden der Zähne sind meist mit Spanbrechernuten versehen. Einhiebige Feilen sollten in verschiedenen Größen und im Flach- und Halbrundprofil bereitliegen.

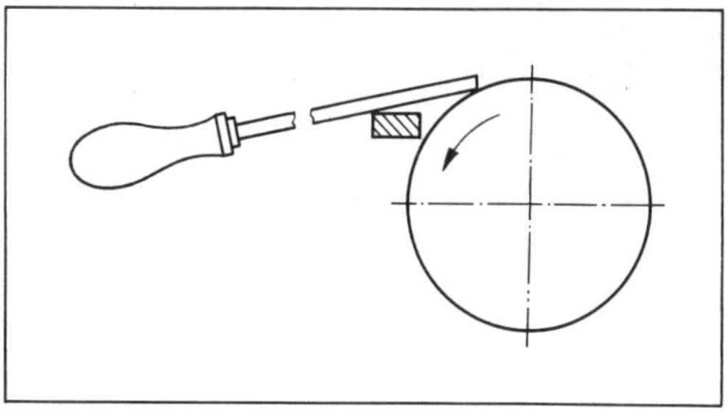

Bild 55. Stichel können auf Werkstückmitte zeigen, aber auch fast tangential stehen

Stichel (Bild 54)

Stichel sind spanabhebende Meißel, die recht lang sein können und am hinteren Ende in einem Feilenheft enden. Sie sind die wichtigsten Werkzeuge in einer Zinngießerei, wo sie als ganzes Sortiment griffbereit neben der Drehbank hängen müssen. Die Stichel können je nach Verwendungszweck vorn gerade geschliffen sein, mit Innen- oder Außenradius in verschiedenen Größen, breit oder schmal oder gekröpft sein usw. Für die Handhabung des Stichels muß an der Drehbank eine Auflage in der richtigen Höhe vorhanden sein (Bild 55). Diese Auflage kann aus Stahl (Vierkant) bestehen. In der Werkstatt des Zinngießermeisters *Herbert Knöfel* (Bild 56) wurden nur Stichelauflagen aus Holz verwendet, weil es hautfreundlicher ist. Die Auflage kann in verschiedener Höhe angebracht sein. Zunächst so, daß der aufgelegte Stichel mit seiner Schneide auf Spitzenhöhe steht. Anschließend ist die Handhabung in fast tangentialer Richtung von einer entsprechend höher angebrachten Auflage aus möglich. Im allgemeinen läßt sich eine Auflage auf dem Support festspannen. Durch Drehung des Supports kann jede beliebige Lage erreicht werden, so daß man den Stichel in Längs- und Querrichtung bewegen kann.

Warum kann auf die Benutzung von Sticheln nicht verzichtet werden?

Eine maschinelle Bearbeitung aller Oberflächen ist unter der Voraussetzung möglich, daß der rotierende Zinnkörper genau rund läuft. Nur

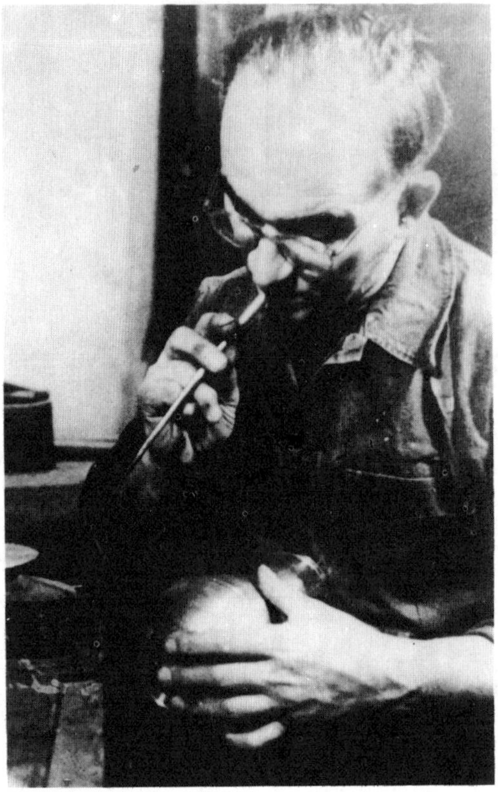

Bild 56. Herbert Knöfel, einer der wenigen Zinngießermeister der DDR (gestorben 1974)

dann wäre bei sparsamster Spanabnahme eine Bearbeitung aller Innen- und Außenflächen zu erreichen. Da es sich aber oft um dünne Wände von etwa 2mm Dicke handelt, würde bei unrundem Lauf eine sehr dünne Wandpartie entstehen, denn der vom Support geführte Drehstahl dreht den gesamten »Schlag« weg. Schließlich bricht die Wand an ihrer dünnsten Stelle durch. Das ist bei der Verwendung von Sticheln nicht der Fall, denn der von Hand geführte Stichel macht alle unrunden Bewegungen des Zinnwerkstücks mit. Es erfolgt trotz des unrunden Laufs eine weitgehend gleichmäßige Spanabnahme und hierdurch auch die Bildung einer gleichmäßigen Wanddicke.

Stichel sind unentbehrlich, um alle aus der maschinellen Bearbeitung herrührenden Ecken und Kanten zu egalisieren, besonders an Rundungen. Schließlich ist bei all den Zinnwerkstücken eine maschinelle Bearbeitung ausgeschlossen, deren Konturen im Bogen verlaufen. Der Support kann zwar Winkel abfahren, nicht aber einen Kreisbogen beschreiben (Bild 57).

Die Handhabung von Sticheln erfordert große Umsicht und ist nur nach ausgiebigen Übungen zu beherrschen. Das Arbeitsergebnis ist hauptsächlich von 2 Komponenten abhängig: vom Schliff des Stichels (den Winkeln) und von der Drehzahl des Werkstücks. Sinngemäß gilt gleiches für den Schliff des Drehstahls, nur daß hier der Keilwinkel kleiner gehalten ist.

Die wichtigsten Winkel an den Schneiden der Stichel und der Drehstähle

Stichel und Drehstähle können nur dann einwandfrei arbeiten, wenn ihre Schneiden mit den richtigen Winkeln geschliffen sind. Es sind hauptsächlich 3 Winkel zu beachten:

α Freiwinkel (Alpha)
β Keilwinkel (Beta)
γ Spanwinkel (Gamma)

Bild 58 zeigt die negative Neigung der Spanfläche des Stichels (links) und die positive Neigung der Spanfläche eines Drehstahls (rechts) für die ausschließlich maschinelle Bearbeitung. Durch den Schliff der Spanflächen unterscheiden sich Stichel von Drehstählen grundsätzlich. Für die Zinnbearbeitung sind folgende Winkelgrade einzuhalten:

	Stichel	Drehstahl
Freiwinkel	10°	10°
Keilwinkel	90°	40°
Spanwinkel	–	40°

Wird ein Stichel mit einem Keilwinkel von 40° versehen, ist mit Sicherheit das Einhaken zu erwarten, normale Umstände vorausgesetzt. Durch das Einhaken entsteht in der Zinnoberfläche ein tiefes Loch, woraus sich fast immer die Unbrauchbarkeit des Werkstücks ergibt.

Außer den Winkeln spielen auch die Spanflächen (Bild 58) eine Rolle, also die Fläche des Schneidenkopfs, über die der Span abrollt. Die Spanfläche kann eben, aber auch etwas hohl geschliffen sein. Spanfläche und Freifläche (die gegen das Werkstück gerichtete Fläche des Schneidenkopfs) müssen stets sauber glattgeschliffen sein, andernfalls entsteht unnötige Reibung und eine unsaubere Fläche. Die angegebenen Winkel beziehen sich auf HSS-Stähle. In der Serienproduktion werden auch Hartme-

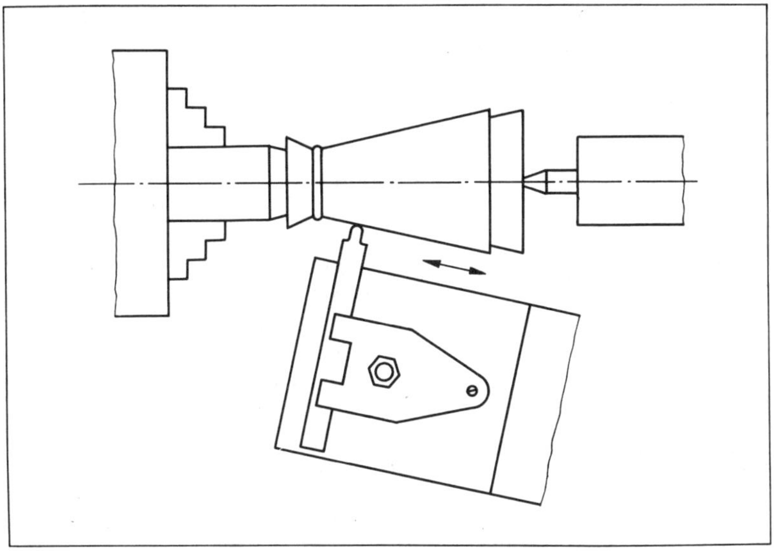

Bild 57. Zinnwerkstücke mit geraden Konturen können mit dem vom Support geführten Drehstahl bearbeitet werden. Mit einem schwenkbaren Support lassen sich winklige Partien bearbeiten. Seitliches Verstellen des Reitstocks ist unzulässig

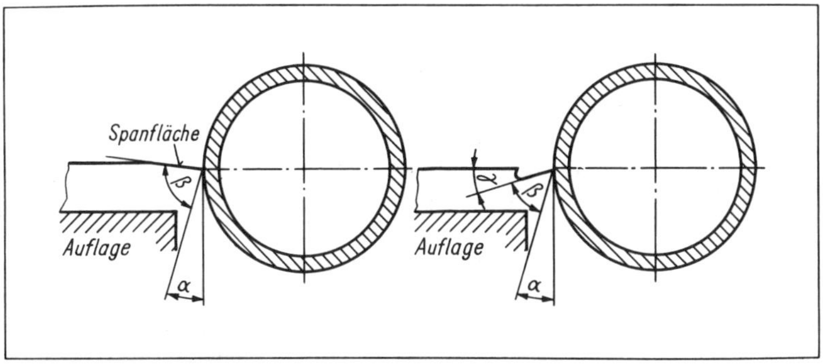

Bild 58. Negativer Winkel der Spanfläche eines Stichels (links) im Vergleich zum positiven Winkel der Spanfläche an einem Drehstahl (rechts)

tallstähle für die maschinelle Bearbeitung verwendet. Die günstigsten Winkel können nur im Versuch ermittelt werden. Für normale Zinnbearbeitungen unter kunsthandwerklichen Voraussetzungen reichen Werkzeuge aus Schnellstahl völlig aus.

Ein Stichel (sinngemäß gilt dies auch für den Drehstahl) kann jeweils nur einen Verwendungszweck erfüllen, entsprechend seinem Schliff (rund, eckig, schmal, breit usw.), so daß die Beschaffung eines ganzen Satzes erforderlich ist (Bild 59). Für spezielle Aufgaben sind auch spezielle Werkzeuge notwendig. Will man z. B. Rundnuten von 2,5 mm Breite einstechen, muß ein entsprechendes Werkzeug mit diesem Profil vorhanden sein.

Geschliffene Stichel und Drehstähle sind mit einem Handabziehstein abzuziehen. Hierdurch wird der durch das Schleifen entstandene Grat beseitigt, und die Schneide erhält ihre endgültige Glätte.

Welche Schnittgeschwindigkeiten sind mit diesen Werkzeugen bei der Zinnbearbeitung möglich?

Die Angabe höchstmöglicher Schnittgeschwindigkeiten wird in den meisten Fällen nur theoretischen Wert haben, weil dem kunsthandwerklich tätigen Heimwerker im allgemeinen keine Hochleistungsdrehbank zur Verfügung steht und die höchstmögliche Ausnutzung der in

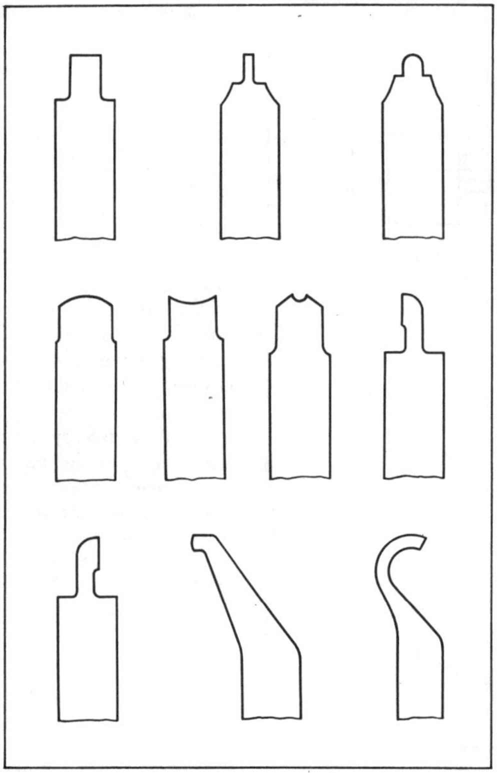

Bild 59. Vorschläge zum Gestalten einiger Stichelschneiden

mühsamer Arbeit angefertigten Werkzeuge nicht angestrebt werden muß.

Bei der Verwendung von Schnellstahl ist das Schruppen (Vordrehen) mit einer Schnittgeschwindigkeit von 350 m/min möglich, das Schlichten (Feindrehen) mit einer solchen von 600 m/min.

Die Schnittgeschwindigkeit ist aus dem Werkstückdurchmesser und der Drehzahl des Werkstücks nach der Formel

Durchmesser · 3,14 · Drehzahl

zu errechnen.

Beispiel:

10 cm ∅ · 3,14 · 1100 = 345,4 m/min
10 cm ∅ · 3,14 · 1900 = 596,6 m/min

Der erste Wert kommt für das Schruppen in Frage, der zweite für das Schlichten. Bei geringerem Durchmesser des Werkstücks muß die Drehzahl gesteigert werden, wenn eine gleichbleibende Schnittgeschwindigkeit erreicht werden soll.

Beispiel:

1,5 cm ∅ · 3,14 · x = 600 m/min
1,5 cm = 0,015 m · 3,14 = 0,0471 m

$$x = \frac{600\ \text{m}}{0{,}0471\ \text{m}} = 12\,738{,}8\ \text{min}^{-1}$$

Eine Drehbank mit einer derartig hohen Drehzahl ist kaum zu beschaffen. Somit ergibt sich, daß die höchstmögliche Schnittgeschwindigkeit nicht immer erreichbar ist, besonders nicht bei kleinen Werkstücken. Für den Erfolg der Arbeit sind andere Kriterien wichtiger, nämlich die erreichte Oberflächengüte. Wird eine optimale Oberflächengüte bereits bei erheblich geringerer Schnittgeschwindigkeit erreicht, dann bilden diese Erfahrungswerte die Grundlage für die weitere Arbeit.

Einige Hinweise zur Beschaffung von Sticheln

Stichel für die Zinnbearbeitung sind Spezialwerkzeuge, die im Fachhandel nicht geführt werden. Es ergibt sich deshalb die Notwendigkeit, diese Werkzeuge selbst anzufertigen oder anfertigen zu lassen. Da Zinn ein sehr weiches Metall ist, muß nicht unbedingt teures HSS-Material (Hochleistungsschnellschnittstahl) verwendet werden, das allerdings höchste Anforderungen hinsichtlich der Standzeit (die Schneide braucht nur in längeren Zeitabständen nachgeschliffen werden) erfüllt. In der Dreher-Fachkunde werden HSS-Stähle Drehlinge genannt, haben Vierkant-Profil und sind von der Abmessung 10 mm · 10 mm an aufwärts im Fachhandel erhältlich.

Es ist auch möglich, runden oder vierkantigen Silberstahl zu verwenden, jedoch muß dieser gehärtet werden, was nur von einem Fachmann ausgeführt werden kann. Schließlich sei auf die einfachste und billigste Methode der Anfertigung von Sticheln verwiesen: Alte, stumpfe Feilen entsprechender Größe und Profile werden vorn zurechtgeschliffen (hierbei darf das Material nicht ausglühen!), man kann sie dann mitsamt dem Feilenheft verwenden. Allerdings ist die Materialqualität von Schlosserfeilen nur die von WS (Werkzeugstahl), es kann also nicht die hohe Standfestigkeit wie von HSS erwartet werden.

Stahlklingen

Nach der Bearbeitung mit Sticheln oder Drehstählen ist die Oberfläche eines Zinnwerkstücks meist noch nicht fertig. Die rohe und körnige Gußhaut ist zwar abgedreht, und unter dem Werkzeug ist das silbrig glänzende Zinn zum Vorschein gekommen. Aber es sind Drehriefen und Absätze geblieben, so daß sich eine noch feinere spanabhebende Bearbeitung anschließen muß. Hierzu werden zunächst Stahlklingen verwendet (Bilder 60 und 61). Es ist zweckmäßig, sich Klingen selbst herzustellen und sie in Form, Größe und Dicke dem jeweiligen Verwendungszweck anzupassen. Manche Zinnwerkstücke lassen sich nicht auf der Drehbank bearbeiten (Scharniere, Henkel, Löffel usw.), so daß die Klinge das einzige geeignete Werkzeug ist.

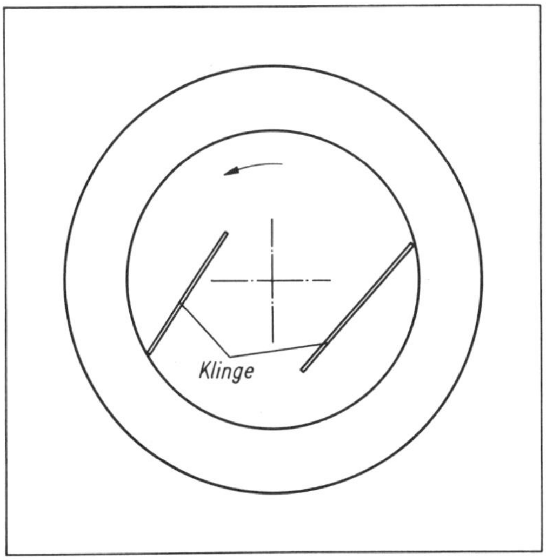

Bild 60. Mögliche Stellungen einer Klinge bei der Innenbearbeitung eines Tellers

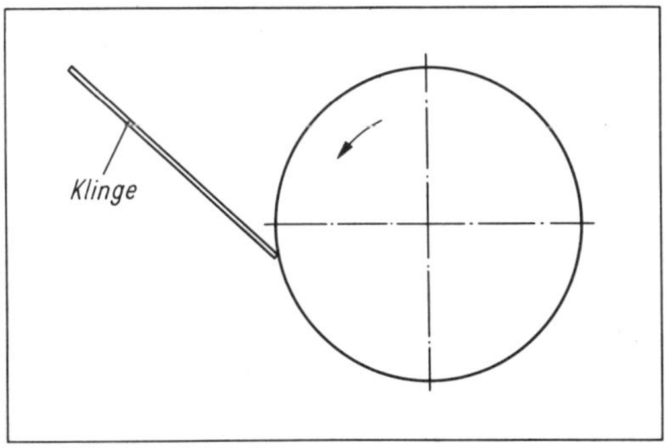

Bild 61. Negative Stellung der Klinge bei der Außenbearbeitung eines Zinnwerkstücks

Als Material für Klingen eignet sich hartes Stahlblech (Federblech) in den Dicken von 0,25 ... 0,6 mm. Klingen von 0,25 mm Dicke eignen sich gut für die Innenbearbeitung von Radien, denn dieses dünne Stahlblech ist sehr flexibel und läßt sich durch entsprechendes Drücken und Biegen dem Verlauf der Rundung gut anpassen. Im Gegensatz zu Sticheln werden Klingen nicht auf eine Auflage gelegt, sondern im negativen Winkel freihändig gehalten. Entsprechend den Konturen der zu bearbeitenden Werkstücke können Stahlklingen gerade oder konvex geschliffen sein. Auch in der Breite können sie speziellen Zwecken angepaßt sein.

Es ist nicht möglich, ersatzweise aus gewöhnlichem Stahlblech durch Härten Federblech herzustellen. Durch das Glühen und Abschrekken verzieht sich das Blech wellenförmig und ist als Klinge unbrauchbar.

Für die Feinstbearbeitung von spiegelnden Planflächen, etwa der erhabenen Mitte eines Wandtellers, kann eine Rasierklinge sehr nützlich sein. Die Spanabnahme ist derartig gering, daß man von »Zinnmehl« sprechen kann. Da auch die feinsten Unebenheiten erfaßt werden, läßt sich eine spiegelblanke Oberfläche erzielen. Allerdings haben Rasierklingen keine große Standzeit. Das Nachschleifen ist kaum möglich. Deshalb ist die Rasierklinge nur gelegentlich für Ziergegenstände geeignet, und zwar dort, wo an planebenen Ansichtsflächen Hochglanz gewünscht wird.

Achat als Polierwerkzeug

Der Achat ist ein der Quarzgruppe zugehöriger Halbedelstein mit dem Härtegrad 7 (nach *Mohs*). In der Zinngießerei wird der Achat als Polierwerkzeug benutzt. Die sichere und gleichmäßige Führung bei relativ hohem Kraftaufwand erfordert einen langen Hebelarm, dessen hinteres Ende ebenso wie bei Sticheln in einem kräftigen Feilenheft endet. Die Gesamtlänge des Werkzeugs kann 50 cm betragen. Der Polierstein ist in die runde Stirnseite des eisernen Halters eingelassen. Bei der Anfertigung eigener Achatwerkzeuge hat sich das Einsetzen des Achatsteins in ein entsprechendes Sackloch an der Stirnseite durch Kleben mit Epoxidharz gut bewährt. Der Polierachat ist kein echtes spanabhebendes Werkzeug wie der Diamant in der Metallbearbeitung. Der Achathalter wird auf eine Auflage (dicht am rotierenden Werkstück) aufgelegt und von Hand gegen die Zinnoberfläche gedrückt. Als Schmiermittel wird Seifenwasser verwendet. Der Effekt besteht in der Glättung und Verdichtung der Oberfläche. Dem Anfänger ist der Umgang mit dem Polierachat zunächst nicht zu empfehlen, da hierfür eine größere Erfahrung Voraussetzung ist. Durch unsachgemäße Handhabung kann eine in mühevoller Arbeit entstandene saubere Oberfläche wieder zerstört werden, wenn der Achat Druckriefen hinterläßt.

Stahlwolle, Schmirgelleinwand, Poliermittel

Nicht immer ist eine hochglanzpolierte Oberfläche erwünscht, denn diese ist sehr empfindlich, und durch bloßes Berühren mit der Hand werden bereits Spuren hinterlassen. In vielen Fällen genügt eine matte Oberfläche. Die mit Stichel und Klinge vorbearbeitete Oberfläche kann mit Stahlwolle behandelt werden. Stahlwolle wird in unterschiedlichen Feinheitsgraden hergestellt, so daß man Oberflächengüten in verschiedenen Qualitäten erreichen kann. Die feinste Stahlwolle hat einen Fadendurchmesser von 0,003 mm und fühlt sich wie Filz an.

Von großer praktischer Bedeutung ist auch die Schmirgelleinwand, die es in vielen Korngrößen gibt. Eine weitgehende Anpassung an die gewünschte Oberflächenqualität ist dadurch gut möglich. Eine sehr gut geeignete Schmirgelleinwand zur Fertigbearbeitung ist die Type 6 NGJ 243 (Fabrikat BS).

Die Oberflächenbehandlung mit Stahlwolle und Schmirgelleinwand erfolgt im allgemeinen trocken. In den vom Verfasser besuchten Zinnwerkstätten wurden die Oberflächen nirgends naß bearbeitet. Eigene Versuche mit Schmirgelleinwand sowie mit Schleifpaste führten jedoch zu guten Ergebnissen, so daß der Hinweis auf diese Möglichkeit angebracht erscheint.

Wie lassen sich Zinnwerkstücke naß schleifen?

Auf der Drehbank bearbeitete Zinnwerkstücke können nach der üblichen Feinbearbeitung naß geschliffen werden. Hierzu wird in einem flachen Topf Waschbenzin mit 10% Öl gemischt. In diese Mischung wird abgenutzte Schmirgelleinwand getaucht und dann die Oberfläche des schnell rotierenden Werkstücks gleichmäßig geschliffen. Es bildet sich sofort ein schwarzer Abrieb, der in kurzen Zeitabständen von der Schmirgelleinwand in der Benzin-Öl-Mischung abgewaschen wird. Auf der naß geschliffenen Oberfläche treten allerdings alle vorher verborgen gewesenen Fehler sowie Drehriefen deutlich hervor. Die letztgenannten sind am besten zu beseitigen, wenn man die Maschine stillsetzt und mit etwas griffigerer feiner Schmirgelleinwand in Längsrichtung arbeitet, also zu den Drehriefen im Winkel von 90°. Sind die Drehriefen verschwunden, kann das Naßschleifen fortgesetzt werden bzw. erst richtig beginnen. An Stelle von Schmirgelleinwand läßt sich zum Schleifen auch feinste Schleifpaste verwenden. Diese wird mit dünnem Öl zu einer dünnen Paste angerührt und mit einem weichen Lappen aufgetragen. Nach kurzer Zeit hinterläßt der Abrieb auf dem Lappen einen silbrigen Niederschlag, da hier mikroskopisch feinste Teilchen abgeschliffen werden.

Messingdrahtbürste

Die rotierende Messingdrahtbürste ist für die vorsichtige Oberflächenbearbeitung von Reliefpartien geeignet. Die weichen, feinen Messingdrähte erreichen alle tieferliegenden Partien, die durch die bisher besprochenen Bearbeitungstechniken kaum erfaßt werden konnten. Zur Bearbeitung wird das Zinnwerkstück freihändig gegen die rotierende Messingdrahtbürste gehalten und langsam weitergedreht, so daß man eine gleichmäßige Behandlung der Reliefpartien erreicht. Ein Schmiermittel ist zu empfehlen.

Die Messingdrahtbürste wird auch verwendet, um eine matte Oberfläche zu erzeugen. Die feinen Messingdrähte schlagen zahllose, mikroskopisch winzige Vertiefungen in das weiche Zinn, so daß der Oberfläche der strahlende Glanz genommen wird. Es wurde bereits betont, daß Hochglanz nicht immer erwünscht ist. Die Mattierung einer Zinnoberfläche kann durchaus als künstlerisches Gestaltungsmittel gelten.

Polieren der Oberfläche

Außer mit dem Polierachat können Oberflächen auch an der Polierscheibe (Schwabbelscheibe) poliert werden. Auf die Polierscheibe wird Polierpaste aufgetragen, die für die Messing- und Zinnbearbeitung in 2 Korngrößen im Fachhandel erhältlich ist. Mit der Vorschleifpaste (Farbe dunkelbraun) wird vorgeschliffen, dann mit der Fertigschleifpaste (Farbe hellgelb) die Oberfläche fertig poliert.

Waschen fertig bearbeiteter Zinnwerkstücke

Zinnwerkstücke sind nach der Bearbeitung sehr verschmutzt. Somit ist das Waschen unumgänglich. Hierzu wird etwas flüssiges Spülmittel (Fit) in warmes Wasser gegeben und hierin die Zinngeräte mit einem Schwammtuch gewaschen. Viskoseschwämme sind kaum geeignet, da sie Kratzer hinterlassen. Unmittelbar nach der Waschbehandlung sind die Zinngegenstände mit einem weichen Geschirrtuch abzutrocknen, damit keine Wasserflecken zurückbleiben.

Wodurch entstehen Rattermarken, wie werden sie vermieden oder beseitigt?

Als Rattermarken bezeichnet man während der Oberflächenbearbeitung durch Schwingungen entstehende Wellen. Die Erhebungen und Vertiefungen dieser Wellen können scharf abgesetzt, aber auch sanft und kaum fühlbar sein. Sichtbar sind sie immer, und hierin liegt für einen kunsthandwerklichen Gegenstand die Gefahr der Wertminderung. Grundsätzlich entstehen Rattermarken bei Vibrationen. Diese können am Werkzeug auftreten. Schneidet das Werkzeug (Stichel, Drehstahl oder Klinge) zu breit, entstehen Vibrationen, die sich auf der Oberfläche abzeichnen. Zwischen der Schneidenbreite und der Drehzahl besteht eine direkte Proportionalität.

- Je breiter der Stahl, desto geringer muß die Drehzahl sein.
- Je schmaler der Stahl, desto größer kann die Drehzahl sein (Bild 62).

Unter Stahlbreite ist hier die Schneidenlänge zu verstehen, die bei Radienstählen besonders lang ist. Zum Beispiel beträgt die Schneidenlänge beim Ausdrehen eines Viertelkreisbogens eines 10 mm großen Radius:

$$20\ \text{mm}\ \varnothing \cdot 3{,}14 = \frac{62{,}80\ \text{mm}}{4} = \underline{\underline{15{,}7\ \text{mm}}}$$

Beim Eindrehen von runden Nuten nimmt die Schneidenlänge noch zu, da fast ein Halbkreis gebildet wird. Für die Entstehung von Rattermarken ist es belanglos, ob es sich um Innen- oder Außenradien handelt. Mit zunehmender Schneidenlänge wächst die Gefahr der Rattermarkenbildung.

Rattermarken können jedoch auch in der mangelhaften Lagerung der Arbeitsspindel ihre Ursache haben. Außerdem kann eine Unwucht in der Maschine Vibrationen auslösen, die dann hauptsächlich bei höheren Drehzahlen auftreten. Besonders lästig sind große, aber flache, kaum fühlbare Rattermarken auf flachen Tellerböden, die wie ein Spiegel wirken und jede Unebenheit verraten. Beginnt die Rattermarkenbildung bei der Verwendung von Radien- oder Profilstählen trotz niedrigster Drehzahl, kann ein Schmiermittel nützlich sein. Setzt sich die Rattermarkenbildung fort, ist die Maschine stillzusetzen. Es ist fast aussichtslos, eine mit

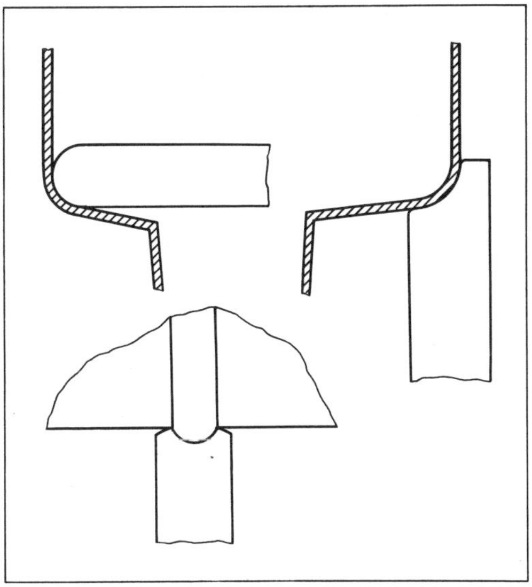

Bild 62. Ein Bearbeiten der Innen- und der Außenradien ist auch mit (vom Support geführten) Formstählen möglich
– Bei vollem Schnitt können Rattermarken auftreten, wenn man die Drehzahl nicht entsprechend reduzieren kann –

Rattermarken versehene Fläche bei laufender Maschine durch Schmirgeln zu glätten. Die Schmirgelleinwand weicht den Rattermarken aus. Deshalb muß die betreffende Partie bei stehender Maschine von Hand überarbeitet werden. Die weitere Benutzung des Werkzeugs, das die Rattermarken verursacht hat, ist nicht ratsam. Der Einsatz größerer Radien- oder Formstähle ist immer problematisch, so daß oft das Bearbeiten dieser Flächen mit Sticheln zweckmäßiger sein kann.

Wie werden schwer zugängliche Wanddicken gemessen?

Von manchem Gußstück muß wegen poröser Stellen oder ähnlicher Fehler mehr abgedreht werden, als die Bearbeitungszugabe vorsah. Ein gewisser Ausgleich ist noch möglich, indem von der entgegengesetzten Seite entsprechend weniger Material abgedreht wird. Die Entscheidung, ob ein Werkstück noch brauchbar ist, hängt schließlich von der gemessenen Wanddicke ab. Allerdings ist es oft nicht möglich, die Schenkel eines Meßschiebers an die Meßflächen anzulegen, weil eine Wulst, eine Kante oder ein Radius im Wege ist. Vorteilhaft ist immer die Verwendung eines Meßschiebers mit langen Schenkeln, damit man an weiter entfernt liegende Meßflächen gelangt und ein Endmaß beilegen kann (Bild 63). Endmaße brauchen für diese Zwecke keine größere Genauigkeit zu haben als ±0,1 mm. Soll die Dicke eines Tellerbodens gemessen werden, wird innen das Endmaß beigelegt und von dem ermittelten Ergebnis subtrahiert. Endmaße sollten stets ein rundes Maß aufweisen, also z. B. 30 mm, 40 mm, 50 mm, je nach Verwendungszweck. Im Maschinenbau werden Endmaße aus gehärtetem Stahl verwendet. Diese würden in der Zinngießerei großen Schaden anrichten. Fällt ein solches Endmaß aus den Schenkeln des Meßschiebers heraus und in den Teller, würde sofort ein häßliches Loch entstehen. Endmaße für die Zinnbearbeitung sollten aus Holz oder Hartgewebe gefertigt sein.

Wiegen statt messen

Handelt es sich um eine ganze Serie von Bechern (oder ähnlicher Werkstücke), die es zu bearbeiten gilt, kann das Messen mit Hilfe eines Endmaßes sehr zeitraubend sein. Ist der Becher außen überdreht und soll innen bearbeitet werden, muß jedoch Klarheit über die noch vorhandene Wanddicke bestehen. Falls das Messen in gewöhnlicher Weise mit dem Meßschieber nicht möglich ist, kann man auf das Messen ganz verzichten und die Becher auf der Briefwaage wiegen. Wiegt ein Becher beispielsweise 300 g und müßte fertig bearbeitet 220 g wiegen, so ergibt sich aus dieser Differenz eine be-

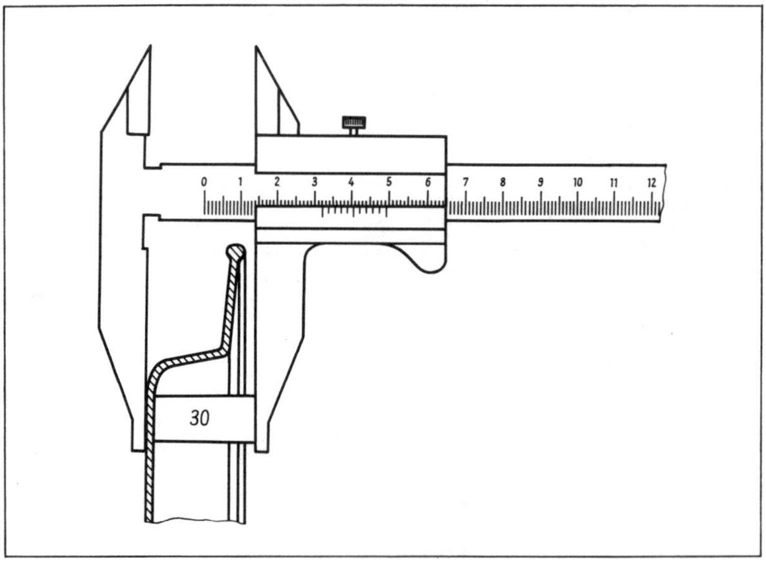

Bild 63. Meßschieber

stimmte Spantiefe. Dies ist nach vorherigem Versuch in einer einfachen Übersicht festzuhalten, z. B. so:

Weinbecher, 10 cm hoch, Rohmasse 340 g

Masse nach Außenbearbeitung	Spantiefe
320 g	1,0 mm
300 g	0,8 mm
280 g	0,6 mm
260 g	0,4 mm
240 g	0,2 mm

Durch diese Kontrolle bekommen alle Becher die annähernd gleiche Masse und somit auch gleiche Wanddicke. Hat ein Becher durch eine zu weit gehende Außenbearbeitung bereits Untermasse, kann dies durch das Wiegen am einfachsten festgestellt werden.

Kopierdrehen in der Massenfertigung

Hauptsächlich für die Massenherstellung von glatten, gewölbten Bierkrugdeckeln wird das Kopierdrehen angewendet. Es können Innen- und Außenkurven mit jeweils einer speziellen Kopiereinrichtung abgefahren werden. Hierzu wird die Gewindespindel des Kreuzsupports (auch Oberschlitten genannt) außer Betrieb gesetzt. An ihre Stelle tritt Federdruck. An der Stirnseite des Kreuzsupports (dem Drehbankfutter zugewendet) ist ein vorn gerundeter Stahlstift eingesetzt. Dieser drückt gegen ein stählernes Kurvenlineal, dessen Kontur genau der des Werkstücks entspricht (Bild 64). Das Kurvenlineal braucht nur reichlich halb so lang zu sein, wie der Durchmesser des Werkstücks

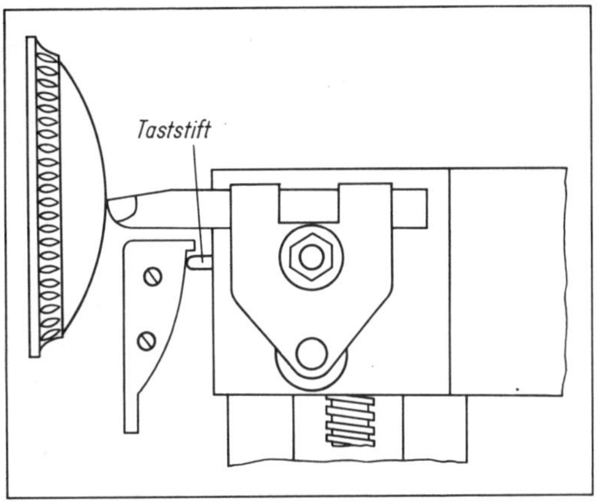

Bild 64. Beim Kopierdrehen liegt der Taststift unter Federdruck am Kurvenlineal (Formschiene) an und führt den Support mit dem Drehstahl

beträgt. Durch den Federdruck wird der gleitende Teil des Kreuzsupports mit seinem Führungsstift gegen das Kurvenlineal gedrückt, das mit seiner Basis auf dem Bettschlitten befestigt sein muß. Wird der Planzug betätigt, tastet der Stift zwangsläufig die Kontur des Kurvenlineals ab und steuert so den gleitenden Oberschlitten zusammen mit dem auf ihm befestigten Drehstahl.

Soll die andere Seite des Bierkrugdeckels bearbeitet werden, muß das Kurvenlineal gegen ein entgegengesetzt wirkendes ausgetauscht werden. Mit diesem System lassen sich auch Kugeln und ähnlich geformte Körper außen bearbeiten. Eine Kopiereinrichtung ist durchaus für den Selbstbau geeignet.

Zinn – kombiniert mit nichtmetallischen Werkstoffen

Zinnmontierung an Keramik und Anfertigung von Gießformen

Zylindrischer Bierkrug

Schon vor Jahrhunderten arbeiteten Töpfer und Zinngießer zusammen. Tonkrüge der verschiedensten Formen und Größen wurden vom Zinngießer mit Zinnmontierung (auch Zinnbeschlag genannt) versehen, also mit Zinndeckel einschließlich Scharnier und in vielen Fällen auch mit Zinnfuß komplettiert. Der Zinnfuß hatte nicht nur eine dekorative, sondern auch durchaus eine praktische Bedeutung, da die Schonung der Glasur die Wasserundurchlässigkeit garantierte. Bei größeren und kostbaren Fayence-Krügen saß der Deckel nicht auf der Keramik, sondern auf einer Zinntülle auf. Die Zinngießer haben es mit viel Geschick verstanden, zwischen den grundverschiedenen Werkstoffen Metall und Ton einen wirkungsvollen Kontrast zu schaffen. Fast läßt sich die komplette Zinnmontierung an Keramik mit einem Gemälde vergleichen, das erst durch einen entsprechenden Rahmen voll zur Wirkung kommt.

Wer sich dieser reizvollen Aufgabe zuwenden möchte, wird zu wählen haben zwischen industriell und deshalb in großen Stückzahlen hergestellten Keramikkrügen und solchen, die in Handarbeit vom Töpfer als Einzelstücke angefertigt wurden. Die industriemäßig hergestellten Keramikkrüge sind nach einer Norm gefertigt, meist gegossen und von einer sehr weitgehenden Einheitlichkeit. Dagegen sind die in Handarbeit entstandenen Keramikkrüge unterschiedlich in ihren Maßen, so daß für jeden Krug der Zinndeckel angepaßt werden muß.

Es erscheint selbstverständlich, daß sich der entstehende Aufwand bei der Anfertigung der Gießformen und des kompletten Zubehörs nur lohnt, wenn eine ganze Serie gleichartiger Tonkrüge bereitgestellt werden kann. Diese Krüge sollen im oberen Durchmesser weitgehend übereinstimmen, weil hiernach der Deckeldurchmesser festgelegt wird. Außerdem sollen die Krüge mit geringer Toleranz im Henkelansatz (das Maß von Krugoberkante bis Henkeloberkante) übereinstimmen, weil dies für die Konstruktion des Scharniers von Bedeutung ist. Die Krüge müssen im Henkel kein Loch zur Befestigung aufweisen. Dadurch können sie anderweitig verkauft werden, falls sie für die Zinnmontierung nicht geeignet sein sollten.

Deckel und seine Gießform (Bild 65)

Zunächst ist ein Deckel zu entwerfen, der nicht nur in den Abmessungen, sondern vor allem in der Form zum Krug passen muß. Zu einem wuchtigen Bierkrug von rustikalem Charakter paßt kein zierlicher, verspielter Deckel. Für eine eindrucksvolle Keramik kommt ein reich-

Bild 65. Deckelgießform
a) Einzelteile
– Im Vordergrund rechts das Gußstück mit Einguß –

b) in zusammengebautem Zustand

dekorierter Zinndeckel ebenfalls nicht in Frage, weil sich ein störender Kontrast ergeben würde. Ein betont schlichter Deckel läßt eine solche Keramik besser zur Geltung kommen. Bei einem Keramikkrug hat die Keramik primären Charakter, dem die Zinnmontierung unterzuordnen ist. Den Anspruch an die Gestaltung der Zinndeckelmontage kann man mit wenigen Worten ausdrücken: einfach und schön!

Für die dekorative Gestaltung des Zinndeckels ist die eingehende Betrachtung der Zinnmontierungen an alten, wertvollen Keramikkrügen eine Voraussetzung für das eigene Schaffen. Hierbei fällt auf, daß schlichte Formen und sparsamster Dekor vorherrschen. Für einen neuen, künstlerisch gelungenen Keramikkrug gilt die gleiche Regel. Die gesamte Zinnmontierung soll eine wirkungsvolle Ergänzung bilden. Ein Zuviel an Dekor erhöht nicht den Wert, sondern kann sich dem Kitsch nähern. Bevor der Zinngießer eigenwillige Formen entwickelt, sollte er unbedingt sein Auge an wertvollen alten Stücken schulen. Manche Enttäuschung kann dadurch erspart bleiben.

Es sei zunächst auf den Werdegang der Zinnmontierung an zylindrischen Bierkrügen eingegangen. Die Keramik ist matt, glasiert und bei den Fayence-Krügen blau bzw. mehrfarbig bemalt.

Die Bierkrüge haben einen oberen Außendurchmesser von 105 mm und eine Höhe von 170 mm und 190 mm. Das Fassungsvermögen beträgt etwa 1,25 l. Für diese Krüge wurde ein Deckel als abgeflachte Kuppel entworfen, deren Kontur vom Rand aus fast senkrecht aufsteigt, in einem Radius von 11 mm verläuft und zur Deckelmitte so ansteigt, daß diese etwa 6 mm über dem auslaufenden Radius steht (Bild 66). Diese Kontur wurde von der Zeichnung im Maßstab 1:1 auf eine Blechschablone übertragen, mit der sich an der Drehbank das Ausdrehen der Innenpartie des Formmantels kontrollieren ließ.

Welcher Werkstoff kommt für die Gießform in Frage?

Ideal wäre die Verwendung von Messing, was wegen der Kosten jedoch problematisch ist und deshalb nicht erörtert werden soll. Das thermische Verhalten von Aluminium ist bei dessen Verwendung als ungeteilter Außenmantel stets mit dem Risiko verbunden, daß sich das Gußstück nicht aus der Form löst. Somit ist Grauguß in Betracht zu ziehen. Übersteigt die Brinellhärte nicht den Wert von 785 MPa, sind Schwierigkeiten bei der Bearbeitung kaum zu erwarten.

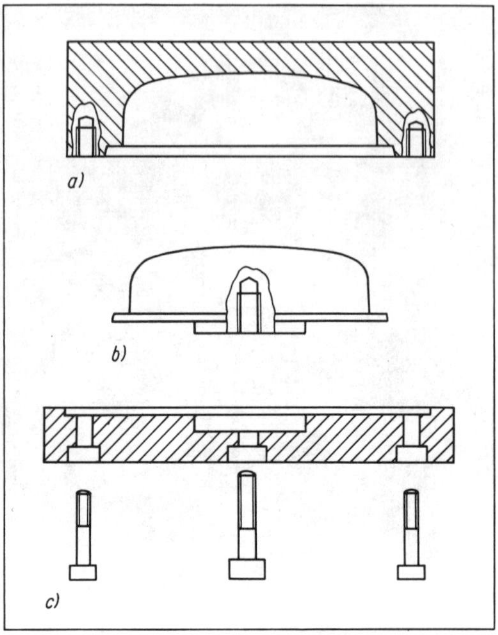

Bild 66. Verschraubbare Deckelgießform
a) Mantelform
b) Kern
c) Grundplatte

Dekorative Gestaltung des Deckels

Nachdem die gesamte Deckelkontur in den zuvor rundgedrehten Graugußkörper eingearbeitet wurde, wozu oftmalige Kontrollen mit Hilfe der Blechschablone notwendig sind, kann nichts anderes als ein glatter Deckel erwartet werden. Die nun hauptsächlich in Frage kommende Dekorart sind erhabene Profilringe am Kuppelrand, möglicherweise auch nur ein Ring. Dieser wird mit einem runden Profilstahl bis zur Hälfte seiner Rundung eingestochen. Ist der Stahl z. B. mit einem Radius von 1 mm versehen, wird er 1 mm tief eingestochen. Die runde Nute wird 2 mm breit. Eine über die Mitte hinausgehende Erhebung ist bei Wülsten und Ringen nicht üblich und deshalb im allgemeinen zu vermeiden.

Zur Betonung der Kuppelkante setzt man den Profilring möglichst weit nach außen. Wird der Profilring durchgängig rund gedreht, entsteht beim Gießen auf dem Deckel ein geschlossener, erhabener Ring. Wo das Scharnier aufgesetzt wird, ist dieses Stück Ring jedoch im Wege und muß wieder abgearbeitet werden. Geschickte Dreher sind in der Lage, den Stahl an der betreffenden Stelle aus dem Schnitt zu nehmen und ihn ein Stück weiter wieder einzusetzen. Dieses etwas aufwendige Verfahren erfordert das Durchdrehen des Drehbankfutters von Hand, aber es wird für jeden Deckel die Mehrarbeit des nachträglichen Abfeilens eingespart.

Weitere Möglichkeiten der Dekorgestaltung (Bild 67)

Statt eines Profilrings können auch 2 Ringe nebeneinander angeordnet sein. Der Zwischenraum läßt sich mit einer Gravur versehen oder mit Punzdekor. Allerdings ist für das Punzen ein Aluminiumkern nicht brauchbar, weil jeder Punzschlag in den weichen Kern durchdrückt und beim nächsten Deckel mitgegossen wird. Für Punzarbeiten ist stets ein Stahl- oder Graugußkern notwendig, wodurch allerdings das günstige thermische Verhalten von Aluminium nicht ausgenutzt werden kann. Der Energie- und Zeitaufwand zum Erwärmen ist bei Eisenkernen erheblich höher.

Bild 67. Verschiedene Dekormöglichkeiten für einen Krugdeckel (oben rechts mit Punzdekor). Der einfache, schlichte Deckel (unten rechts) erwies sich als wirkungsvollste Variante

Zwischen 2 Profilringen läßt sich auch eine erhabene Perlenreihe anordnen. Mit einem geeigneten Werkzeug (Gravierfräser in Kugelform) wird eine halbkugelförmige Vertiefung neben die andere gesetzt. Beim Vollgießen entsteht dann eine Perlenreihe.

Das Einarbeiten eines geometrischen Musters soll hier erwähnt werden, obwohl die Bedenklichkeit bereits betont wurde.

Es können wieder 2 konzentrische Profilringe die innere und die äußere Begrenzung bilden. Diese sind im entsprechenden Abstand einzustechen (bei dem abgebildeten Muster beträgt der Abstand 20 mm).

Das Ornament läßt sich mit der zahnärztlichen Bohrmaschine von Hand einarbeiten, aber auch mit Hilfe einer Gravier- oder Fräsmaschine. In vielen Fällen werden diese technischen Hilfsmittel nicht zur Verfügung stehen, so daß die Drehbank ersatzweise genutzt wird. Bei radial angeordnetem »Buckelmuster« ist in entsprechender Stellung mit einem rundgeschliffenen Stahl eine Vertiefung auszuschlagen (Bild 68). Hat diese die gewünschte Tiefe erreicht, wird der Planzug zurückgefahren und das Werkstück auf seiner Zentrierung weitergedreht, festgespannt und entsprechend der Teilung, die sich aus der Anzahl der »Buckel« ergibt, die nächste Vertiefung ausgeschlagen.

Allerdings ergibt sich durch die Tiefe der Deckelform ein großes Hindernis. Bevor der Stahl seine Position erreicht, stößt bereits die Bohrstange an. Bei dem abgebildeten Muster wurde deshalb die Deckelform aus 2 Teilen gefertigt. Die den Reliefdekor tragende Partie ist ein Aluminiumkörper, der sich auf das Graugußunterteil aufschrauben läßt und mit diesem gemeinsam bearbeitet wurde. Nur so war es möglich, nahe genug an die Bohrstange heranzufahren und den Radius in der richtigen Stellung auszuschlagen.

So verlockend eine derartige Kombination auf den ersten Blick auch erscheinen mag, so kompliziert wird die Verwendung von zwei verschiedenen Werkstoffen im verschraubten Zustand aus folgendem Grund:

Aluminium und Grauguß verhalten sich thermisch sehr unterschiedlich. Wärmeleitfähigkeit und Ausdehnungskoeffizient liegen erheblich auseinander. Dies wirkt sich sehr ungünstig aus. Aluminium verzieht sich viel eher als Grauguß und dehnt sich auch stärker. Verschraubungen lockern sich. Es öffnen sich Fugen, die beim Gießen sofort voll Zinn laufen und das Gußstück festhalten, so daß es sich nur schwer oder gar nicht aus der Form löst. Deshalb kann die Anfertigung einer solchen Gießform nur eine Ausnahme sein.

Bild 68. Eine Gießform mit Buckelmuster entsteht

Kern

Da der Ausdehnungskoeffizient bei einem Kern in umgekehrter Weise wirksam wird als bei einem Außenmantel, kann unbedenklich Aluminium für den Kern verwendet werden. Allerdings kommt nur gezogenes Aluminium in Frage, da diese Qualität porenfrei ist. Durch die größere Festigkeit gegenüber gegossenem Aluminium ist es möglich, in die Unterseite Gewinde einzuarbeiten. Dieses kann zur Befestigung des Kerns auf der Grundplatte dienen sowie zum Einschrauben einer Schlagstange, um den Kern vom Gußstück zu lösen. Da bei entsprechender Erhitzung der Kern auch wieder schrumpft, löst sich der Zinndeckel relativ leicht. Das Gewinde wird also nicht hoch belastet und kann lange halten.

Eine zweite Variante besteht, wenn der Kern mitsamt der Grundplatte aus einem Stück gearbeitet ist. Ein Zusammenschrauben entfällt dann. Aber bei einem Kerndurchmesser von über 100 mm müßte der Fuß, auf dem der Außenmantel aufsitzt, mindestens 150 mm Durchmesser aufweisen. Es ist nicht sicher, daß gezogenes Aluminium in dieser Dimension zu beschaffen ist.

Falls die erstgenannte Variante in Frage kommt, ist bei der Konstruktion der Gewindepartie folgendes zu beachten: Zunächst soll ein Gewinde vorhanden sein, um den Kern auf die Grundplatte aufzuschrauben. Dann ist ein dickeres Gewinde (M 12 oder dicker) für die Schlagstange erwünscht. Beide Gewinde können eine gemeinsame Achse haben (Bild 69). Für das dünnere Gewinde reicht M 8 aus. Gewinde für Schlagstangen sollten einheitlich dimensioniert sein, also z. B. M 8 für kleine Kerne, M 12 für große Kerne. Hierdurch kommt man mit 2 Schlagstangen für alle Gießformen aus.

Gestaltung des Eingusses

Die Eingußöffnung wird in den Rand der Mantelform eingearbeitet. Dadurch verbleibt dem Deckel auch nach dem Abtrennen des Eingusses noch ein Fortsatz, der beim Innenbearbeiten

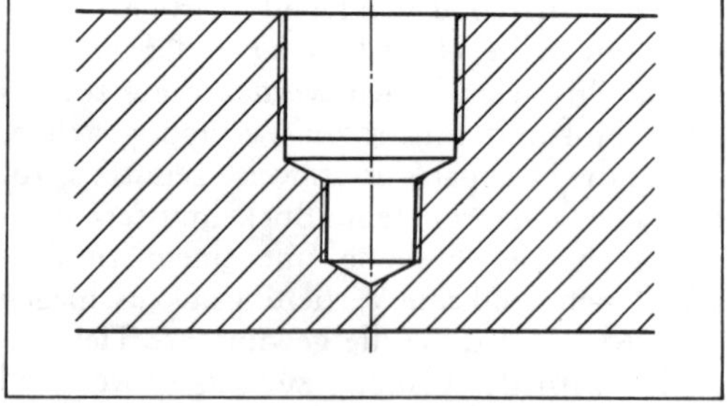

Bild 69. Auf gemeinsamer Achse lassen sich 2 verschiedene Gewinde anordnen, z. B. für die Schlagstange und zum Festschrauben des Kerns auf der Grundplatte

des eingelegten Deckels als Mitnehmer fungiert. So kann sich der Deckel nicht in der Mantelform bewegen, sondern wird sicher mitgenommen. Der Querschnitt des Eingusses ist von großer Bedeutung und im allgemeinen proportional zur Masse des Gußstücks. Bei dem hier beschriebenen Deckel wurde bei einer Rohmasse von 170 g die Eingußöffnung 5 mm breit und 14 mm lang gewählt, was einem Querschnitt von 70 mm^2 entspricht. Im zusammengeschraubten Zustand erhält die Eingußpartie eine angefräste Fläche, auf die sich eine (innen konische!) Stahl- oder Graugußbuchse stellen läßt, die als Eingußtrichter dient. Schließlich erhält diese Deckelform noch einen Handgriff, so daß sie nach dem Vollgießen bequem in nasse Lappen gedrückt bzw. in einen Eimer Wasser gesenkt werden kann.

Scharnier und seine Gießform

Das Scharnier am Zinndeckel hat nicht nur eine technische Funktion zu erfüllen, sondern soll auch in seinen Abmessungen zum Deckel passen. Zuerst ist zu entscheiden, ob ein einfaches Zweibackenscharnier (Bild 70) oder ein anspruchsvolleres Dreibackenscharnier verwendet werden soll. Für Zinngießer mit beschränkten technischen Hilfsmitteln wird eher das Zweibackenscharnier in Frage kommen. Das Dreibackenscharnier verlangt einen erheblich höheren Aufwand bei der Anfertigung der Gießform, weshalb hierzu eine ausführlichere Behandlung angebracht erscheint.

Für den beschriebenen Bierkrugdeckel von 110 mm Durchmesser wurde ein Scharnier mit 18 mm Durchmesser bei 18 mm Breite gewählt (Bilder 71 und 72). Für die Anfertigung einer Scharnierform sind verschiedene Varianten denkbar. Im wesentlichen unterscheiden sie sich dadurch, daß die einen (ohne die Einsätze) aus 2 Hauptteilen, die anderen aus 4 Hauptteilen bestehen. Die Konturen des kompletten Scharniers werden im ersten Fall in Formhälften rechtwinklig in volles Material gefräst. Beim Zusammensetzen der Hälften entsteht ein Hohlraum, der genau dem gewünschten Scharnier entspricht.

Es ist auch möglich, die Kontur des Scharniers in eine vorher getrennte und dann zusammengeschraubte Platte einzuarbeiten, wobei die Trennfuge entlang dem Scharnier verlaufen muß. Für Zinngießer, die ihre Gießformen selber anfertigen müssen, ist diese Variante einfacher, denn das Herausarbeiten der Kontur ist in der durchgängigen Platte mit der Feile möglich.

Als Werkstoff ist Messing am besten geeignet. Bronze ist weniger gut geeignet, da es durch den Zinnanteil zu Diffusionen kommen kann. Falls kein Messing zu beschaffen ist, kommt Grauguß in Frage. Die Größe der Platte

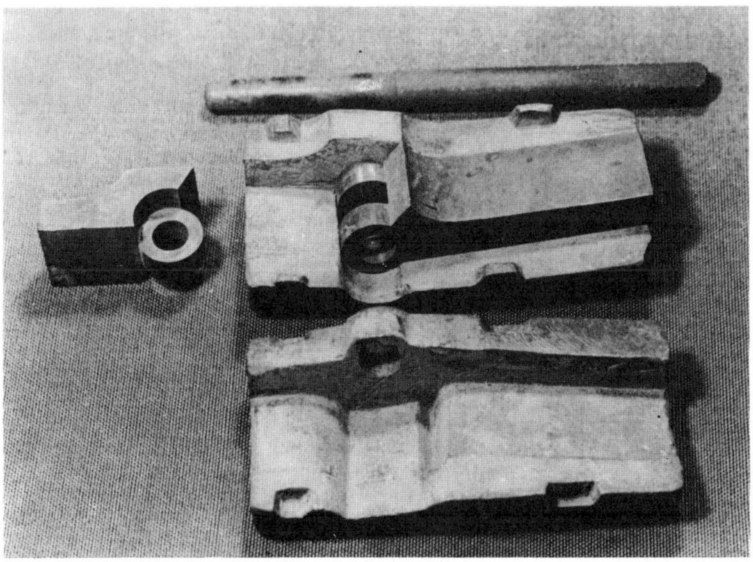

Bild 70. Original-Scharnierform aus Messing in Zweibackenausführung

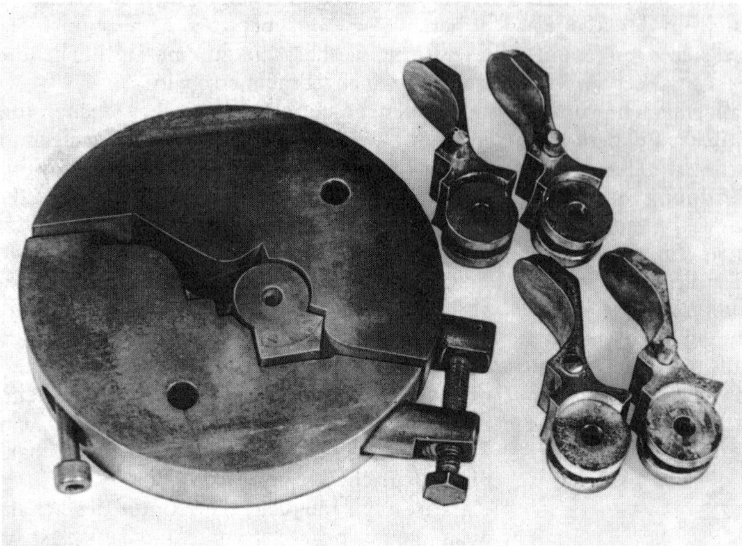

Bild 71. Mittelteil einer Scharnierform aus Messing in Dreibackenausführung

ist so zu bemessen, daß bei aufgelegter Schablone nirgends ein geringerer Abstand zum Plattenrand als etwa 20 mm vorhanden ist. Die Plattendicke entspricht der Scharnierbreite (in diesem Fall 18 mm). Dann werden die beiden Trennfugen eingesägt. Für diese Arbeit ist nur ein Maschinenkreissägeblatt verwendbar, da die Qualität der Trennfugen wesentlichen Anteil an der einwandfreien Funktion der Scharnierform hat. Entsprechend dem Verlauf des Scharnierkörpers sind dicht an dicht Löcher zu bohren, so daß sich schließlich die beiden Plattenteile trennen lassen. Die Lochwandungen sind nun mit der Feile zurückzufeilen, bis nur die beiden Trennfugen aufeinander liegen. In diesem Zustand werden die beiden Plattenteile verschraubt. Für solche Scharnierformen ist das Gewinde M 6 eine gängige Größe.

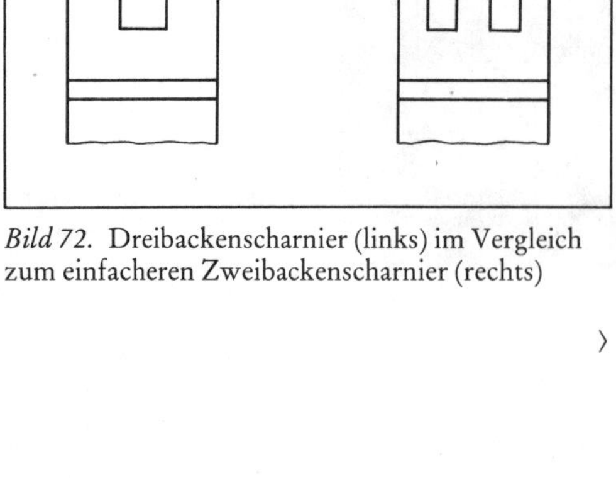

Bild 72. Dreibackenscharnier (links) im Vergleich zum einfacheren Zweibackenscharnier (rechts)

▶ Eine durch Bohrlöcher zu trennende Platte sollte nicht größer gebohrt werden als der Sägeschnitt der Trennfugen breit ist. Die Platte kann sich nur um den Betrag des Sägeschnitts verkleinern. Zu große Bohrlöcher hinterlassen Radien, durch die die Dicke des einzuarbeitenden Teils diktiert wird.

Bei Scharnieren sind 2 Varianten vorherrschend: Scharnier mit Kugel auf dem Deckel sowie Scharnier mit Drücker. Die erste Variante ist etwas schwieriger in der Anfertigung, weil das Scharnieroberteil relativ weit auf den Deckel reicht, wo es an seinem vorderen Ende die Kugel trägt. Bei Scharnieren mit Drücker liegt das Oberteil nur mit einer kurzen Partie am Deckel an, woraus sich für die Anfertigung der Gießform ein geringerer Aufwand ergibt. Es soll hier jedoch das Scharnier mit Kugel behandelt werden (Bild 73).

Die dem Deckel zugewandte Seite des Scharnieroberteils erhält die gleiche Kontur wie der Deckel. Die genaue Übertragung der Deckelkontur auf die Platte ist auch ohne spezielle Schablone leicht möglich. Es wird ein Deckel

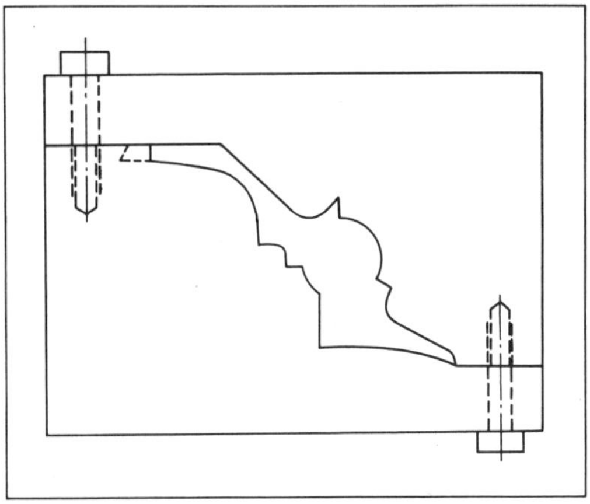

Bild 73. Hauptteil einer Scharniergießform mit den Konturen des beschriebenen Bierkrugdeckels

halbiert und mit seiner Schnittfläche auf die Platte gelegt. Mit einer Reißnadel kann dann der Verlauf der Kontur angerissen werden.

Nun läßt sich auch die Lage des Scharnierauges festlegen. Es befindet sich stets auf gleicher Höhe mit der Auflagefläche des Deckels (wo dieser auf dem Keramikkrug aufliegt). Zwischen Deckelrand und Scharnierauge sollte ein Abstand von mindestens 5 mm eingehalten werden, dann kann später wahlweise auch noch eine Deckeltülle Platz finden.

Das paßgerechte Bohren und Reiben des angerissenen Scharnierauges kann nicht auf einer Bohrmaschine erfolgen. Diese Arbeit kann nur auf einer Drehbank (die Werkzeuge kommen ins Drehbankfutter) bzw. Fräsmaschine oder Bohrwerk ausgeführt werden, denn die Werkzeuge schneiden nicht in volles Material, sondern haben die Trennfuge zu bewältigen. Durch diesen unterbrochenen Schnitt wird die Arbeit etwas schwierig, und Spiralbohrer lassen sich nur begrenzt verwenden. Beim Einarbeiten des Scharniers kann man auch mit dem Scharnierauge beginnen. Ist die Bohrung fertig, gilt diese als Grundlage für die nun aufzutragenden Konturen des gesamten Scharniers, denn jetzt verändert sich nichts mehr.

Es ist nicht erforderlich, eine solche Scharnierform zu verstiften, wenn die fertige Platte ringsum sauber gefräst ist. Nach jedem Zusammenschrauben läßt sich an den bündig stehenden Trennfugen der richtige Sitz leicht kontrollieren.

Anfertigung von Scharniereinsätzen

In ähnlicher Weise, wie jede Gießform für die Stellen, die nicht vollaufen sollen, einen Kern braucht, ist für die Scharnierform mindestens ein Einsatz erforderlich. Es handelt sich um das Scharnierunterteil, das in Stahl oder Messing anzufertigen ist und das Gegenstück zum Oberteil darstellt. Leider ist es technisch nicht möglich, solche Scharniereinsätze aus vollem Material »in einem Zuge« herzustellen. Die kritische Partie ist der Radius, der sich mit keinem Werkzeug präzise herausarbeiten läßt. Aus diesem Grunde sind Scharniereinsätze stets aus Teilen zusammengeschraubt.

Für Zweibackenscharniere (Bild 74) besteht der Einsatz nur aus Hälfen, die miteinander verschraubt werden. Für Dreibackenscharniere (Bild 75) ist ein Mittelteil aus vollem Material herauszuarbeiten, an das später 2 Scheiben angeschraubt werden. Mit einem rechtwinklig geschliffenen Werkzeug, dessen Durchmesser dem des Scharniers entspricht, wird in das auf Scharnierbreite vorbearbeitete Material beidseitig der Radius ausgeschlagen, so daß in der Mitte eine Backe als Steg stehenbleibt. Bei Dreibackenscharnieren kommt stets eine Fünferteilung der Breite in Betracht (3 Backen stehen unten, 2 Backen greifen von oben ein). Bei einer Scharnierbreite von 18 mm kommt auf jede Backe somit eine Breite von 3,6 mm. Die anderen Backen bzw. Zwischenräume entstehen da-

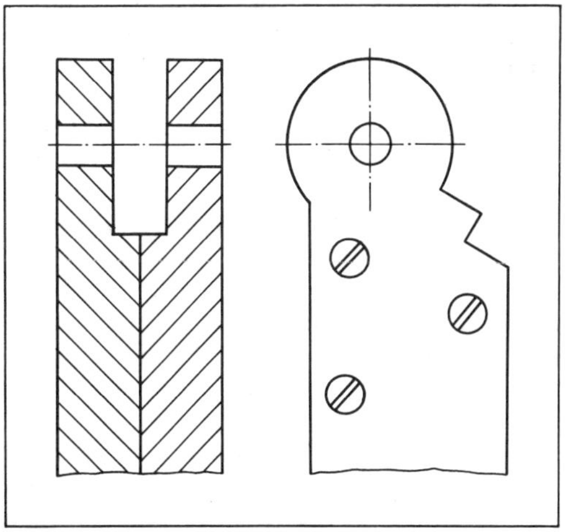

Bild 74. Scharniereinsatz in Zweibackenausführung zum Gießen des Scharnieroberteils

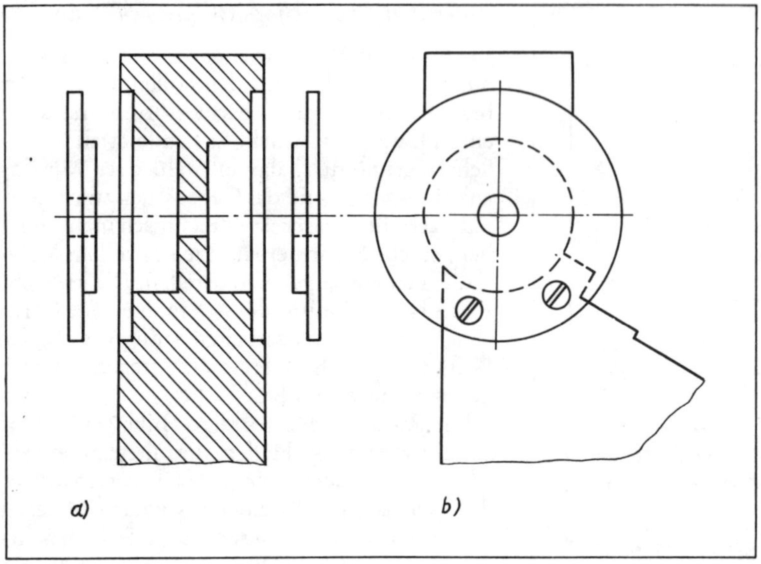

Bild 75. Scharniereinsatz in Dreibackenausführung zum Gießen des Scharnieroberteils
a) zu verschraubende Scheiben
b) gestrichelte Linie deutet endgültige Kontur des Scharniereinsatzes an – von den Scheiben bleibt nur ein Teil stehen (Partie der Schraubverbindung), das andere überstehende Material wird abgearbeitet –

durch, daß von beiden Seiten je eine gedrehte Scheibe angesetzt und verschraubt wird. Beide Scheiben sind mit breiten Absätzen zu versehen, die weit über den Durchmesser hinausragen und am Einsatzkörper in genau passende Einplanungen eingreifen und eine sichere Zentrierung bewirken. Das Loch für die Scharnierachse wird an allen Teilen in gleicher Aufspannung vorgebohrt. Soll der Achsendurchmesser 5 mm betragen, sind diese 3 Teile mit einem Durchmesser von 4,8 mm zu bohren. Für die Verschraubung der anzusetzenden Scheiben kommen je 2 Senkschrauben M 3 in Frage. Sind die Scheiben angeschraubt, muß alles überstehende Material abgefräst werden. Die Feinbearbeitung ist jedoch nur mit feinen Feilen und feiner Schmirgelleinwand möglich. Da die Scheiben über einen Absatz verfügen, dessen Durchmesser genau dem Scharnierdurchmesser entspricht, bildet dieser Absatz das Grenzmaß für das abzuarbeitende Material.

Weil durch das rechtwinklig geschliffene Werkzeug zu beiden Seiten des mittleren Stegs eine Sacklochbohrung entsteht, sind nach dem Anschrauben der beiden Scheiben die zwei leeren Felder völlig verschlossen, bis auf das vorgebohrte Achsenloch. Es wird empfohlen, am massiven Klotz des Einsatzkörpers außen den Verlauf des Radius (d. h. die Kreisbogenlinie) anzureißen, damit auf keinen Fall über diese Linie hinaus das Material abgearbeitet wird. Ist diese Linie fast erreicht, wird die Wand dünn wie eine Rasierklinge und bricht schließlich durch. Von diesem Moment an wird die weitere Arbeit erleichtert, denn die Absätze werden deutlich sichtbar.

Nach der Fertigstellung des Scharnierauges wird der gesamte Einsatz ringsum so bearbeitet, daß er genau in die Gießform paßt. Die vorgebohrten Löcher werden mit einer Reibahle fluchtend gerieben (bei der abgebildeten Scharnierform 5 mm Durchmesser H 7). Im zusammengeschraubten Zustand darf der Scharniereinsatz nicht herausfallen und soll auch keinen Lichtspalt zeigen, durch den das Zinn ausfließen könnte. Von besonderer Bedeutung sind die ersten beiden Dichtflächen, die dem Scharnierauge am nächsten sind. Sind diese sauber und passend gearbeitet, spielen weiter abseits liegende Hohlräume keine große Rolle, denn dem Zinn ist das Abfließen in diese Hohlräume verwehrt.

Tafel 1. Fayence-Krüge

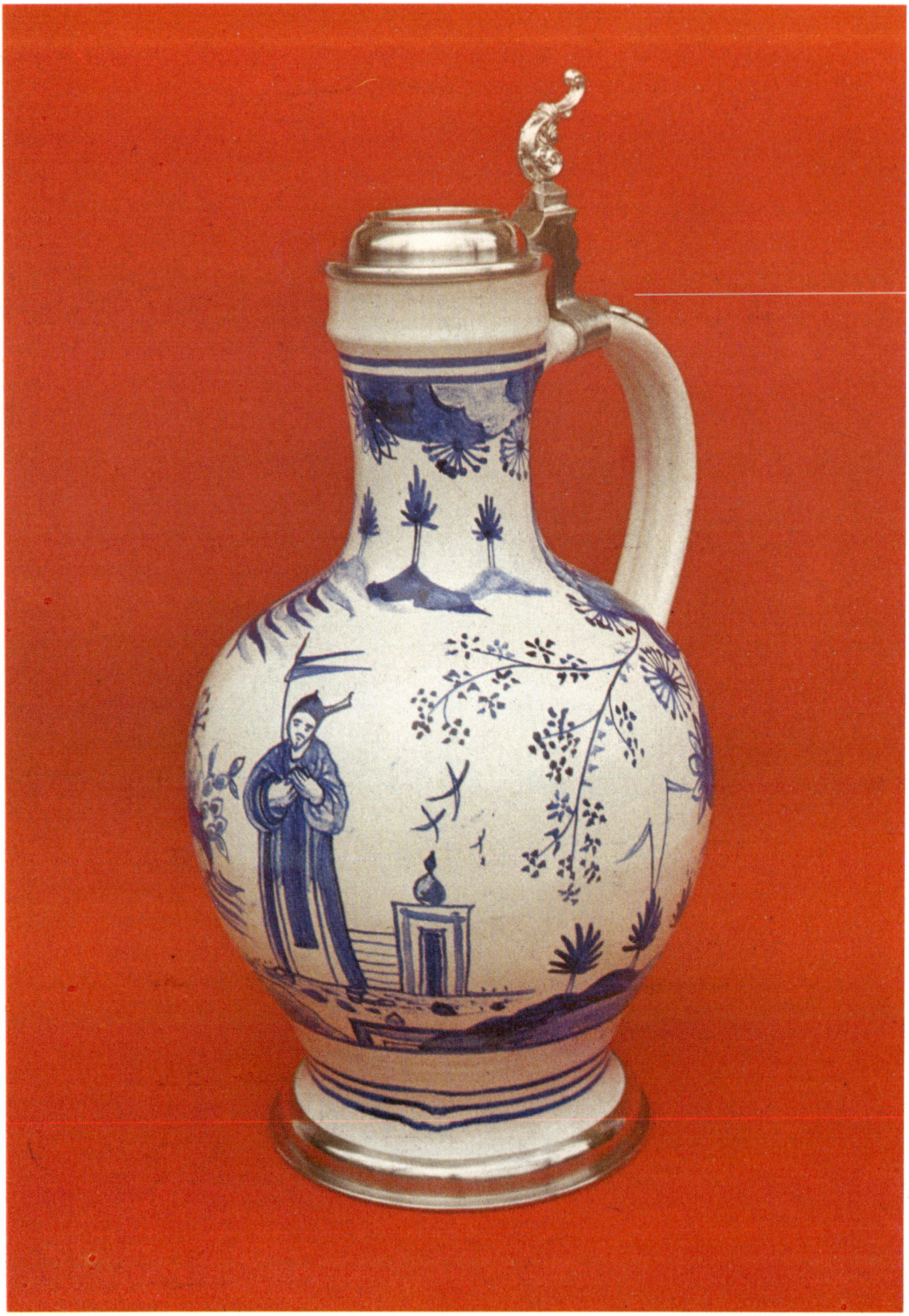

Tafel 3. Keramikkrüge

Tafel 2. Fayence-Enghalskrug

Tafel 4. Zwei Keramikflaschen mit Schraubverschluß und Zinnfuß (Keramik und Bemalung: *Anneliese Zenichowski*)

Tafel 5. Intarsienkrug

Tafel 7. Puppengeschirr

Tafel 6. Geböttchertes Holzfäßchen, Eiche, mit Schraubverschluß und Intarsie, graviert

Tafel 8. Puppenstube mit Zinngeschirr

Tafel 9. Puppenmöbel

Tafel 10. oben: Vollplastische Zinnfiguren und Flachfiguren;
unten: Diorama Zinnfiguren

Tafel 11. Diverse Zinngegenstände

Tafel 12. Keramikkrüge mit Zinndeckel

Tafel 13. Zinnlöffel am Wandbrett

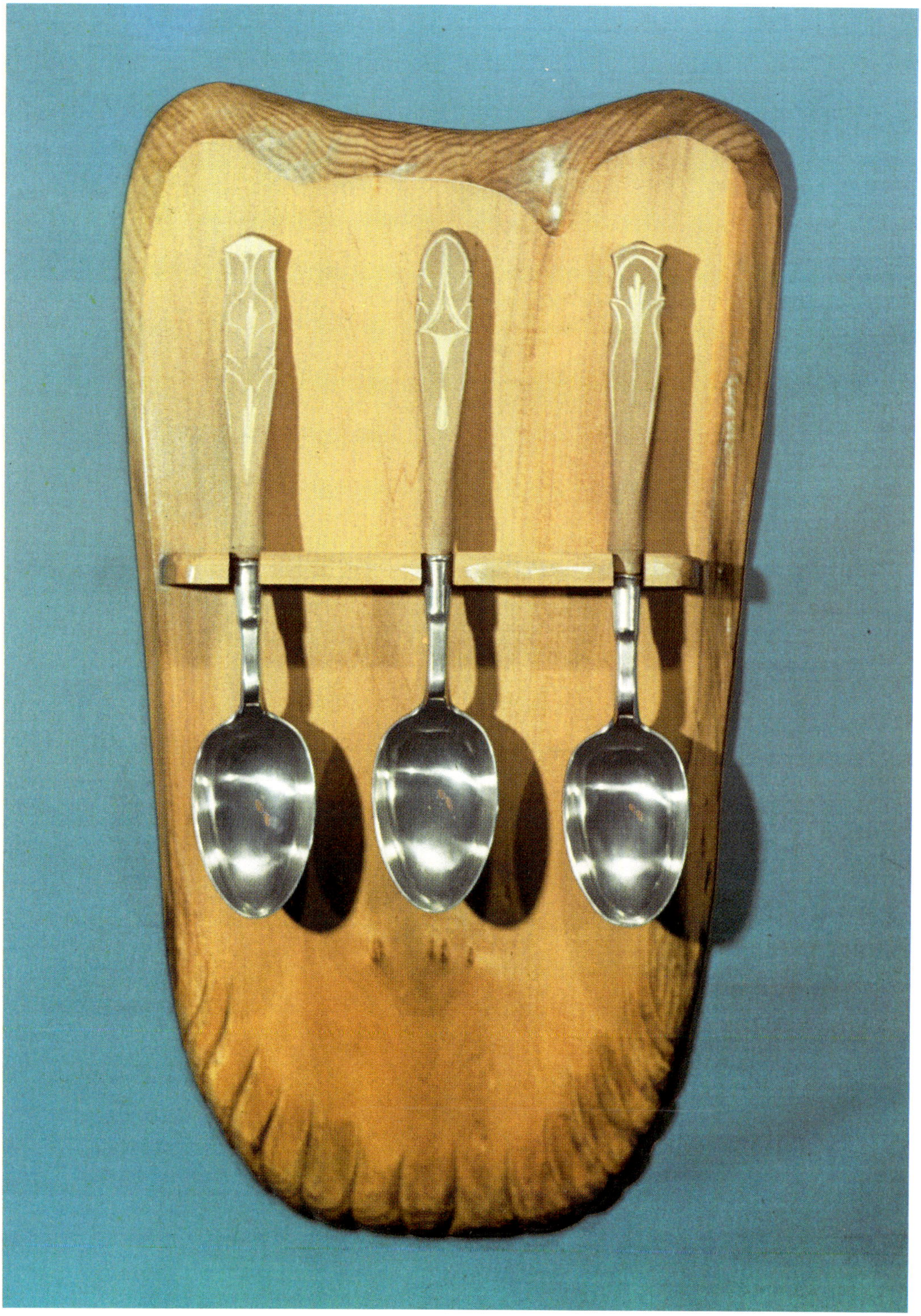

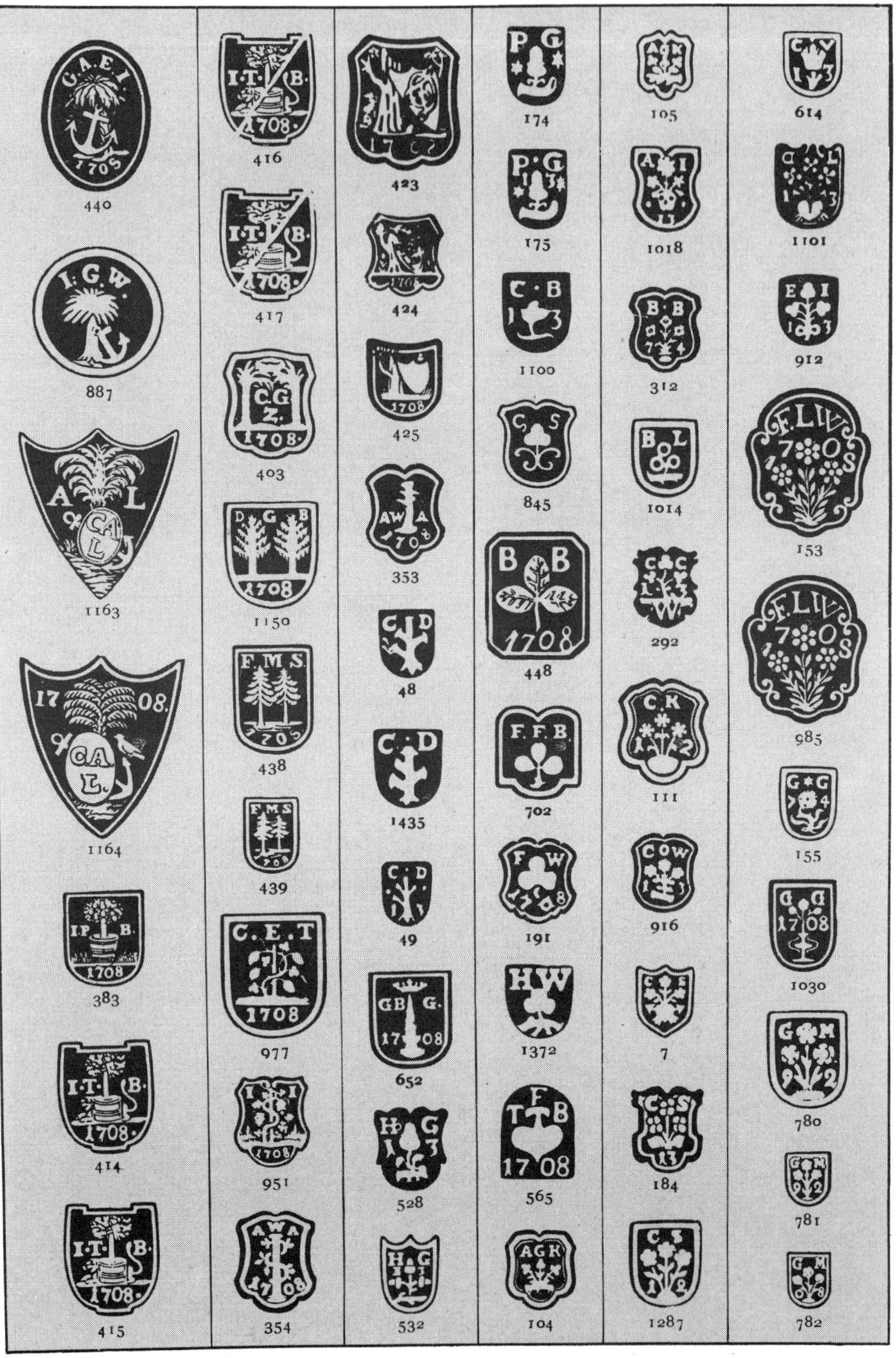

Tafel 14. Meistermarken

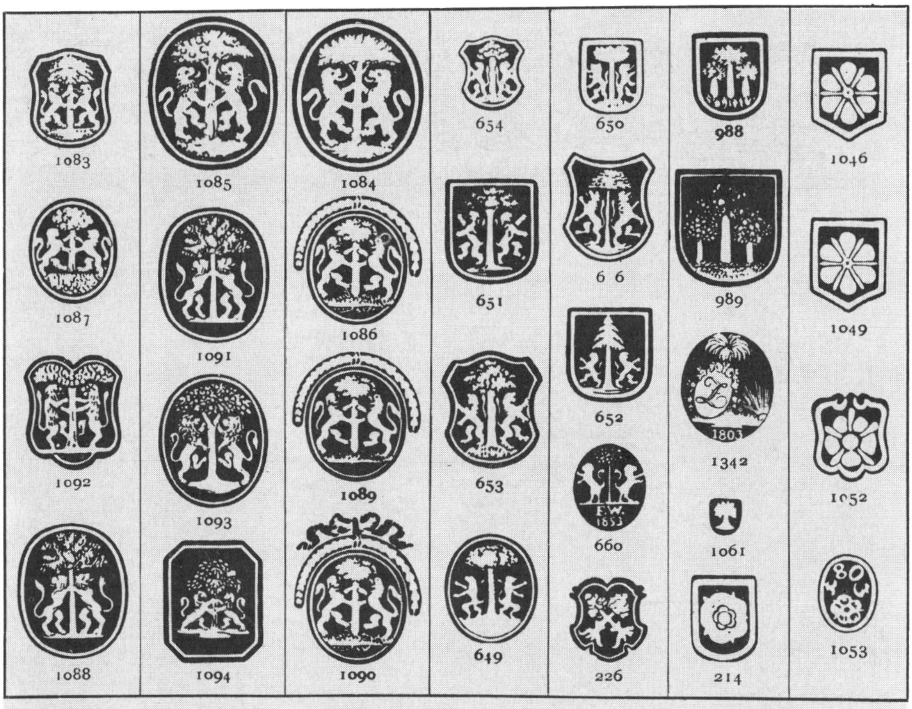

ARCHITEKTUR

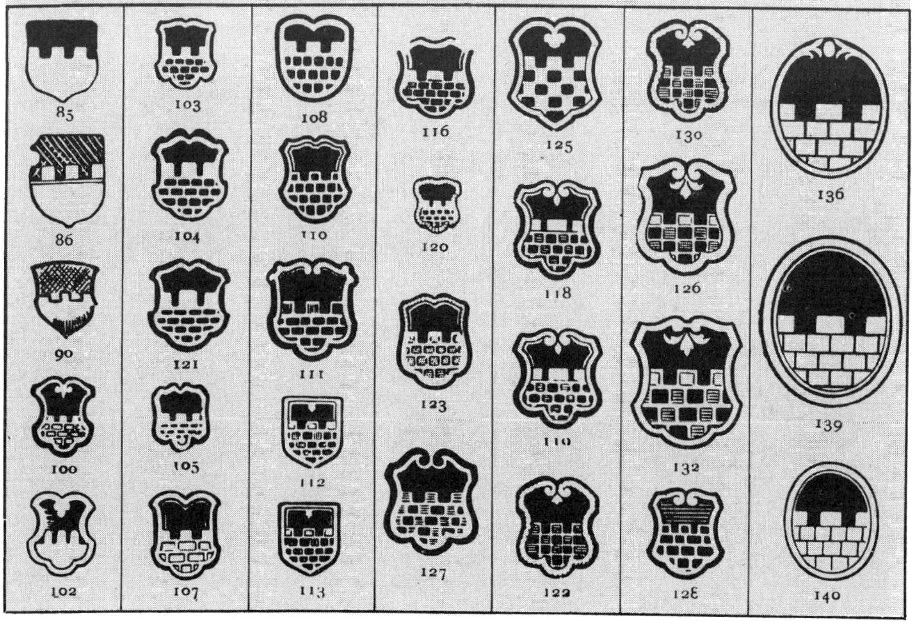

Tafel 15. Stadtmarken

Tafel 16. Qualitätsmarken

Übung:
Vor der Fertigbearbeitung dieser komplizierten Gießform sind dem Nichtfachmann Übungen zu empfehlen.

1. An ein Stück Grauguß von 15 mm Breite wird mit der Feile ein Winkel von 90° angearbeitet. Kontrolle mit Winkel. – Zu diesem Werkstück ist ein Gegenstück mit eingearbeitetem Winkel anzufertigen. Beide Werkstücke sollen ohne Lichtspalt ineinander passen. Korrekturen sind nur an dem zuletzt begonnenen Teil zulässig.
2. Die gleiche Übung wird wiederholt, jedoch unter Verwendung eines Winkels von 30°.
3. Ähnliche Übungen sind an runden Anlageflächen möglich. Die Verwendung von Tuschierfarbe ist für alle Übungen zweckmäßig.

Die Scharnierform wird komplettiert

Nachdem die wesentlichen Teile fertig sind, muß die Scharnierform oben und unten mit je einer Platte abgedeckt werden. Die obere Platte erhält genau über dem Scharnierauge ein Stiftloch, ebenfalls 5 mm Durchmesser H 7. Jetzt kann die obere Platte mit dem Scharniereinsatz durch einen Paßstift justiert werden. Der Stift verhindert, daß das Scharnierloch voll Zinn läuft. Es ist zweckmäßig, den (reichlich langen) Paßstift mit einer kräftigen Flügelmutter zu versehen, damit sich der Stift nach dem Erstarren des Zinns gut handhaben und leicht herausziehen läßt.

Die Platten sollen 5 ... 6 mm dick sein und können aus Stahl bestehen. Paßstifte sollten aus Messing gearbeitet sein.

Die obere Platte erhält jetzt die 2 Löcher zum Eingießen: eines für das Scharnieroberteil und eines für das Unterteil. Als Richtmaß für den Durchmesser dieser Eingußlöcher kann 5 mm gelten. Diese Löcher sind von innen konisch aufzureiben, damit sich die Platte beim Abnehmen leicht löst.

Schließlich sind Gießform und Platten mit 2 Schrauben M 6 zusammenzuschrauben. Die eine Schraube kann, stark verlängert, als Haltegriff ausgebildet werden. Vor dem Zusammenbau wird die gesamte Innenpartie einschließlich Scharniereinsatz mit einer brennenden Kerze eingerußt. Auf das Eingußloch des Oberteils wird eine kleine (innen konische) Eisenbuchse gesetzt, und das erste Scharnieroberteil kann gegossen werden.

Gießen des kompletten Scharniers

Zweckmäßigerweise werden nacheinander mehrere Oberteile gegossen, je nach Bedarf. Dann wird ein Oberteil entgratet, gegebenenfalls auch etwas geputzt, so daß es sich in die Scharnierform leicht einlegen läßt. Zuvor wird dieses Oberteil in eine Lösung von Kupfersulfat gelegt. Man mischt etwa 1 Teelöffel voll auf 100 g Wasser. Das blanke Zinn erhält sogleich eine Oxidationsschicht, die mit fortschreitender Zeit dicker wird. Diese Schicht soll das Scharnierteil isolieren, so daß sich das anzugießende Unterteil nicht mit dem Oberteil durch Schmelzkontakt verbinden kann. Das mit Kupfersulfat behandelte Oberteil wird in die Form eingelegt und nach vorsichtiger Erwärmung der Form das Unterteil angegossen. Hierbei ist der Paßstift gezogen, denn nun soll das Scharnierloch vollaufen. Damit hier nicht Zinn ausläuft, ist ein passender Verschluß aufzusetzen. Das zusammengegossene Scharnier muß beweglich sein und darf sich bei der Funktionsprobe nicht in der Hand verbiegen. Wird die Beweglichkeit auch dann nicht erreicht, wenn ein Tropfen Graphitlösung oder Seifenwasser in das Scharnier gegeben wurde, ist dies auf unzureichende Genauigkeit bei der Anfertigung der Bohrung oder des Scharnierauges zurückzuführen.

Welche Notlösung gibt es, wenn das angegossene Scharnier unbeweglich bleibt?

Ein unbewegliches Scharnier ist nutzlos, denn es kann seine Funktion nicht erfüllen. Besonders dem Anfänger unterläuft mancher kleine Fehler, der sich jedoch schwerwiegend auswirken kann. Für diesen Fall soll auf eine brauchbare Notlösung verwiesen werden.

In ähnlicher Weise, wie der Scharniereinsatz zum Gießen des Oberteils angefertigt wurde, wird ein solcher für das Gießen des Unterteils hergestellt. Da es sich beim Oberteil nur um 2 Scharnierbacken handelt, entfällt die Anfertigung von Scheiben. Dieser Scharniereinsatz ist in der Längsrichtung halbiert. Er besteht also aus Hälften. Die Augenpartie wird in gleicher Weise wie beim Gegenstück aus dem Vollen ge-

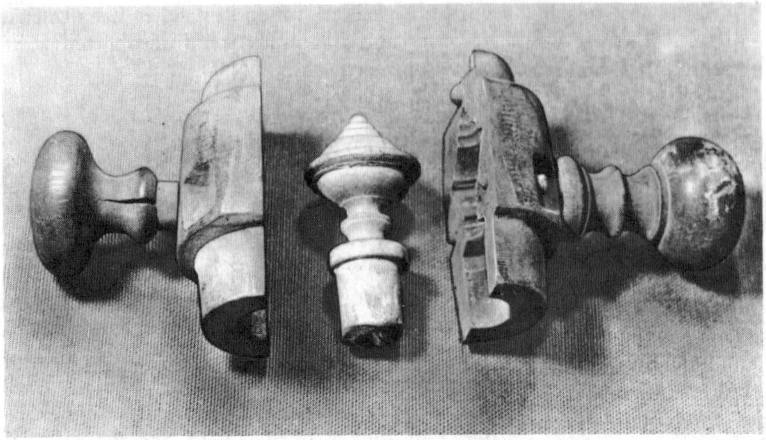

Bild 76. Gießform für eine massive Kugel mit Fuß (geteilt)

fräst, dann werden nach dem Bohren die Hälften justiert und miteinander verschraubt. Mit dem fertigen Scharniereinsatz können nun die Scharnierunterteile gegossen werden.

Diese Methode hat den Vorteil, daß die Gießform nun höher erhitzt werden kann, denn der Scharniereinsatz besteht nicht mehr aus Zinn, sondern aus Stahl oder Messing. Als Werkstoff für Scharniereinsätze hat sich auch Stahl (C 45 oder ähnliche Qualität) sehr gut bewährt. Stahl läßt sich zwar nicht so gut bearbeiten wie Messing, aber der Ausdehnungskoeffizient von Stahl ist geringer. Deshalb lassen sich die Zinnscharniere leichter herauslösen.

Die einzeln gegossenen Zinnscharniere lassen sich bequem putzen, befeilen und zusammenpassen. Aber nun fehlt noch der Stift, der nach dem Zusammensetzen des Scharniers einzusetzen ist. Da eine Bohrung von 5 mm Durchmesser vorgesehen war, ist die Verwendung von 5 mm dickem Rundmessing sehr vorteilhaft. Der Stift wird etwas kürzer gehalten als die Scharnierbreite beträgt (etwa −1 mm), damit er beidseitig unauffällig verlötet werden kann.

Wie läßt sich erreichen, daß ein eingesetzter Scharnierstift nur einseitig verlötet werden muß?

Hierzu wird der Paßstift in seiner Länge so bemessen, daß er nicht bis auf die untere Platte reicht. Wenn zwischen Stift und Platte ein Zwischenraum von etwa 1,5 mm bleibt, läuft dieser beim Gießen des Scharnierunterteils voll Zinn. Dadurch entsteht eine geschlossene Wand, so daß an dieser Seite keine Lötarbeit erforderlich wird. Wird der Zwischenraum noch enger gewählt, läuft der Spalt möglicherweise nicht voll, und es kann infolge Luftblasenbildung ein Loch entstehen. Das gewünschte Maß wird durch einen Absatz am Paßstift erreicht, der auf der oberen Platte anliegt. Beim Gießen des Scharnieroberteils kann es durch diesen Paßstift nicht zu Komplikationen kommen, weil die Backen erheblich schmaler sind als die Scharnierbreite und somit der Paßstift weit genug hindurchreicht, um ein Vollaufen des Loches zu verhindern.

Kugel und ihre Gießform

Die Kugel am Zinndeckel ist als klassisches Gestaltungselement anzusehen. Besonders zu einem wuchtigen Keramikkrug paßt die Kugel besser als der Drücker. Billige Bierkrugdeckel wurden früher mit einer massiv gegossenen kleinen Kugel versehen. Bei größeren, anspruchsvolleren Zinn- oder Keramikkrügen ist auch die Kugel größer und nicht mehr massiv. In ähnlicher Weise kann man auch heute noch vorgehen und kleine Kugeln bis zu etwa 16 mm Durchmesser massiv gießen (Bild 76). In manchen Zinngießerwerkstätten sind Kugelzangen (Bild 77) vorhanden. In die geschlossene Zange wird flüssiges Zinn gegossen und diese nach dem Erstarren geöffnet. Für eine geringe Anzahl massiver Kugeln lohnt sich die Anfertigung einer Kugelzange nicht. Man kann eine massive Stange gießen und mit Formstählen die Kugel herausschälen (Bild 78). Ein Formstahl erzeugt

Bild 78. Schneiden einer massiven Kugel aus einer vollen Zinnstange mittels eines Formstahls

Bild 77. Zangen zum Gießen massiver Kugeln – Im staatlichen Besitz der ČSSR –

Bild 79. Gießen der Kugelunterteile in einer zweiten Aluminiumform – Am Gewinde der Schlagstange befindet sich der herausgezogene Eisenkern. Weitere Versuche zeigten, daß hier der seitliche Einguß nicht erforderlich ist, so daß die Kugelhälften durch das große Loch gegossen werden konnten –

jedoch einen relativ hohen Schnittdruck, da er überall gleichzeitig schneidet. Es kann angehen, daß die massive Zinnstange an ihrer schwächsten Stelle abbricht, bevor die Kugel fertig ist.

Somit ist die Aufmerksamkeit auf die Anfertigung einer kompletten Kugelform zum Gießen von hohlen (wahlweise auch massiven) Halbkugeln zu richten. Falls an der unteren Kugelhälfte Hals und Fuß fertig gegossen werden sollen, muß diese Form vertikal halbiert sein. Da sich dieses Profil ohne großes Risiko aus vollem Material herausdrehen läßt, wird die Anwendung einer ungeteilten Kugelform dargestellt.

Für die Gießform kommt gezogenes Aluminium in Frage. Die Kerne können ebenfalls aus Aluminium sein oder auch aus Grauguß. Da die Kugelhälften unterschiedlich aussehen, ist die Anfertigung von 2 Kugelformen nicht zu umgehen. Das asymmetrische Aussehen der Kugelhälften ergibt sich daraus, daß die untere Hälfte mit einem dicken Schaft versehen wird (Bild 79), der zum Einspannen dient und das Material zum Herausarbeiten der Fußpartie liefert.

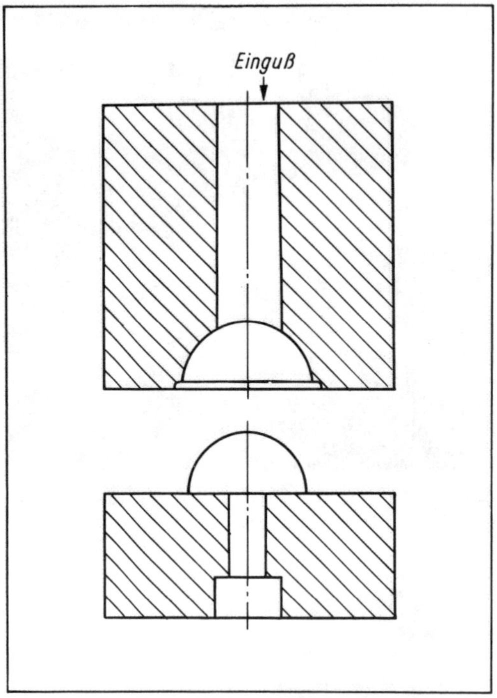

Bild 80. Gießform für eine kleine Halbkugel (schematisch) – Der starke Zapfen deutet auf die Verwendung als untere Kugelhälfte hin; der Kern ist mit dem Gießformunterteil verschraubt –

Eine Kugelform entsteht

Für den beschriebenen Bierkrugdeckel wurde eine Kugel mit einem Wulstdurchmesser von 30 mm gewählt. Es ergibt sich ein erforderlicher Außendurchmesser der Gießform von etwa 60 mm. Gezogenes Aluminium dieser Dimension ist zu beschaffen. Zu jedem Außenmantel gehört ein Unterteil, auf dem der Kugelkern von unten verschraubt ist. Ober- und Unterteil brauchen nicht miteinander verstiftet werden. Haben sie einen gemeinsamen Durchmesser, sind sie vor dem Zusammenschrauben (oder Zusammenspannen) nur auf Bündigkeit zu richten, dann stimmt alles andere auch. Die dicke (konische) Schaftbohrung der unteren Kugelhälfte kann als Einguß benutzt werden (Bild 80). Die obere Kugelhälfte (Bild 81) erhält ihren Einguß an der Trennfuge.

Es können beide Formen gleichzeitig gegossen werden. So entstehen jeweils 2 Gußstücke für eine Kugel. Je nach Bedarf werden mehrere Kugeln gegossen. Dann müssen die Hälften zusammengelötet werden. Hierzu ist eine Hilfsvorrichtung sehr erwünscht.

Zusammenlöten der Kugelhälften (Bild 82)

Durch das in den äußersten Innenrand der Kugelform eingedrehte viertelrundförmige Profil entsteht eine Wulst, die eine vergrößerte Lötfläche bietet. An den Kugelhälften wird diese Fläche mit einer Löttinktur bestrichen und unter der Gasflamme eine leichtschmelzende Zinnlegierung dünn aufgetragen. Ein Lötkolben ist für diese Arbeit weniger gut geeignet, denn bei Berührung der Finne werden in die schmale Fläche Löcher eingeschmolzen. Zum Verstreichen des Lottropfens kann dagegen ein kleiner Schraubenzieher gute Dienste leisten.

Danach werden jeweils Hälften gemeinsam in die Hilfsvorrichtung gespannt: Der Selbstbau ist leicht möglich: Auf eine Grundplatte schraubt man im entsprechenden Abstand 2 Klötze auf. Der eine Klotz trägt eine feste Spitze zur Aufnahme des einen Zapfens, der andere eine bewegliche Spitze, die unter Federdruck steht und wie eine kleine Pinole die eine Kugelhälfte auf die andere drückt. Die stählernen Spitzen drücken sich leicht in das weiche Zinn und gewährleisten eine ausreichende zentrierende Führung.

Die Halbkugeln werden auf Bündigkeit gerichtet, dann wird unter langsamer Drehung die Wulstpartie mit dem Gasbrenner erwärmt, bis flüssiges Lot austritt.

Bearbeitung der Kugel

Die Bearbeitung der zusammengelöteten Kugel ist nur auf der Drehbank möglich. Hierzu wird der dicke Schaft des Kugelunterteils in das Futter gespannt. Die Kugel muß annähernd rund laufen. Ein Formstahl verleiht der Wulst die endgültige Fasson. Nachdem am Kugeloberteil die kleine Zierkappe gestaltet wurde, wird der Fuß angedreht. Der Kugelhals sollte (auf diese Dimension bezogen) nicht schwächer werden als 8,5 mm im Durchmesser. Die sich durch den etwas unrunden Lauf der Kugel ergebenden Absätze und Ungenauigkeiten werden mit dem Stichel egalisiert. Auch Klingen sind anwendbar. Zum Schluß wird die Kugel mit feiner Schmirgelleinwand, gegebenenfalls auch mit

Bild 81. Hohle Kugelhälften, in einer einfachen Aluminiumform gegossen (hier sind es Kugeloberteile) – In der einen Kugelhälfte befindet sich noch der Graugußkern –

Bild 82. Zusammenlöten der hohlen Kugelhälften mittels einer einfachen Spannvorrichtung

Schleifpaste poliert und dann auf Länge abgestochen. Hierbei ist ein Zapfen von etwa 6 mm Durchmesser am Fuß zu belassen. Mit diesem Zapfen kann die Kugel in das Scharnieroberteil eingesetzt und von unten verlötet werden.

An alten Stücken steht der Kugelfuß oft nicht auf dem Scharnieroberteil, sondern auf dem Zinndeckel. Fuß und Scharnierteil stehen mit je einer geraden Fläche gegeneinander. Hierbei entsteht jedoch eine zusätzliche Fuge. Es bleibt dem Zinngießer überlassen, welche Methode er anwenden will.

Halteband und seine Gießform (Bild 83)

Für die zu befestigende Zinndeckelmontierung am Henkel des Keramikkruges ist ein Halteband erforderlich. Dieses ist aus Zinn zu gießen und muß in Dicke, Breite und Länge zweckentsprechend sein. Als günstigste Dicke ergaben sich 1,6 mm. Sind die Bänder dicker, lassen sie sich nur schwer biegen, knicken eher ein, als daß sie sich einer Rundung anpassen. Mit der Breite ist es ähnlich. Keramikkrüge sind meist mit Henkeln ausgestattet, die in Dicke und

Bild 83. Einfache Aluminium-Gießform zum gleichzeitigen Gießen von 2 Haltebändern

Bild 84. Zusammenlöten des Scharnieroberteils und des Zinndeckels mit der Propangasflamme und mit leichtschmelzendem Lot

Breite konisch verlaufen. Je breiter das Zinnband ist, desto schwieriger wird die Anpassung. Für die abgebildeten Keramikkrüge wurden 13 mm breite Bänder verwendet, was sich gut bewährt hat. Für die Länge sind 80 mm anzusetzen.

Diese Maße sind in eine Schiefer- oder Aluminiumplatte einzufräsen. Die Seitenwände sind konisch anzuschrägen. Es wird eine glatte Platte dagegengesetzt. Gelingt das Gießen des Bands gut, dann können mehrere Bänder nebeneinander in die Form gefräst werden, woraus sich eine zeitsparende Arbeitsweise ergibt.

Zusammenlöten von Deckel, Scharnier und Kugel (Bild 84)

Nachdem die sauber bearbeiteten Einzelteile bereitliegen, wird zunächst die Kugel mit dem Scharnieroberteil verlötet. Entsprechend der

Zapfengröße wird in das Scharnierteil ein Loch gebohrt, dieses entgratet und die Kugel leicht aufgedrückt. Zwischen Kugelfuß und Auflagefläche darf kein Licht hindurchscheinen. Offene Spalten und Fugen deuten auf unsauberes Arbeiten hin und mindern den Wert des kunsthandwerklichen Gegenstands. Erst nach dieser Kontrolle kann an der Unterseite der Zapfen mit dem Scharnierteil mit Hilfe eines Lötkolbens verlötet werden. Als Lot darf man keineswegs eine leichtschmelzende Legierung verwenden, weil diese beim nachfolgenden Zusammenlöten von Deckel und Scharnier wieder auslaufen würde.

Anschließend wird das Scharnieroberteil an den Deckel gesetzt und mit leichtschmelzendem Lot zunächst an einigen Stellen angeheftet. Dann wird mit gleichem Lot ringsum das Scharnierteil an den Deckel gelötet. Hierfür eignen sich kurze, runde oder drahtähnliche Lotstücke. Wer sein leichtschmelzendes Lot nicht zu einem Draht auswalzen lassen kann, läßt auf eine Blechplatte Lottropfen abschmelzen, die unter der Flamme zu »Würstchen« ausgezogen und dann in passende Stücke geschnitten werden. Das Lot soll von der Seite her in die Fuge einfließen. Vorher werden die Flächen nicht mit Lot bestrichen, sondern nur gesäubert. Die Gußhaut ist mit einer Klinge abzuziehen.

Es kann je nach Größe der zu verlötenden Teile erforderlich sein, jeweils die fertige Gegenseite mit einem feuchten Tuch etwas zu kühlen, damit dieses Lot nicht unter der Hitzeeinwirkung wieder ausfließt. Ist die Naht ringsum fast geschlossen, wird es zu intensiver Luftblasenbildung kommen. Die Luftblasen verhindern das vollständige Schließen der Lötnaht. Der Grund hierfür ist in der eingeschlossenen Luft zu suchen, die sich bei Hitze ausdehnt und entweichen will. Das Austreten von Luftblasen ist ein Zeichen dafür, daß die Fuge noch nicht vollgelaufen ist. Dadurch ist eine gewisse Kontrolle über die Qualität der Lötarbeit gegeben. Als Löttinktur kommt Stearinöl oder Kolophoniumtinktur in Frage.

Trotz richtiger Handhabung des Lötbrenners kann es vorkommen, daß das in die Fuge gelegte Lot zwar schmilzt, aber nicht gleichmäßig abläuft. Die Oberflächenspannung hält den Tropfen zusammen, und bei fortgesetzter Erhitzung erleidet der Deckel bzw. das Scharnierteil Schaden. Das erste Stadium wird durch feine Blasenbildung auf der Oberfläche sichtbar. Als Notbehelf kann man einen kleinen, vorn rundgeschliffenen Schraubenzieher verwenden. Auch ein etwa 3 mm dicker Kupferdraht ist geeignet. Dieser wird gleichzeitig in der Gasflamme erhitzt, und nun läßt sich der Lottropfen in die Länge ziehen und wird zum Fließen gebracht.

Für diese und ähnliche Lötarbeiten (Zusammenlöten der Kugelhälften) hat sich der Propangas-Brenner Nr. 1506, Fabrikat Barthel, bestens bewährt.

Zur richtigen Beleuchtung beim Löten mit der Flamme

Wird das Löten mit der Flamme bei hellem Sonnenlicht oder Lampenlicht ausgeführt, kann es Mißerfolge durch folgenden Umstand geben: Die Propangasflamme leuchtet nur sehr schwach (dies gilt auch für die Spiritusflamme), so daß bei sehr heller Beleuchtung des Arbeitsplatzes die geringe Leuchtkraft der Lötflamme überstrahlt wird. Es geht die Orientierung darüber verloren, wo die Flamme hinzielt. Da die Propangasflamme mit etwa 92 180 kJ/m^3 einen sehr hohen Heizwert hat (vergleichsweise Stadtgas etwa 15 920 kJ/m^3), kann bei unsicherer bzw. ungezielter Handhabung Schaden entstehen. Deshalb ist es ratsam, diese Lötarbeiten bei gedämpftem Licht auszuführen, so daß der Flammenkegel einwandfrei beobachtet werden kann.

Übung:
Für Lötübungen lassen sich Fehlgüsse von verschiedenen Gußstücken (bleifreies Lot der Zinn-Wismut-Legierung mit einem Schmelzpunkt von 139 °C) verwenden.

Anlöten des Haltebands

Nach dem Aufsetzen des Deckels auf den Keramikkrug wird das Scharnierunterteil in die richtige Position auf Henkelmitte gebracht. Das geputzte Zinnband wird von unten gegen den Henkel gedrückt, und beide Enden werden nach oben zur Ansatzstelle gebogen. Da das Band stets Überlänge aufweist, wird beidseitig mit Bleistift die Länge markiert und mit einem Seitenschneider zugeschnitten. Auf die Fugen der Ansatzstellen wird leichtschmelzendes Lot gegeben. In gleicher Weise werden die noch offenen Ecken und Winkel mit Lot verschlossen. Besonders bei Keramikkrügen mit rauher Oberfläche ist es zweckmäßig, durch Einfließen von leichtschmelzendem Lot eine feste Verbindung herzustellen. Gelingt diese nicht und läßt sich die gesamte Zinnmontierung auf dem Henkel nach rückwärts verschieben, ist das Kleben mit Epoxidharz zu empfehlen. Dieser Klebstoff bleibt klar und fast durchsichtig und wird sehr hart. Wer diesen chemischen Kleber nicht verwenden möchte, kann aus Wasserglas und Feldspat eine Paste anmischen und damit die Scharnierhalterung auf den Henkel kleben. Die Härtezeit für Epoxidharz beträgt etwa 20 h, die für die Paste etwa 30 min.

Angegossenes Halteband (Bild 85)

Aus den vorangegangenen Ausführungen zum Anlöten des Haltebands (auch Henkelband genannt) ist klar zu ersehen, daß es sich hierbei um einen erheblichen Arbeitsaufwand handelt. Deshalb wurden Methoden entwickelt, die das Angießen des Bands mitsamt der Scharnierbefestigung ermöglichen. Hierzu wird eine flexible, geteilte Gießform verwendet, die man beidseitig um den Krughenkel legt. Es handelt sich um eine Form aus Silikonkautschuk. Selbstverständlich kann nur im Kaltgießverfahren gegossen werden. Es entsteht durch das Angießen um den Henkel ein geschlossener Zinnkörper, der als abgetrennte untere Partie des Scharnierunterteils zu betrachten ist. Vom eigentlichen Scharnierunterteil wird nur ein Stumpf aufgegossen. Da das Zinn beim Erstarren einen Schrumpfungsprozeß durchmacht, nicht aber die Keramik, ist ein absolut fester Sitz zu erwarten.

Bild 85. Halteband (auch Henkelband), mittels einer geteilten Gießform aus Silikonkautschuk angegossen

Nach dem Angießen dieser Befestigung wird der Deckel mitsamt dem Scharnier auf den Krug gesetzt. Das Scharnierteil ist ebenfalls mit einem schaftartigen Stumpf versehen. Es bildet sich zwischen beiden Enden eine Lücke, die nun zugelötet und sorgfältig verputzt werden muß. Ganz ohne Handarbeit ist diese Methode also auch nicht anwendbar. Die Vorteile sind folgende:

- Es entfällt das Ankleben des Bands am Henkel.
- Der Henkel kann höher oder tiefer sein. Die Differenz wird beim Zulöten der Lücke ausgeglichen.

Verputzen der Lötstellen

Selbst bei gleichmäßig verlaufenem Lot haben die Lötnähte eine matte und zuweilen auch körnige Oberfläche, so daß das Nachputzen notwendig wird. Sind die Lötnähte ungleichmäßig dick, kann der Gravierfräser einen Ausgleich schaffen. Ist das Lot zu dünn und deshalb zu weit auf den Deckel gelangt, dann muß es mit der Klinge wieder heruntergeschabt werden. Mit feinster, abgenutzter Schmirgelleinwand oder mit Schleifpapier, gegebenenfalls auch mit einem feinen Metallputzmittel, erhält die Deckelmontierung ihren letzten Schliff und wird dann gewaschen.

Keramikkrug mit Zinnfuß (Bild 86)

Der Zinnfuß kann heute nur noch dekorativen Charakter haben, denn die technischen Probleme hinsichtlich der Wasserdurchlässigkeit der Keramik bzw. Schonung der Glasur werden heute anders gelöst. Somit soll der Zinnfuß mehr der Vollständigkeit halber Beachtung finden.

Gegenüber Zinnfüßen mit durchgehendem Boden sind solche mit durchbrochenem (ausgespartem) Boden einfacher herzustellen, weil der obere Kern auf dem unteren aufsitzen kann. Die Backen des Drehbankfutters können in das große, vorgegossene Loch gut eingreifen, was die Bearbeitung sehr erleichtert.

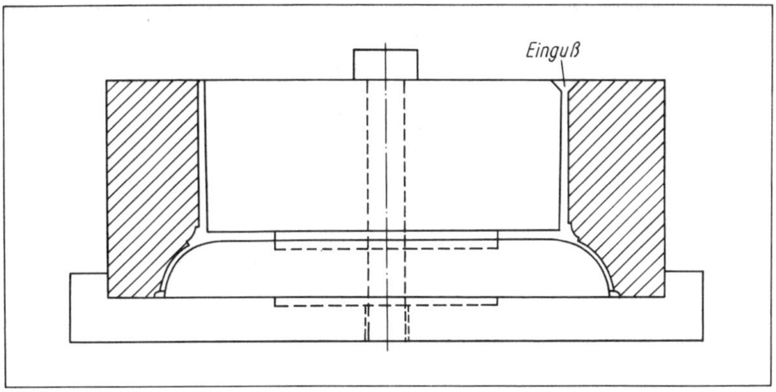

Bild 86. Gießform für einen Bierkrugfuß – Am Gußstück ist der Zinnboden durchbrochen, denn die Kerne sitzen aufeinander; beide Kerne sind mit der Grundplatte verschraubt

Keramikkrüge sind oft in ihrem Durchmesser unterschiedlich, auch wenn sie aus einer einheitlichen Serie stammen. Dies ist bei der Anfertigung der Gießform zu berücksichtigen. Praktisch bedeutet das, daß die Fußtülle einmal weiter nach innen, dann wieder weiter nach außen verlegt werden muß. Um diese Schwankungen auszugleichen, muß der gegossene rohe Fuß in Höhe der Tülle eine erhebliche Wanddicke aufweisen. Entsprechend dem Außendurchmesser des Krugs an seiner Fußpartie wird die Fußtülle erst innen ausgedreht und dann alles übrige Material bis zur gewünschten Wanddicke von außen weggenommen.

Für die unkomplizierte, offene Gießform kann ohne Bedenken Aluminium verwendet werden.

Die Tülle ist in ihrer Länge so zu bemessen, daß auf keinen Fall ein Teil der Bemalung verdeckt wird. Bei einem Krugdurchmesser von etwa 105 ... 110 mm kann die Innenlänge der Tülle 12 ... 14 mm betragen. Der Tüllenrand ist mit etwas Dekor zu versehen: eine Wulst, eine eingestochene Zierlinie o. ä. Nach der Fertigbearbeitung des gesamten Zinnfußes wird dieser an der Innenseite der Tülle mit Epoxidharz bestrichen und der Krug hineingesetzt. Nach dem Aushärten kann der Zwischenraum zwischen Krug und Zinnboden mit der bereits beschriebenen Paste aus Wasserglas und Feldspat verstrichen werden.

Keramikkrug mit Zinntülle
(auch Zinnlippe genannt)

Die Zinntülle findet man an alten Keramikkrügen meist dann, wenn es sich um größere, mindestens 1 l fassende Krüge handelt. Sehr oft wurden Tüllen an farbig bemalten Krügen, hauptsächlich Fayencen, angebracht. Die Tülle sitzt im allgemeinen einer Schulter auf, die der Töpfer an den Krug formte. Die Tülle überragt den Krugrand meist um 1 cm. Der Biertrinker setzte also den obersten Rand der Zinntülle an den Mund. Der Zinndeckel sitzt bei diesen Konstruktionen der Zinntülle auf, wiederum wie auf einer Schulter.

Bild 87. Runder Krugdeckel, mit einer Schneppe versehen

Ansetzen einer Schneppe an einen runden Deckel (Bild 87)

Mancher Keramikkrug hat eine Schneppe (auch Ausguß genannt). Für wenige Stücke oder Einzelanfertigungen lohnt sich die Anfertigung einer Deckelform mit eingearbeiteter Schneppe nicht. Falls ein runder Deckel verwendet werden soll, ist das Ansetzen einer Schneppe erforderlich.

Wie läßt sich eine Gießform für die Schneppe anfertigen?

Als Werkstoff für eine Gießform kommt Grauguß, aber auch gezogenes Aluminium in Frage. In einen rundgedrehten Körper wird eine entsprechend große Sacklochbohrung eingearbeitet (Bild 88), deren Tiefe der Schneppenhöhe entspricht und deren Durchmesser sich nach dem Sehnenmaß und dem durch die Tangenten gebildeten Winkel ergibt. Dann wird eine kleinere durchgehende Bohrung für die Zentrierung des einzusetzenden Kerns eingearbeitet. Den runden Gießformkörper bearbeitet man auf einer Fräsmaschine mit einem kleinen Fingerfräser (etwa 8 mm) Durchmesser weiter. Die vorgezeichnete Schneppenkontur wird durch 2 Tangenten dargestellt. Bis an diese Linien ist bis auf den Grund der Sacklochbohrung die Schneppenkontur herunterzufräsen. Soll die Schneppenspitze einen bestimmten Radius aufweisen, ist dies bei der Wahl des Fräsers zu berücksichtigen.

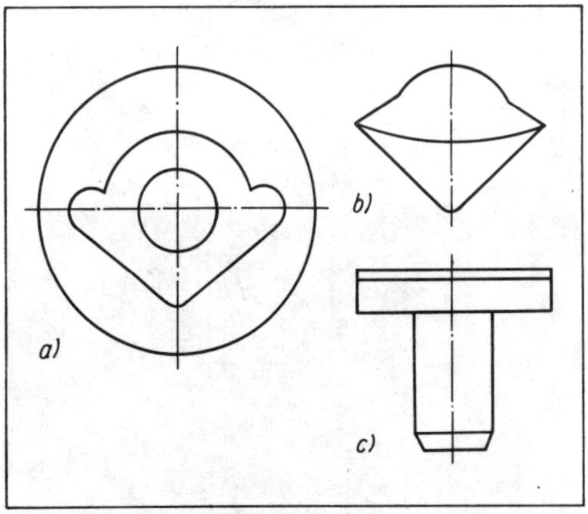

Bild 88. Gießform für eine kleine Schneppe
a) Ansicht von oben
b) Ansicht des Kerns von oben
c) Kern in der Seitenansicht

Anschließend ist ein Kern anzufertigen. Das eigentliche Kernteil trägt einen Zapfen, der genau in das durchgehende Bohrloch der Gießform paßt. Dieses Teil trägt an seinem oberen Ende einen flachen Kopf, dessen Dicke der gewünschten Schneppenhöhe entspricht. Auf der Stirnfläche dieses Kopfs wird die Rundung des vorhandenen Deckels und der Winkel der Schneppe angerissen, so daß sich, von oben gesehen, die Kontur der Schneppe ergibt. Nach dem Einsetzen in die Gießform sieht man bald, welche Wanddicke durch das Heranfräsen an die Tangenten entsteht. Damit der Kern auf dem Grund des Sacklochs aufliegen kann, ist die rückwärtige Seite des Schneppenkerns zurückzufeilen. Anschließend arbeitet man das Dach der Schneppe ein. Hierzu muß die geometrische Figur, die sich aus dem aufgezeichneten Radius und den beiden Tangenten ergibt, auf ein bestimmtes Maß heruntergefräst werden. Die dem Kern hier noch verbleibende Höhe ergibt die innere Höhe der Schneppe. Es ist also ein Absatz entstanden, der beim Gießen mit vollläuft und das Schneppendach bildet. Man kann nun reichlich Zinn aufgießen, denn diese kleine Gießform läßt sich bequem in ein Drehbankfutter spannen. Das überschüssige Material wird abgedreht und der Kern als Auswerfer benutzt. Durch leichte Schläge auf den Zapfen läßt sich die fertige Schneppe nach oben hinausdrücken. Daß die senkrechten Wände der Innenseite nach außen etwas konisch abzuschrägen sind, soll als selbstverständlich vorausgesetzt werden.

Enghalskrug (Bild 89)

Daß die Zinnmontierung an Keramik sehr vielgestaltig sein kann, kommt durch den Enghalskrug zum Ausdruck. Enghalskrüge wurden früher oft mit Fayence-Malerei versehen. Gegenüber einem zylindrischen Krug ist der Enghalskrug schwieriger herzustellen. Ist ein Kunsttöpfer in der Lage, einen Enghalskrug in Fayence zu gestalten, ist er für eine Zinndeckelmontierung besonders gut geeignet. Außer einer kompletten Deckelmontierung kommt auch ein Zinnfuß in Frage.

Bild 89. Enghalskrug mit Zinndeckelmontierung und Zinnfuß

Deckel

Ein bauchiger Enghalskrug mit einem schlanken Hals verlangt nach einem flachen Deckel als Abschluß. Der Deckel kann mit oder ohne Schneppe gearbeitet sein. Für den Anfang ist es zweckmäßig, »rund« zu arbeiten, also Krüge ohne Schneppe herzustellen. Die Anfertigung einer kompletten Deckelform mit eingearbeiteter Schneppe ist sehr aufwendig, verlangt sehr viel Handarbeit und sollte erst dann in Angriff genommen werden, wenn man alle anderen schwierigen Arbeiten sicher beherrscht.

Scharnier

Die Scharnieranordnung kann in ähnlicher Weise wie bei den bereits behandelten zylindrischen Krügen geschehen, jedoch ist die Proportionalität zwischen Deckel- und Scharnierdurchmesser zu beachten. Für einen Zinndeckel von 65 mm Durchmesser ist bei einer Scharnierbreite von 16 mm ein Scharnierdurchmesser von 10 ... 12 mm völlig ausreichend. Je kleiner und schmaler ein Scharnier wird, desto mehr tritt die Ausführung als Zweibackenscharnier in den Vordergrund. Solange es die handwerklichen Fertigkeiten erlauben, sollte jedoch das Dreibackenscharnier verwendet werden.

Kugel oder Drücker?

Als Gegenstück zum Kugelbauch eines Enghalskrugs könnte man sich eine Kugel am Deckel gut vorstellen. An alten Stücken sind aber auch Drücker zu finden. Bei Verwendung einer Kugel ist zunächst die Proportionalität zu berücksichtigen. Durch eine einfache Rechnung läßt sich dieses Verhältnis zwischen Deckelgröße und Kugeldurchmesser vom Bierkrug auf den Enghalskrug übertragen:

Bierkrugdeckel = 110 mm Durchmesser,
Kugel = 30 mm Durchmesser, 100 : 30 = 3,66

Man erhält einen Faktor von 3,66. Wird der Durchmesser des kleineren Enghalskrugdeckels durch diesen Faktor dividiert, dann ergibt sich: 65 mm : 3,66 = 17,76 mm. Das wäre der neue, errechnete Kugeldurchmesser. Bei der Übertragung von Maßen sind aber auch die veränderten Konturen des neuen Gegenstands zu berücksichtigen. Der sich nach unten verjüngende Hals des Krugs wird eine angemessene Reduzierung des Kugelmaßes zulassen. Die sicherste Methode bleibt, ein Holz- oder Gipsmodell des zu schaffenden Gegenstands anzufertigen und dann zu entscheiden. Die Übertragung von Maßen durch Berechnung eines Faktors kann nur ein Hilfsmittel sein.

Der Drücker und seine Gießform (Bild 90)

Fast immer wird der Drücker als Einzelteil gegossen und dann dem Scharnieroberteil aufgelötet. Recht oft verläuft der Drücker in der Seitenansicht in einem angenäherten Kreisbogen zum Henkel, um seiner Funktion als Daumenruhe gerecht werden zu können. An alten Stükken läßt die Verwendung von Kugel und Drükker eine wertmäßige Einstufung nicht zu, denn es wurden auch außerordentlich kostbare Krüge und Kannen mit Drücker gearbeitet.

Das Spektrum der Motive ist recht breit. Neben stilisierten Motiven aus der Natur, wie paarig angeordnete Eicheln oder der Muschel, gab es auch phantastische Tiergestalten einschließ-

Bild 90. Verschiedene Drückerformen

lich solcher von heroisierendem Charakter, besonders Adler und Löwen. Auch Menschenporträts kommen vor. Bei den Musikinstrumenten dominiert die Lyra (ein altgriechisches, harfenartiges Zupfinstrument). Bei der Vielfalt der Gestaltungsmöglichkeiten konnte sich im Laufe der Zeit allerdings auch der Kitsch ausbreiten.

Die Gießform des Drückers ist meist zweiteilig, manchmal auch dreiteilig. Die Trennfuge führt durch den Drücker hindurch (Bild 91). Beschreibt dieser eine Kurve, verläuft die Trennfuge in gleicher Weise. Die Anfertigung der Gießform in Handarbeit ist sehr schwierig und im allgemeinen nur bei Schieferformen üblich. Messingformen werden nach einem Modell gegossen. Durch die gute Gießfähigkeit von Messing wird eine hohe Qualität erreicht. Das geringe Volumen erlaubt in allen Fällen den Kaltguß. Der im Gießloch entstehende Einguß bildet nach dem teilweisen Abtrennen den Sokkel, der mit dem Scharnierteil verlötet wird.

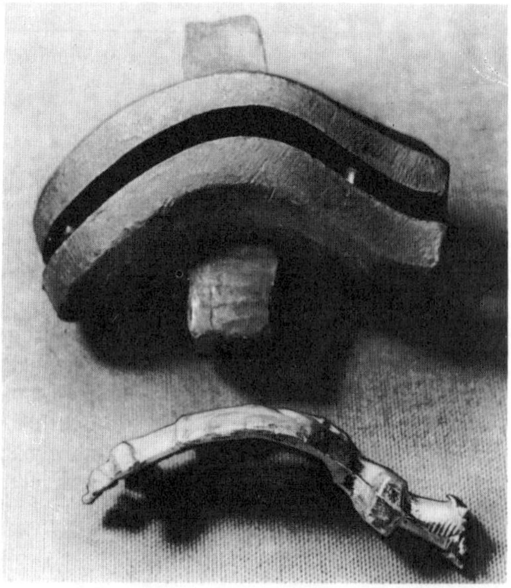

Bild 91. Die Trennfuge der Gießform verläuft wie die Kontur des Gußstücks in der Seitenansicht

Zinnfuß des Enghalskrugs

An Enghalskrügen verläuft der Fuß von der Taille aus konisch nach außen, von oben nach unten betrachtet. Der Fuß wird also größer. Dadurch ist es nicht wie bei zylindrischen Gefäßen möglich, einen fertig bearbeiteten Fuß anzupassen. Theoretisch wäre das Angießen eines Zinnfußes möglich, doch müßte dann für die Bearbeitung der Enghalskrug in die Drehbank gespannt werden. Abgesehen von der Bruchgefahr, würde der unzureichende Rundlauf eine präzise Bearbeitung unmöglich machen. Es

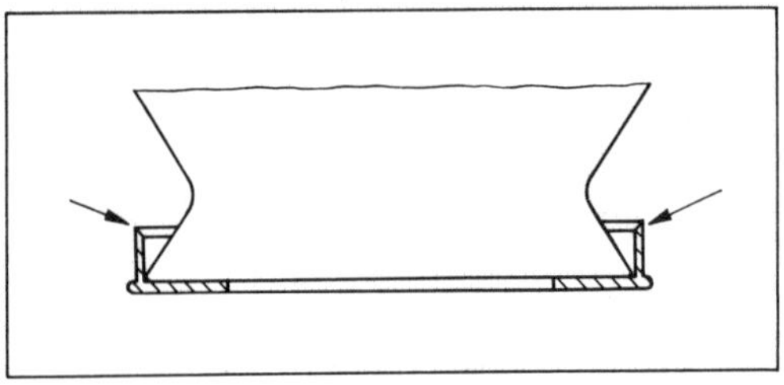

Bild 92. Anpassen eines Zinnfußes an einen Keramikkrug mit konischem Fuß
– Durch rundherum ausgeführte Hammerschläge in Pfeilrichtung legt sich die Zinnwand an den Fuß an –

bleibt nur die Möglichkeit, einen zuvor fertig gedrehten Zinnfuß anzupassen. Entsprechend dem größten Fußdurchmesser des Krugs wird die Bohrung der Zinnfußtülle festgelegt. Der Krug wird in den Zinnfuß hineingestellt und die senkrechte Wand des Zinnfußes mit einem Holzhammer gegen den Krug geschlagen (Bild 92). Diese Arbeit verlangt viel Geschick. Der Krug muß fortwährend weitergedreht werden. Mit leichten Hammerschlägen (ein glattes Stück Hartholz ist auch geeignet), dicht nebeneinander gesetzt, läßt sich die Zinnwand so verformen, daß sie nach der dritten oder vierten Umdrehung des Krugs überall fest anliegt. Dies kann dadurch erleichtert werden, daß

- die Zinnwand möglichst dünn gehalten wird, etwa 1 mm,
- man keine harte Zinnlegierung verwendet,
- die Zinnwand an ihrem oberen Ende innen angeschrägt ist. Durch die Anschrägung wird ein fast kantenloser Übergang zwischen Zinnfuß und Krug ermöglicht, was dem ästhetischen Eindruck sehr förderlich ist.

Der Boden des Zinnfußes kann durchbrochen sein, so daß der Boden des Keramikkrugs zu sehen ist. Sinngemäß gilt hier gleiches wie für den Zinnfuß des zylindrischen Bierkrugs. Soll der Zinnfuß einen durchgehenden Boden erhalten, muß der Kern von oben eingehängt werden. Die Bearbeitung eines so dünnwandigen Zinnwerkstücks wie dieser Fuß ist problematisch, weil die Futterbacken die Zinntülle deformieren können. Es ist ratsam, in diesem Fall einen passenden Spannring zu benutzen.

Bild 93. Zwei nebeneinander angeordnete Maschinenschraubstöcke werden mit Druckluft betätigt und die Formen laufend im Wechsel vollgegossen

Zinndeckelmontierung in der industriellen Serienfertigung (Bild 93)

Mit dem stark gestiegenen Anteil industriemäßig hergestellter Keramikkrüge gegenüber den handgearbeiteten Erzeugnissen der Kunsttöpfer ist die Serienproduktion von Bierkrugdekkeln in den Vordergrund getreten. Durch die hohe Stückzahl begründet, ist das handwerkliche Anpassen des einzelnen Deckels kaum noch möglich. Im allgemeinen werden die Zinndekkel bearbeitet. Das Gießen der Deckel und der Scharnierteile kann in ähnlicher Weise wie bei reiner Handarbeit erfolgen, nur daß diese weitgehend mechanisiert bzw. automatisiert wird. Das Zusammendrücken und das Auseinanderziehen der Gießformhälften geschieht pneumatisch oder auch hydraulisch. Auf diese zeitsparende Weise werden Deckel und Scharnierunterteile mitsamt dem Halteband zusammengegossen. Da das Anlöten des Scharnieroberteils an den Deckel entfallen muß, kommt nur das Angießen an den fertigen Deckel in Frage. Damit ist ein Teil des üblichen handwerklichen Aufwands beibehalten worden.

Je nach Gestaltung des Deckels und Konstruktion des Scharnieroberteils kann eine maschinelle Bearbeitung der Oberseite erfolgen oder aber später nach dem Angießen des Scharnieroberteils. Mancher Zinndeckel hat einen

Bild 94. Gießen der Scharnierunterteile in einer halbautomatischen, durch Druckluft betriebenen Anlage

Bild 95. Einlegen des Scharnierunterteils in eine entsprechende Gießform und Ansetzen der Zinndeckel mit eingesetztem Kernsegment – Vollgießen des Hohlraums zwischen beiden Teilen; dadurch wird das Scharnieroberteil an den Deckel gegossen –

Rand, der sich auch gemeinsam mit dem Scharnieroberteil bearbeiten läßt.

Anschließend werden die Scharnierunterteile gegossen (Bild 94), am Scharnierauge mit Graphitlösung behandelt und in eine spezielle Gießform eingesetzt (Bild 95). In dieser geteilten Gießform wird an das Scharnierunterteil das Oberteil angegossen (Bild 96), so daß ein komplettes Scharnier entsteht. Der Hohlraum des Oberteils ist von außen angeschnitten. Der Anschnitt ist als Nische gestaltet, in die der Zinndeckel eingesetzt wird. Das flüssige Zinn fließt auf den angesetzten Deckel, so daß sich eine feste Verbindung ergibt, die sich mit einer Schmelzschweißung vergleichen läßt (Bild 97).

Bei diesem Verfahren entfällt somit das Anlöten und Verputzen des Scharniers. Allerdings ergeben sich neue technische Probleme: Die Erfahrung zeigt, daß angegossene Scharniere nicht immer fest genug haften. Wenn keine homogene Verbindung erreicht wird, kann sich das Scharnierteil vom Deckel wieder lösen. Dieser Gefahr wird vorgebeugt, indem zum Angießen des Scharniers das Schmelzgut erheblich höher erhitzt wird. Bei Temperaturen über 600 °C erfolgt eine sichere homogene Verbindung der Teile, aber es kommt zum Durchfließen. Um dieser unangenehmen Begleiterscheinung vorzubeugen, wird in den Deckel ein entsprechend geformtes Kernstück eingelegt. Das durchdrin-

Bild 96. Die Scharnierverbindung ist hergestellt

Bild 97. Fertige Scharnier-Deckel-Kombination – Am zuletzt gegossenen Scharnieroberteil befindet sich noch der Einguß –

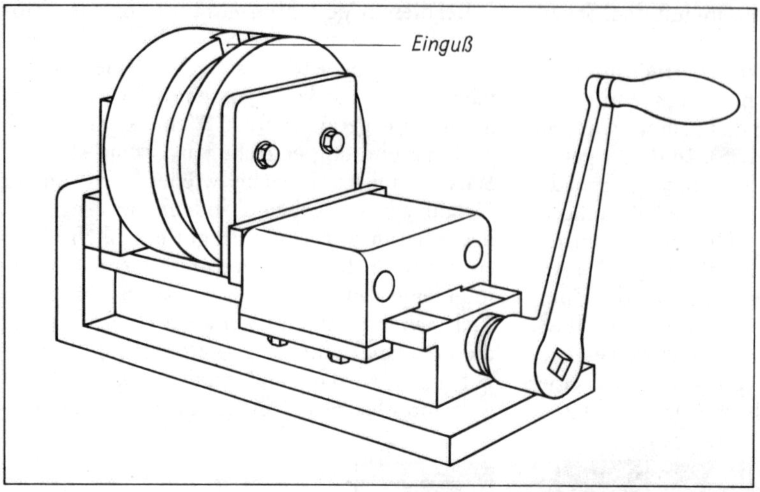

Bild 98. Maschinenschraubstock für das Gießen von Zinndeckeln in größerer Anzahl – Die eine Schraubstockbacke trägt die Mantelform, die andere den Kern. Mittels Kurbeldrehung läßt sich in Sekundenschnelle die Dekkelform öffnen und schließen –

gende Material wird nun zwar gebremst, aber es entsteht dennoch eine auffällige erhabene Stelle. Dadurch muß der Deckel auch innen bearbeitet werden. Hierzu ist eine entsprechende Vorrichtung erforderlich, die den Deckel mitsamt dem Scharnier aufnimmt (Bild 98).

Wichtigste Dekorarten

Zierlinien und Profilringe (Bild 99)

Hier handelt es sich um sparsame und zurückhaltende Dekorelemente, durch die schlichte und glatte Flächen gut zur Geltung kommen. Der einfachste Dekor sind Zierrillen, die mit spitzem oder rundem (konvexem) Stichel eingestochen sein können. Ist der Stichel hohl geschliffen (konkav), entsteht eine scheinbar erhabene Zierlinie. Erhabene Profilringe werden mitgegossen. Bei ausreichender Wanddicke lassen sie sich jedoch auch aus dem vollen Material herausarbeiten. Durch diese etwas aufwendigere Arbeitsweise kann auf eine geteilte Gießform verzichtet werden.

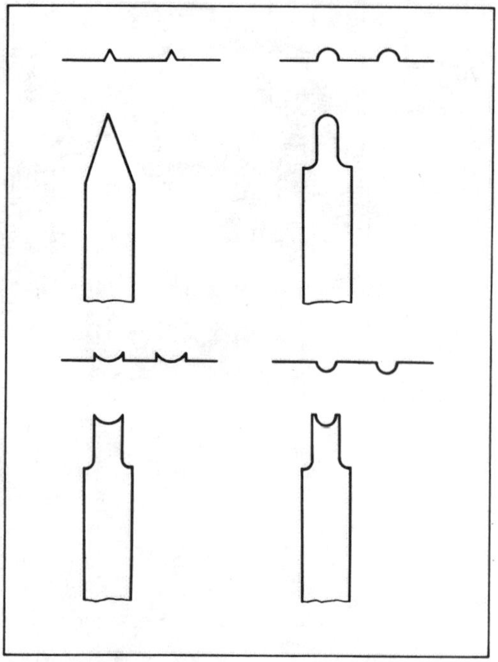

Bild 99. Einige Profilstähle und ihre Profile am Werkstück

Relief

Der Reliefdekor ist in der Zinngießerei sehr alt und hat bis heute nichts von seiner Bedeutung verloren. Im allgemeinen werden in die Innenseiten des Formmantels Ornamente oder auch Figuren eingearbeitet, die dann voll Zinn laufen und plastisch erhaben wirken. Im Prinzip ist es die gleiche Methode wie bei der Bearbeitung einer Gießform für Zinnfiguren. Bei der Untersuchung alter Zinngießformen ist manchmal festzustellen, daß das Relief nicht mechanisch in die Wand eingearbeitet wurde, sondern nach

Bild 100. Zinnkrug in Reliefguß (um 1880)

einem Modell im Gießverfahren entstanden ist. Reliefgießformen sind fast immer aus Metall gearbeitet. Sehr gern wurde Messing verwendet. Das Einarbeiten eines Reliefs ist deshalb sehr arbeitsaufwendig. Für heutige Verhältnisse ist die Benutzung eines Gravierapparats mit biegsamer Welle (auch zahnärztliche Bohrmaschine) eine wesentliche Voraussetzung. Dem Anfänger ist zu symmetrischen Ornamenten zu raten, denn diese brauchen nicht seitenverkehrt eingearbeitet werden wie Figuren oder Schrift. Außer durch spanabhebende Bearbeitung ist das Einarbeiten eines Reliefmusters auch im Ätzverfahren möglich. Das Ätzen ist die älteste Technik in dieser Hinsicht. Die Oberfläche wird mit einer Wachsschicht versehen. In diese Schicht werden die Ornamente und Figuren eingezeichnet, und das Wachs wird abgeschabt. Die anschließend aufgetragene Säure greift das Messing nur hier an und ätzt Vertiefungen aus, die dann später vom flüssigen Zinn ausgefüllt werden.

Als Erfinder des Reliefs aus geätzter Form gilt der Nürnberger Meister *Nicolaus Horchhaimer* (gestorben 1583), nach dessen Technik auch andere Nürnberger Meister einzigartige Kunstwerke aus Zinn geschaffen haben. Typisch für den Reliefguß aus geätzter Form ist das flache, holzstockartige Relief, weil die Säure gleichmäßig in die Tiefe ätzt und nicht modellierend wirken kann. Bis etwa zum Jahre 1600 wurde die Ätztechnik angewendet, dann hat man das Relief negativ mit Graviersticheln in die Messingform eingearbeitet. Diese Technik wurde »geschnittene Form« genannt.

Es soll nicht verschwiegen werden, daß heute von manchen Kunstsachverständigen der Reliefguß als eine mehr dem Silber zugehörige Verzierungsart, nicht aber als bedeutsamer bzw. ästhetischer Dekor empfunden wird (Bild 100).

Zierteller in Reliefguß

Der Zierteller, oft mit erhabener Mitte, ist in Reliefguß seit Jahrhunderten bekannt und beliebt. Als kleinere Varianten gelten die Nürnberger Reliefteller des 17. Jahrhunderts (Kur-

Bild 101. Reliefgrund ist mit Antimonchlorid chemisch geschwärzt. Privatbesitz von *Michael Hering*, Gravur von *Erich Schmidt*, beide Jena

fürstenteller, Auferstehungsteller, Blumenteller, Reliefteller mit *Gustav Adolf, Kaiser Ferdinand II.* u. a.), die meist einen Durchmesser von weniger als 20 cm aufweisen. Zur großen Form gehören kostbare und seltene Kabinettstücke, z. B. die Temperantiaschüssel mit 45 cm Durchmesser von *François Briot*, die um 1611 von *Caspar Enderlein* kopiert und in der Kunstgeschichte berühmt wurde. Diese Reliefformen wurden stets in Messing graviert.

Erfahrene Graveure unserer Zeit, z. B. aus der Jagdwaffenbranche, sind jedoch die Stahlgravur gewöhnt und gravieren teilweise lieber in Stahl als in Messing. Hierdurch wird die Anfertigung einer Reliefgießform erleichtert, außerdem dürften die Materialbeschaffung unkomplizierter und die Kosten geringer sein.

Michael Hering, Nachfahre einer alten Zinngießerfamilie in Jena und Leiter der dortigen Arbeitsgemeinschaft Zinnguß, fertigte in 50 Arbeitsstunden eine Stahlform für einen Reliefteller von 24,5 cm Durchmesser an (Bild 101). In den 4 cm breiten Rand gravierte der Jenaer Kunstgraveur *Erich Schmidt* verschiedene Motive der Stadt Jena und in die erhabene Mitte den Erzengel Michael aus dem Jenaer Wappenbild (Bilder 102 und 103). Diese meisterhafte Reliefgravur beanspruchte etwa 600 Arbeitsstunden. Der hohe Wert einer solchen Reliefgießform läßt sich zumindest erahnen. Der große Arbeitsanteil des Stahlgraveurs kommt im Zinnstempel dieses Relieftellers zum Ausdruck. Im elliptischen Mittelfeld steht eine Weintraube. In der Randzone nennt die umlaufende Schrift die Arbeitsgemeinschaft Zinnguß sowie den künstlerischen Schöpfer des Reliefs, den Graveur *Erich Schmidt*.

Bild 102. Motiv auf der erhabenen Mitte: Erzengel Michael aus dem Jenaer Stadtwappen

Punzdekor

Der Name kommt aus dem Italienischen: »punzone« – Prägestempel. Im Gegensatz zur Gravur, die mit dem Punzen etwas Ähnlichkeit hat, aber nachträglich vom Graveur ausgeführt werden kann, muß der Punzdekor stets vom Zinngießer eingearbeitet werden (Bild 104). Nur der Zinngießer verfügt über all die Hilfsmittel, ohne die das Einschlagen des Punzdekors nicht möglich ist. Der Punzstempel hinterläßt nach dem Schlag auf der Vorderseite das entsprechende Muster, auf der Rückseite aber einen Abdruck, der nicht unbearbeitet bleiben kann. Beim Schlagen des Punzdekors muß die Rückseite des Zinnwerkstücks auf einer festen Unterlage aufliegen, wozu bei Tellern die gußeiserne Gießform gut geeignet ist. Bei den Mänteln von Krügen und Kannen benutzt man dagegen den Kern. Erst nach dem Punzen wird der Kern aus dem Kannenmantel herausgezogen, dann der Mantel innen bearbeitet. Der Punzdekor ist sehr alt. Bereits im 16. Jahrhundert wurde Zinngerät gepunzt. Fast immer wurden die Motive der Natur entlehnt und stilisiert in die Stirnfläche stählerner Schlagstempel eingearbeitet. Es wurden auch Punzstempel aus Messing verwendet. Die Größe der Punzstempel liegt etwa zwischen 4 mm und 14 mm, bei Kugelpunzen zwischen 1 mm und 2 mm. Ein Stempelschlag wird neben den anderen gesetzt, so daß ein Fries entsteht. Man kennt Sternfriese, Eichelfriese, Palmettenfriese, Blattfriese (bei denen besonders das stilisierte Akanthusblatt eine bedeutende Rolle spielte), aber auch verschiedene Ornamentfriese (Bild 105). Es sind schöne alte Stücke bekannt, an denen mehrere Punzfriese in verschiedenen Größen nebeneinander zu einer Zone vereinigt sind. Berühmt sind die Punzarbeiten Augsburger Meister.

a b c d

Bild 103 (a bis d). Jenaer Motive auf dem 4 cm breiten Tellerrand

Bild 104. Dekorrad mit Halter

Anfertigung von Punzstempeln

Die Selbstanfertigung von Punzstempeln ist durchaus möglich. Bei geometrischen Motiven, z. B. der Sternpunze, kann die Drehbank zu Hilfe genommen werden. Der Punzstempel wird auf Mitte gebohrt (etwa 1,5 mm Durchmesser). Die zur Mitte zeigenden Strahlen des stilisierten Sterns werden mit einem spitzen Stahl ausgehobelt, nachdem eine Zwölferteilung auf dem Drehbankfutter angebracht wurde. Die zwischen den ausgehobelten Strahlen stehenbleibenden Felder sind die eigentlichen drückenden Elemente. Eine ausgleichende Nacharbeit mit Schlüsselfeilen und mehrmalige Kontrollen mit Plastilin sind stets erforderlich.

Es ist zweckmäßig, vorher festzulegen, ob die Punzstempel ausschließlich freihändig geschlagen oder mit Hilfe einer Drehbank benutzt

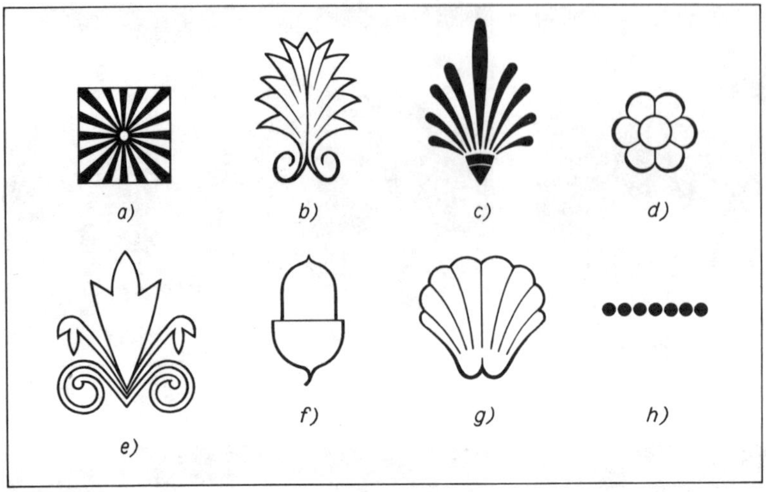

Bild 105. Punzornamente
a) Stern
b) Akanthusblatt
c) Palmette
d) Rosette
e) Lilie
f) Eichel
g) Muschel
h) Kugelpunze

werden sollen. An der Drehbank wird die Punzarbeit genau und ist hier arbeitsparend, jedoch müssen hierzu die Punzstempel in einer Bohrung geführt werden. Ein kleiner Gußeisenklotz läßt sich auf der Stahlhalterauflage des Kreuzsupports leicht festspannen und bohren, wobei die Werkzeuge in das Drehbankfutter zu spannen sind. Dieses Verfahren bietet den Vorteil, daß die Führungsbohrung genau auf Spitzenhöhe liegt. Mit Hilfe dieser Führung können die nun anzufertigenden Punzstempel benutzt, jedoch wahlweise auch freihändig geschlagen werden.

Als Werkstoff für Punzstempel nimmt man Rundstahl. Gut geeignet ist Rundstahl in der Qualität C15, doch kommen auch Silberstähle oder ähnliche Stahlqualitäten in Betracht.

Hauptsache ist, daß sich der Stahl härten läßt. Da Zinnlegierungen stets weich sind, werden Punzstempel nur gering beansprucht (im Verhältnis zur Belastung gehärteter Stahlwerkzeuge für die Bearbeitung von Eisen oder Messing). Deshalb reicht es völlig aus, wenn Punzstempel im Einsatz gehärtet werden.

Es ist nicht ratsam, den Durchmesser des Punzstempelschafts zu klein zu wählen. Dünne Stempelschäfte halten die Hammerschläge nicht aus und werden krumm. Unabhängig von der Größe des Stempelabdrucks sollte der Schaft mindestens 16 mm Durchmesser erhalten. Ein dicker Schaft garantiert eine sichere Führung. Falls das Material nicht in dieser Dicke vorhanden ist, kann ein dünner Schaft von 12 mm Durchmesser in ein gebohrtes Stück Rundmaterial mit dem Außendurchmesser der Führungsbohrung fest eingepaßt werden.

Bei der Anfertigung der Punzstempel kann man Gravierfräser, Gravierstichel, Meißel und Schlüsselfeilen verwenden. Manches Gravierwerkzeug muß erst angefertigt werden.

Das Einarbeiten eines Ornaments in die Stirnfläche des Punzeisens kann durch die kombinierte Anwendung von Gravierfräsern und Sticheln oder auch nur durch Stichel in reiner Handarbeit erfolgen. Auch Meißel sind geeignet. Diese werden angesetzt und durch schwache Hammerschläge (Hammermasse 100 g) vorangetrieben. Die ausgehobenen Stellen wirken später erhaben, und die stehenbleibenden Teile drücken in das Zinn. Der fertige Stempelabdruck sieht genau umgekehrt aus als der Punzstempel. Der Fortgang der Gravierarbeit ist durch oftmaliges Eindrücken des Stempels in Plastilin zu kontrollieren. Die Benutzung einer starken Lupe ist ratsam. Das beste optische Hilfsmittel ist eine binokulare (doppeläugige) Präparierlupe mit etwa 12facher Vergrößerung.

Die einfachsten Punzeisen sind Kugelpunzen. Sie können ohne Handarbeit auf der Drehbank angefertigt werden. Kugelpunzeisen tragen an ihrer Spitze nichts weiter als eine Abrundung, die im Zinn eine halbkugelförmige Vertiefung hinterläßt. Die Kugelpunze ergibt einen negativen Perlendekor. Theoretisch wäre die Kugelpunze auch für Aluminiumformen von Bedeutung. Die in das weiche Aluminium dicht nebeneinander eingeschlagenen Vertiefungen laufen beim Guß voll Zinn und ergeben eine erhabene Perlenkette. Dieses Verfahren ist deswegen etwas bedenklich, weil sich beim Einschlagen das Aluminium aufwirft und dies die Präzision der Arbeit beeinträchtigt.

Fertig bearbeitete Punzstempel müssen gehärtet werden. Wer seine Punzwerkzeuge nicht von einem Fachmann härten lassen kann, sollte es selber versuchen. Die Stirnpartie des Punzeisens wird auf Rotglut erhitzt (größere Benzinlötlampen sind hierfür brauchbar), mit Härtekali bestreut und wieder auf Rotglut erhitzt. Dann wird das Werkzeug in kaltem Wasser abgeschreckt. Es muß knallen. Mit einer Feile läßt sich sofort kontrollieren, ob das Material hart geworden ist. Das Einsatzhärten kann in Fachwerkstätten auch mit größerem Aufwand betrieben werden. Durch eigene praktische Versuche läßt sich aber schnell herausfinden, ob die erreichte Härtequalität den Ansprüchen genügt.

Zu welchem Zinngerät paßt Punzdekor?

Das Studium der kunstgeschichtlichen Literatur sowie Besuche in Museen geben einigen Aufschluß über die Anwendung verschiedener Dekorarten. Punzdekor ist hauptsächlich an Krügen, Kannen und Tellern zu finden, kommt jedoch auch an runden Dosen vor. Aus der Größe der Punze und dem Durchmesser des Zinngeräts ergibt sich eine gewisse Relation. Große Punzen an kleinen Durchmessern sind unpassend. Becher wurden niemals gepunzt.

Welche Genauigkeit ist bei der Punzarbeit einzuhalten?

Alte Punzarbeiten sind stets in reiner Handarbeit entstanden, ohne Verwendung von Maschinen oder maschinellen Teileinrichtungen. Demzufolge zeichnen sich alte Punzdekore durch verschiedene Ungenauigkeiten aus. Soweit diese sich untereinander aufheben und nicht den Gesamteindruck stören, ist gegen dieses Echtheitsmerkmal nichts einzuwenden. Dem Anfänger ist jedoch die Benutzung der Drehbank anzuraten.

Meist kommt Punzdekor für runde Werkstücke in Frage, so daß die Aufteilung des Umfangs bzw. eines Teilkreises problematisch werden könnte. Durch die bereits angedeutete Zulässigkeit kleiner Ungenauigkeiten, die sich auch im Abstand von Ornament zu Ornament ausdrücken, ist die Verwendung eines Teilapparats völlig fehl am Platze. An einen geschlagenen Dekor werden andere Ansprüche gestellt als an ein gefrästes Zahnrad, dessen Zähne genau aufgeteilt sein müssen.

Bei der an einem runden Zinnwerkstück (Teller, Kannenmantel) auszuführenden Punzarbeit wird an einer beliebigen Stelle begonnen und ein Stempelschlag neben den anderen gesetzt, allein nach Augenmaß. Eine Gefahr entsteht, wenn der rundum geschlagene Punzfries nicht aufgeht, wenn also der letzte Stempelschlag wegen Platzmangels nicht mehr unterzubringen ist. Ein weggelassener letzter Stempelschlag würde jedoch eine häßliche Lücke bilden. Um diesen Fehler zu umgehen, wird vermittelt. Das Vermitteln setzt ein, wenn die Lücke noch groß ist und etwa 7 oder 8 Ornamente noch zu schlagen sind. Die Lücke wird mit dem Stechzirkel abgenommen und dieses Maß auf den bereits fertigen Punzfries übertragen. Man sieht sofort, ob noch 8 Ornamente hineinpassen oder nur 7. Die bei dieser Methode auftretende Differenz kann immer nur den 7. oder 8. Teil eines Ornaments betragen. Entschließt man sich im Grenzfall, statt 8 nur 7 Punzschläge anzubringen, müßten die Abstände etwas reichlicher werden, im umgekehrten Fall etwas geringer. Um Hammerschläge von stets gleichmäßiger Wucht anzubringen, ist das Auflegen des Hammers (etwa 600 g) auf eine Platte (Hartgewebe, Hartholz) ratsam. Hierdurch wird der Hammer bereits in einer Ebene geführt. Großflächige Punzornamente verlangen einen erheblich stärkeren Hammerschlag als kleine Ornamente.

Übung:
Vor der ersten Punzarbeit sind neue Punzeisen in etwa 2 mm dickes Zinnblech zu schlagen sowie große und kleine Punzornamente in Reihen nebeneinander anzuordnen. Die Unterschiede der erforderlichen Schlagkraft sind durch die Wahl entsprechend schwerer Hämmer auszugleichen. Man muß untersuchen, wieviel Ornamente infolge schiefer Stempelhaltung nicht voll ausgeprägt sind. Nach diesem Ergebnis ist zu entscheiden, ob auch das freihändige Punzstempeln an Zinnwerkstücken möglich ist.

Schmuckdose mit Punzdekor

In manchen Fällen sucht der Zinngießer nach Vorbildern und Mustern für die Anfertigung eines hübschen Zinngegenstands zu Geschenkzwecken. Ein einfacher Zinnbecher kann diesen Anspruch nicht immer befriedigen, andererseits sind Kanne, Krug oder ähnlich große Stücke zu aufwendig. Hier kann vielleicht der Hinweis auf einen einfachen, aber dennoch attraktiven Zinngegenstand nützlich sein, dessen Herstellung nicht schwierig sein dürfte: die Schmuckdose mit Punzdekor.

Für den Gefäßkörper genügt als Mantelform ein Stück Eisenrohr, innen etwas konisch ausgedreht auf etwa 120 mm Durchmesser. Auf eine runde Grundplatte ist der möglichst massive Eisenkern aufzuschrauben. Dies deshalb, weil unten Gewinde (etwa M 12) und oben eine glatte Stirnwand gebraucht werden. Die Stirnwand bildet den Boden der Dose. Es muß etwa 12 mm (oder mehr) über den Boden hinausgegossen werden, damit die poröse Schwindzone im Boden keine Spuren hinterläßt.

Für die Bearbeitung auf der Drehbank kann die runde Grundplatte zum Einspannen benutzt werden, eventuell können Kern und Grundplatte aus einem Stück bestehen. Durch den Eisenkern sind Punzschläge möglich, und eine über den Rohling hinausragende Grundplatte kann für Schläge zum Lösen des Kernes benutzt werden. Auch für den Deckel ist ein Eisenkern für den gleichen Punzdekor erforderlich.

Zur Drehbankarbeit ist für beide Teile der Reitstock mit Körnerspitze zu benutzen, damit sich durch die Hammerschläge das Werkstück nicht aus dem Drehbankfutter löst.

Eine dekorative Kugel oder ein ähnliches Schmuckelement, auf den Deckel gelötet, vervollständigt die Schmuckdose. Zinndosen mit gepunztem Dekor haben in den Arbeiten Augsburger Meister (Anfang 18. Jahrhundert) ihr historisches Vorbild.

Dekorschraube – eine maschinelle »Gravierhilfe«

Es handelt sich um eine technisch raffinierte »Dekormaschine«, deren Anwendung nur an der Drehbank möglich ist und die sich unmittelbar an die Fertigstellung runder Partien anschließt. In die Lauffläche der Dekorschraube (auch Dekorrädchen zu nennen, ähnlich wie Rändel- und Kordelrädchen) sind auf einer Breite von 3 ... 5 mm winzige Ornamente oder stilisierte Blattranken, Blüten oder ähnliche Muster eingraviert (s. Bild 104). Das Dekorrad ist in einem Halter gelagert, der auf den Kreuzsupport aufgespannt und genau winklig zur Fläche des Werkstücks ausgerichtet wird. Das Dekorwerkzeug wird herangefahren und mit der Kurbel der Planspindel etwas Druck ausgeübt. Dieses Einstellen geschieht bei Stillstand der Maschine. Nun wird die Maschine von Hand in Bewegung gesetzt, indem man am Drehbankfutter dreht. Das Dekorrad läuft mit und hinterläßt den Abdruck des eingravierten Musters. Nach genau einer Umdrehung des Zinnwerkstücks ist das Dekorwerkzeug zurückzukurbeln. Das schmale Dekorband ist fertig und erweckt den Eindruck einer Gravur, obwohl es sich um ein erhabenes Muster handelt.

Im Gegensatz zu Rändel- und Kordelrädern darf dieses Dekorwerkzeug nur für eine Umdrehung des Werkstücks verwendet werden, wenn beim Weiterlaufen keine Deckungsgleichheit erreicht wird und der Dekor aus der ersten Umdrehung bei der zweiten Umdrehung wieder zerstört wird.

Dieser feine und sparsame Dekor eignet sich besonders für kleines Zinngerät (Becherränder) sowie für die zurückhaltende Verzierung von Kanten. Zu beachten ist, daß der Druck nicht zu hoch gewählt werden darf, damit dünne Wände nicht deformiert werden.

Ein kritisches Wort zum »Dekorersatz«

Eine technisch vergleichbare, aber künstlerisch wertlose Dekorart ist das Kordeln und Rändeln, das man zuweilen auf Zinnbechern findet. Kordel- und Rändelwerkzeuge werden in den Drehereien des Maschinenbaus zum Aufrauhen von Handgriffen verwendet. Das Kordel- oder Rändelmuster als Dekor zu verwenden, muß als Geschmacklosigkeit angesehen werden. Durch einen derartigen »Dekor« kann ein Zinngegenstand nur an Wert verlieren!

Gehämmerte Oberfläche

Bei der Verarbeitung von Kupfer und Messing ist das Hämmern eine altbekannte und häufig angewendete Dekortechnik. In den meisten Fällen handelt es sich bei diesen Werkstoffen um die Verarbeitung von Blechen, sog. Halbzeuge. Hierin liegt gegenüber dem Zinn ein wesentlicher Unterschied. Gegossenes Zinn verträgt im allgemeinen keine gehämmerte Oberfläche, jedenfalls nicht aus der Sicht der künstlerischen Gestaltung. Das Hämmern der sanften Rundungen an einem bauchigen Krug würde den Charakter des Gegossenen stören und den Wert des ganzen Stücks mindern. Dennoch kann es in besonderen Fällen ein interessanter Versuch sein, die Oberfläche zu hämmern. Handelt es sich beispielsweise um gegossene Vierkantprofile für Streben oder Halter, erwekken diese im glatten Zustand den unerwünschten Eindruck genormter Meterware. Bild 106 zeigt einen siebenarmigen jüdischen Kultleuchter, dessen Arme in einer viereckigen Aluminiumschiene gegossen wurden. Nach dem Bearbeiten der Oberfläche wurden die auf Länge geschnittenen Stücke gehämmert, spiralig gedreht und in verschiedenen Radien gebogen. Die gehämmerte Oberfläche erzeugt durch die zahlreichen Lichtreflexe einen ungewöhnlichen Effekt. Es bleibt dem Geschmack des Zinngießers überlassen, ob er sich mit einem solchen Experiment befassen möchte.

Bild 106. Siebenarmiger jüdischer Kultleuchter mit gehämmerter Oberfläche der vierkantigen Arme

Getriebener Dekor

In zurückliegenden Jahrhunderten gehörte das Treiben zur Dekorgestaltung, wahrscheinlich in Anlehnung an Gold- und Silbertreibarbeiten. Es entstanden hauptsächlich Teller (Bild 107) und Schüsseln, gelegentlich auch getriebener Dekor an den Mänteln von Krügen und Kannen als Facetten, Spiralen oder ähnliche Muster. Bei der Treibarbeit handelt es sich nicht um das bloße Hämmern der Oberfläche, sondern um das plastische Heraustreiben von Figuren und Mustern ornamentaler Art. An Tellern und Schüsseln ist getriebener Dekor leichter zu gestalten als an geschlossenen Gefäßen, weil die Gegenseite zugänglicher ist. Im Prinzip wird der glatte, gegossene Teller auf eine Unterlage gelegt, in die negativ ein Muster eingearbeitet ist. Mit Holzhämmern verschiedener Größen und Formen wird das Muster von der Unterseite aus in die Aussparungen der Unterlage hineingetrieben. Bei dieser Technik besteht im wesentlichen die Schwierigkeit darin, das Material so gleichmäßig zu treiben, daß es nirgends bricht.

Gravur

Für die schmückende Gravur eignet sich das Zinn wegen seiner Weichheit außerordentlich gut. Die Gravur ist von allen Schmucktechniken beim Zinn am häufigsten zu finden. Früher wurden recht oft Gravuren von den Zinngießern selbst ausgeführt, weil die Weichheit des Metalls sie hierzu verlockte. In vielen Fällen entstanden naive Gravuren, die zum künstlerischen Wert des Zinngegenstands fast im Widerspruch stehen. Anspruchsvolle, künstlerisch ausgereifte Schmuckgravuren sind dagegen als Werk von Berufskünstlern, wie Kupferstechern, anzusehen. Eine Ausnahme bilden die berühmten *Trenck*-Becher, die Freiherr *Friedrich von der Trenck* (1726 bis 1794) während seiner neunjährigen Haft auf der Festung Sternschanze zu Magdeburg mit einem zugeschliffe-

Bild 107. Treibarbeit an einem Zinnteller mit einem Durchmesser von 30 cm (Ende 18. Jahrhundert)
– Städtisches Museum, Zeitz –

nen Brettnagel gravierte. *Trenck*-Becher sind heute im Kunsthandel hochbezahlte Objekte.

Jede Gravur ist als Unikat anzusehen. Eine Wiederholung des gleichen Motivs auf einem anderen Stück stellt keine Kopie dar, sondern ist wiederum ein Original, denn keine Gravur ist mit der anderen deckungsgleich. Durch eine Gravur wird das betreffende Stück aus der Masse aller übrigen herausgehoben. Es erhält eine besondere Note. Es hängt vom Geschmacksempfinden und der Kunstfertigkeit des Graveurs ab, ob eine schmückende Gravur mit dem Zinngegenstand eine Einheit bildet und dessen Wert erhöht.

Die Gravierkunst kennt 3 Arten, die sich in ihrer Technik erheblich voneinander unterscheiden: die Flachstichgravur, die Stempelgravur und die Reliefgravur. Die erstere betrifft reine Stichelarbeiten, für die zweite werden Meißel und Stichel benutzt, für die dritte kommt noch die Benutzung von Punzwerkzeugen hinzu.

Für die Gravur von Zinngegenständen verwendet man nur Flachstichgravur (Bilder 108 und 109). Mit dieser Technik lassen sich Schriftzeichen, Ornamente und figürliche Darstellungen in das Zinn einarbeiten.

Gravierwerkzeuge

Die wichtigsten Gravierwerkzeuge sind Stichel, die es in sehr verschiedenen Varianten gibt. Entsprechend ihrer Schneidengestaltung und Größe sind sie für verschiedene Gravierarbeiten gedacht. Die Selbstanfertigung von Graviersticheln ist möglich und wird in manchen Fällen sogar erforderlich sein. Der zu verwendende Werkstoff ist Werkzeugstahl. Möglicherweise lassen sich ausgediente Feilen zu Graviersticheln umarbeiten. Stichelschneiden müssen gehärtet, abgezogen und poliert werden. Das Abziehen geschieht auf einem Ölstein. Stichelschneiden sind stets in Längsrichtung der Bahn abzuziehen und zu polieren. Zum Polieren wird

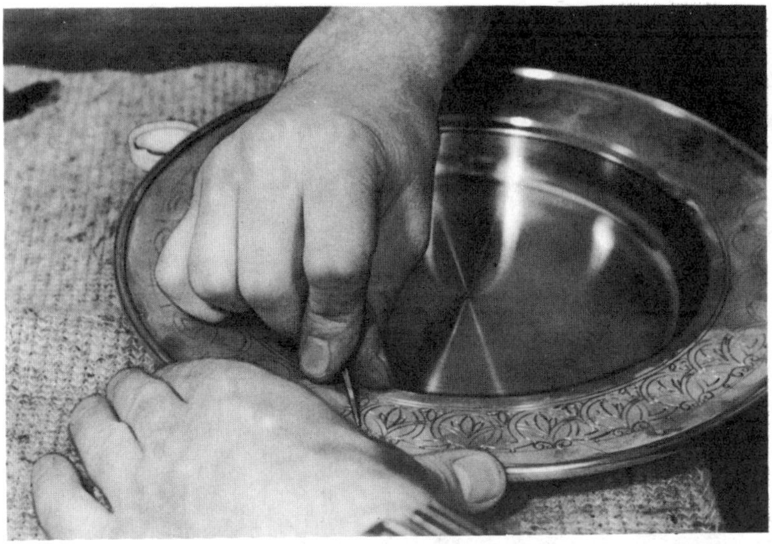

Bild 108. Gravierarbeit an einem Teller

Bild 109. Fertiges Ornament auf dem Tellerrand

eine Paste verwendet. Für Zinngravuren ist eine schlanke Keilform der Schneide erforderlich (Bild 110), deren Winkel (2) zwischen 25° und 30° liegt. Die Spanfläche (3) wird Schild genannt. Um enge Bogen und Schnörkel ausführen zu können, werden oft die unteren Bahnen (1) etwas hochgeschliffen, also leicht gekrümmt. Gerade geschliffene Bahnen neigen zum Drücken. Die vorderste Partie wird auf einer Länge von 2 ... 3 cm hohl heruntergeschliffen (4), so daß der Anschliff im Verhältnis zur Rückenhöhe noch etwa ein Drittel beträgt.

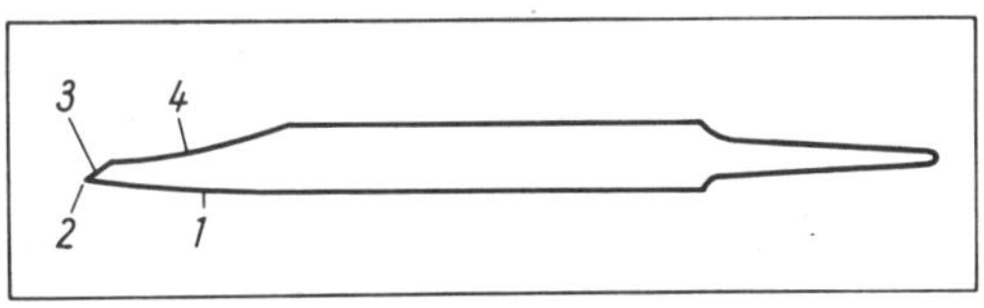

Bild 110. Gravierstichel (schematisch)

Die Gesamtlänge eines Stichels mitsamt dem Heft muß der Hand des Graveurs angepaßt sein (Bild 111). Ist der Stichel zu lang, wird die Angel gekürzt. Auch das Heft wird bei Bedarf geändert. Für die optimale Funktion mancher Sti-

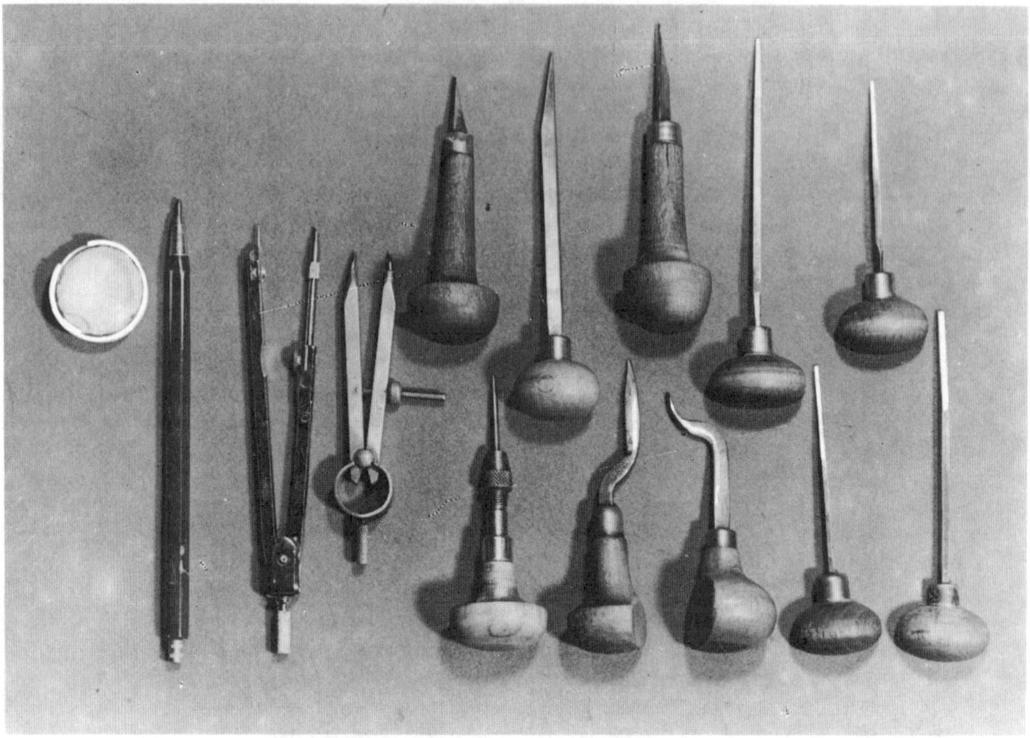

Bild 111. Gravierwerkzeug: Stichel, Wasserfarbe, Bleistift, Zirkel

chel ist es notwendig, sie heftseitig weit neigen zu können. Das kräftige, kolbige Heftende verhindert dies jedoch. Bevor die Schneide die richtige Position erreicht hat, stößt das Heftende bereits am Werkstück an. Deshalb sind manche Gravierstichel an der Unterseite ihres Hefts abgeflacht.

Die für Zinngravuren wichtigsten Sticheltypen sind: Flachstichel, Facettenstichel, Bollstichel, Fadenstichel und Spitzstichel.

Flachstichel (Bild 112, a) sind sehr vielseitig verwendbar. Die unterschiedliche Breite der Bahn ergibt eine entsprechende Strichbreite. Zum Stechen werden schmale Stichel verwendet, während die breiteren zum Schneiden und Tremblieren in Frage kommen. Für schwerer zugängliche Partien können Gravierstichel auch gekröpft sein.

Facettenstichel (Bild 112, b) sind zum Stechen von Facetten bestimmt. Sie sind mit facettenartiger Bahn geschliffen, haben hohe Seitenwände und lassen sich sehr sicher führen.

Bollstichel (Bild 112, c), auch Rundstichel genannt, haben eine runde Bahn und sind besonders zum Stechen runder Linien gedacht. Sie sind auch zum Tremblieren und zum Ausheben und Schneiden runder und hohler Partien (Blätter!) sehr gut geeignet.

Fadenstichel (Bild 112, d) haben auf ihrer breiten, unteren Bahn sehr feine, fadenartige Längsrillen, die bis in die Schneide hineinreichen. Die Feinheit bzw. Anzahl der »Fäden« ist unterschiedlich. Mit Fadensticheln lassen sich Schraffierungen und ähnliche Effekte erzielen. Auch zum Tremblieren sind Fadenstichel sehr gut geeignet.

Der *Spitzstichel* (Bild 112, e) hat im Gegensatz zum Facettenstichel leicht gewölbte Seitenflächen. Mit den schlanken Querschnitten lassen sich feinste Strichgravuren ausführen.

Schließlich soll noch eine interessante Variante Erwähnung finden: der *Zweireiher.* Es handelt sich um einen Flachstichel mit geteilter Bahn, also mit 2 Spitzen. Es ergeben sich hierdurch Doppelstiche. Je nach Stichelbreite sind breitere oder schmalere Doppelstiche möglich.

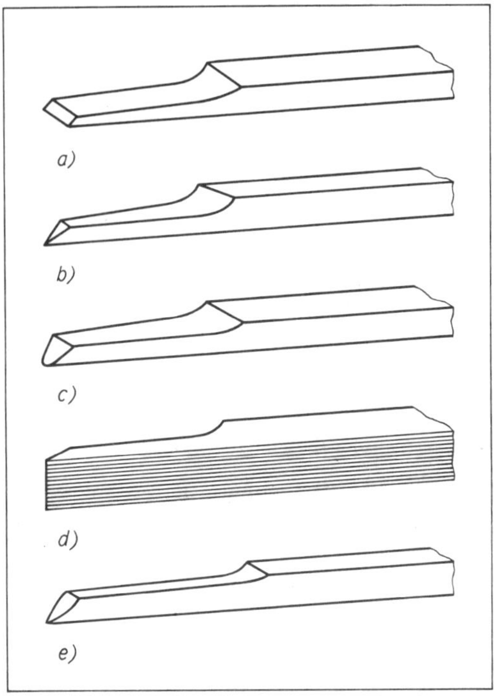

Bild 112. Wichtigste Sticheltypen
a) Flachstichel c) Bollstichel e) Spitzstichel
b) Facettenstichel d) Fadenstichel

Besonders bei geschwungenen Linien wirken die exakt konzentrisch verlaufenden Striche sehr effektvoll.

Übung zur Gravierarbeit

Bevor das Gravieren beginnt, sollten unbedingt Übungen vorausgegangen sein. Gravierübungen lassen sich am besten auf Übungsplatten aus Zinnblech ausführen, sind aber auch auf Kupferblech möglich. Die exakte Stichelführung ist an geometrischen Ornamenten besser kontrollierbar als an figürlichen Darstellungen. Es sind Übungen durchzuführen, für die ein einziger Spitzstichel ausreicht, dann aber auch solche für verschiedene Stichel. Die zu gravierenden Ornamente können willkürlich aus der Phantasie heraus entworfen werden. Sie sollen aber parallele, winklige, wellige, sich kreuzende, strahlenförmige, spiralige, konzentrische, exzentrische sowie sich symmetrisch gegenüberstehende Figuren enthalten. Die Übungen sind mit geraden Strichen zu beginnen. Werden diese beherrscht, sind die Übungen auf gekrümmte Linien auszudehnen.

Von großer Wichtigkeit ist die *richtige Stichelhaltung* (Bild 113). Der Stichel wird mit Daumen und Zeigefinger beidseitig gehalten

Bild 113. Gravierarbeit an einem Zinnkrug

und das Heft in die hohle Hand genommen. Durch diese Dreipunkthaltung ist eine sichere Führung gewährleistet. Scharf geschliffene Stichel greifen sofort an, so daß krampfhafter Druck völlig unangebracht ist. Der Stichel wird rechtwinkelig zur Übungsplatte gehalten und nicht etwa nach der einen oder anderen Seite geneigt. Der Stichel wird leicht aufgesetzt, mit steigendem Druck festgedrückt und vorwärtsbewegt. Schon nach wenigen Versuchen ergibt sich, unter welchem Winkel der Stichel am besten arbeitet. Es ist nicht möglich, Winkelgrade für die Stichelstellung anzugeben. Der Winkel hängt vom zu gravierenden Material ab, vom Schliff des Winkels und von dessen geometrischer Konstruktion. Der Verlauf der Bahn, eine gegebenenfalls vorhandene Kröpfung usw. haben großen Einfluß auf den einzuhaltenden Winkel. Auftretende Schwierigkeiten bei bestimmten Ornamenten sind nur durch wiederholte Übungen zu überwinden (Bild 114). Bei sich kreuzenden Strichen sind solche etwas schwieriger, die nicht rechtwinklig zueinander stehen. Es ist darauf zu achten, daß sich kreuzende Striche gleichmäßig tief gestochen werden. Sind Bogenlinien zu stechen, hilft die linke Hand (bei Rechtshändern) durch Drehung der Übungsplatte. Sie wird dem Stichel entgegenbewegt, so daß sich eine saubere Bogenlinie ergibt. Es ist anzustreben, Bogenlinien in einem Zuge zu stechen. Dies wird allerdings erst nach einigen Übungen gelingen. Nach dem Stechen feiner Haarstriche mit dem Spitzstichel sind auch Druckstiche zu üben.

Auf den Haarstrich wird der Stichel gesetzt, etwas nach rechts geneigt und unter verstärktem Druck ein breiterer Strich gesetzt.

Jedem Druckstich sollte ein Haarstrich vorausgehen. Es ist auch zweckmäßig, Haarstriche abwechselnd neben Druckstiche zu setzen, wodurch sich ein Schatteneffekt ergibt.

Vorbereitungen für die Gravierarbeit

Die erste Voraussetzung ist, daß das zu gravierende Ornament bzw. die figürliche Darstellung zunächst mit Bleistift auf Papier gezeichnet wird. Die Zeichnung kann sich bei Ornamenten, die sich bandartig wiederholen, auf einen Ausschnitt beschränken. Aber es ist die gleiche maßstäbliche Größe einzuhalten. Für die Zeichnung ist die gleiche Genauigkeit erforderlich, die beim Gravieren erreicht werden soll.

Um die Zeichnung auf die Zinnoberfläche

Bild 114. Gravierübungen

übertragen zu können, muß die glatte Oberfläche stumpf gemacht werden, damit die Bleistiftstriche haften und gut sichtbar bleiben. Erst nach dem Vorzeichnen kann die Gravierarbeit beginnen.

Welche Ornamente sind für Zinngravuren geeignet?

Ornamente sind schmückende Verzierungen, die den jeweiligen Zeitstil kennzeichnen. An alten Zinngravuren fällt auf, daß früher Ornamente in ihren vielfältigen Varianten eine große Rolle spielten. Ornamente, die aus stilisierten Tieren und Pflanzen entwickelt wurden, lassen die überragende Bedeutung der Natur als große Lehrmeisterin erkennen. Nicht nur die »einfachen«, sondern auch die kunstvoll verschlungenen Bandornamente, aus stilisierten Blättern, Blüten, Früchten und Rankenwerk oder ausschließlich aus geometrischen Linien aufgebaut, haben Gemeinsamkeiten in ihrer gesetzmäßigen Gliederung. Rhythmus und Wiederholung sind die wesentlichen künstlerischen Mittel des Ornaments, das nicht immer symmetrisch sein muß. Jedoch hat auch das in sich geschlossene Einzelornament, beispielsweise die Rosette und Palmette, durch seinen einheitlichen Aufbau in einer Gravur volle Berechtigung und muß sich nicht bandartig wiederholen.

Bild 115. Efeuranke als Graviervorlage

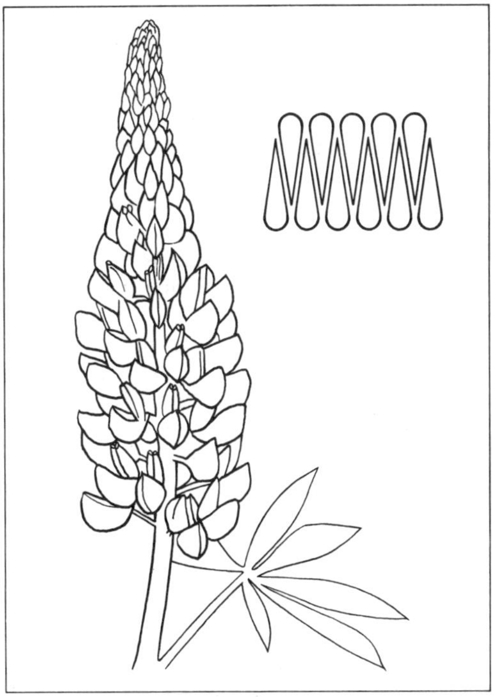

Bild 116. Lupinenblüte und stilisiertes Ornament für die Gravierarbeit

Das bekannteste Beispiel für die künstlerische Stilisierung einer Pflanze ist das Akanthusblatt. Es wurde durch eine ganze Reihe von Stilepochen variiert (und auch dem natürlichen Vorbild entfremdet), so daß man heute das griechische, römische, romanisch-byzantinische sowie das der Spätgotik, der Renaissance, des Barocks, des Rokokos und des Empire kennt. Auch die Palmette, das dem Blatt der Fächerpalme nachgebildete, streng symmetrische Ornament, hatte in der Zinngravur eine große Bedeutung. Die Palmette ist aus dem ägyptischen Lotosornament entstanden und wurde bereits in der minoischen Kunst im 2. Jahrtausend v. u. Z. verwendet. Die Griechen übernahmen das Palmettenornament im 7. Jahrhundert v. u. Z. von orientalischen Vorbildern.

Es kann nicht die Aufgabe eines volkskünstlerisch tätigen Zinngraveurs unserer Zeit sein, antike Vorbilder nachzuahmen. An ihnen läßt sich aber das Auge schulen und künstlerischer Geschmack entwickeln. Es gibt eine Fülle von Möglichkeiten, der Natur geeignete Vorbilder zu entlehnen und diese durch Zeichenübungen auf ihre ornamentale Substanz zu reduzieren (Bild 115). Beispielsweise ist die geometrisch exakte Anordnung der Blütenknospen der Lupine sehr auffällig, so daß sich Ornamente entwickeln lassen (Bild 116). Außer Blüten sind auch Fruchtstände (z. B. Maiskolben), Samen, Blatt- und Rankenwerk, aber auch Tiere (Käfer, Schmetterlinge) für die stilisierte Gestaltung eines Ornaments geeignet. Der Grad der Stilisierung kann unterschiedlich sein und sich zwischen starker Vereinfachung und Hinwendung zu naturalistischer Darstellung bewegen.

Tremblieren

Das Tremblieren wurde bereits mehrfach erwähnt. Es handelt sich um eine sehr effektvolle Graviertechnik, die hauptsächlich für Zinngravuren angewendet wird und früher »Flecheln« genannt wurde. Der Stichel (Flachstichel, Bollstichel, Fadenstichel) wird von der Hand wiegend oder schaukelnd vorwärtsbewegt. Das Handgelenk schwingt hin und her. Es entsteht bei langsamer Vorwärtsbewegung ein enges Zickzackmuster, bei schnellerer Vorwärtsbewegung ein entsprechend weites Zickzackmuster (Bild 117, a). Diese Trembliermanier wurde von den Zinngießern früherer Zeiten sehr gern angewendet, weil sich hierdurch in kurzer Zeit eine große Fläche dekorieren ließ. In modernen Gravuren werden durch Tremblés die Zwischenräume bei konzentrischen bzw. parallelen Strichen ausgefüllt, wie es im Bandornament auf dem abgebildeten Teller zum Ausdruck kommt.

Wird der Bollstichel zum Tremblieren verwendet, sind die Zackenstiche nicht gerade, sondern geschwungen. Bei Verwendung des Fadenstichels ist jeder Zackenstich nochmals in winzige Zacken aufgelöst, was sehr effektvolle Wirkungen haben kann.

Durch das Tremblieren ergeben sich ungewöhnlich reizvolle geometrische Muster, wenn der Stichel »im langsamen Schritt« geführt wird. Ist eine präzis gestochene Zackenstichlinie mit dem Flachstichel fertiggestellt, wird ein zweiter Durchgang gestochen. Der Flachstichel wird auf der Hälfte der ersten Zacke angesetzt und nun jede Zacke halbiert. Es entstehen aneinander gereihte Quadrate (Bild 117, b). Es ist auch möglich, den Zackenstich zu einer Randborte zu gestalten, indem einseitig in jeden Winkel ein strahlenförmiges Tremblé gesetzt wird (Bild 117, c).

Wird für ein halbiertes Tremblé der Bollstichel (Bild 117, d) eingesetzt, entsteht durch die sich kreuzenden geschwungenen Zackenstiche ein sehr hübsches geometrisches Muster. Es sind somit etliche Varianten möglich, weshalb jedem Zinngraveur das Tremblieren ausdrücklich empfohlen werden kann.

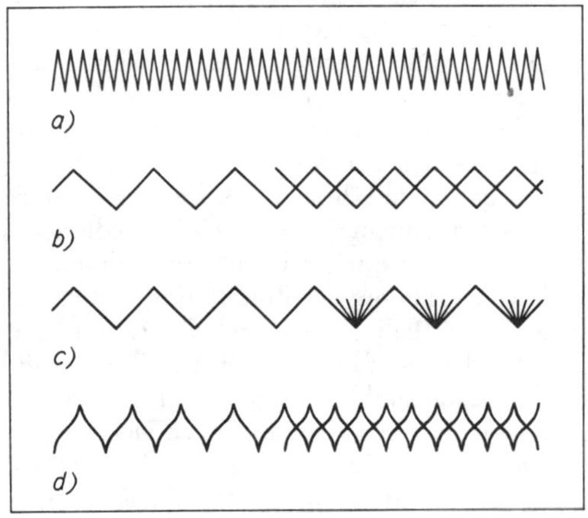

Bild 117. Gravierübungen
a) bis c) für Flachstichel
d) für Bollstichel

Zinnintarsien

Intarsien sind Einlegearbeiten, die es besonders bei der kunsthandwerklichen Verarbeitung von Holz in vielen Varianten gibt. Verschiedene Holzarten miteinander, Holz mit Elfenbein, Perlmutt, Edelmetallen und auch mit unedlen Metallen, wie Messing, Kupfer und Zinn, sind einige Möglichkeiten der Intarsiengestaltung. Zinnintarsien an Holzkrügen wurden sehr bekannt durch die Lichtenhainer Krüge, die es bereits im 18. Jahrhundert gab. Sie wurden benannt nach dem Lichtenhainer Bier, das in der Nähe von Jena gebraut wurde.

Allerdings findet man an manchen wertvollen alten Stücken (z. B. im Grassi-Museum Leipzig), daß es sich nicht um eine in das Holz eingearbeitete Intarsie, sondern um eine außen aufgesetzte, in Zinnblech gearbeitete Schmuckbandage handelt. Kunstvoll durchbrochen und graviert, legt sich diese »Intarsie« um den Holzkrug herum. Vom Stil her sind solche Stücke zu den Intarsien zu rechnen, nicht aber hinsichtlich der angewendeten Technik.

Intarsienkrüge sind als kunsthandwerkliche Meisterstücke anzusehen. Bevor sich ein Zinngießer mit einem solchen Objekt befaßt, sollte er üben. Geeignete Objekte sind runde Schmuckdosen, deren Außenwand und Deckel mit Zinnintarsie versehen wird.

Zinnintarsie an einer Holzdose

Für den Dosenkörper kommen nur Harthölzer in Frage. Da hier das Zinngießen in Holz erfolgt, scheiden Nadelhölzer schon wegen der

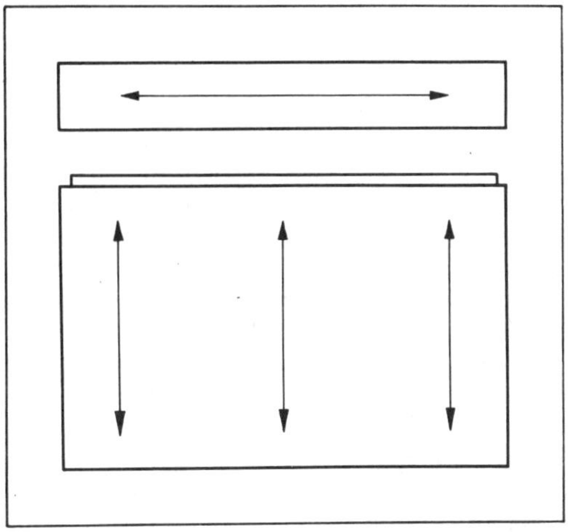

Bild 118. Faserrichtung an einer Holzdose

Harzbildung aus. Eiche ist ein wertvolles Hartholz, aber wegen der rauhen Oberfläche nicht für jeden Zweck verwendbar. Die Rüster (Ulme) liefert ein sehr gut geeignetes Hartholz, das nach der Bearbeitung eine glatte Oberfläche ergibt. Aber auch exotische Hölzer kommen in Frage, wie Mahagoni. Manche Holzwerkstätten haben solches Holz am Lager, von dem sich für diesen Zweck vielleicht ein Klotz erwerben läßt. Hierbei ist die Faserrichtung von Bedeutung (Bild 118). An der Dose müssen die Fasern nach oben zeigen, für den Deckel in Längsrichtung. Der Deckel muß also aus einem Brettstück herausgearbeitet werden.

Es kommen beide Teile für eine Zinnintarsie in Frage. Für den Anfang reicht es aus, wenn der Dosenkörper an seinem Umfang unten und oben je einen eingegossenen Zinnring erhält. Werden diese Ringe breit genug gewählt, etwa 10 mm oder mehr, kommt eine anschließende Gravur in Frage. Die Zinnringe können auch sehr schmal gehalten werden, etwa 2 ... 3 mm, und bleiben nach dem Überdrehen glatt.

Zunächst ist die Dose innen und außen vorzudrehen. Es ist außen ein Aufmaß von 2 mm einzuhalten. Wo die Zinnringe vorgesehen sind, werden mit einem Stechstahl entsprechender Breite Nuten eingestochen. Diese müssen tief genug sein, damit nach dem Überdrehen in den Nuten genug Material stehenbleibt. Bei einer Materialzugabe von 2 mm für den Durchmesser der Holzdose beträgt das einseitige Aufmaß 1 mm. Wird die Nute 4 mm tief eingestochen, verbleibt nach dem Fertigdrehen eine Materialdicke des Zinnrings von 3 mm. In ähnlicher Weise läßt sich an einer Holzdose auch ein Zinnfuß anbringen. Die entsprechende Partie wird abgedreht, wodurch für das einfließende Zinn Platz geschaffen wird. Es ist aber stets vorher zu überlegen, ob sich das Werkstück dann noch ohne Schwierigkeiten spannen läßt.

Vollgießen der ausgedrehten Nuten

Da es an runden Körpern nicht möglich ist, mit dichtschließender Fuge einen Zinnring in echter Intarsienmanier einzulegen, kommt nur das Eingießen in Frage. Hierzu wird ein innen konischer (etwa 2°) Metallzylinder als äußere Gießform benutzt. Aluminium ist gut geeignet. Ersatzweise genügt auch eine Konservenbüchse. Die äußere Gießform soll etwa 8 mm größer sein, als der Durchmesser der Holzdose beträgt. Es ergibt sich eine Wanddicke von 4 mm. Diese wird mit einer etwas bleihaltigen Legierung vollgegossen. Nach dem Erkalten wird die Holzdose in das Drehbankfutter gespannt und das angegossene Zinn abgedreht. Ist der endgültige Durchmesser erreicht, erscheinen auf der sauber gedrehten Holzoberfläche die eingegossenen Zinnringe.

Welche Schwierigkeiten können auftreten?

Wenn das flüssige Zinn nicht die Nuten vollständig ausfüllt, bleiben häßliche Lücken. Es ist vorteilhaft, nicht nur an einer Stelle einzugießen, sondern mit der Schöpfkelle während des Gießens langsam weiterzuziehen. Hierdurch wird dem Schmelzgut das Herumlaufen um den Holzkörper erleichtert. Bei dicken Wänden des angegossenen Zinnmantels wird eine entsprechend große Menge Schmelzgut gebraucht. Es muß gewährleistet sein, daß diese Menge in einem Zuge gegossen werden kann. Bei kalten Güssen führt das Nachschöpfen fast immer zu Mißerfolgen.

So kann es vorkommen, daß sich das eingegossene Zinnband dreht. Hierdurch kommt es zu Schwierigkeiten bei der Bearbeitung auf der Drehbank, denn der Drehstahl findet keinen festen Widerstand. Diesem Mangel ist in folgender Weise vorbeugend zu begegnen:

Es werden vor dem Gießen auf dem Grund der Nuten mehrere möglichst scharfkantige

Vertiefungen eingearbeitet, wozu kleine Bohrer oder Fräser verwendet werden können. Wenn das flüssige Zinn auch nicht in alle Vertiefungen, sondern nur in zwei oder drei einfließt, ist das Intarsienband bereits arrettiert und läßt sich einwandfrei bearbeiten.

Zinnintarsie im Deckel

Am Deckel herrschen andere Verhältnisse als am Dosenumfang, sofern der Deckel eben, also plangedreht ist. In ebene Oberflächen läßt sich eine Zinnintarsie einlegen. Sie muß nicht eingegossen werden. Welcher Technik der Vorzug zu geben ist, muß jeder selbst entscheiden. Das Gießen der Zinnintarsie ist auf jeden Fall einfacher und zeitsparender. Für Übungen sind beide Techniken vorzusehen. Eine einzulegende Zinnintarsie wird aus Zinnblech geschnitten und eine genau passende Aussparung in das Holz eingearbeitet. Damit sich die Zinnintarsie nicht wieder löst, ist vor dem Einlegen ein Kleber zu verstreichen. Duosan hat sich für diese und ähnliche Zwecke sehr gut bewährt.

Für den Deckel einer Intarsiendose sind Ornamente gut geeignete Motive (Bild 119). Wer im Umgang mit Holzbearbeitungswerkzeugen nicht geübt ist, kann zunächst einfachste Ornamente in konzentrischer Anordnung mit Hilfe der Drehbank einarbeiten. Für höhere Ansprüche ist aufwendige Handarbeit nicht zu umgehen. Es kann Hand- und Maschinenarbeit kombiniert werden, indem der mittlere Teil eines kompakten Ornaments (z. B. eine Blüte) zunächst bis auf den Grund ausgedreht wird. In Handarbeit sind dann nur noch die Blütenblätter einzuarbeiten. Hierbei wird der grundsätzliche Unterschied gegenüber dem Intarsienband am Dosenumfang deutlich sichtbar. Auch eine sauber eingegossene Zinnintarsie kann aus dem Deckel wieder herausfallen, weil sie sich nicht wie der Ring selbst festhalten kann. Diesem Nachteil kann auf einfache Weise abgeholfen werden, wenn die in das Holz eingearbeiteten Wände schwalbenschwanzförmig gestaltet werden. Dadurch bildet sich am Grund ein spitzer Winkel. Im allgemeinen sind 60 ... 70° ausreichend. Das flüssige Zinn kann nun die Wand unterlaufen, und die Intarsie wird sicher festgehalten.

Zum Problem der gemeinsamen Bearbeitung von Holz und Zinn

Bei der gemeinsamen Oberflächenbearbeitung von Holz und Zinn kann sich eine große Schwierigkeit ergeben. Wird die Zinnintarsie, etwa auf der Drehbank, mit Schmirgelleinwand oder ähnlichen Hilfsmitteln bearbeitet, gelangt sofort Metallabrieb auf das Holz, wodurch sich eine unansehnliche dunkle Verfärbung ergibt. Es ist zwar möglich, das Holz wieder sauberzuwaschen, doch ist der Umgang mit Nässe sehr riskant. Deshalb muß die mechanische Be-

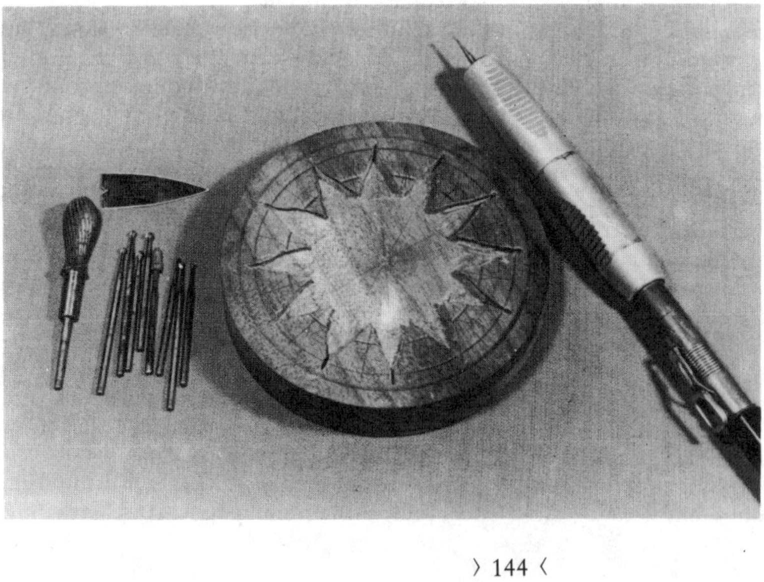

Bild 119. Vorbereiten des Deckels einer Holzdose für die Zinnintarsie – Für die Fräsarbeit kann man auch Fräskörper aus der Zahnmedizin verwenden –

arbeitung auf die Verwendung von Drehstahl bzw. Stichel beschränkt werden. Sehr scharfer Schliff der etwas gerundeten Schneide und möglichst hohe Drehzahl bei geringem Vorschub sind die Voraussetzung für eine saubere Oberfläche.

Zur Bedeutung der Gravur an Zinnintarsien

Im Vergleich zur Holzintarsie, wo Konturen und Schattierungen durch andere Holzarten infolge unterschiedlicher Färbung und Maserung dargestellt werden, erscheint eine größere Zinnintarsie als zusammenhängende homogene Fläche. Erst durch die Gravur werden die Konturen gegeneinander abgegrenzt, so daß Kontraste entstehen. Bei Blumenmotiven heben sich nun erst die Blütenblätter voneinander ab und erhalten durch zarte Schraffierung plastischen Ausdruck. Die abschließende Gravur einer Zinnintarsie sollte bei der Festlegung der Intarsiendicke berücksichtigt werden. Eine etwas dickere Intarsie kann nicht schaden. Eine sehr dünne Intarsie kann vom Gravierstichel jedoch ausgehoben werden.

Intarsienkrug

Nach dem erfolgreichen Verlauf von Vorübungen zu Intarsienarbeiten an Holzdosen oder auch an massiven hölzernen Schmuckgegenständen kann die Anfertigung eines kompletten Intarsienkrugs behandelt werden.

Für dieses Vorhaben ist eine Gemeinschaftsarbeit zwischen Böttcher und Zinngießer sehr vorteilhaft. Es ist nicht ratsam, mit unzulänglichen Fachkenntnissen und Werkzeugen einen Holzkrug von zweifelhafter Qualität herzustellen, denn ein Kabinettstück ist dann nicht mehr zu erwarten.

Die einfachste Zinnintarsie ließe sich an einem zylindrischen Holzkrug ausführen, jedoch gibt es hierfür kaum historische Vorbilder; diese sind entweder tonnenförmig oder konisch. Von diesen beiden Typen ist die konische Ausführung, also der nach oben sich verengende Krug, die schwierigere. Dies hängt hauptsächlich damit zusammen, daß ein recht langer, innen konischer Metallkörper zu beschaffen ist, der als Gießform dienen kann. Zylindrische Körper sind wesentlich leichter zu bekommen. Mit dieser Gießform werden beide Zinnfassungen und gleichzeitig die Intarsie an den Holzkrug gegossen. Die Zinnfassungen haben etwa die Funktion von Bandagen oder Faßringen. Das Feld zwischen den Zinnfassungen wird für die eigentliche Intarsie genutzt. Die obere Zinnfassung dient der Befestigung der kompletten Deckelmontierung mitsamt dem Henkel.

Holzkörper

Zunächst ist eine Zeichnung anzufertigen, die für die spätere Bearbeitung des Krugs keine Probleme offenläßt. Daß ein Intarsienkrug handwerklich einwandfrei hergestellt und nicht etwa aus einem vollen Holzklotz gearbeitet werden kann, sollte selbstverständlich sein. Für einen Böttcher ist die Anfertigung des Krugkörpers kein Problem, wohl aber für den Heimwerker. Einige technische Einzelheiten sollen die Schwierigkeiten kennzeichnen.

Als Material ist kerngesunde, trockene Eiche oder Rüster zu verwenden. Buchenholz ist nicht zu empfehlen, weil es bei Berührung mit Feuchtigkeit in kurzer Zeit in Fäulnis übergeht.

Grundsätzlich wird der Holzkrug aus Stäben zusammengeleimt (Bild 120). Diese werden bei Fässern und Bottichen Dauben genannt. Die Anzahl der Dauben kann unterschiedlich sein

Bild 120. Ein Holzkrug entsteht aus verleimten Stäben

und hängt vom Durchmesser ab. Für den hier beispielsweise anzufertigenden Krug mit den Maßen

Höhe (ohne Deckel)	155 mm
Außendurchmesser unten	122 mm
Außendurchmesser oben	100 mm
Wanddicke	14 mm

sind 16 Dauben vorzusehen. Die den Kreis bildenden 360° werden durch 16 geteilt = 22,5°. Da ein halbes Grad 30′ (min) sind, ist der errechnete Wert 22° 30′. Eine Faßdaube zeigt jedoch nicht nur mit einer Seite zur Mitte, sondern es sind beide Seiten mit dem gleichen Winkel ausgestattet. Somit beträgt der Winkel jeder Daubenseite die Hälfte, also 11° 15′.

Beispiel:
Sollen 20 Dauben verwendet werden, dann beträgt der Winkel 9°, denn 360° : 2 = 180°; 180° : 20 = 9°

Für den gewünschten Durchmesser ist eine bestimmte Daubenbreite erforderlich. Diese beträgt bei 16 Dauben

für das breite Ende	24,5 mm und
für das schmale Ende	20,0 mm.

Aus den verschiedenen Breiten ergibt sich der konische Verlauf der Außenkontur des Krugs. Die 16 Dauben werden nach dem Anfräsen der Winkelflächen miteinander verleimt. Auf diesen konischen Körper werden 2 Eisenringe aufgeschlagen, so daß die geleimten Flächen fest aufeinander liegen. Nach dem Trocknen des Leims werden die Ringe heruntergeschlagen und der Krugkörper innen und außen überdreht, auf Länge gedreht und unten eine prismatische Nute für den noch einzusetzenden Boden eingedreht. Damit die beiden Zinnfassungen etwas in das Holz eingelassen werden können, wird entsprechend deren Breite oben und unten ein Absatz von je 2 mm Tiefe gedreht (Bild 121). Für das Einsetzen des Bodens wenden die Böttcher folgende Methode an (Bild 122): Der Boden ist ebenfalls prismatisch abgeschrägt und hat den gleichen Durchmesser wie die eingedrehte Nute. Der Boden wird aufgelegt und eingeschlagen. Hierbei gibt der Krugkörper nach. Der Boden schnappt in die Nute ein, und der Krugkörper geht wieder zusammen. Das Herausschlagen des Bodens ist nun nicht mehr möglich.

Bild 121. Nach dem Einschlagen des Bodens werden für die Zinnringe oben und unten Absätze angedreht, damit die Zinnringe eine kräftige Wanddicke erreichen

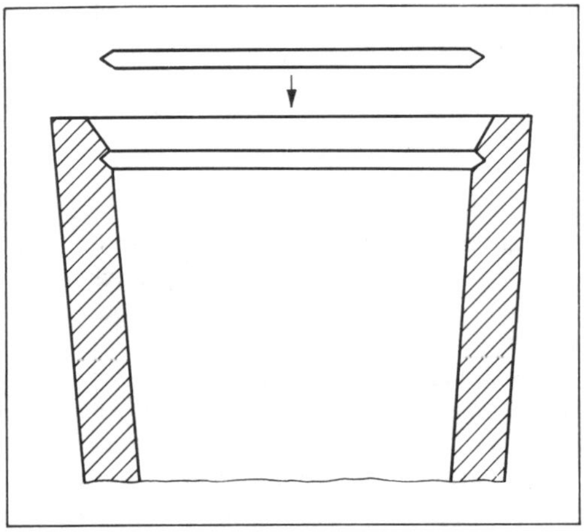

Bild 122. Einschlagen des Bodens in einen geleimten Holzkrug (schematisch)

Zur Vorbereitung der Intarsienarbeit

Das Intarsienmotiv wird vorgezeichnet. Dann beginnt das Herausarbeiten mit Fräsern oder Schnitzwerkzeugen. Falls die Intarsie um den ganzen Krug geschlossen herumreicht, ist eine schwalbenschwanzförmige Abschrägung der Wände nicht erforderlich. Eine endlose Intarsie kann nicht herausfallen. Bei einzeln stehenden Motiven ist die spitzwinklige Abschrägung jedoch sehr wichtig. Auch die Tiefe spielt eine erhebliche Rolle. Je größer die Tiefe, desto sicherer sitzt die Intarsie im Holz. Als Richtwert kann eine Tiefe von 3 mm gelten. Auch die Minimalbreite ist bedeutungsvoll, denn sehr feine Kanäle laufen schlecht voll Zinn. Die Mindestbreite sollte 3 mm nicht unterschreiten.

Nach Beendigung dieser Holzarbeiten ist eine Gießform erforderlich. Ideal geeignet ist eine innen konische Aluminiumbuchse von gleicher Höhe wie der Holzkrug. Der Holzkrug wird auf eine erhitzte (100° C) Aluminiumplatte gestellt und innen mit einem Massestück beschwert, damit er beim Gießen nicht in die Höhe steigt. Die Metallbuchse wird konzentrisch um den Holzkrug gestellt. Dann kann gegossen werden. Bei einer dickwandigen Metallbuchse ist allerdings das vorherige Anwärmen zu empfehlen. Damit kein flüssiges Zinn über den oberen Rand in das Innere des Holzkruges gelangen kann, ist ein genau passendes Rundholz oder Aluminiumrohr in den Krug zu drücken. Nach dem Gießen ist der Holzkrug von allen Hilfsmitteln zu befreien, und er wird in die Drehbank gespannt. Der vorhandene Winkel der Konizität muß bekannt sein. Am abgebildeten Muster beträgt dieser 8°. Am Support sind somit 4° einzustellen. Die Intarsienpartie wird beim Fertigdrehen bis auf das Holz gedreht. Die beiden Zinnfassungen stehen jedoch etwa 3 mm vor, was am Durchmesser also 6 mm beträgt. Hervorstehende Zinnfassungen sind immer dann erwünscht, wenn tiefe und breite Zierrillen oder Ziernuten eingearbeitet werden sollen.

Gestaltung der Zinnfassungen nach historischem Vorbild

Wenn schon der ganze Holzkrug an ein historisches Vorbild angelehnt ist, erscheint das phantasievolle Umgestalten sämtlicher Details nicht zweckmäßig. An wesentlichen Merkmalen soll das historische Vorbild erkennbar bleiben. Für die Gestaltung der eigentlichen Intarsie sowie für Deckel, Henkel und Scharnierpartie bleiben dann noch genügend Möglichkeiten eigener schöpferischer Gestaltung. Für die beiden Zinnfassungen betrifft es die Gestaltung der Oberfläche. An alten Originalstücken sind drei oder vier breite Rundnuten vorhanden. Wer seinen Intarsienkrug hier glatt läßt, kopiert dennoch, denn es gab auch Lichtenhainer Intarsienkrüge mit glatten Zinnfassungen. Ebenso verhält es sich mit der Fußpartie. Es kann eine Wulst vorhanden sein oder nicht, an den Originalen findet man beide Varianten.

Obere Zinnfassung als separates Werkstück

Die obere Zinnfassung kann auch nachträglich angefertigt und angepaßt werden. Hierdurch entfallen einige Gießprobleme. Die kritischen Punkte der Bearbeitung sind die Maßhaltigkeit des inneren Kegels (»auf Anzug«) und die genau einzuhaltende Länge, wenn diese Zinnfassung gleichzeitig am Absatz und auf der Oberkante des Holzkrugs anliegen soll. Der Zinndeckel sitzt bei dieser Konstruktion nicht auf dem Holz, sondern auf der Zinnfassung auf. Als Kleber hat sich Duosan bewährt.

Das nachträgliche Anpassen einer Zinnfassung kann Bedeutung erlangen, wenn beim Angießen ein Fehler aufgetreten ist (Auslaufen der Form o. ä.).

Eingeschmolzene Intarsie

Eine seltene und ungewöhnliche Intarsientechnik wird von *Krauss* (1960) so beschrieben:

»Zinn und Blei werden im Masseverhältnis 3 : 1 geschmolzen und vorsichtig in einen Eimer mit kaltem Wasser geschüttet. Es bilden sich feine Körner und Kügelchen. Diese werden nach dem Trocknen in die ausgestemmten Intarsienpartien des Holzkörpers geschüttet und mit einem heißen Lötkolben verschmolzen, wobei sich alle Hohlräume schließen sollen. Während dieser Schmelzarbeit sind laufend Zinnkörner nachzufüllen, bis alle Hohlräume gefüllt sind und für die anschließende Bearbeitung die erforderliche Zugabe aufgetragen ist.«

Dieses Verfahren muß in folgenden Punkten kritisch beurteilt werden:

- Der Zeitaufwand ist gegenüber dem Gießen erheblich höher.
- Die Sauberkeit ist im Vergleich zum Gießen geringer, weil voraussichtlich Fugen und Nähte stehenbleiben, die erst nach der abschließenden Bearbeitung zum Vorschein kommen.
- Der heiße Lötkolben kann in schmalen Kanälen die Holzkanten verkohlen.

Läßt sich eine aus Zinnblech gesägte Intarsie einlegen?

Dem Einlegen einer Intarsie, die aus Zinnblech gesägt wurde, sind bei allen runden Körpern sehr enge Grenzen gesetzt. Der Grund hierfür liegt in der auftretenden Umfangsdifferenz. Im eingelassenen Zustand ist der Durchmesser eines Blechmantels geringer als im aufgelegten Zustand. Jede Durchmesserverringerung um 1 mm hat eine Umfangsverringerung von 3,14 mm zur Folge. Bei einer Zinnblechdicke von 1 mm verringert sich der Durchmesser bereits um 2 mm, da ja ringsum die Zinnintarsie in den Holzkrug »hineinwandert«. Die Umfangsdifferenz beträgt in diesem Fall bereits 6,28 mm.

Für das Entstehen dieser Differenz ist der Durchmesser des Krugs bedeutungslos. Die Umfangsdifferenz von 3,14 mm je 1 mm Durchmesserveränderung ist bei kleinen wie bei großen Durchmessern gleich. Das Abzeichnen einer aufgelegten, geschnittenen Intarsie ist somit nicht mit einem herumreichenden Blechmantel möglich, auch nicht teilweise. Die Längendifferenz läßt sich zwar errechnen, nicht aber die fortlaufende Verschiebung am gesamten Umfang.

Aus diesem Grund kann eine Intarsie höchstens stückweise eingelegt werden. So läßt sich erklären, weshalb an manchen alten Holzkrügen die Intarsie nicht eingelegt, sondern außen aufgelegt wurde.

Welche Motive sind für die Intarsie geeignet?

Es kommen geometrische Ornamente in Frage, doch sind bei historischen Stücken Tiere und Pflanzen in naturalistischer Darstellung wesentlich häufiger. Auch Menschen werden dargestellt, doch oft in Verbindung mit Tieren, besonders in Jagdszenen. Stilisierte Darstellungen sind recht selten.

Als Motiv für die eigene Anfertigung einer Holzkrugintarsie sind Tiere zu empfehlen, kombiniert mit Pflanzen, besonders Blattwerk, in naturalistischer Darstellung. Die Figuren sollen formatfüllend sein, damit der Anteil der übrigen freien Holzfläche nicht zu groß bleibt. Objekte mit filigranen Konturen sind weniger gut geeignet. Die Intarsie kann als eine um den Krug herumführende Szene gestaltet sein. Man kann auch die symmetrische Anordnung von Tieren (z. B. Vögel, paarig gegeneinander stehend) wählen. Es ist der Punkt der unteren Henkelbefestigung zu berücksichtigen. Dieser kann in die Intarsiengestaltung einbezogen werden.

Untere Henkelbefestigung (Bild 123)

Bei den Fräs- oder Stemmarbeiten am Holzkrug ist auch die untere Befestigung des Henkels einzuplanen. Die obere Befestigung ergibt sich durch Anlöten an der Zinnfassung. Die untere Befestigung ist zwar auch durch Anlöten an der unteren Zinnfassung möglich, aber hierzu müßte der Henkel sehr weit heruntergezogen werden. Einen formschön gestalteten Henkel deshalb strecken zu wollen, wäre ein schwerer Fehler. Bei einer Krughöhe von 160 mm (ohne Deckel) müßte der Henkel eine Strecke von mindestens 130 mm überbrücken. Je höher der Intarsienkrug wird, desto eher kommt die untere Henkelbefestigung im Holz in Frage.

Das Anschrauben des Henkels mit einer Holzschraube ist stilwidrig und abzulehnen, selbst bei sorgfältig überlötetem Schraubenkopf. Dies ist auch aus Gründen der beschränkten Tragfähigkeit zu verwerfen. Bei einer Wanddicke des Holzkrugs von 14 mm sind der Dimensionierung einer Holzschraube enge

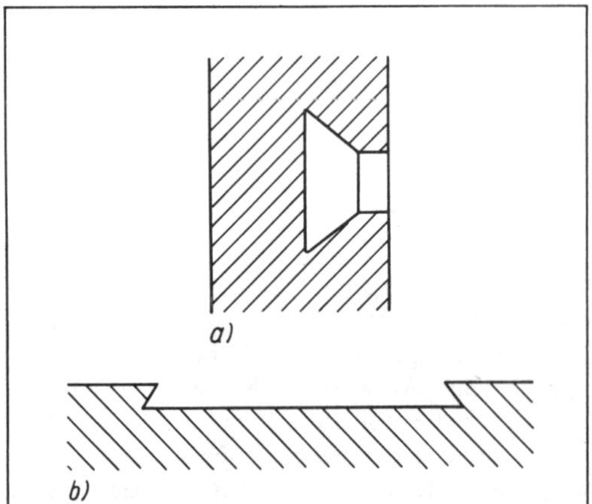

Bild 123. Holzarbeiten am Intarsienkrug
a) pilzartig erweitertes Loch zum Eingießen des Zinnzapfens für die Henkelbefestigung
b) schwalbenschwanzförmige Gestaltung der Kanten für die einzugießende Intarsie

Grenzen gesetzt, so daß nach anderen Lösungen zu suchen ist.

Eine Lötbefestigung an der Intarsie kommt nicht in Betracht, da sie nicht auf Zug belastbar ist. Für eine zweckmäßige und stilechte Befestigung ist nur ein eingegossener Zapfen geeignet. Hierfür wird ein Sackloch gebohrt, so daß zur Innenseite des Krugs noch etwa 5 mm Wanddicke bleibt. Mit kleinen Fräsern wird die hintere Partie pilz- oder kegelartig erweitert, so daß sich ein Kopf bildet. Der Zapfendurchmesser kann 6 mm betragen. Bei einer Zugfestigkeit von 35 MPa hält dieser Zapfen eine Zugkraft von etwa 99 kg aus. Diesem Durchmesser entsprechend wird in den Henkel ein Loch gebohrt, der Henkel auf den Zapfen geschoben und beides miteinander verlötet.

Da sich der Zapfen erst nach dem Fertigdrehen des Krugs eingießen läßt, wird auch jetzt erst das Zapfenloch gebohrt und inwendig erweitert. Als Gießform für den Zapfen benutzt man eine mit 6 mm Durchmesser konisch gebohrte Eisenbuchse, deren untere Auflagefläche der Rundung des Krugs angepaßt ist.

Deckel und seine Gießform

Anfängern unterläuft zuweilen der Fehler, eine einmal angefertigte Deckelform für alle nur annähernd passenden Krüge und Kannen aus Zinn, Keramik oder Holz zu verwenden. Durch diese Uniformität wird jedoch der künstlerische Wert stark beeinträchtigt. Hier kann sicher die Orientierung an alten Stücken weiterhelfen. An den historischen Vorbildern des Intarsienkrugs sind 3 verschiedene Deckeltypen zu finden:

1. Glatter, stufiger Deckel
2. Glatter, passig geschweifter Deckel
3. Mit Riffeldekor versehener Deckel

Von diesen 3 Deckeltypen ist der erste am leichtesten nachzugestalten. Der zweite ist der schwierigste. Bei passig geschweiften Deckeln (und Tellern) ist meist eine Fünfteilung vorhanden, manchmal auch eine Sechsteilung. Durch rippenähnliche Erhebungen ist die Teilung ausgeprägt, die auch als regelmäßiges Vieleck (z. B. 12 Ecken) vorkommt. Die Anfertigung einer derartigen Gießform wird außerhalb der vorauszusehenden Möglichkeiten liegen und kann deshalb dem Anfänger nicht empfohlen werden. So ist das Interesse auf den ersten bzw. den dritten Deckeltyp zu konzentrieren. Die Anfertigung einer Gießform für den ersten Deckeltyp bereitet nach allen vorangegangenen Übungen keine Schwierigkeiten, weshalb der mit Riffeldekor versehene Deckeltyp ausführlicher behandelt werden soll.

Deckelgießform mit Riffeldekor (Bild 124)

Als Werkstoff für diese Gießform kommt Messing oder Grauguß in Frage. Aluminium ist nicht geeignet, weil die scharfen Kanten des eingearbeiteten Riffeldekors keine ausreichende Festigkeit erhalten. Auch die Gratbildung ist bei Aluminium am stärksten, was sich sehr ungünstig auswirkt. Im Prinzip wird die Außenform in gleicher Weise bearbeitet wie die Deckelform mit »Buckelmuster« für Keramikkrüge. Auch hier muß die Gießform aus 2 Teilen bestehen, damit das Werkstück weit genug zum Ausschlagen des Riffelmusters herangefahren werden kann. Entsprechend der Anzahl der Riffeln ist eine Teilung vorzusehen. Das Oberteil der Gießform wird zwecks exakter Führung beim Teilen an eine Fläche geschraubt und von einem Paßbolzen geführt. Deshalb muß sich an der Deckelform ein zylindrischer Fortsatz befinden. Das Ausschlagen des Riffeldekors gelingt am besten auf einem Fräs- oder Bohrwerk, denn an einer Drehbank läßt sich das Werkstück nicht in der Höhe verfahren. Mit entsprechendem Schwenken wird ein Rechts- oder ein Linksdrall erreicht. Durch eine entsprechend gewählte Höhe von Mitte Maschine zu Mitte Deckelform kann eine sich nach oben verjüngende Riffelkontur gestaltet werden. Der Null-Strich der Teilung befindet sich an der Wand, an der die Deckelform drehbar befestigt ist. Die Teilungsstriche sind am Umfang der Deckelform aufgetragen. Die Deckel der abgebildeten Intarsienkrüge sind bei einem Durchmesser von 100 mm mit 50 Riffeln versehen.

Wie ist Breite und Tiefe der Riffelung zu berechnen?

Aus dem Deckeldurchmesser und der Anzahl der gewünschten Riffeln ergibt sich eine bestimmte Breite und Tiefe.

Bild 124. Gießform für einen Zinndeckel mit Riffeldekor – Der Kern wurde aus Aluminium hergestellt (vorn), der fertige Deckel ist rechts zu sehen. Die Mantelform besteht aus 2 Teilen (oben links) –

Beispiel:
Ein Deckel soll bei einem Durchmesser von 100 mm 58 Riffeln erhalten. Es ergibt sich rechnerisch:

$$100 \cdot 3{,}14 = 314\,\text{mm Umfang}$$
$$314 : 58 = \underline{\underline{5{,}41\,\text{mm}}}$$

Am äußeren Umfang wird jede Riffel somit 5,41 mm breit. Der zum Ausschlagen halbrund zu schleifende Formstahl ist praktisch 5,4 mm breit. Wird er breiter, nimmt er schon der benachbarten Riffel Material weg. Ist er schmaler, bleibt zwischen jeder Riffel etwas Platz. Der sich drehende Formstahl wird um den halben Betrag der Breite (also 2,7 mm) in das Material hineingefahren.

An einigen historischen Stücken der Lichtenhainer Intarsienkrüge ist der Riffeldekor sehr fein, mit etwa 120 Riffeln. Die Unterschiede sind so zu erklären, daß solche Krüge in verschiedenen Werkstätten entstanden sind.

Scharnier und Henkel aus einem Stück

Nachdem Krugkörper und Deckel fertig sind, ist die Anfertigung des Zinnhenkels vorzubereiten. Durch den aufsitzenden Deckel und den in das Holz eingegossenen Zapfen sind im wesentlichen die Maße des Henkels vorgegeben. Der Henkel kann geschweift geformt oder auch an der unteren Befestigung angelenkt sein. Der angelenkte Henkel wird an seinem unteren Ende mit einem halbierten Ring verlötet. Dieser Halbring »lenkt« zum Holzkrug und wird mit dem Zapfen verlötet. Ein solcher Henkel soll in seiner oberen Partie recht dick sein und sich nach unten verjüngen. Der Henkel am Ornament-Krug ist oben 12 mm dick und verjüngt sich nach unten auch in der Breite.

Die andere Variante ist der geschweifte Henkel aus einem Stück. Man findet an alten Intarsienkrügen beide Henkeltypen und kann zwischen diesen beiden Formen wählen. Grundsätzlich können dicke Henkel nicht aus gegossenem Flachmaterial gebogen werden. Der Henkel bekommt zahllose Spannungsrisse, wird unbrauchbar, und die Anfertigung einer Gießform ist unumgänglich. In die Gießform ist das Scharnierunterteil mit einzuarbeiten.

Anfertigung der Henkelform (Bild 125)

Als Werkstoff ist auch gewalztes Aluminium geeignet. Allerdings kann der Henkelbogen an der dünnsten Stelle, an der er sich am weitesten

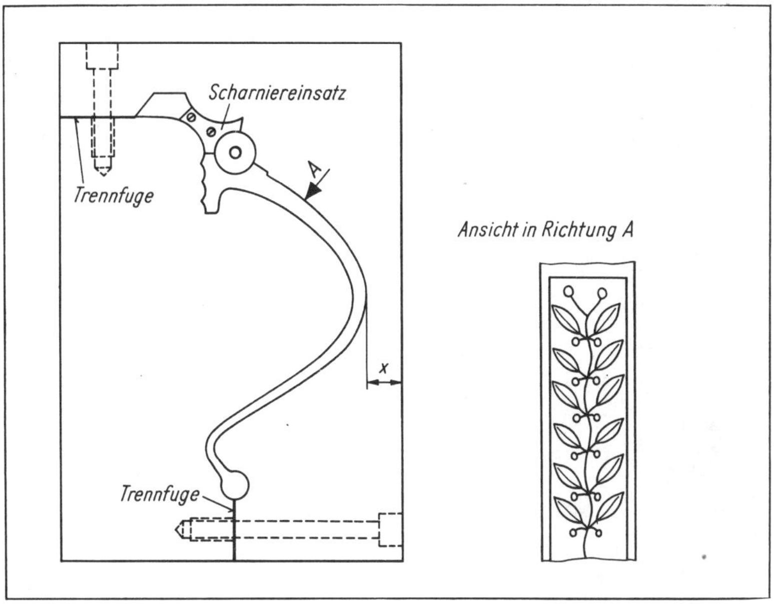

Bild 125. Henkelgießform mit eingesetztem Scharniereinsatz – Falls vorgesehen, wird in Richtung A das Reliefmuster eingearbeitet; mit x ist die schwächste Stelle der Gießform bezeichnet. Bei Verwendung von Aluminium besteht die Gefahr des Durchbiegens; dann schließen die Trennfugen nicht mehr –

der Plattenkante nähert, ein labiles Verhalten der ganzen Form verursachen, dort kann sich die Aluminiumform durch Hitze und Druckanwendung beim Herausnehmen des Henkels verziehen. Die Form schließt nicht mehr, muß fortwährend gerichtet werden und arbeitet dennoch ungenau.

Diese Gefahr wird umgangen, indem die Wanddicke an der dünnsten Stelle reichlich dimensioniert wird, wofür etwa 30 mm als Richtmaß gelten können. Es ist auch möglich, die gesamte Stirnseite dieser Platte mit einer Stahlarmierung zu bandagieren. Ein einseitig geschliffenes Stück Flachstahl von 6 mm, verschraubt mit einigen Stahlschrauben M 6, ist als Bandage gut geeignet.

Es ist nicht unbedingt erforderlich, auch das Scharnieroberteil in die Gießform einzuarbeiten. Unter 2 Voraussetzungen ist dies sogar unzweckmäßig, wenn nämlich

1. eine absolut präzise Ausführung der Scharnierpartie nicht möglich ist,
2. die beiden Scharnierteile nicht angegossen, sondern einzeln gegossen und dann zusammengepaßt werden sollen.

Das separate Gießen des Scharnieroberteils in einer besonderen Gießform bedeutet, daß die große Henkelform geschont werden kann, denn sie müßte wegen eines Scharnieroberteils erhitzt und montiert werden. Beim Angießen von Scharnieroberteilen in einer gemeinsamen Gießform besteht die Gefahr, daß bei mißglücktem Angießen des Oberteils auch der gesamte Henkel verloren ist und wieder eingeschmolzen werden muß.

Mit getrennter Gießmethode ist außerdem der Vorteil verbunden, daß der Henkel auch für andere Gefäße mit anderen Deckeln verwendet werden kann, soweit die gleiche Scharnierbreite eingehalten wird. Schließlich ist bei Verwendung einer speziellen Form für das Scharnieroberteil die Arbeitsproduktivität erheblich höher. Mit einem Gießvorgang wird jeweils ein Henkel mit komplettem Scharnier gegossen.

Letzte Arbeiten am Intarsienkrug – Gravieren, Färben, Auspechen (Bild 126).

Gravieren am Intarsienkrug

Die eingegossene (bzw. eingelegte) Zinnintarsie muß noch graviert werden. Blätter erhalten Blattrippen, Vögel bekommen Augen, Federn, Füße usw. Durch Schraffierungen treten einzelne Partien scheinbar plastisch hervor. Ein geübter Graveur läßt kaum einen Zentimeter der Zinnintarsie unbearbeitet. Selbst an Zweigen und Stengeln wird graviert, wodurch sich zahlreiche Lichtreflexe bilden und selbst unscheinbare Details mit Leben erfüllt werden.

Bild 126. Fertiger Intarsienkrug
– Die um die untere Henkelbefestigung angeordnete Intarsie ist symmetrisch –

Färben des Holzkörpers (Eiche)

Die Zinnintarsie wirkt erst im Farbkontrast zum Holz. Frisch bearbeitete Eiche ist sehr hell, so daß eine Dunkelfärbung erwünscht ist. Hauptsächlich aus diesem Grund wird die Beizung mit Salmiakgeist angewendet. Ammoniumhydroxid (Salmiakgeist) ist eine schwache Base, mit der Metalle nicht reagieren (NH_3, gelöst, mit geringem Anteil NH_4OH). Da kein Säureanteil vorhanden ist, kann das Zinn nicht angegriffen werden. Der fertige Intarsienkrug kann also ohne Bedenken in Salmiakgeist gedämpft werden. Der Intarsienkrug wird in eine gut schließende Schachtel, eine Kiste oder einen Einwecktopf gestellt. Daneben wird in eine flache Schale Salmiakgeist gefüllt. Die Dauer der Dämpfung kann mit etwa 10h angesetzt werden.

Der auf der Farbtafel 5 abgebildete Intarsienkrug mit Vogelmotiv wurde 7h lang gedämpft.

Der Vorteil dieser Färbemethode liegt darin, daß eine natürliche Dunkelfärbung erreicht wird, wobei alle Nuancen der Holzmaserung erhalten bleiben. Bei Verwendung von Möbelbeize ist die Erhaltung dieser Feinheiten kaum möglich. Keinesfalls sollte man eine Intarsienarbeit mit farblosem Lack behandeln. Der mit Salmiakgeist gedämpfte Holzkrug kann grifffester gemacht werden, indem man die Holzpartien mit etwas reinem Speiseöl einreibt. Durch das Speiseöl tritt kein Quellen auf, auch keine Veränderung des Farbtons.

Auspechen des Holzkrugs

Vom Böttcher hergestellte Trink- und Schankgefäße sowie Fässer werden ausgepecht. Durch diese abschließende Behandlung wird das Holzgefäß gebrauchsfähig gemacht. Hierzu wird Faßpech (im Handel auch unter dem Namen Emaille-Pech erhältlich) verwendet. Faßpech schmilzt bei etwa 165°C. Das erhitzte, dünnflüssige Pech wird in den Holzkörper gefüllt und sogleich wieder ausgeschüttet. Es verbleibt an den Wänden ein dünner Pechfilm, der schnell erhärtet. Ob dies für einen Intarsienkrug in Frage kommt, hat jeder Kunsthandwerker selbst zu entscheiden. Es erscheint zweifelhaft, einem in mühevoller Handarbeit entstandenen Kunstgegenstand Gebrauchseigenschaften abverlangen zu müssen. Gegenüber dem ausschließlichen Ziercharakter ist die Gebrauchseigenschaft als Bierbehälter nebensächlich, so daß hier das Auspechen als unnötiger Aufwand anzusehen ist.

Zinnlöffel mit Holzstiel

Ein möglichst großer Zinnlöffel mit geschnitztem Holzstiel gehört zum begehrten Zinngerät und dürfte für jede Zinnsammlung eine Bereicherung sein. Für diesen Zweck eignen sich Zinnlöffel mit den Proportionen eines Eßlöffels, wenn er groß genug ist (Bild 127). Als groß sollte ein Löffel gelten mit den Maßen

Länge ohne Tülle	110 mm
Länge mit Tülle	190 mm
Breite	etwa 70 mm
Volumen	etwa 90 ml
Gesamtlänge mit Stiel	390 mm

Zinnlöffel dieser Größe dienten früher Gebrauchszwecken, etwa als Salatlöffel. Bei entsprechender dekorativer Herrichtung sind solche Löffel, als kleine Kollektion auf einem geschnitzten Wandbrett angebracht, ein eindrucksvoller Wandschmuck.

Für den Selbstbau einer Löffelform ist die halbkuglige Kelle besser geeignet, weil sich dieses Profil leichter herstellen läßt. Die längliche Eßlöffelform kann nur über ein Modell angefertigt werden, um das die spätere Form herumgegossen wird. Für diesen Zweck kommen ein Modell aus Hartgips und eine Gießform aus Silikonkautschuk in Frage. Die Anfertigung einer geteilten Messingform wird im allgemeinen die technischen Möglichkeiten eines Heimwerkers überschreiten.

Befestigung des Holzstiels in der Löffeltülle

Die Löffeltülle ist stets konisch. An der Gießform kommt die Tüllenpartie für den Einguß in Frage. Würde man in die trichterartige Tülle das Zinn eingießen, läuft die Tülle voll und muß anschließend wieder ausgebohrt werden, um für das Stielende Platz zu bekommen. Es ist möglich, einen konischen Kern einzulegen, aber dann ist für den Einguß ein besonderer Kanal vorzusehen. Das flüssige Zinn steigt bis in die Löffeltülle auf, und dann erst füllt sich der höhergelegene Einguß. Der vorgegossene konische Hohlraum dient zur Aufnahme des ebenfalls konischen Stielendes, das mit Duosan eingeklebt wird.

Läßt sich der Zinnlöffel an den Holzstiel gießen?

Das ist praktisch möglich, aber unzweckmäßig. Der Löffelstiel könnte zwar vor dem Gießen mit seinem konischen Ende in die Tülle der Gießform gesteckt werden, so daß das aufsteigende Zinn den Zapfen umfließt. Mißlingt aber der Guß infolge Porosität oder wegen eingeschlossener Luftblasen, muß das Zinn vom (geschnitzten!) Stiel wieder abgeschmolzen werden. Wiederholt man dies mehrmals, kann der Stiel Schaden nehmen. Gelingt dagegen der Guß, bildet der fertige, saubere Holzstiel ein Hindernis beim Bearbeiten des Löffels. Der schwarze Metallabrieb und Putzmittel gelangen an das Holz, das sich kaum wieder reinigen läßt.

Entwurf und Ausführung des Löffelstiels

Als Material für den Löffelstiel kommt nur fehlerfreies Hartholz in Frage. Ahorn ist gut geeignet, allerdings von sehr heller Farbe. Unter der Voraussetzung, daß eine kleine Kollektion anzufertigen ist, sind verschiedene Ausführungen zweckmäßig, um der Monotonie entgegenzuwirken. In der Länge müssen die Stiele jedoch

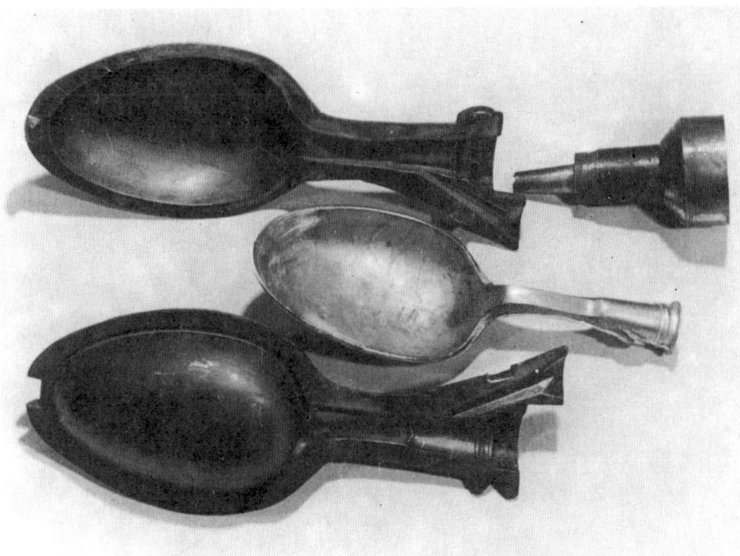

Bild 127. Messing-Gießform für einen Zinnlöffel – Durch den eingesetzten Kern erhält die Tülle ein konisches Sackloch zur Aufnahme des Holzstiels –

übereinstimmen. Nach hinten abgeflachte Holzstiele mit eckigen und runden Konturen in der Draufsicht und mit geschwungenem Profil in der Seitenansicht sind in der Herstellung zwar aufwendig, aber für diesen Zweck sehr gut geeignet. Rundgedrechselte Löffelstiele sind für den Heimwerker leicht herzustellen, erwecken aber eher den Eindruck der Maschinenarbeit.

Hauptaufgabe der Formgestaltung muß sein, eine organische Einheit von Zinnlöffel und Holzstiel zu erreichen. In vielen Fällen wird die Mithilfe eines Drechslers, für Schnitzarbeit die eines Holzbildhauers nicht zu umgehen sein. Ob und welche Schnitzarbeit zum Löffelstiel paßt, muß von Fall zu Fall entschieden werden. Für hohe Ansprüche kann auf schmückende Schnitzarbeit verzichtet werden, wenn schon der gesamte Stiel handgeschnitzt wurde.

Das helle Ahornholz läßt sich dunkel beizen, wodurch ein eindrucksvoller Farbkontrast zum hellen Zinn erreicht wird. Wird in das gebeizte Holz geschnitzt, hebt sich die Schnitzarbeit aus dem dunklen Holz sehr wirkungsvoll heraus.

Soll der Löffelstiel lackiert werden?

Viele Holzgegenstände werden deshalb farblos lackiert, weil sie griffest und schmutzabweisend werden und sich besser sauberhalten lassen. Bei Zinnlöffeln, die als Kollektion an der Wand hängen, handelt es sich jedoch um dekorative Ziergegenstände, die praktisch nicht benutzt werden. Auf eine Lackierung sollte man deshalb verzichten. Der aufgetragene Lack kann die Wirkung des Holzes und der Schnitzarbeit beeinträchtigen, da unnatürliche Lichtreflexe entstehen und der Lack feinste Details der Schnitzarbeit verschluckt.

Wandbrett für die Löffelgarnitur

Für die Gestaltung des Wandbretts gilt ähnliches wie für die Löffelstiele. Die Nachahmung eines Stils, der in Tirol seine Heimstatt hat, ist oft genug mit Kitschcharakter behaftet. Wandbrett und Löffelgarnitur müssen als Ensemble eine Einheit bilden, zum Mobiliar der Wohnung passen und sollen den künstlerischen Geschmack des Besitzers zum Ausdruck bringen.

Es hängt von der Größe der Löffel ab, ob sie nebeneinander oder in 2 Reihen übereinander angeordnet werden. Aber typische Elemente der Löffelstiele sollen am Wandbrett wiederkehren. Dies kann durch die Konturen und durch die Schnitzarbeit zum Ausdruck kommen.

Etwas schwierigere heiße Güsse

Bauchige Weinkanne und ihre Gießform

Die bauchige Weinkanne stellt mit ihren geschwungenen Linien einen hohen Schwierigkeitsgrad dar, weil alle Konturen von Hand bearbeitet werden müssen (Bild 128). Der hohe Anteil der Handarbeit bezieht sich natürlich erst recht auf die Anfertigung der Gießform. Grundsätzlich ist der Rumpf einer bauchigen Kanne aus mindestens 2 Teilen zusammengesetzt. Der untere Teil (Bild 129) besteht aus einer abgeflachten Halbkugel, der das Oberteil aufsitzt. Ist das Oberteil tailliert, also in der Mitte schwächer, wird dessen Kern hier nochmals geteilt (Bild 130).

Bild 128. Bauchige Weinkanne – aus dem Nachlaß von *Herbert Knöfel*

Die Schneppe der abgebildeten bauchigen Weinkanne weist die gleiche sanfte Linie wie die ganze Kanne auf. Beeindruckend ist die meisterhafte und doch einfache Gestaltung des Deckels, der auch die Schneppe abdeckt. Zinngießermeister *Herbert Knöfel* stellte von der gleichen Gießform jedoch auch Kannen her, deren Deckel nicht auf die Schneppe reichten. Der Henkel ist als einseitig profiliertes Flachband endlos gegossen, das dann auf Länge geschnitten wurde. Ein Stück dieses Bandes wurde auch als Drücker verwendet. Das Scharnier ist im Größenverhältnis zur Kanne recht zierlich und sitzt auf dem Henkel auf.

Dem betont schlichten Äußeren dieser Weinkanne ist kaum anzusehen, welcher Aufwand allein in der Gießform des Kannenmantels steckt. Für 6 Teile sind nach Zeichnungen Modelle anzufertigen, diese in Grauguß abzugießen und genau passend zu bearbeiten. Der Selbstbau stellt sogar einen erfahrenen Metallfachmann vor erhebliche Schwierigkeiten. Auch das Risiko durch fehlerhaften Guß und die hohen Kosten können Gründe sein, von einem Selbstbau Abstand zu nehmen. Aus diesem Grund erscheint es zweckmäßig, die Auf-

Bild 129. Gießform für Ober- und Unterteil der bauchigen Weinkanne – aus dem Nachlaß von *Herbert Knöfel* –

Bild 130. Gießform für das Oberteil der bauchigen Weinkanne – aus dem Nachlaß von *Herbert Knöfel*

merksamkeit auf einen einfacheren Kannentyp zu lenken, dessen Gießform eher mit eigenen Mitteln herzustellen ist.

Konische Weinkanne und ihre Gießform (Bild 131)

Die hier vorzustellende Weinkanne eignet sich mit ihrer geraden Kontur auch für Anfänger gut für die Selbstanfertigung, weil sich Gießform wie Gußstück relativ einfach auf der Drehbank bearbeiten lassen, mit einem recht geringen Aufwand an Handarbeit. Im Prinzip wäre eine zylindrische Weinkanne ebenso einfach herzustellen, doch hat die konische Gestalt anmutigeren Charakter, weshalb ihr der Vorzug gehört.

Wollte man einen konischen Kannenkörper

Bild 131. Leichter herzustellen als eine bauchige Gießform ist die Gießform für eine konische Weinkanne

Bild 132. Einzelteile der Gießform aus Bild 131 (rechts neben dem Aluminiumkern das Gußstück, der Kannenmantel)

völlig glatt gestalten, würde eine ungeteilte Gießform ausreichen. Ein schmuckloser, glatter konischer Körper sieht aber sehr »technisch« aus und ist im allgemeinen von geringerer ästhetischer Wirkung. Erst die Unterteilung in Felder durch erhabene Profilringe und Wülste sowie die Begrenzung durch Lippen oder ähnliche erhabene Elemente lockern die strenge Kontur auf, so daß zusammen mit dem zu gestaltenden Zubehör eine Einheit von ästhetischem Reiz entsteht. Dies bedeutet für die Gießform des Kannenmantels, daß sie geteilt sein muß, sonst wäre das Gußstück nicht aus der Form herauszubekommen (Bild 132). Daß der Boden hier nicht mitgegossen werden kann, bedarf nach allen bisherigen Übungen keiner Erklärung.

Die abgebildete konische Weinkanne weist, fertig bearbeitet, folgende Daten auf:

Höhe des Kannenmantels	195 mm
Außendurchmesser unten	125 mm
Außendurchmesser oben	89 mm
Öffnungswinkel	12°
Volumen	1,5 l
Masse der fertigen Kanne	1,45 kg

Durch den oberen Außendurchmesser von 89 mm (an der Wulst gemessen) erreicht der obere Innendurchmesser etwa 82 mm. Man kann mit der Hand in die Kanne hineinlangen, was für die Reinigung eines Lebensmittelgefäßes wichtig ist.

Gießform für den Kannenmantel

Als Werkstoff dient nur Grauguß. Die Anfertigung der Gießformhälften geschieht in ähnlicher Weise, wie dies bereits bei der Anfertigung der Gießform für den Becher mit Fuß beschrieben wurde. Allerdings handelt es sich bei diesem Kannenmantel um größere Dimensionen, so daß an die Drehbank entsprechende Anforderungen zu stellen sind. Die Masse der beiden Formhälften dieser Weinkanne mitsamt dem Druckring beträgt 8,4 kg. Wird ein derartiges Werkstück nicht nach einem Modell gegossen, sondern wie in diesem Fall aus dickwandigem Grauguß herausgearbeitet, beträgt die Masse des Werkstücks zu Beginn der Bearbeitung etwa das Dreifache dieses Werts.

Es ist erforderlich, daß die miteinander verstifteten, durch einen stählernen Druckring zusammengespannten Formhälften an beiden Enden mit der Bohrung rundlaufen. Für die Innenbearbeitung des Kannenmantels ist das

Einlegen in die Gießform sehr praktisch, falls nicht ein Zinngießer hierfür eine andere Methode anwenden möchte.

In die konische Bohrung der Gießformhälften werden alle erhaben zu gießenden Partien eingedreht. Manche Drehbank neigt beim Eindrehen von breiten Rundprofilen zu Rattermarken. Dem läßt sich durch eine sehr geringe Drehzahl entgegenwirken. Es kann bei diesen Arbeiten notwendig werden, eine Schnittgeschwindigkeit von nur 5 m/min zu erreichen. Langsamlaufende und gleitgelagerte Maschinen sind hier im Vorteil.

Es bleibt dem Zinngießer überlassen, ob er seine Kannenform offen oder geschlossen gestalten will. Die offene Gießform ist einfacher. Es muß nur genügend Material in der Länge zugegeben werden, das dann wieder abgedreht wird. Bei der abgebildeten Gießform wurden 22 mm zugegeben. Dadurch erübrigt sich ein besonderer Einguß. Das Problem der Lufteinschlüsse wird zugleich umgangen. Da Weinkannen im allgemeinen nicht in so großer Anzahl gegossen werden wie vergleichsweise Becher, dürfte das Abstechen des Übermaterials nicht sonderlich lästig fallen.

Welcher Werkstoff ist für den Kern geeignet?

Aluminium ist gut geeignet. Auch auf einer weniger leistungsfähigen Drehbank läßt sich der konische Kern drehen und hohlbohren. Es ist eine Wanddicke von 15 mm vorzusehen. Der hohlgebohrte Kern nimmt wegen seiner geringeren Masse schneller die zugeführte Hitze an, so daß Zeit und Energie eingespart werden.

Für den Fall, daß auf den Kannenmantel Punzdekor geschlagen werden soll, ist der Aluminiumkern weniger gut geeignet. Die Punzschläge können auf den weichen Kern durchdrücken. Wenn kein separater Graugußkern zum Punzen angefertigt werden kann, sollte die Wanddicke des Zinngußstücks reichlich bemessen werden, wofür etwa 3 mm anzusetzen sind. Bei eigenen Gießversuchen zeigte der ursprünglich verwendete Graugußkern durch seine relativ geringe Wärmeleitfähigkeit ein ungünstiges thermisches Verhalten und wurde gegen einen Kern aus Aluminium ausgetauscht. Die Kannenmäntel lassen sich auf den Graugußkern aufschieben und bequem außen bearbeiten, einschließlich Punzen. Die Verwendung eines

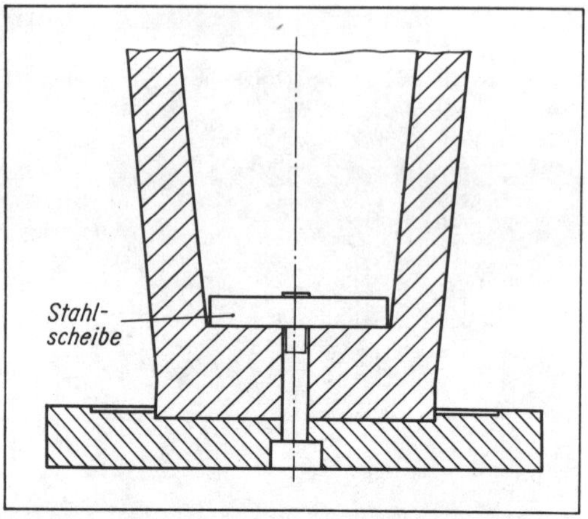

Bild 133. Befestigung des hohlgebohrten Kerns für die konische Weinkanne auf der Grundplatte durch Verschraubung
– Man kann die Gießform auch mit dem dicken Ende auf die Grundplatte setzen, dann ist jedoch ein erheblich größerer Durchmesser erforderlich –

durchgehenden Kerns ist für die gesamte Bearbeitung der Außenseite des Kannenmantels sehr vorteilhaft (Bild 133). Wollte man als Zentrierhilfe in die weite Seite nur eine konische Metallscheibe einsetzen und diese mit der Körnerspitze festdrücken, kann es durch folgenden Umstand Komplikationen geben:

Eine eingesetzte Scheibe drückt nur auf dieser Breite. Mit der sich verringernden Wanddicke infolge der Bearbeitung schwindet die Stabilität der Zinnwand. Hat diese beispielsweise eine Dicke von weniger als 2 mm erreicht, drückt die Scheibe von innen durch. Es entsteht außen ein »Bauch«, und der Kannenmantel ist unbrauchbar geworden. Wenn der Kannenmantel auf seiner gesamten Länge »auf Anzug« sitzt, ist ein gleichmäßiger Druck gewährleistet. Der Rundlauf wird bei dieser Methode genauer sein als bei der Verwendung eines Holzdorns.

Boden und seine Gießform

Als Kannenboden wird eine runde Scheibe von 2 mm Dicke benötigt. Es wäre sehr umständlich, wollte man den Boden aus Zinnblech schneiden. Er müßte in mühseliger Arbeit am Umfang befeilt, gerichtet und beidseitig verputzt werden. Es ist zweckmäßiger, den Boden

Bild 134. Gießen des Bodens für den Kannenmantel

zu gießen und abzudrehen (Bild 134). Für diese Weinkanne beträgt der Bodendurchmesser 118 mm. Man kann den Boden in einer geschlossenen Form gießen, was aber unnötigen Aufwand bei der Anfertigung der Gießform verursacht. Der Boden läßt sich auch in einer offenen Form gießen. Hierzu ist ein Metallteller (Aluminium oder Grauguß) mit einer eingedrehten Einsenkung von etwa 122 mm Durchmesser und 3 mm Tiefe gut geeignet. Der Teller muß sich an seiner Rückseite in ein Drehbankfutter spannen lassen. Durch 3 Gewindelöcher M 5 kann der Boden am Außenrand mit seiner Gießform verschraubt werden und erst innen, dann an seiner Außenpartie bearbeitet werden. Es bleibt dem Zinngießer überlassen, ob er den Zinnboden mit fertigem Durchmesser gießen oder größer gießen und am Umfang bearbeiten will. Wird für den Durchmesser Bearbeitung zugegeben, erleichtert man sich das Drehen und Anfasen. Der Drehstahl kann auslaufen, weil der Zinnboden mit seinem Außenrand nicht mehr an der Gießform anliegt.

Deckel und seine Gießform

Für diesen Kannentyp ist ein schwach gewölbter Deckel geeignet. Am Umfang ist der Deckelrand mit der gleichen Lippe wie der obere Kannenrand ausgestattet. Die Lippe hat einen Radius von 4 mm. Da die Deckelform nicht vertikal, sondern horizontal geteilt ist, kann diese Lippe nicht fertig gegossen werden. Sie muß man zum Teil aus dem Vollen herausarbeiten. Hierbei wird der in den Kannenhals greifende zentrierende Absatz mit angedreht. Die entstehende scharfe Kante wird mit einem Formstahl oder dem Stichel zu einer Lippe gerundet.

Die Kugel auf dem Deckel

Der flache Kannendeckel wäre auch ohne Kugel oder ähnlichen Zierat denkbar. Eine technische Funktion hat die Kugel nicht, weil die Scharnierpartie mit Drücker vorgesehen ist. Um die etwas strenge, geradlinige Form der Kanne aufzulockern, wurde eine Kugel von 22 mm Wulstdurchmesser vorgesehen. Sie wurde nicht hohl gegossen, sondern aus vollem Material geschnitten.

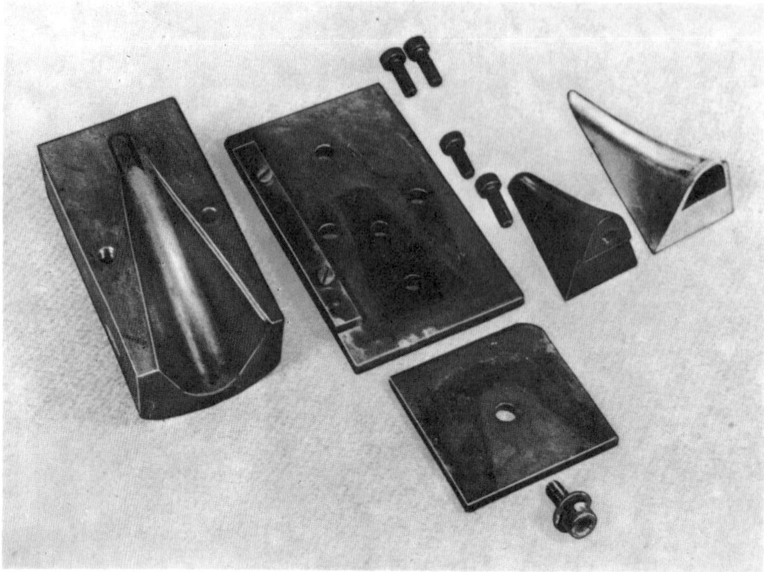

Bild 135. Einzelteile einer für den Selbstbau geeigneten Gießform für eine Kannenschneppe mit Dach

Schneppe und ihre Gießform (Bild 135)

Die einfachste und billigste Methode, eine Schneppe herzustellen, ist die über den Gipsabguß. Ob die Gipsform höhere Ansprüche an die Qualität, insbesondere an eine saubere, porenfreie Oberfläche, erfüllen kann, muß der Versuch ergeben. Es hängt auch von der Konstruktion der Schneppe ab, ob die Gipsform in Frage kommt. Eine Komplikation entsteht mit Sicherheit, wenn die Schneppe mit »Dach« gearbeitet werden soll, also ein Teil der Ausgußöffnung verschlossen bleiben soll. Eine solche Schneppe wurde für die Weinkanne verwendet.

Für eine dauerhafte Gießform ist Grauguß einzusetzen. Für einige Zubehörteile kommt Stahl in Frage. Die Außenkontur der Schneppe wird in einen Graugußklotz eingearbeitet, dessen Anlagefläche zuvor glattgefräst wurde. Auf diesen Klotz wird eine 6 mm dicke Stahlplatte geschraubt, die den angeschraubten Kern trägt. Die noch offene Stirnseite wird durch eine kleinere Stahlplatte verschlossen, die dem Kern aufgeschraubt ist. Diese Platte bildet den oberen Anschlag für den Graugußklotz. Für den seitlichen Anschlag sorgt eine auf die große Stahlplatte aufgeschraubte kleine Leiste.

Die beiden Anschläge garantieren die richtige Stellung des Kerns zur Außenform und somit die stets gleichmäßige Wanddicke des Gußstücks. Diese Gießform ist allseitig geschlossen. Die auf den Kern geschraubte kleine Stahlplatte dient nicht nur als Anschlag für die Außenform, sondern dichtet den Hohlraum an der Stirnseite ab. Das Dach der Schneppe entsteht durch das Vollaufen einer in die Stirnseite des Kerns eingefrästen Aussparung (Bild 136). Diese Partie ist etwas kritisch, denn um den Betrag der Dachdicke muß der Kern aus dem Gußstück

Bild 136. Wichtigste Teile der Schneppenform; Außenmantel und Kern

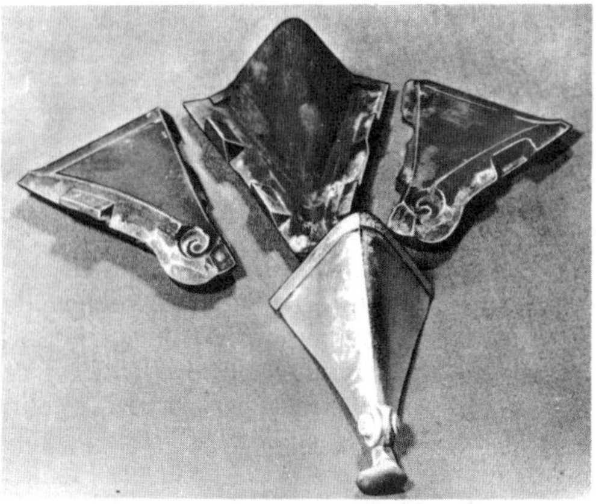

Bild 137. Für den Selbstbau nicht geeignet; geteilte Schneppenform für eine oben offene Schneppe

zurückgedrückt werden. Deshalb ist am unteren Kernende jeder scharfe Absatz zu vermeiden. Es sind gleitende Übergänge erforderlich. Die geschwungene Kontur des Kerns soll im sanften Bogen zur Grundplatte führen. Die gegossene Schneppe läßt sich aus einer derartigen Form nur herausnehmen, wenn die beschriebenen Einzelteile verschraubt sind und somit voneinander gelöst werden können. Wurde die Schneppe nach dem Herausdrücken des Kerns etwas deformiert, ist das nicht weiter schlimm. Das Gußstück wird nochmals in die Außenform gelegt und mit dem Gummihammer oder einer aufgelegten Hartgewebeplatte in ihre ursprüngliche Fasson gebracht.

Bei dieser Konstruktion der Gießform ist es allerdings nicht möglich, die Kurvenermittlung am konischen Kannenkörper zu berücksichtigen. Hierzu müßte die Basis (die Anlagefläche) der Schneppe ebenfalls konisch verlaufen wie der Kannenmantel. Da aber die Basis der Schneppe planeben ist, muß beim Anpassen an den Kannenmantel etwa 1 mm an beiden Seitenwänden der Schneppe nachgearbeitet werden.

Henkel und seine Gießform

Im Abschnitt zur Anfertigung des Intarsienkrugs wurde eine Henkelgießform mit eingearbeitetem Scharnierunterteil behandelt. Die zu erwartenden Schwierigkeiten sind besonders für den Anfänger erheblich. Soll in den Henkelrücken noch Reliefdekor eingearbeitet werden, kann das Leistungsvermögen eines Heimwerkers schon überfordert sein. Deshalb ist für diese Weinkanne ein Henkel einfachster Bauart vorgesehen, was sinngemäß auch für dessen Gießform gilt. Auf die Möglichkeit, ein zugeschnittenes Stück profiliertes Zinnband zu verwenden, wurde bereits hingewiesen. Für diese Weinkanne wäre aber ein sich nach unten verjüngender Henkel erwünscht, der in seiner oberen Partie mit dem Scharnier eine kompakte Einheit bildet und mit elegantem Schwung zum etwas strengen Bau dieser Kanne einen Kontrast von ästhetischem Reiz bildet.

Um die aufwendige Anfertigung einer speziellen Henkelform zu umgehen und dennoch zu einer befriedigenden Lösung zu kommen, soll ein einfaches und originelles Verfahren angeboten werden.

Es werden 2 Metallringe mit unterschiedlichen Durchmessern auf eine ebene Aluminiumplatte exzentrisch ineinander gelegt (Bild 138), festgespannt oder beschwert, und der Zwischenraum wird vollgegossen. Beide Ringe haben die gleiche Breite, die sich aus der Henkelbreite (16 mm) zuzüglich Bearbeitungszu-

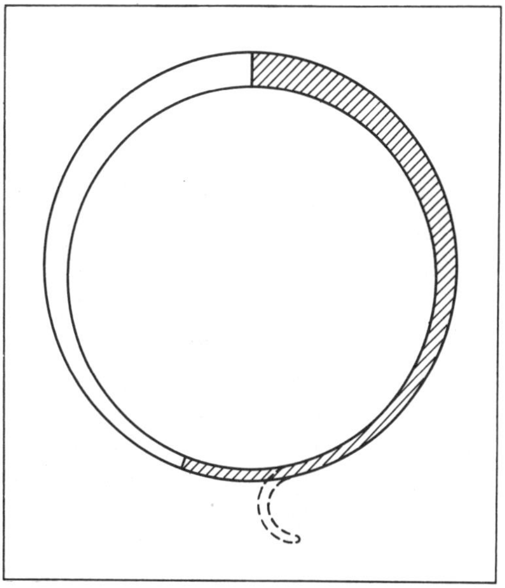

Bild 138. Werdegang eines einfachen, sich verjüngenden Kannenhenkels (schematisch)
– Die gestrichelte Linie deutet die zu biegende Partie an –

gabe (4 mm) ergibt. Die für diesen Henkel verwendeten Ringe weisen folgende Maße auf:

Großer Ring, Innendurchmesser	126 mm
Kleiner Ring, Außendurchmesser	116 mm

Die exzentrisch ineinanderliegenden Ringe haben an ihrer engsten Stelle einen Abstand von 3 mm, folglich an der weitesten Stelle einen solchen von 7 mm. Aus dieser Differenz ergibt sich die Verjüngung des Henkels. Der gegossene Ring wird nach der Bearbeitung an der dicksten Stelle durchgesägt und dann auf eine Länge von etwa 225 mm geschnitten. In seiner unteren (dünneren) Partie läßt sich der Henkel weitgehend biegen, so daß eine Formgestaltung in gewissen Grenzen möglich ist (Bild 139). Der Henkel kann an seinem unteren Ende als Abschluß eine kleine Zinnwalze erhalten. Die beiden Scharnierteile sind hier für die Montage mit Messingstift vorgesehen, können bei ausreichender Präzision der Gießform aber auch angegossen werden.

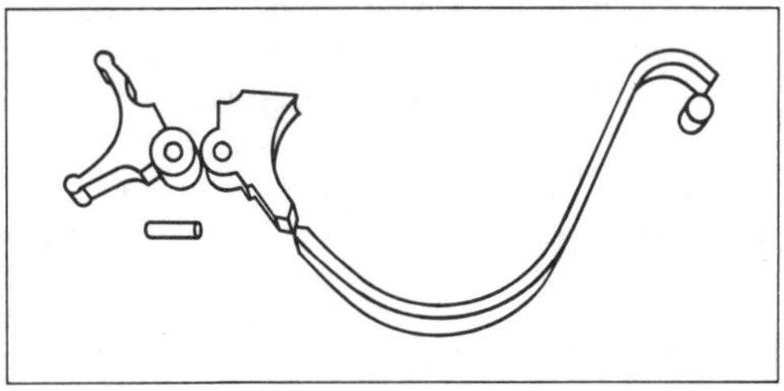

Bild 139. Einzelteile der Scharnier-Henkel-Kombination

Scharnier und seine Gießform

Das Scharnierteil ist als Bestandteil des Henkels anzusehen. Beide Teile werden miteinander verlötet. Der Schwung des Henkels setzt sich bis in das Scharnierunterteil fort, was bei der Gestaltung der Scharnierform zu berücksichtigen ist. Der Stumpf, an den der Henkel gelötet wird, muß in seiner Dicke genau der Henkeldicke entsprechen. Dadurch ist ein fließender Übergang vom Henkel bis zur Kanne gewährleistet.

Zur Gestaltung des Scharnieroberteils

Diese Weinkanne soll am Scharnier einen Drücker bekommen. Drücker lassen sich in einer besonderen Gießform gießen und dann an einen Stumpf oder Sockel löten. Wer in dieser Weise vorgehen möchte, ist allerdings auf eine spezielle Drückerform angewiesen. Dieser zusätzliche Aufwand läßt sich dadurch umgehen, daß der Drücker in die Scharnierform mit eingearbeitet wird (Bild 140). Folgende Überlegung läßt dies vorteilhaft erscheinen:

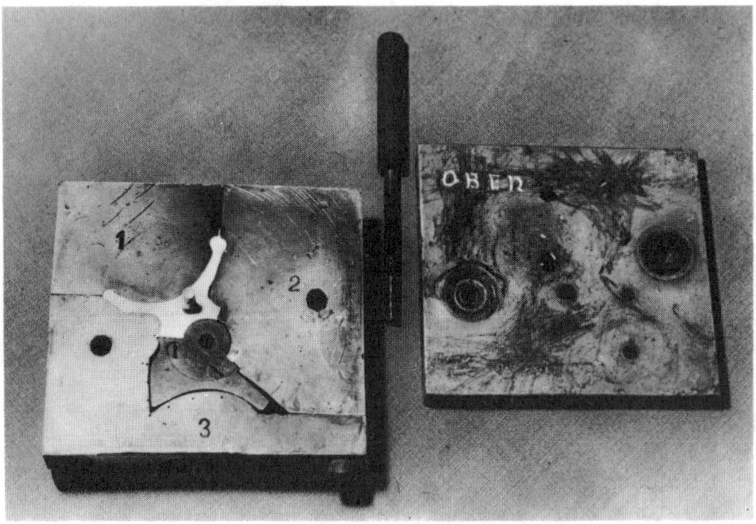

Bild 140. Dreigeteilte Scharniergießform (für den Selbstbau geeignet) – Das Scharnieroberteil wurde an den Scharniereinsatz gegossen –

Diese glattflächige und einfach gehaltene Weinkanne verträgt keinen verschnörkelten Drücker. Hier ist ein einfacher und ebenfalls glattflächiger Drücker angebracht. Dieser läßt sich in die Scharniergießform ohne großen Aufwand einarbeiten. Ein glattflächiger, im Bogen nach oben führender Hebel trägt an seinem Ende eine griffige und wulstartige Verdickung. Das dem Deckel aufliegende Ende wird ebenfalls mit einer runden Wulst abgeschlossen.

Übung:
Die beschriebene Kontur des gesamten Scharniers ist zu zeichnen, wobei eigene Wünsche berücksichtigt werden sollen. Es ist eine durch das Scharnierauge führende Trennfuge zu ziehen und abzuschätzen, ob sich das Scharnier aus der zweigeteilten Form herausnehmen läßt.

Die Übung wird deutlich zeigen, daß sich die Konstruktion eines Scharnieroberteils nur dann realisieren läßt, wenn das Problem der Unterschneidung umgangen werden kann. Ist irgendeine Partie »hinter sich«, dann läßt sich das Gußstück nicht aus der Gießform herausnehmen. Dieses Problem tritt voraussichtlich am Drücker auf, so daß diese Gießform nicht nur aus 2, sondern aus 3 Teilen bestehen muß. Es ist also eine zweite Trennfuge vorzusehen. Diese führt durch den Drücker. Würden sich weitere Unterschneidungen ergeben, müßten weitere Trennfugen angesetzt werden. Eine komplizierte Gießform kann somit aus 4 oder 5 bzw. noch mehr Teilen bestehen.

Bild 141. Rohe Einzelteile der konischen Weinkanne

Zusammenfassung der Arbeitsgänge für die Bearbeitung der Einzelteile der konischen Weinkanne (Bild 141)

Kannenmantel

Gegossenen Kannenmantel mit dem Kern in die Drehbank spannen (Bild 142). Außenseite bearbeiten, außer polieren. Kannenmantel vom Kern lösen und in die geteilte Gießform legen. Infolge der Spanabnahme ist ein Zwischenraum

Bild 142. In die Drehbank gespannter Kannenmantel wird mit einem Punzdekor versehen

Bild 143. Der in die Gießform gelegte Kannenmantel läßt sich auf diese Weise innen bearbeiten

(»Luft«) entstanden, was durch Beilagen von Karton auszugleichen ist. Der Kannenmantel darf sich nach dem Zusammenspannen der Gießformhälften nicht mehr bewegen lassen. Die Trennfugen müssen jedoch fest aufeinanderliegen.

Einspannen der Gießform, mit der weiten Seite zum Reitstock zeigend. Bearbeitung der Innenseite des Kannenmantels (Bild 143) bis auf etwa 60 mm zur engen Seite. Eindrehen der Bodenauflage von 118 mm Durchmesser und 2 mm Tiefe (Bild 144).

Umspannen der Gießform. Die restlichen 60 mm Länge werden fertig bearbeitet. Öffnen der Gießform, Herausnehmen des Kannenmantels. Mit Papierbeilagen wird der Kannenmantel

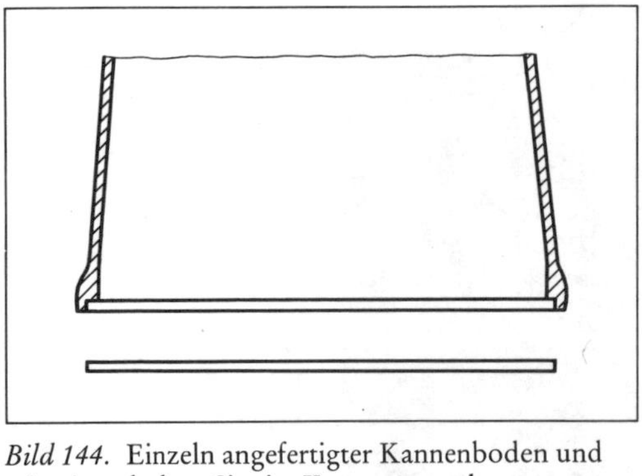

Bild 144. Einzeln angefertigter Kannenboden und sein eingedrehter Sitz im Kannenmantel

nochmals auf den Kern geschoben (um Kratzer zu vermeiden), etwas auf Anzug gespannt und fertigpoliert. Dieser Arbeitsgang kann erst nach der Innenbearbeitung durchgeführt werden, weil durch das Einlegen in die Gießform Kratzer und Druckstellen entstanden sind.

Boden

Der für das Gießen des Bodens verwendete Teller wird für die Bearbeitung ausgenutzt. Die Bodengießform wird in das Drehbankfutter gespannt und ausgerichtet. Bodenrohling einlegen, mit der Körnerspitze mittels zwischengesetzten Druckstücks (Holz) festdrücken. Außenpartie bis an das Druckstück überdrehen. Außen 3 Spannbleche anbringen, Boden mit dem Teller verschrauben. Reitstock zurückziehen. Bodenmitte und in gleicher Weise die andere Seite des Bodens bearbeiten.

Die Bearbeitung am Außenumfang erfolgt im zusammengeklemmten Zustand zwischen 2 Holzscheiben, wieder unter Mithilfe des Reitstocks. Für die Holzscheiben (etwa 100 mm Durchmesser) ist eine Dicke von 20 ... 25 mm erwünscht.

Deckel mit aufgelöteter Kugel

Der Deckel wird auf der Drehbank innen bearbeitet. Entsprechend der Halsweite der Kanne

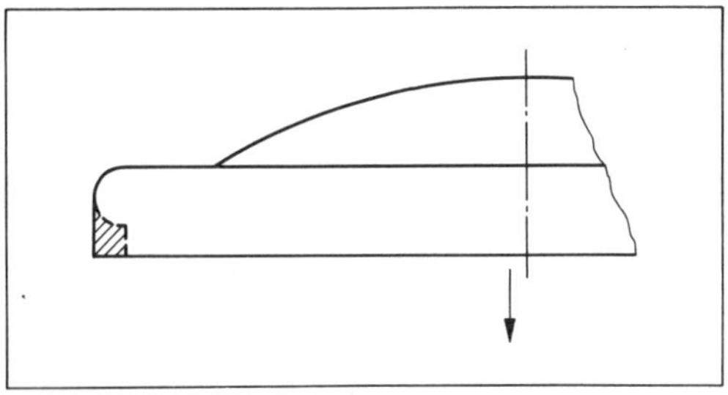

Bild 145. Ist eine Gießform nur horizontal geteilt, kann eine runde Lippe nur einseitig angegossen werden. Die andere Seite (schraffiert) muß am Gußstück mit entsprechenden Werkzeugen profiliert werden – Der Pfeil kennzeichnet die Richtung, in der der Deckel die Gießform verlassen hat –

wird eine 3 ... 4 mm lange Zentrierung gedreht. Diese greift in den Hals ein und garantiert einen sicheren Sitz. Anschließend wird die Außenseite bearbeitet. In den Deckel ist ein geschlitzter Spannring einzulegen, gegen den die Futterbacken von innen nach außen drücken. Die Rundung der Lippe kann wahlweise mit Formstahl oder Stichel bearbeitet werden (Bild 145). Auf Deckelmitte ist für die Aufnahme der Kugel ein Loch von 6 mm Durchmesser zu bohren und für den Kugelfuß eine Auflage von etwa 15 mm Durchmesser zu drehen. Abschließend Bearbeitung der Deckeloberseite.

Die Kugel kann hohl gegossen oder (bei geringem Durchmesser) auch aus vollem Material geschnitten werden. Der Fuß erhält 15 mm Durchmesser, der durch den Deckel reichende Zapfen 6 mm Durchmesser. Der Zapfen wird von der Deckelinnenseite aus mit dem Deckel verlötet.

Bearbeiten und Anlöten der Schneppe

Die gegossene Schneppe ist außen mit Klinge und Schmirgelleinwand zu überarbeiten. Die Differenz zur konischen Basis des Kannenmantels ist durch Nacharbeit an den Anlageflächen der Schneppe auszugleichen. Die Schneppe soll überall gut anliegen. Für diese Kontrolle läßt sich blaue Tuschierfarbe verwenden. Das Anpassen an den fertigen Kannenmantel kann Kratzer verursachen, deshalb sollte der konische Kern verwendet werden. Die Winkelgrade sind die gleichen, nur der passende Durchmesser ist am Kern zu markieren. An dieser Stelle ist Tuschierfarbe aufzutragen. Die Schneppe wird seitlich (nicht in der Höhe!) hin und her bewegt. Die blaugefärbten Stellen werden mit der Klinge abgearbeitet, bis die Schneppe überall gleichmäßig trägt.

Vor dem Anlöten der Schneppe wird der Durchfluß gebohrt (Bild 146)

Die Schneppe hat einen bestimmten Durchlaß. In einer Zeiteinheit kann nur eine bestimmte Menge ausgegossen werden. Der gleiche Durchlaß muß auch in der Kanne vorhanden sein. Ist er geringer, nützt eine weite Schneppe nichts, denn der Inhalt würde nur langsam herausfließen. Deshalb ist zunächst der Durchlaß der Schneppe zu berechnen. Handelt es sich um einen annähernd dreieckigen Querschnitt, wird dieser berechnet nach der Formel

$$\frac{\textit{Grundfläche} \times \textit{Höhe}}{2}$$

Beispiel:
Ist die der Kanne zugekehrte Seite 18 mm lang, sind die Seiten je 16 mm lang, so ergibt sich:

$$\frac{18 \cdot 16}{2} = \underline{\underline{144\ \text{mm}^2}}$$

Der in den Kannenmantel einzuarbeitende Durchfluß muß also mindestens diesem Wert entsprechen.

Bild 146. Schneppe vor dem Anlöten

Aussägen oder Löcher bohren?

Es ist beides möglich. Für das Herausarbeiten eines entsprechend großen Durchflusses können Fräser, Feilen und Laubsäge benutzt werden. Man kann auch siebartig Löcher bohren. Anzahl und Durchmesser ergeben den erreichten Querschnitt. Die Lochfläche errechnet sich aus der Formel $r^2 \cdot \pi$. Der Durchmesser der Löcher soll 3,5 mm betragen. Es ergibt sich folgende Rechnung:

$$1{,}75\ \text{mm} \cdot 1{,}75\ \text{mm} \cdot \pi = 3{,}06\ \text{mm}^2 \cdot 3{,}14 = 9{,}616\ \text{mm}^2$$

$$\frac{144\ \text{mm}^2}{9{,}616\ \text{mm}^2} = \underline{\underline{14{,}975}}$$

Es sind also mindestens 15 Löcher mit 3,5 mm Durchmesser zu bohren.

Anlöten der Schneppe

Es kommt nur das Löten mit der Flamme in Betracht. Als Lot wird die bleifreie Zinn-Wismut-Legierung mit dem Schmelzpunkt von 139°C verwendet. Die genau ausgerichtete Schneppe wird zunächst an 3 Punkten geheftet (unten und beidseitig oben).

Dann erst wird durchgehend gelötet. Der gute Paßsitz verhindert das Durchsacken des Lots und garantiert eine gleichmäßig dicke Naht. Zum Verputzen der Lötnaht leistet eine scharfe Stahlklinge gute Dienste, denn sie egalisiert alle Unebenheiten. Mit feinster Schmirgelleinwand und Polierpaste wird eine saubere Oberfläche erzeugt, unter der die Lötnaht spurlos verschwindet.

Einlöten des Bodens

Leichtschmelzendes Lot wird in kleinen Stükken auf die Fuge gelegt, einige Tropfen Kolophoniumtinktur daraufgegeben und mit kleiner Flamme erwärmt. Es ist sicherer, wenn der Kannenmantel gedreht wird, als wenn der Gasbrenner ringsum wandert. Schmilzt an einer Stelle das Lot nicht ordentlich, ist das Verweilen mit dem Brenner gefährlich. Für eine schlecht fließende Lötstelle kann eine Unsauberkeit die Ursache sein. Solche Stellen sind zum Schluß nochmals zu behandeln. Eine richtig gelötete Bodennaht hinterläßt im Innern der Kanne keine Spuren. Das Verputzen der Lötnaht kann mit der Stahlklinge erfolgen. Falls eine Bearbeitung auf der Drehbank beabsichtigt ist, wird erst der Boden eingesetzt und die Schneppe anschließend angelötet. Die Bearbeitung der Bodenlötnaht ist auf der Drehbank möglich, wenn der Druck der Pinole auf den Boden durch eine zwischengelegte große Holzscheibe abgefangen wird.

Montage der Scharnier-Henkel-Kombination

Das Scharnierunterteil wird mit dem dicken Ende des Henkels so verlötet (Bild 147), daß die beiden Rundungen ineinander übergehen. Beide Teile werden im Winkel von 45° angeschrägt, damit die Lötnaht bis auf die Mitte reicht. Es ist Lot von gleicher Legierung zu verwenden, damit keine Verfärbung entsteht. Falls das Scharnieroberteil nicht mit dem Unterteil zusammen gegossen wurde, wird es nun eingesetzt und der Scharnierstift verlötet. Das dünne Ende des Henkels ist vorsichtig zu biegen. Es kann eine gedrehte Walze an das Henkelende als Abschluß angelötet werden.

Nach dem Verputzen aller Lötstellen beginnen Anpassen und Richten. Das Scharnieroberteil muß auf dem Deckel aufliegen, das Unterteil am Kannenhals anliegen und die Deckelfuge auf Scharniermitte zeigen. In dieser Stellung soll der Henkel unten am Kannenmantel anliegen. Ist dies nicht der Fall, ist der Henkel zu richten. Erst dann kann mit dem Löten begonnen werden. Es ist auf genau senkrechte Stellung des Henkels zu achten.

Auch diese Lötnähte sind zu verputzen. Bei der Verwendung von kolophoniumhaltigen Löttinkturen ist es angebracht, vor dem Verputzen die erhärteten Tinkturreste mit Spiritus abzuwaschen. Dadurch wird das Verkleben der Poliermittel bzw. Werkzeuge verhindert.

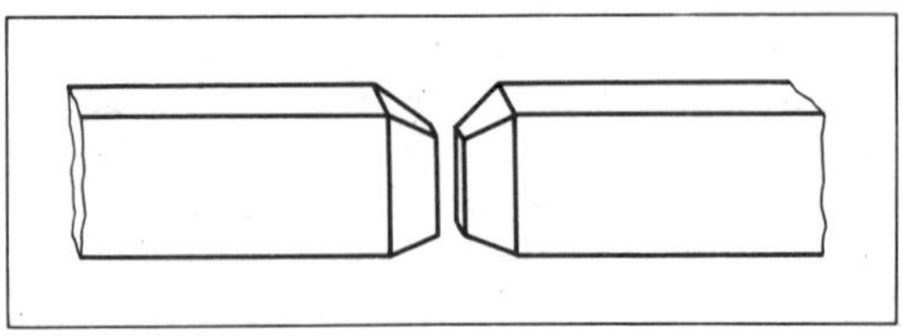

Bild 147. Abschrägung der Kanten an dicken Teilen, die miteinander zu verlöten sind (z. B. Kannenhenkel mit Scharnierunterteil)

Bild 148. Fertige Weinkanne, von Meisterhand graviert

Bild 148 zeigt die fertige Weinkanne, graviert.

Die ungewöhnliche Bauweise des Kannenhenkels verdeutlicht, wie ein Notbehelf zum Ziel führen kann. Spezielle Henkelgießformen sind nicht einfach herzustellen, jedenfalls nicht aus Eisen. An alten Henkelformen sind zuweilen erstaunliche Diskrepanzen festzustellen. In sehr schweren eisernen Gießformen wurden relativ dünne Henkel gegossen. Diese Tendenz ist zuweilen auch an anderen Gießformen festzustellen. Deshalb ist der Nachbau alter Zinngießformen nicht unbedingt zu empfehlen. Durch moderne technische Hilfsmittel läßt sich heute mancher Aufwand erheblich reduzieren (z. B. durch Silikonkautschuk). Ähnlich verhält es sich mit alten Arbeitsverfahren, wofür wieder der Kannenhenkel ein Musterbeispiel liefert.

Angießen des Henkels – eine uralte Technik
(Bilder 149 und 150)

Etwa bis Ende des 18. Jahrhunderts wurden im allgemeinen Henkel für Krüge und Kannen nicht separat angefertigt und dann angelötet, sondern angegossen. Norddeutsche Zinngießer verwendeten die Angießmethode allerdings schon ab 1720 nicht mehr. Für Sachsen und Thüringen sind die angegossenen Henkel dagegen noch bis etwa 1840 charakteristisch.

Die geteilte Henkelgießform hatte durch zwei fensterartige Öffnungen Verbindung zum Gefäßkörper. Nachdem die vorgewärmte Henkelform auf den Gefäßkörper aufgesetzt war, wurde gegossen. Das flüssige Zinn konnte sich mit der Gefäßwand innig verbinden. Damit es nicht zum Durchschmelzen kommen konnte, wurden von innen feuchte Leinenlappen gegen-

Bild 149. Sehr alte, auf Mitte geteilte eiserne Henkelgießform zum Angießen des Henkels an den Gefäßkörper (ungeeignet für den Selbstbau)

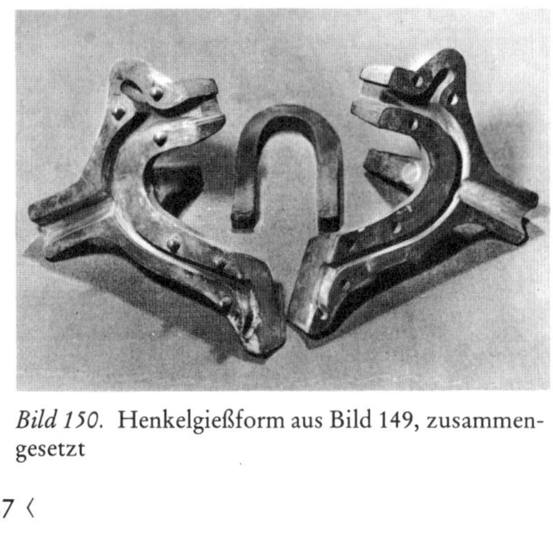

Bild 150. Henkelgießform aus Bild 149, zusammengesetzt

gehalten. Hierbei entstanden Gewebeabdrücke, die ein Echtheitszeichen für altes Zinngerät sein können.

Entwurf und Anfertigung von Vasen und Kännchen

Von manchem Zinngegenstand wird nur ein einziges Stück gewünscht, so daß sich die Anfertigung einer Metallgießform auf keinen Fall lohnt. Die Anfertigung des in Papier bzw. in einer Konservendose gegossenen zylindrischen Zierbechers ist hierfür ein Beispiel. Sind hinreichende Fertigkeiten erlangt worden, kann dieses Verfahren auch für ähnliche Zinngegenstände angewendet werden. Auf diese Weise wird das Sortiment ohne größeren Aufwand erweitert. Hierzu sei zunächst eine Variante des Bechergießens zur Anfertigung einer modernen Vase vorgestellt.

Moderne zylindrische Vase

Für eine moderne zylindrische Vase sind Glattflächigkeit und Schlankheit wesentliche Merkmale. Die Standfestigkeit der Vase darf jedoch nicht in Frage gestellt sein. Sie muß Gebrauchseigenschaften aufweisen. Außerdem soll ein solcher Gegenstand ästhetischen Ansprüchen genügen. Eine glatte und »nackte« Röhre wird diese Bedingung kaum erfüllen, so daß in den Entwurf gestalterische Elemente aufzunehmen sind. Es bleibt dem künstlerischen Geschmack des Zinngießers überlassen, wie er vorgehen will.

Die hier vorzustellende Vase erhielt zunächst einen Fuß und damit erhöhte Standsicherheit. Als dekoratives Element wurde ein erhabener Absatz angeordnet, der sich wie eine »Bauchbinde« um den schlanken Zylinder legt. Es wäre ein gestalterischer Fehler, wollte man diesen Absatz genau auf die Mitte legen. Er sollte in der unteren Hälfte angeordnet sein. Je zwei eingestochene Zierlinien begrenzen den Absatz oben und unten. Wird in das zwischen den Zierlinien liegende Feld ein Ornament eingraviert, kann die äußere Gestaltung durchaus ästhetischen Ansprüchen genügen.

Ob statt der Zierlinien erhabene Profilringe angeordnet werden können, läßt sich vorher nur entscheiden, wenn eine maßstäbliche Zeichnung vorhanden ist. Auch die Wirksamkeit der im Entwurf festgelegten Proportionen läßt sich nur auf einer maßstabgerechten Zeichnung abschätzen.

Welche Schwierigkeit tritt bei der Bearbeitung auf?

Im Gegensatz zum Zierbecher ist die Vase lang und schlank. Wird sie auf einen Holzkern gegossen, muß sie gebohrt werden, damit innen eine saubere Oberfläche entsteht. Hierbei tritt eine Schwierigkeit auf. Die lange und enge Röhre läßt sich schlecht ausbohren. Kein Stichel reicht weit genug hinein. Ein Bohrstahl müßte sehr schlank sein, wenn auch noch der Vasenboden bearbeitet werden soll. Der Stahl wird vibrieren, so daß Rattermarken entstehen und die Bohrarbeit nicht zufriedenstellend verläuft. In diesem Fall ist es zweckmäßiger, auf einen Aluminiumkern zu gießen. Wird gezogenes Aluminium verwendet, entsteht eine relativ saubere Oberfläche, die nur noch mit Schmirgelleinwand und Stahlwolle zu bearbeiten ist. Die abgebildete Vase hat folgende Maße:

Höhe	173 mm
Oberer Durchmesser	53 mm
Fußdurchmesser	62 mm
Innendurchmesser	49 mm
Absatzbreite	34 mm
Maß vom Fuß bis unteren Absatzrand	43 mm

Soll mit diesen Proportionen eine kleinere Vase angefertigt werden, sind die Maße ins Verhältnis zu setzen. Zwischen der Höhe und dem Durchmesser ergibt sich folgendes Verhältnis: 173 mm : 53 mm = 3,26. Soll die Vase nur 135 mm hoch werden, ergibt sich aus diesem Faktor: 135 mm : 3,26 = 41,4 mm Durchmesser. In gleicher Weise lassen sich auch die anderen Maße umrechnen.

Bauchige Vase

Die einfachste Form der bauchigen Vase läßt sich durch die Kugelform gestalten (Bild 151). Da eine Kugel aus Hälften besteht, ist der Aufwand für die Gießform relativ gering. Der Pol ist abgeplattet, denn eine exakt runde Halbkugel läßt sich nur schwer mit einem standsicheren Fuß ausstatten. Bei einer abgeplatteten Halbkugel wird bereits mit wenigen Millimetern Fußhöhe ein sicherer Stand erreicht. Außerdem ist der an die Halbkugel angegossene Fuß zum Einspannen in das Drehbankfutter erforderlich. Größere Halbkugeln (z. B. für bauchige Krüge) erhalten an der Trennfuge eine eingedrehte Zentrierung, so daß die andere Halbkugel eingreifen kann. Kleinere Kugeln (bis zu etwa 100 mm Durchmesser) können stumpf zusammengelötet werden, etwa in gleicher Weise wie die Kugeln an den Deckeln der Keramikkrüge. Nach dem Zusammenlöten wird in die obere Kugelhälfte eine Öffnung eingestochen und hier der Fuß abgedreht. Damit sind die Ansprüche an eine einfache Kugelvase bereits erfüllt.

Die Kugelvase erhält einen Hals

Durch den Hals wird die kompakte und recht niedrige Kugelvase »aufgestockt«, wodurch sich die Gebrauchseigenschaften erweitern. Die Vase läßt sich dadurch für langstieligere Blumen verwenden. Der Vasenhals sollte konisch sein, also sich nach oben erweitern und in eine geschwungene Lippe auslaufen. Die Halslänge muß im zulässigen proportionalen Verhältnis zur Kugelgröße stehen und nur wenig länger sein als die Kugel hoch ist.

Gießform für den Vasenhals

Es ist zweckmäßig, den Vasenhals in einer einfachen, offenen Form so zu gießen, daß die geschwungene Lippe nach unten gekehrt ist. Allerdings darf der Hals keine Taille haben, weil dann eine Unterschneidung vorliegt. Eine gewünschte Taille kann erst nachträglich angearbeitet werden. Dies aber ist nur möglich, wenn das Gußstück über eine reichlich dimensionierte Wanddicke verfügt.

Weinbecher als Vasenhals?

Manchem Zinngießer, besonders dem Anfänger, erscheint es verlockend, seine Gießformen über den eigentlichen Zweck hinaus zu nutzen und durch die Kombination verschiedener Gußstücke einen neuen Zinngegenstand zu schaffen. Diese Methode wird nur in wenigen Fällen zum Ziel führen, weil sich fast immer Disproportionen ergeben. Das eine ist zu wuchtig, das andere zu zierlich, eines sanft geschwungen, das andere steif und gerade usw. Durch die willkürliche Zusammenfügung geraten die Proportionen durcheinander. Die Formen sind nicht ausgewogen. Infolge der Stilwidrigkeit macht das Stück keinen harmonischen Eindruck, denn es wurde nicht regelrecht entworfen. Auf die Kugelvase bezogen, könnte als Vasenhals ein

Bild 151. Einfache gußeiserne Gießform für eine abgeflachte Halbkugel (Kern aus Messing) – im Vordergrund 2 Gußstücke –

Bild 152. 2 Vasen und 1 Kännchen – mit Hilfe der Halbkugelgießform entstanden – Links: Vase als Musterbeispiel für einen (absichtlichen) Mißerfolg. Durch das »Aufstocken« mit einem gekürzten Weinbecher wurde die Einheitlichkeit der Linienführung zerstört

gekürzter Weinbecher in Frage kommen. Daß das Ergebnis nicht befriedigen kann, zeigt der Vergleich mit einer zweiten Vase, deren Hals in einer speziell angefertigten offenen Form gegossen wurde (Bild 152).

Trennfuge des Kugelkörpers – mit und ohne Wulst

Halbkugeln werden an ihrer Trennfuge meist mit Wulst gegossen. Nach dem Zusammenlöten der Hälften verdoppelt sich diese. Die Wulst bekommt eine halbrunde Kontur und läßt sich in die Gestaltung eines kugel- oder birnenförmigen Gefäßkörpers einbeziehen. An alten Stücken sind beide Varianten zu finden, mit und ohne Wulst. Soll die Wulst fehlen, dann ist ein absolut sauberer und nahtloser Übergang erforderlich. Bei diesem Verfahren müssen beide Teile gut miteinander laufen, denn Ungenauigkeiten gehen stets zu Lasten der Wanddicke.

Dem Anfänger ist zu raten, die Wulst am Gefäßkörper zu belassen. Es ergibt sich daraus ein Vorteil, weil Ungenauigkeiten zwischen den beiden Teilen durch die Wulst ausgeglichen werden. Für die Haltbarkeit der Lötnaht ist eine größere Sicherheit gegeben. Falls die Wulst nicht mit dem Stichel bearbeitet werden soll, kommt die Anwendung eines Profilstahls in Frage, wobei ein guter Rundlauf der Kugelhälften vorausgesetzt werden muß.

Bauchiges Kännchen

Zusammengelötete Halbkugeln kommen auch für die Anfertigung eines bauchigen Kännchens in Frage (s. Bild 152). Statt des konischen Halses der Vase ist hier ein zylindrischer Hals angebracht. Das Gießen dieses Teils wird nach allen Vorübungen keine Schwierigkeiten bereiten. Es ist die gleiche Schneppe verwendbar, wie sie für die konische Weinkanne benutzt wurde. Allerdings kommt nur die untere Hälfte in Frage. Dadurch fällt das Dach weg, aber bei einer kleinen Zierkanne ist eine offene Schneppe nicht störend.

Die Wulst blieb am abgebildeten Muster erhalten. Der in den Fuß der oberen Halbkugel gesetzte Hals wurde in der Lötnaht so bearbeitet, daß eine dekorative Kante entstand.

Bild 153 zeigt das Schema zur Herstellung eines aus 2 Halbkugeln angefertigten deckellosen Krugs.

Das Kännchen erhält einen Deckel

Für einen einzelnen kleinen Deckel ist die Anfertigung einer kompletten Gießform zu aufwendig. Bei einer Einzelanfertigung kann in folgender Weise verfahren werden:

Die Außenkontur des Deckels wird in einen runden Aluminiumkörper eingedreht. Die Tiefe muß der Gesamthöhe des Deckels zuzüglich Bearbeitung entsprechen. Nach dem Vollgießen wird das massive Gußstück in

das Drehbankfutter gespannt und zunächst die Innenpartie ausgedreht. Falls der Deckel auf seiner Mitte eine Kugel bzw. einen Knopf erhalten soll, ist das Loch zu bohren. Dadurch läßt sich die Wanddicke gut kontrollieren.
Die Außenseite wird bearbeitet, während die Futterbacken innen angreifen. Der einzige kritische Punkt ist das Andrehen der Zentrierung, mit der der Deckel in den Kannenhals eingreift. Diese Seite ist nun dem Futter zugekehrt und kann nur mit einem schmalen Stechstahl bearbeitet werden. Damit die nach außen drückenden Futterbacken diesen Rand nicht deformieren können, ist auf eine ausreichende Wanddicke zu achten, soweit nicht eine Spannhilfe mittels eingesetzten Spannrings vorgesehen ist.

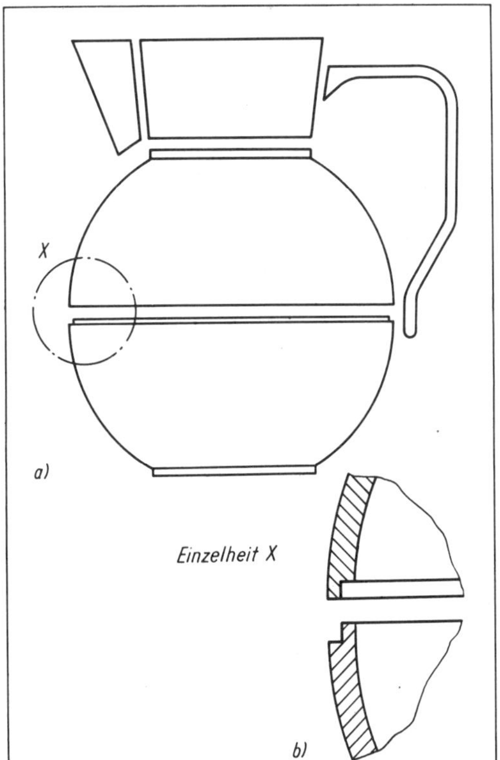

Bild 153. Deckelloser Krug, angefertigt aus 2 Halbkugeln – Bei entsprechender Größe und Wanddicke der Halbkugeln ist ein Paßsitz einzudrehen –
a) skizziert
b) Einzelheit »X« aus Bild 153, a

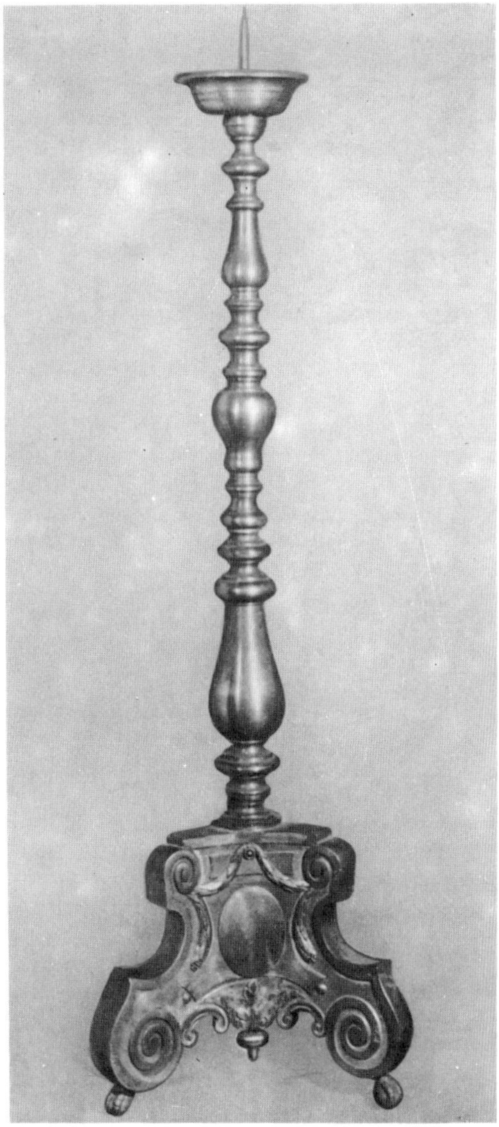

Bild 154. Böhmischer Zinnleuchter (115 cm hoch) – Im staatlichen Besitz der ČSSR –

Schließlich ist noch ein Henkel anzusetzen. Dieser wird auf die gleiche Weise hergestellt, wie es für die konische Weinkanne bereits beschrieben wurde. Für diesen Zweck ist es sinnvoll, nach dem Trennen des exzentrischen Rings das restliche Stück nicht einzuschmelzen, sondern für ein Zierkännchen oder einen ähnlichen Zinngegenstand zu verwenden.

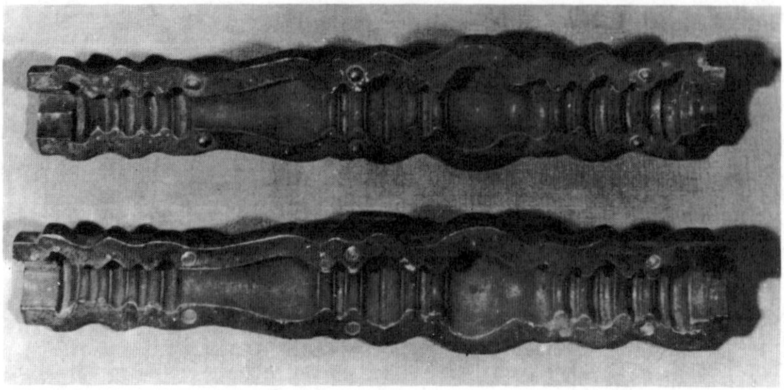

Bild 155. Geteilte Messingform für den Balusterschaft des Leuchters aus Bild 154 – Im staatlichen Besitz der ČSSR –

Bild 156. Gießform und Gußstück für den Leuchterfuß – Im staatlichen Besitz der ČSSR –

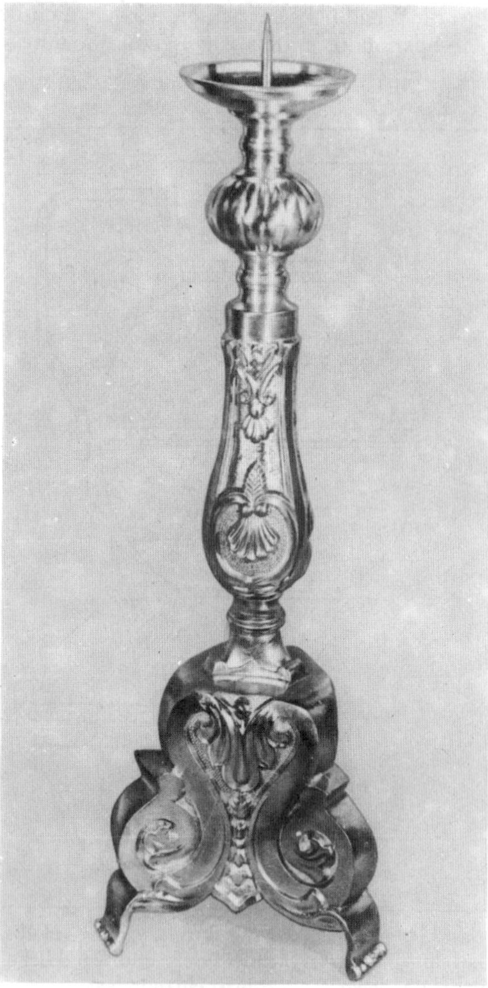

Bild 157. Böhmischer Leuchter (etwa 55 cm hoch) – Gießform im staatlichen Besitz der ČSSR –

Kerzenleuchter und ihre Gießformen

Die größten Kerzenleuchter fand der Verfasser in einer staatlichen Zinngießerei für Restaurierungen in Prag. Es waren zentnerschwere böhmische Kerzenleuchter von über 2 m Höhe. Aber auch kleinere böhmische Leuchter von 1 m Höhe und kleiner sind noch eindrucksvoll genug und geeignet, vor dem kunsthandwerklichen Können alter Meister Hochachtung zu empfinden, das Auge zu schulen und Anregungen für das eigene Schaffen zu empfangen (Bilder 154, 155, 156). In der Dreiteilung der Fußpartie ähneln sich alle böhmischen Leuchter weitgehend. Im säulenartigen Schaft weichen sie jedoch erheblich voneinander ab. Manche

Kerzenleuchter sind so einfach gestaltet, daß ihr Schaft in einer zweigeteilten Form gegossen werden konnte. Für die plattenartigen, fast wappenähnlichen Fußteile ist jeweils eine Gießform erforderlich. Die Platten werden zu einem dreiteiligen Fuß zusammengesetzt.

Bild 158. Einzelteile der Gießform für einen einfachen glatten Leuchter mit konischem Schaft
Links: fertiger Leuchter

Da sich in der ČSSR sehr alte und wertvolle Leuchterformen in staatlichem Besitz befinden, werden noch heute Kerzenleuchter gegossen und in fremde Länder exportiert (Bild 157).

Im allgemeinen versteht man unter einem Kerzenleuchter eine Tischleuchte mit rundem Fuß von etwa 12 cm Durchmesser und mit einer Höhe von etwa 20 ... 24 cm. Daneben gibt es sehr niedrige Kerzenleuchter ohne Schaft. Die Tülle sitzt direkt dem Fuß auf. Außerdem gibt es auch mehrarmige Leuchter, von denen einer bereits in einem anderen Abschnitt behandelt wurde (siebenarmiger jüdischer Kultleuchter).

Der Zinngießer kann zwischen einfachen und aufwendigen Modellen wählen. Der höchste Schwierigkeitsgrad ist mit der Anfertigung einer kompletten Gießform mit eingearbeitetem Reliefdekor verbunden. Glatte Kerzenleuchter (Bild 158) lassen sich erheblich einfacher herstellen, weil die Anfertigung der Gießform einen geringeren Aufwand verlangt. Aber auch die einfachen Leuchter bestehen aus 3 Teilen: Fuß, Schaft und Tülle. Schaft und Tülle werden zweckmäßig in geteilten Formen gegossen. Der Fuß bereitet die geringsten Schwierigkeiten.

Wird das Gießen und die weitere Bearbeitung eines einfachen, aber dreiteiligen Kerzenleuchters beherrscht, kann unter gewissen Voraussetzungen die Anfertigung einer dreigeteilten

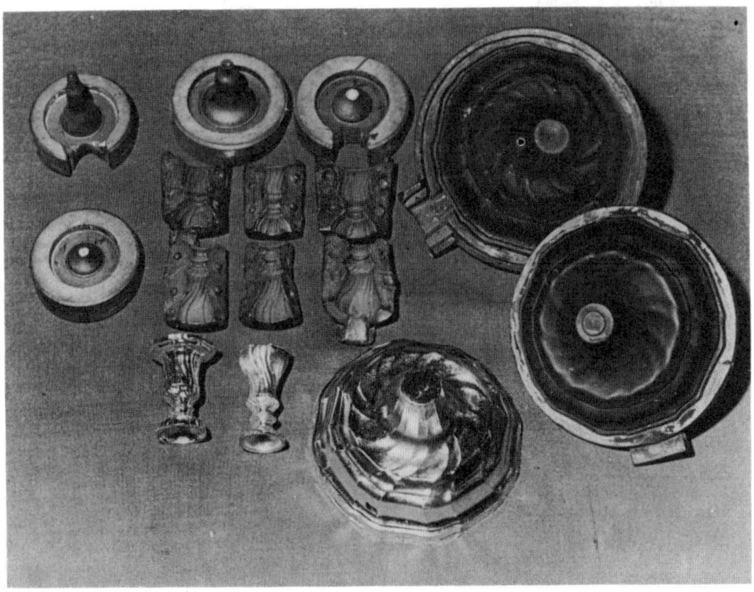

Bild 159. Einzelteile der dreigeteilten Gießform für einen Leuchter »nach Silberart« – im Vordergrund die 3 Gußstücke (Gießform ist etwa 160 Jahre alt)

Gießform mit eingearbeitetem Reliefdekor in Angriff genommen werden. Der relativ geringste Aufwand ist beim Fuß vorhanden. Hier kann auf der Fußoberseite Reliefdekor vorhanden sein, ohne daß beim Herausziehen aus der Gießform Schwierigkeiten auftreten.

▶ Der Reliefdekor ist immer dann problemlos, wenn sich das Gußstück in axialer Richtung von der Reliefgravur entfernen kann. Ist der Reliefdekor jedoch in radialer Richtung und am gesamten Umfang in die Gießform eingearbeitet, dann muß die Außenform aus mindestens 3 Teilen bestehen.

Solange ein Gußstück nur »hinter sich« gestaltet ist, würde zunächst eine zweigeteilte Gießform ausreichen, um von der axialen in die radiale Richtung ausweichen zu können. Kommt aber eingearbeitetes Relief hinzu, ergibt sich bei zweigeteilten Gießformen in der Nähe der Trennfugen das Problem der Arretierung. Das Gußstück löst sich nicht. Deshalb ist eine weitere Unterteilung der Außenform erforderlich.

Bild 160. Fertiger Leuchter (17 cm hoch)

Es sind 3 Drittel (Bilder 159, 160), aber auch 4 Viertel möglich. Bei der Vierteilung entstehen jedoch 4 Trennfugen, die auf dem Gußstück ihre Spuren hinterlassen. Deshalb wird in vielen Fällen die Dreiteilung angewendet.

Große Schwierigkeiten treten besonders dann auf, wenn es sich um geringe Durchmesser, aber relativ lange Bohrungen handelt. Dieses Problem kann bei der Gießform für einen Kerzenleuchter auftauchen. Eine besondere Komplikation liegt vor, wenn in langen Sacklöchern weit hinten liegende Partien tiefer zu drehen sind. Längere Erfahrungen im Dreherberuf, viel Geduld und geeignete Spezialwerkzeuge (besonders Bohrstähle in verschiedenen Ausführungen) sind wichtige Voraussetzungen für das Gelingen derartig schwieriger Arbeiten.

Auch die Werkstoffwahl ist eingeengt. Wegen der hohen mechanischen Belastung beim Zusammenspannen und Auseinanderschlagen zum Freilegen des Gußstücks ist Aluminium keinesfalls für die Außenform geeignet. In der folgenden Technologie soll in groben Zügen ein gangbarer Weg aufgezeigt werden, der zur Anfertigung einer dreigeteilten Gießform beschritten werden kann.

Arbeitsablauf:

1. Ein massives Stück Rundmaterial (Grauguß oder Messing) wird an den Stirnseiten und außen überdreht.
2. Das Werkstück wird durchgehend zentrisch etwa 8 ... 10 mm groß gebohrt (als Auslauf für die Metallsäge).
3. Auf einer Fräsmaschine (oder Bohrwerk) wird mit einer Metallkreissäge (1,5 mm breit) das Werkstück der Länge nach in drei gleiche Teile zersägt (die Winkel betragen je 120°). Die Teile werden so markiert, daß sie in der gleichen Stellung wieder zusammenzusetzen sind.
4. Die Sägeflächen werden sauber geschlichtet.
5. Die 3 Teile werden mit einem Stahlring zusammengeschraubt. Es muß genau auf die Mitte jedes Drittels eine Schraube (M 8) drücken, damit kein Versatz entsteht. Der richtige Sitz an den Fugen ist mit einer Fühllehre von 0,05 mm Dicke zu überprüfen. Dann wird das Paket in ein Dreibackenfutter gespannt und die mitlaufende Körnerspitze in das Bohrloch geführt.
6. An das Ende der Gießform ist eine konische Verjüngung mit einem Winkel von 2° anzu-

drehen (entspricht einer Supportverstellung von 1°). Für kurze Gießformen bis maximal 60 mm Länge (etwa für die Kerzentülle) genügt eine konische Verjüngung, weil auch nur ein Druckring zum Zusammenhalten der Form in Frage kommt. Längere Gießformen erhalten an jedem Ende eine konische Verjüngung. Die Länge der Konen sollte der doppelten Breite des Rings entsprechen, damit eine ausreichende Anzugwirkung gewährleistet ist.

7. Die Druckringe können aus Grauguß angefertigt werden. Sie sollten mindestens 15 mm breit sein bei einer Wanddicke von etwa 12 mm, denn sie werden mit dem Hammer bearbeitet. Innen erhalten die Druckringe eine konische Bohrung mit dem gleichen Winkel wie die Gießformenden. Da durch korrigierende Nacharbeit an den Trennflächen der Druckring weiterrutscht, ist dies beim Anpassen des Ringes zu berücksichtigen. Der Ring braucht nur mit der Stirnfläche der Gießform abzuschließen. Auch durch Abnutzung wird er von allein seine Lage verändern und auf dem Konus ein Stück weiterrutschen.
8. Im Tuschierverfahren werden die Trennflächen mit dem Schaber so nachgearbeitet, daß im zusammengespannten Zustand nirgends eine Fühllehre von 0,05 mm einschiebbar ist. Erst dann kann die zusammengespannte Gießform innen fertig bearbeitet werden.
9. Nach Abschluß der Dreh- und Bohrarbeit wird die Gießform zerlegt und in die vorgesehenen Partien der Reliefdekor negativ eingearbeitet.

Der aus Einzelteilen zusammengesetzte Kerzenleuchter

Einarmige Kerzenleuchter können aus 3 Teilen zusammengesetzt sein: aus Fuß, Schaft und Tülle. Schaft und Tülle werden oft miteinander verlötet, nachdem diese Teile mit entsprechenden Sitzen zusammengepaßt wurden. Die getrennte Anfertigung von Schaft und Tülle ist deshalb zweckmäßig, weil sich für den Schaft bequem ein Kern verwenden läßt. Je voluminöser der Schaft ist, desto notwendiger wird das Einsetzen eines Kerns. Bei billigen Kerzenleuchtern läßt sich zuweilen feststellen, daß Schaft und Tülle zusammengegossen wurden und ein Gipskern im Schaft verblieben ist. Diese Arbeitsweise sollte jedoch nicht zu den Praktiken eines Kunsthandwerkers gehören.

Der Schaft kann mit dem Fuß in ähnlicher Weise wie mit der Tülle verlötet werden. Es sind aber auch Schraubverbindungen möglich. Bei alten Stücken ist der Gewindezapfen fast immer am Schaft zu finden. Dadurch bleibt die Schraubverbindung von unten sichtbar, weil der Leuchterfuß durchbohrt werden muß. Der Gewindezapfen läßt sich aber auch an den Fuß gießen, so daß der Schaft die Gewindebohrung erhält. Bei dieser Konstruktion ist die Schraubverbindung nicht sichtbar. Es bleibt dem Zinngießer überlassen, welche Variante er anwenden will.

In einer halbierten Form läßt sich das Gewinde gießen, sollte aber anschließend nachgeschnitten werden. Auf einen glatten Zapfen Gewinde mit dem Schneideisen zu schneiden, kann riskant sein. Der Zapfen kann abbrechen, oder das Gewinde wird schief, so daß auch der Leuchterschaft schief aufsitzt. Alte Stücke haben ein Zollgewinde, für neue wird nur metrisches Gewinde in Frage kommen. Das Einsetzen eines Gewindebolzens aus Stahl ist möglich und auch sehr haltbar, aber nicht stilecht. Notfalls kann diese Variante als unsichtbare Schraubverbindung in Frage kommen.

Walzenkrug als historisches Vorbild

Der Name verrät, daß es sich um einen walzenförmigen, also zylindrischen Krugtyp handelt. In Sachsen und Thüringen war dieser Typ im 18. Jahrhundert weitverbreitet und wurde noch bis zum Ende des 19. Jahrhunderts hergestellt. Durch die Schöpfungen des Jugendstils wurde dieser imposante Krugtyp abgelöst. Die Beschäftigung mit diesem historischen Vorbild läßt sich durch zwei Argumente begründen: Ein zylindrischer Krug ist leichter herzustellen als ein solcher mit bauchigen Formen, was natürlich erst recht für die Gießformen gilt. Ferner ist die Beschäftigung mit altem Formengut besonders für den Anfänger interessanter und weniger riskant als die selbständige Entwicklung völlig neuer Formen (Bild 161).

Hiermit muß keine Einschränkung für

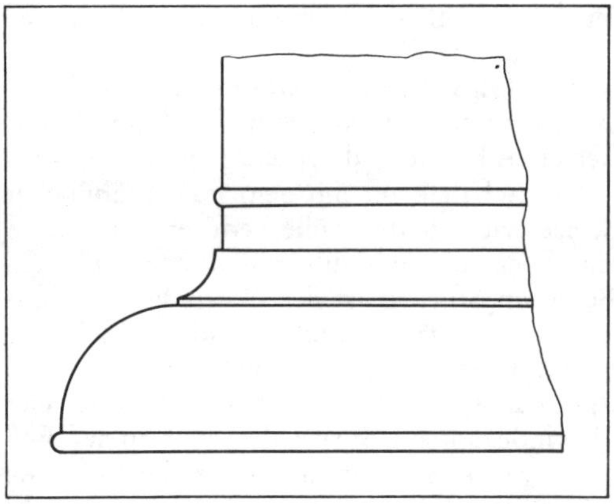

Bild 161. Gestaltung der Fußpartie an einem Walzenkrug nach historischem Vorbild

Schöpfung verbunden sein, denn für eine ganze Reihe von Details eröffnen sich vielfältige Gestaltungsmöglichkeiten. Vielleicht wird dies deutlich durch ein Wort von *Bertolt Brecht:*

»Wer Neues schaffen will, sollte das Alte beherrschen.«

Durch seine wuchtige Form kommt in diesem meist großfüßig gehaltenen Krugtyp der Zeitgeschmack des Barocks zum Ausdruck. Alte Walzenkrüge haben ein Volumen von 1 ... 2 l und mehr. Für eine Neuanfertigung wäre zwar auch ein Halbliterkrug denkbar, doch ist der Arbeitsaufwand fast der gleiche, so daß von einer Miniausführung abzuraten ist. Die Wahl der Größe wird auch von der Bearbeitungsmöglichkeit auf einer ausreichend großen Drehbank abhängen.

Allgemeine Hinweise zum Bau einer Gießform

Im Prinzip handelt es sich um eine ähnliche Gießform, wie sie für den konischen Weinbecher verwendet wurde (Bild 162). Die Wände werden jedoch zylindrisch, so daß auch hier der Boden mitgegossen werden kann. Für die geteilte Gießform und den Deckel ist Grauguß zu verwenden. Für die Grundplatte kommt auch Stahl in Frage. Für die beiden Kerne ist Aluminium geeignet. Allerdings ist in den großen Kern eine Stahlbuchse mit kräftigem Außengewinde (etwa M 50 × 2) einzuschrauben, damit mit Hilfe der Schlagstange der Kern herausgezogen werden kann.

Wird eine Bearbeitung auf der Drehbank mit Hilfe des Reitstocks angestrebt, sollte dies schon bei der Konstruktion der Gießform berücksichtigt werden. Hierzu ist es zweckmäßig, daß die mit dem Fußkern verschraubte Grundplatte rund ist und unten eine Einsenkung auf-

Bild 162. Gießform für einen zylindrischen Walzenkrug (für den Selbstbau geeignet); im Gußstück befindet sich noch der Aluminiumkern; der gußeiserne Einguß ist abschraubbar – Durch Hammerschläge lassen sich der Zinneinguß an der schwächsten Stelle im Langloch abscheren und der Deckel abheben

Bild 163. Bearbeitung der Fußpartie mit dem Stichel – Zum Einspannen des Krugmantels kann die Grundplatte mit dem Fußkern benutzt werden –

weist, in die die Futterbacken eingreifen können. So läßt sich der Krugmantel bequem zwischen Fußkern und Körnerspitze einspannen (Bild 163). Falls die komplette Gießform mit langen Stehbolzen zusammengehalten wird, sind diese in die Grundplatte einzuschrauben (möglichst M 12), keinesfalls einzuschweißen, weil sie beim Drehen im Wege wären.

Bei größeren Durchmessern kann es beim Gießen zum Auslaufen der Form kommen, weil 2 Stehbolzen keinen ausreichenden Druck ausüben. Dieser Gefahr wird begegnet, indem man im Winkel von 90° zu jedem Stehbolzen eine Spannschraube anbringt. Dadurch wird die Gießform an 4 Punkten auf die Grundplatte gespannt, so daß eine gleichmäßigere Belastung erreicht wird.

Zur Gestaltung des Krugdeckels

Für den Deckel gibt es nach den bisherigen Übungen keine Probleme, höchstens solche hinsichtlich der Gestaltung. Auf die Ausbildung der Kontur mit ihren Kanten, erhabenen und vertieften Profilen zur Unterteilung von Flächen ist großer Wert zu legen. Die Lippe des Krugs und die des Deckels schließen im allgemeinen miteinander ab. Die eingehende Besichtigung alter Stücke kann hier manchen Gestaltungsfehler verhindern. Vor allem sind Verzierungen sehr kritisch zu betrachten. Aufgesetzte Adler oder Löwen können sich der Effekthascherei nähern und haben dann mit künstlerischer Gestaltung nicht viel zu tun.

Krughenkel mit Reliefdekor

Für die Anfertigung eines Henkels ist in der beim Intarsienkrug geschilderten Weise vorzugehen. Die in den Henkel einbezogene Scharnierpartie läßt sich ohne Änderung übernehmen. Nur das Scharnieroberteil für einen möglicherweise höheren Deckel wäre neu anzufertigen. Wichtig ist bei allen Scharnierarbeiten, daß eine gewisse Einheitlichkeit der Henkel- und Scharnierbreiten angestrebt wird. Hierdurch müssen nicht ständig neue Gießformen angefertigt werden. Durch ein klug durchdachtes Austauschverfahren läßt sich manche unnötige Arbeit umgehen.

Das Anlöten des Zinnhenkels erfolgt in gleicher Weise wie bei der konischen Weinkanne. Der Henkel mit komplett montiertem Scharnieroberteil (mit Kugel) wird angepaßt, ausgerichtet und an einigen Stellen angeheftet. Dann werden rundum die 4 Teile untereinander verlötet: der Deckel mit dem Scharnieroberteil und der Henkel mit dem Krugkörper. Das Anlöten des Henkels an seiner unteren Befestigung erfordert große Aufmerksamkeit. Der Henkel muß gut anliegen. Es wird stückweise etwas leichtschmelzendes Lot von oben eingelegt, mit der kleinen Gasflamme zum Schmelzen gebracht, wobei ein erhitzter Kupferdraht von

Bild 164. Fertiger Zinnkrug mit schmückender Gravur

etwa 3 mm Durchmesser (ersatzweise ein kleiner Schraubendreher) das schnellere Zerfließen bewirken kann. Es ist mehrmals etwas Lot nachzufüllen. Wird gleich zu Anfang eine größere Lotmenge eingelegt, kann durch die Flamme bereits Schaden entstehen, bevor die große Lotmenge geschmolzen ist.

Nach Beendigung der Lötarbeit ist zu kontrollieren, ob sich die Lage des Deckels nicht verändert hat und er einwandfrei schließt.

Bild 164 zeigt den fertigen Zinnkrug, graviert.

Gewindegießen

Mancher Zinngegenstand ist früher zwecks bequemer Demontage für den Versand oder anderen Transport mit Schraubgewinde versehen worden. Besonders bei Leuchtern waren Fuß und Balusterschaft zuweilen zu verschrauben und ließen sich als Einzelteile gut im Reisegepäck verstauen.

In den meisten Fällen sind Gewinde jedoch an Verschlüssen für Gefäße zu finden. Im Verhältnis zum Durchmesser ist die Steigung meist recht groß, also grob. Dies dürfte auch für das Passungsspiel im Neuzustand zutreffen. Eine unnötige Genauigkeit entsprechend den heutigen Industrienormen (TGL, DIN) sollte auch in unserer Zeit nicht angestrebt werden. Eine sehr enge Passung würde sich aber zwangsläufig durch das Angießen ergeben, wie es bei Scharnieren üblich ist. Gewindedurchmesser um 40 mm und mehr würden nach dem Angießen trotz reichlicher Isolierung erhebliche Kräfte zum Lösen erfordern. Möglicherweise tritt eher eine Deformierung ein, ehe sich das Gewinde bewegt. Hier sind für jeden Gang 360° Drehung zu bewältigen, bei einem Scharnier nur etwa 100°!

Um Erschwernisse und Mißerfolge zu reduzieren, ist das separate Gießen von Mutter bzw. Gewindekappe und deren Gegenstück zweckmäßig. Trotz gut durchdachter Gestaltung der Gießform für die Gewindekappe wird sich zeigen, daß auch beim separaten Einzelguß der erforderliche Kraftaufwand noch relativ hoch ist, wenn die Kappe vom Gewindekern gelöst werden soll.

Schraubverschluß mit Tragring

In der Zinngießerei spielt seit Jahrhunderten der Schraubverschluß mit Tragring eine bedeutende Rolle für Schraubflaschen aus Keramik, Holz (als faßförmige Schraubflaschen mit Zinnmontierung) und Zinn. Auch für Wärmflaschen und einige Kannenformen (besonders Erntekanne, Glockenkanne) wurde der Schraubverschluß angewendet.

Mit der Anfertigung kompletter Schraubverschlüsse eröffnen sich weitere Gestaltungsmöglichkeiten für die Zinnmontierung. Zunächst bietet sich der Schraubverschluß für Keramikflaschen an. Ein tüchtiger Töpfer kann Keramikflaschen in bauchiger, zylindrischer, vielleicht auch in sechseckiger Form, möglicherweise auch in Fayenceausführung zur Bemalung anfertigen. Außerdem ist der Schraubverschluß bedeutend für Schraubflaschen aus Zinnblech, z. B. aus dem 18. und 19. Jahrhundert.

Der Zinngießer sollte sich je nach Können und den Möglichkeiten der Werkstatt für eine entsprechende Variante entscheiden. Feste Tragringe (wie an Glockenkannen) sind einfacher anzufertigen und brauchen kein Auge, weil sie mit der Gewindekappe verlötet werden. Bewegliche Tragringe sind aufwendiger, brauchen unbedingt ein Auge und »vertragen« mehr Dekor. Es soll im folgenden die schwierigere Variante mit beweglichem Tragring behandelt werden.

Gewindekappe und ihre Gießform

Die Gießform besteht im wesentlichen aus 3 Teilen: Mantel, Grundplatte und Gewindekern (Bild 165). Für den Mantel ist Grauguß zu verwenden. Auf die ebenfalls runde Grundplatte wird konzentrisch der Gewindekern aufgeschraubt. Dieser sollte aus Messing bestehen. Im Ausnahmefall kommt auch gezogenes Aluminium in Frage, aber dann lockert sich schon bald die Verschraubung. Beim Herunterschrauben der gegossenen Gewindekappe dreht sich der Kern mit, so daß zum Beseitigen dieses Mangels eine Stahlbuchse mit großem Bund in den Aluminiumkern eingelassen werden muß. Nun trägt die Stahlbuchse das Gewinde (M 12), und der Bund drückt mit seiner großen Fläche den Kern absolut sicher gegen die Grundplatte.

In ähnlicher Weise ist dieses Prinzip auch auf den Gewindekern anzuwenden, denn grundsätzlich sind zylindrische Konturen in der Gießform etwas konisch zu gestalten. Beim Schneiden des Außengewindes sollte der Dreher bei den letzten 2 bis 3 Schnitten den Gewindestahl nach hinten etwas zurücknehmen. Dadurch wird der Gewindezapfen etwas konisch (er »verjüngt« sich nach oben), und die Gewindekappe läßt sich nach dem Guß leichter lösen.

Großdimensionierte Gewinde (hier wurde M 46 × 3,5 verwendet) leisten erheblichen Widerstand, wenn sie nach dem Guß gelöst werden sollen (Bilder 166 und 167). So kann es vorkommen, daß sich die Kappe in der Mantelform dreht, sich aber nicht vom Gewindekern löst. Hier ist Abhilfe einfach. In die Mantelform werden innen 3 Rundnuten (etwa r 1 oder etwas größer) senkrecht eingefräst. Diese Nuten laufen voll Zinn und wirken nun als Mitnehmer. Die Gewindekappe wird von der sich drehenden Mantelform sicher mitgenommen, und die erhabenen Nasen werden bei der Bearbeitung der Kappe wieder abgedreht.

Der Einguß kann in der Mantelform konzentrisch angeordnet sein, jedoch ist bei allen konzentrischen Eingüssen (außer Schleuderguß) die Gießform zunächst schräg zu halten, damit die Luft entweichen kann. Sodann ist an einem senkrecht eingeschraubten Handgriff die gesamte Gießform ruckweise hin- und herzudrehen, damit das Schmelzgut in alle Hohlräume gelangt.

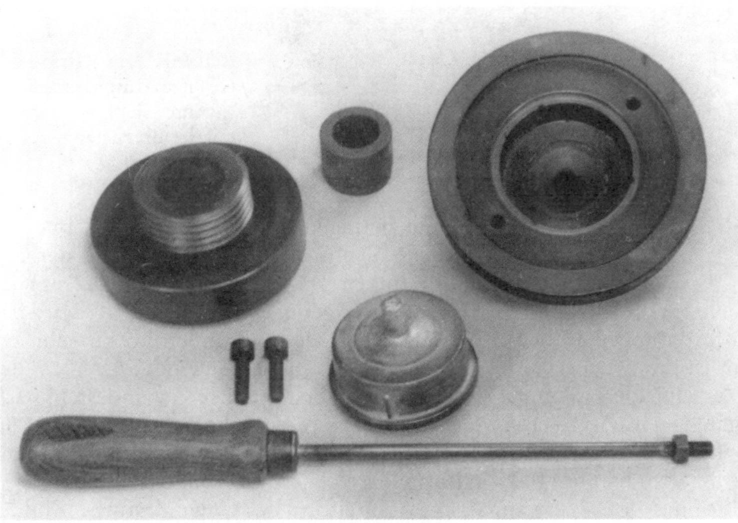

Bild 165. Gießformteile für die Gewindekappe. Mit dem linken Grundkörper ist der Gewindekern (Aluminium) verschraubt. Im Vordergrund ein Gußrohling. Eine der Mitnehmernasen ist sichtbar

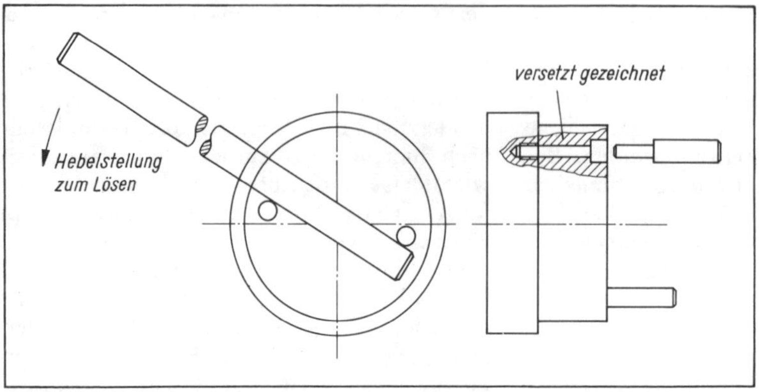

Bild 166. Schema zum Lösen von Gewindegießformen. Bei Verschraubung mit Innensechskantschrauben (sehr zu empfehlen!) lassen sich diese nach dem Guß gegen entsprechende Paßbolzen auswechseln, die die Kräfte einer Brechstange aufnehmen. Einspannen einer solchen Gießform am günstigsten in ein arretierbares Drehbankfutter (nicht im Schraubstock)

Bild 167. Die in das Drehbankfutter eingespannte Gießform wird mit der Brechstange gelöst

Gewindehülse und ihre Gießform

Die Gewindehülse, auch als Gewindestutzen mit Bund zu bezeichnen, stellt für die anzufertigende Gießform einige Anforderungen an den Dreher. In die Mantelform ist das gleiche Gewinde wie auf den Kern zu schneiden. Damit das fertige Gewinde leichtgängig wird, ist reichliches Spiel zwischen Gewindekappe und Gewindestutzen vorzusehen. Bei dem hier vorgeschlagenen Gewinde sollte das Spiel etwa 0,2 mm betragen. Hat die Gewindekappe das normale Nennmaß erhalten, muß also der Gewindestutzen als Gegenstück um 0,2 mm im Durchmesser geringer sein. Auch hier wird das Herausdrehen des Gewinderohlings sehr erleichtert, wenn beim Gewindeschneiden der letzten 2 bis 3 Schnitte der Gewindestahl nach hinten zu etwas zurückgenommen wird. So wird das Gewinde etwas konisch, und die Mantelform löst sich leichter vom Kern.

Die Mantelform des Gewindestutzens bildet

Bild 168. Gießformteile für die Gewindehülse. Durch den zentrischen Einguß hat der Rohling eine geschlossene Stirnwand, die wieder abgedreht werden muß. Am Kernteil (links) ist der Auswerfer in Funktionsstellung. Der Hebel (10 mm ∅) steckt lose im Sackloch

für das einzuarbeitende Gewinde ein Sackloch. Es ist keinem Dreher möglich, Gewinde bis auf den Grund eines Sackloches auszuschneiden, denn der Gewindestahl muß vor dem Anstoßen an die Wand aus dem Schnitt genommen werden. Man hilft sich ganz einfach, indem das Sackloch entsprechend tiefer vorgesehen wird. In vielen Fällen genügt eine Längenzugabe von 6 ... 8 mm, die später vom Gewindestutzen wieder abgedreht wird. Noch ein weiterer Umstand macht dieses Abdrehen notwendig: Wird der Einfachheit halber ein konzentrischer Einguß gewählt, so bildet sich über der Stirnfläche des Kerns eine Zinnkappe. Diese sollte recht dickwandig sein, also wenigstens 6 mm. So ist es möglich, einen Auswerfer vorzusehen, was eine erhebliche Arbeitserleichterung bedeutet (Bild 168).

Technisch wäre es möglich, ein Gewinde mit geringerer Steigung anzuwenden, was im extremen Fall Feingewinde bedeutet. Manches technische Problem würde damit entfallen. Aber der Zinngießer entfernt sich dann vom historischen Vorbild, an dem Feingewinde nicht üblich war. Der Zinngießer muß sich in der Auswahl nicht an metrisches Gewinde halten, sondern kann Zollgewinde oder ein »Phantasiegewinde« mit entsprechend grober Steigung vorsehen.

Auge und seine Gießform

Das Auge ist das kleinste Teil (es wiegt in der abgebildeten Ausführung 55 g), kann jedoch als originalgetreue Kopie für die Gießform einen recht hohen Aufwand erfordern (Bilder 169 und 170). Sobald nämlich der Außenumfang des Auges profiliert gestaltet wird, läßt sich das Gußstück nicht mehr aus einer ungeteilten Gießform herausnehmen. Es ist zunächst eine Längsteilung der Mantelform notwendig. Weil das Auge für das spätere Einlöten in die Gewindekappe einen kurzen Zapfen von etwa 8 mm Durchmesser braucht, ist die Dreiteilung der Mantelform sehr zweckmäßig. Auf die schmale Grundplatte, entsprechend der Augenbreite (hier sind es 20 mm), werden die beiden symmetrischen Hälften der Mantelform aufgeschraubt. In die Grundplatte (die eigentlich eine Deckplatte ist, denn sie kommt nach oben zu liegen) ist das konische Eingußloch von etwa 6 mm Durchmesser gebohrt. Diese drei miteinander verschraubten Formteile werden seitlich mit 2 Stahlblechplatten von 2 mm Dicke verschraubt. Damit das Auge nicht volläuft, trägt eine Stahlblechplatte den Kern. An historischen Originalen ist das Innere des Auges nicht zylindrisch, sondern der Tragring mündet trompetenartig sich verbreiternd beidseitig in das Auge. Also muß auch der Kern beidseitig wie eine Trompete aussehen. Damit läßt sich der Kern aber nicht mehr aus dem Auge ziehen.

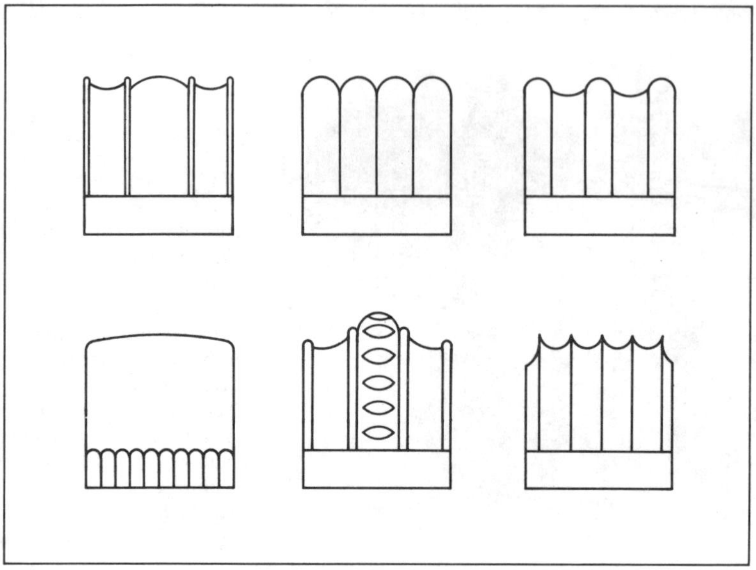

Bild 169. Sechs Augenformen für Tragringe nach historischen Vorbildern. Der Sockel sollte nicht scharfkantig, sondern abgerundet oder abgeschrägt sein

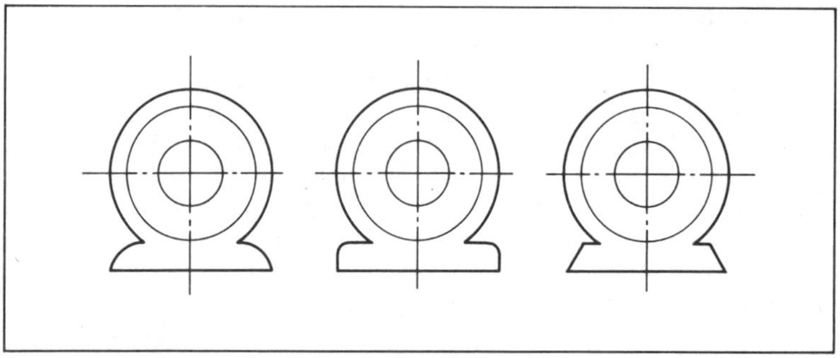

Bild 170. Sockelformen für die Augen der Tragringe. Die Sockelkanten sollten nicht scharfkantig, sondern gerundet oder abgeschrägt sein. Auch die Sockelhöhe ist zu beachten. Bei einem Augendurchmesser von 22 mm sollte der Sockel nicht höher als 4 mm werden; er darf nicht wuchtig wirken

Deshalb muß der Kern in der Mitte geteilt sein. Die eine Hälfte trägt ein durchgehendes Schraubenloch mit einem Durchmesser von 5,2 mm, die andere Hälfte ein Sackloch mit Gewinde M 5. An den Stirnseiten der Kernhälften sind Sitze angedreht, die in passend gebohrte Löcher der Blechwände eingreifen. So ist stets ein präziser Sitz gewährleistet. Damit der Kern immer genau in Mitte Gießform steht, muß rundum die Form mit den Blechplatten bündig sein. Dies ist der letzte Arbeitsgang, nach dem Zusammenschrauben die Konturen bündig zu fräsen. Man kann nun leicht kontrollieren, ob der Kern auf Mitte steht oder nicht (Bilder 171 und 172).

Für eine solche Augenform ist Messing am besten geeignet. In vielen Fällen wird der Zinngießer auf Aluminium ausweichen müssen, was auch beim abgebildeten Muster der Fall war. An einer Stelle zeigten sich schon bald Auflösungserscheinungen, und zwar beim hoch beanspruchten Eingußloch. Nach dem Erkalten des Gusses wird mit einer Rohrzange die Eingußhülse mitsamt dem darin erstarrten Material gedreht, bis der Eingußzapfen abreißt. Die Anwendung dieser mechanischen Gewalt wirkt sich schädlich auf das relativ weiche Aluminium aus. Der Lochrand bleibt nicht lange scharfkantig, und das glatte Abreißen gelingt bald nicht mehr. Deshalb wurde am abgebildeten Muster eine Messingbuchse warm eingepaßt, was sich gut bewährt hat.

Für die Augenform kann auch Grauguß ver-

Bild 171. Augenform, zerlegt. Zwischen den beiden Deckplatten der geteilte, trompetenartige Kern

Bild 172. Augenform, fertig zum Gießen. Im Vordergrund ein Rohling

wendet werden, doch ist zu bedenken, daß die Profilierungen dann in Eisen einzuarbeiten sind. Dentalwerkzeuge sind damit einem sehr hohen Verschleiß ausgesetzt. Zuerst wird die zusammengeschraubte Gießform entsprechend dem Augendurchmesser gebohrt und gerieben, am Muster also 20 H 7. Mit einem vorn abgerundeten Fingerfräser ist der Fuß des Auges auszufräsen (was am Muster leider scharfkantig erfolgte). Dann folgt in freihändiger Fräs- oder Gravierarbeit das Einarbeiten des Außenprofils. Hierzu ist die Benutzung optischer Hilfsmittel sehr zu empfehlen: Kopflupe, gegebenenfalls auch eine binokulare Präparierlupe mit etwa 12facher Vergrößerung. Für die stets gleiche Stellung der zueinander gehörigen Teile beim Zusammenbau der gesamten Gießform sollten Kennzeichnungen angebracht sein, z. B. »vorn«, auch Ziffern oder eingeschlagene Buchstaben können zweckmäßig sein.

Tragring und seine Gießform

Tragring und Auge müssen in ihren Dimensionen und im Dekor zueinander passen. Auch ein recht einfacher Tragring sollte nicht axial im Auge verschiebbar sein. An alten Stücken verhindern zumindest angegossene Nasen das Verschieben (Bild 173).

Für die Gießform sind zwei planebene Platten oder runde Scheiben aus Messing erwünscht. Sollte kein Messing vorhanden sein, kann man ersatzweise auf gezogenes Aluminium ausweichen (Bild 174). Bei der nun einsetzenden Fräs- und Gravierarbeit handelt es sich im Grunde um eine ähnliche Arbeit wie das Gravieren von Zinnfiguren in Schieferstein. Es wird also in jede Platte eine Hälfte des Tragrings eingraviert. Allerdings ist die Fräs- bzw. Gra-

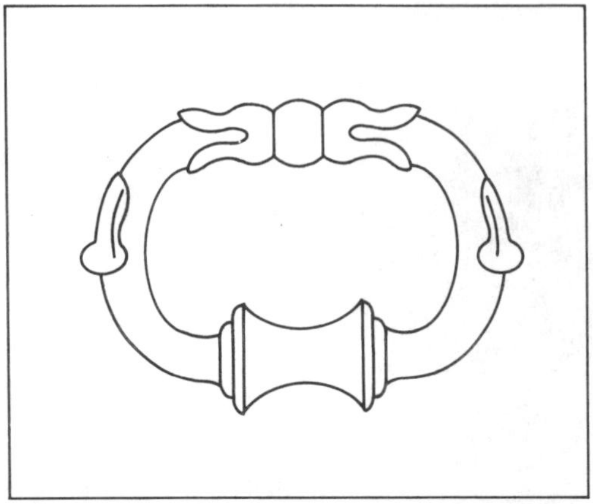

Bild 173. Eine Variante des Tragrings (auch Traghenkel zu nennen) nach historischem Vorbild

viertiefe erheblich größer. Bei einem Durchmesser des Tragrings von 9 mm ist also 4,5 mm tief zu gravieren (gemeint ist die Henkeldicke). Für das Ausfräsen einschließlich der trichterartigen Erweiterungen können kugelförmige Dentalfräser in Größen von 2...6 mm gute Dienste leisten.

Ein großformatiger Einguß und ein eingefrästes Fenster nach den Maßen des einzuschiebenden Auges bilden den Abschluß dieser recht aufwendigen Arbeit. Auf hohe Genauigkeit der Anlageflächen für das Auge ist größter Wert zu legen, damit hier kein Zinn ausfließen kann. Es ist zweckmäßig, mit einem untermaßigen Modell zu arbeiten. Bei einer Breite von 20 mm für das fertige Auge kommt ein Endmaß von etwa 19,8 mm in Frage. Fällt es beim Einpassen hinein, hat man dennoch eine Reserve, und die kostbare Gießform ist nicht verloren. Die Verwendung von Tuschierfarbe ist unbedingt anzuraten.

Damit sich nach erfolgtem Guß die beiden Gießformhälften leicht voneinander lösen, ist eine Hälfte mit kurzen Stiften (∅ 8 mm, 20 mm herausragend) zu versehen. Mit kurzen Hammerschlägen auf diese Stifte ist das Lösen der Formhälften nun sehr einfach.

Zur Bearbeitung der Einzelteile

Das Auge verlangt die geringste Bearbeitung. Es wird nur der Einguß bis auf die gewünschte Länge des Zapfens gekürzt, der später in die Gewindekappe eingesetzt werden soll. Zweckmäßigerweise werden zunächst entsprechend der Anzahl der benötigten Schraubverschlüsse die Augen gegossen und nach dem Verputzen innen isoliert. Hierfür hat sich WAGRAS-Ofenschwärze gut bewährt. Die Schicht wird dicker als durch Kerzenruß, allerdings ist eine geringe Vorwärmung zwecks besserer Haftfä-

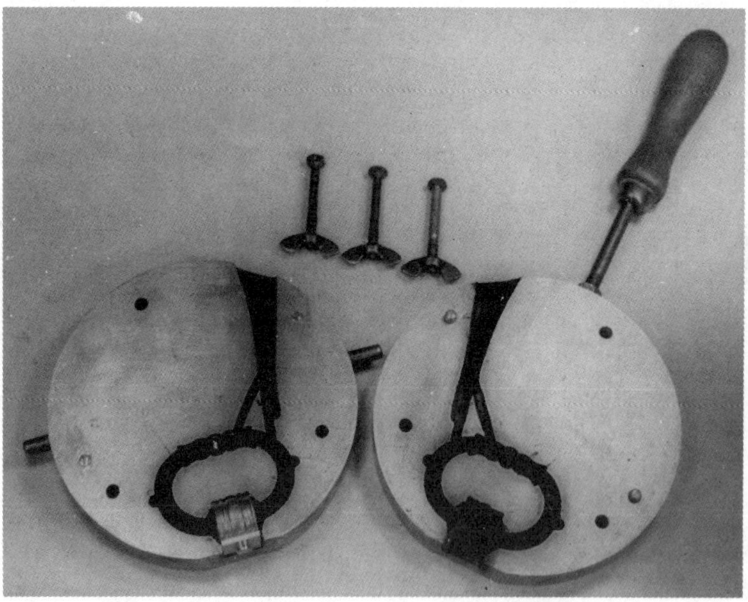

Bild 174. Gießform für den Traghenkel (Aluminium). In die linke Hälfte ist das Auge eingesetzt (hier nur zur Veranschaulichung), durch das der Traghenkel gegossen wird. Die 2 Stifte zum Lösen der Formhälften durch Hammerschlag sind an der linken Hälfte sichtbar

higkeit notwendig. Das so vorbereitete (gut abgetrocknete!) Auge wird nach angemessener Erwärmung der Tragring-Gießform in das Fenster geschoben, und es kann gegossen werden.

Aufwendiger ist das Bearbeiten der Gewindekappe. Um das Ein- und Umspannen im Drehbankfutter wegen der Druckspuren zu umgehen, wird ein roher Gewindestutzen in das Futter gespannt und auf diesen die Kappe aufgeschraubt, die sich nun bequem außen überdrehen läßt. In die Stirnwand der Kappe wird für den Zapfen des Auges das Loch gebohrt. Vor dem Verlöten des Zapfenendes kann auf die anliegenden Flächen etwas leichtflüssiges Lot aufgetragen werden. Nach vorsichtiger Erwärmung mit der Flamme »sackt« das Auge auf die Gewindekappe, und nach dem Erkalten dieser Lötverbindung wird der Zapfen an der Innenseite der Kappe verlötet. So entsteht eine doppelt sichere und zugleich fugenlose Lötverbindung.

Die Bearbeitung des Gewindestutzens beginnt auf der Drehbank mit dem Abdrehen oder Abstechen der dicken Stirnwand. Für die weitere Bearbeitung kann auch hier wieder das Gegenstück, also eine stets für diesen Zweck bereitgehaltene Gewindekappe, in das Drehbankfutter gespannt werden. Der Bund des Gewindestutzens ist entsprechend der Auflage paßgerecht zu bearbeiten. Für Keramikflaschen ist meist eine Rundung anzupassen.

Schraubverschluß an Keramikflaschen

Die an Keramikflaschen auf den Hals folgende Partie hat meist konvexe, zuweilen auch konische Kontur. Diese wird vom Bund des Gewindestutzens aufgenommen. Für die Anpaßarbeit ist an die Halspartie etwas Tuschierfarbe aufzutragen. So ist leicht zu kontrollieren, wo aus dem Gewindestutzen mit Stichel und Klinge noch Zinn abgearbeitet werden muß. Liegt schließlich der Bund gut auf, wird (erst jetzt!) etwas Glasur abgeschliffen (Bild 175), damit der Kitt oder keramische Kleber den porösen Ton erreicht und eine feste Klebverbindung zustande kommt. Für die Zinnoberfläche des innen paßgerechten Gewindestutzens ist ebenfalls eine rauhe Oberfläche erwünscht, gegebenenfalls sind mit dem Stichel Riefen einzuarbeiten. Nach einwandfreier Auflage kann der Gewin-

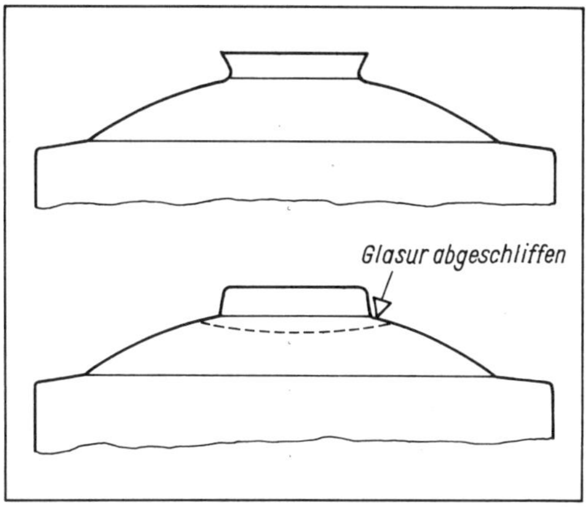

Bild 175. Zwei Hälse von Keramik-Schraubflaschen. Oben die ideale Form mit ausladendem Kragen. Das untere Muster ist bedingt verwendbar, wenn die glatte Glasur zwecks besserer Haftung der Klebepaste rundum abgeschliffen wird. Das Abschleifen ist bei einiger Vorsicht an Schleif- und Schmirgelscheiben möglich

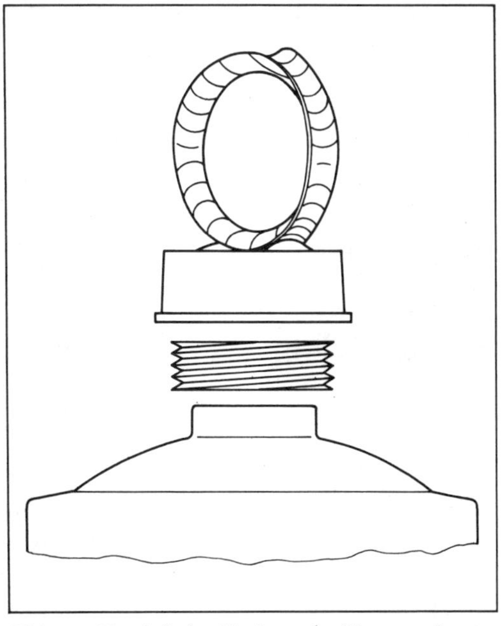

Bild 176. Vereinfachte Variante der Zinnmontierung für den Schraubverschluß einer Keramikflasche. Der aufwendigere, bewegliche Tragring ist durch einen fest aufgelöteten Ring ersetzt. Die Gewindekappe sitzt auf dem Keramikkörper auf, so daß der Verschluß nicht dicht sein kann. (Thüringer Hersteller, als Vorbild für den Tragring dienten wahrscheinlich Glockenkannen aus der Schweiz.)

destutzen mit der bereits bekannten Paste aus Feldspat und Wasserglas unter Wärmezuführung durch eine elektrische Heizsonne und angemessener Belastung aufgeklebt werden. Bei bemalten Keramikflaschen ist darauf zu achten, daß im festgezogenen Zustand des Schraubverschlusses der Tragring quer steht, das Hauptmotiv der Bemalung also nach vorn zeigt. (Ähnliches gilt für die Gravur an Zinnkannen mit Schraubverschluß). – Ist der Hals zu lang, so daß er vom Gewindestutzen nicht aufgenommen werden kann, wird die Anpaßarbeit an einem Distanzring aus gleicher Zinnlegierung ausgeführt und dieser mit dem Stutzen verlötet und überdreht.

Zuweilen wird dieser Aufwand umgangen und eine passend ausgedrehte Gewindehülse um das Mundloch geklebt, so daß die Gewindekappe nun auf die Keramik drückt (Bild 176). Diese Zinnmontierung ist unschön und unsachgemäß, sie sollte deshalb vermieden werden. Keramikflaschen, besonders als bemalte Fayencen, sollten stets eine dem hohen Wert entsprechende Zinnmontierung erhalten und nicht durch Zeit- und Materialeinsparung entwertet werden.

Bild 177. Viereckige Schraubflasche nach historischem Vorbild: Thüringen, 18. Jahrhundert. Die breiten Wände sind gewölbt wie Decke und Boden einer Violine, die Seitenwände sind keilförmig. Zuschnitt und Zusammenbau sind noch schwieriger als bei einer sechseckigen Schraubflasche

Die viereckige Schraubflasche

Nach der gelungenen Anfertigung kompletter Schraubverschlüsse kommt hierzu auch eine Zinnblecharbeit in Frage. Als historisches Vorbild kann ein viereckiger Schraubflaschentyp dienen, der im 18. Jahrhundert in Thüringen und im Vogtland hergestellt wurde (Bild 177). Mit einem Volumen von etwa 2,5 l war dieses Gefäß für die Reise in der Pferdekutsche, aber auch für die Mitnahme von Getränken zur Feldarbeit gut geeignet. Die Anfertigung einer solchen Schraubflasche ist eine anspruchsvolle Blecharbeit, denn außer dem Schraubverschluß müssen keine weiteren Teile gegossen werden.

Die Herstellung setzt voraus, daß ausreichend große Blechstücke vorhanden sind. Der Zuschnitt beginnt mit Vorder- und Rückwand (Bild 178). Beide sind nach außen gewölbt, was

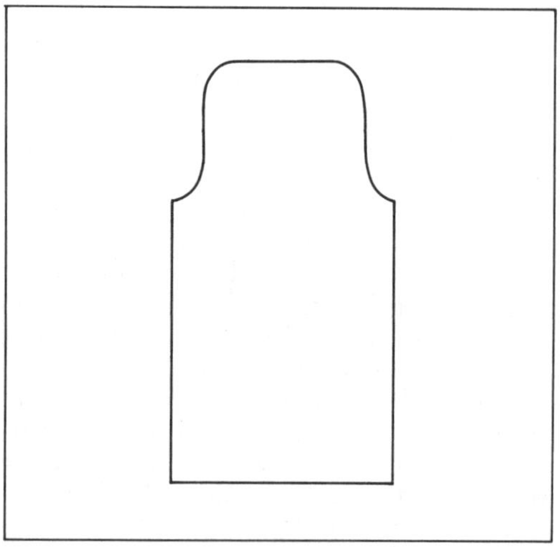

Bild 178. Kontur des Zuschnitts für Vorder- und Rückwand der viereckigen Schraubflasche. Je nach Größe soll die Blechdicke zwischen 1,5 mm und 1,8 mm liegen

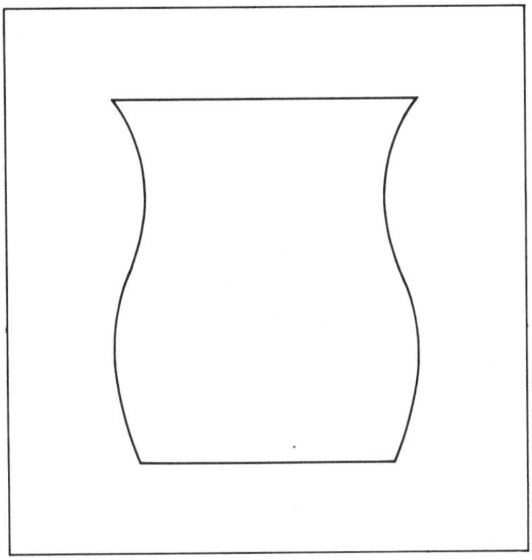

Bild 179. Kontur des Zuschnitts für die beiden Schulterteile (schematisch). Es empfiehlt sich, dieses etwas komplizierte Blechteil mit der Laubsäge auszusägen. Nach dem Entgraten und Befeilen des Sägeschnitts wird es gerichtet (nur mit Gummihammer auf ebener Stahlplatte!). Die Radiuspartien biegt man über eine Welle oder gezogenen Rundstahl mit passendem Durchmesser im Schraubstock

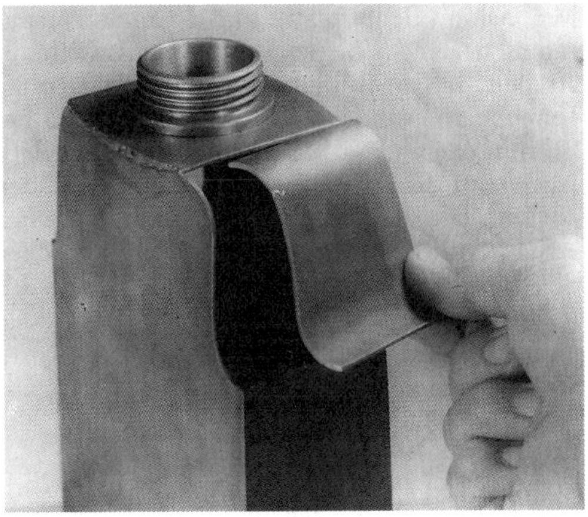

Bild 180. Anpassen eines gebogenen Schulterteils, nachdem die keilförmigen Seitenteile und das Oberteil mit dem Gewindestutzen eingelötet oder eingeschweißt sind. Von allen für diese Schraubflasche erforderlichen Blechteilen sind die Schulterteile die kompliziertesten, so daß mehrmaliges Anpassen und Nachbiegen notwendig wird

sich durch kräftiges Andrücken an einen zylindrischen Waschkessel oder ein ähnliches Gefäß mit einem Radius von etwa 360 mm erreichen läßt. Diese Wölbung gilt nicht nur der Formgestaltung, sondern wirkt dem Druck von außen, also dem Verbeulen, entgegen. Es sind jedoch auch ebene Frontwände bekannt.

Theoretisch ließen sich die kompletten Seitenwände aus je einem Stück zuschneiden. Aber der Übergang zwischen Schulter und keilförmigem Seitenteil muß scharfkantig werden. Es ist kaum möglich, daß dies mit dem Zuschnitt aus einem Stück gelingt (Bild 179). Deshalb werden die Seitenwände ohne die Schultern eingesetzt. Diese 4 Blechteile werden zunächst innen miteinander verlötet. Dann wird das Oberteil mitsamt dem eingesetzten Gewindestutzen bündig mit den Innenseiten von Vorder- und Rückwand verlötet. Erst nun werden die gebogenen Schultern angepaßt und ringsum innen verlötet (Bild 180). Es bleibt der Boden übrig, der als letztes Blechteil nur von außen eingelötet werden kann (Bild 181). Damit ringsum an den Stößen der Blechteile keine Fugen bleiben, werden sie zugelötet und sehr sorgfältig verputzt.

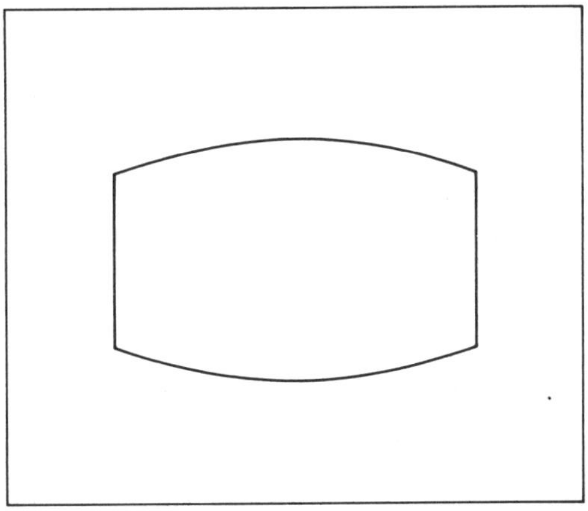

Bild 181. Kontur des Bodens der Schraubflasche (verkleinert, entsprechend der Größe und Wölbung der Vorder- und Rückwand). Der Boden wird nicht vorher zugeschnitten, sondern es wird die bodenlose Schraubflasche auf ein Stück gerichtetes Zinnblech gestellt und die Grundfläche ringsum mit der Reißnadel angerissen. Da aber die Blechwände nicht auf dem Boden aufsitzen, sondern diesen in sich aufnehmen sollen, ist der Boden je nach Blechdicke der Wände gegenüber dem Anriß entsprechend kleiner zu schneiden

Zinnmontierung an faßförmigen Schraubflaschen aus Holz

In ähnlicher Weise, wie im Ursprungsland Thüringen die sogenannten »Lichtenhainer« Intarsienkrüge etwa vom 17. Jahrhundert an in Zusammenarbeit von Böttchern, Holzbildhauern oder Schnitzern, Zinngießern und Graveuren entstanden, sind auch faßförmige, gedaubte (aus Faßdauben zusammengesetzte) Schraubflaschen bekanntgeworden, z. B. solche mit Zinnmontierung von *Andreas Haas* (*Kaiser* 1983), der von Dittersdorf (bei Schleiz) nach Kulmbach in Oberfranken übersiedelte, hier 1690 das Bürgerrecht erwarb und Meister wurde (*Hintze* 1921 bis 1931, Bd. 1, lfd. Nr. 41). So läßt sich erklären, daß »Lichtenhainer« Intarsienkrüge in erheblicher Anzahl (bisher 106 Stück nachweisbar) von dem Zinngießer *Andreas Haas* in 42jähriger Meistertätigkeit in Kulmbach entstanden sind (*Heinz* 1986). Im Vergleich zu den bekannten, meist konischen Holzdaubenkrügen sind Tönnchen (auch Fäßchen zu nennen) seltener (*Haedeke* 1975). Außer gedaubten Tönnchen sind auch hölzerne Schraubflaschen (wie auch konische Krüge) nachweisbar, die aus massivem Holz gedrechselt wurden, in das die Zinnintarsie eingelegt oder eingegossen wurde (*Kaiser* 1983). Bei der Wahl zwischen gedaubten und solchen aus vollem Holz gedrechselten Tönnchen ist den gedaubten Tönnchen unbedingt der Vorzug zu geben, denn das aus Faßdauben zusammengefügte Tönnchen (was auch für Holzkrüge gilt) ist handwerklich stilechter, wenn auch in der Herstellung aufwendiger.

Der Hobby-Zinngießer kann eine kleine Serie (damit sich die Anfertigung von Gießformen lohnt) bei einem Böttcher bestellen. Zuweilen ist eine Sonderanfertigung gar nicht notwendig, weil manche Böttcherbetriebe sich bereits dem Kunsthandwerk zugewendet haben und z. B. geeignete Fäßchen als Teil eines Likörservices herstellen, die sich für unsere Zwecke gut eignen. Die hier vorgestellten Holzfäßchen stammen aus einer solchen Produktion der Böttcherwerkstatt *Fritz Hanf*, Bürgel/Thür.

Zinnbandagen und ihre Gießform

Die beiden Zinnbandagen sehen sich ähnlich. Die obere Bandage hat eine Stirnwand, die untere nicht. Für kleine Stückzahlen genügt eine einzige Gießform, mit der zunächst alle Stücke mit Stirnwand gegossen werden (Bild 182). Für die untere Bandage wird die Stirnwand herausgestochen. Hierzu ist der Innenkonus auf eine mit gleichem Winkel (hier sind es 10° Verstellung am Kreuzsupport) angedrehte Holzform aufzudrücken und mit der Körnerspitze des Reitstocks zu führen, damit der Hakenstahl beim Einstechen nicht einhakt und das Werkstück herunterfällt. In gleicher Weise wird auch die obere Bandage bearbeitet. Hier ist jedoch entsprechend dem Innendurchmesser der einzulötenden Gewindehülse nur ein Loch einzustechen.

Als Material für die Mantelform dient Grauguß. Für den konischen Kern ist Grauguß wegen des auftretenden Schrumpfdrucks nur bedingt geeignet. Der Graugußkern wird sehr fest umschlossen, so daß sich der Gußrohling wahrscheinlich auch mittels Auswerfer nicht löst. Eher bricht die Stirnwand durch, obwohl sie 3 mm dick ist. Somit bietet sich ein Aluminiumkern an, der auf eine eiserne Grundplatte aufgeschraubt wird. Eine Zentrierung sorgt für den präzisen Sitz, und 3 Innensechskantschrauben M 5 halten Grundplatte und Mantelform zusammen. Bei der Bemaßung des Kerns ist anzustreben, daß die roh gegossenen Bandagen ohne Innenbearbeitung (außer Aufrauhen mit grober Schmirgelleinwand für die Bindung des Klebstoffs) auf die angedrehten Sitze der Faßenden passen. Die Bandagen müssen unbedingt am Absatz anliegen. Ein gewisses Spiel zwischen den Konen ist nützlich, damit der Klebstoff (Duosan o. ä.) eine ausreichende Schicht bilden kann.

Zur Drehbankarbeit an Holzfäßchen

Für den Sitz der beiden aufzuklebenden Zinnbandagen ist entsprechend deren Länge an beiden Faßenden je ein Konus mit gleichem Winkel wie die Bandage anzudrehen. Dadurch läßt sich die Zinnbandage etwas in das Holz einlassen und behält auch nach der Bearbeitung noch eine ausreichende Wanddicke. Die Spantiefe kann z.B. 1,5mm betragen. Steht die fertig überdrehte Zinnbandage noch 1mm über dem Holz, ergibt sich eine Wanddicke von 2,5mm. Es können somit ohne Bedenken dekorative Rillen oder Profile eingestochen werden, ohne daß die Bandage durchbricht. Wichtig ist, daß im geklebten Zustand die Zinnbandage am Konusabsatz anliegt!

Bild 182. Gießform für Zinnbandagen. Im Vordergrund zwei Rohlinge

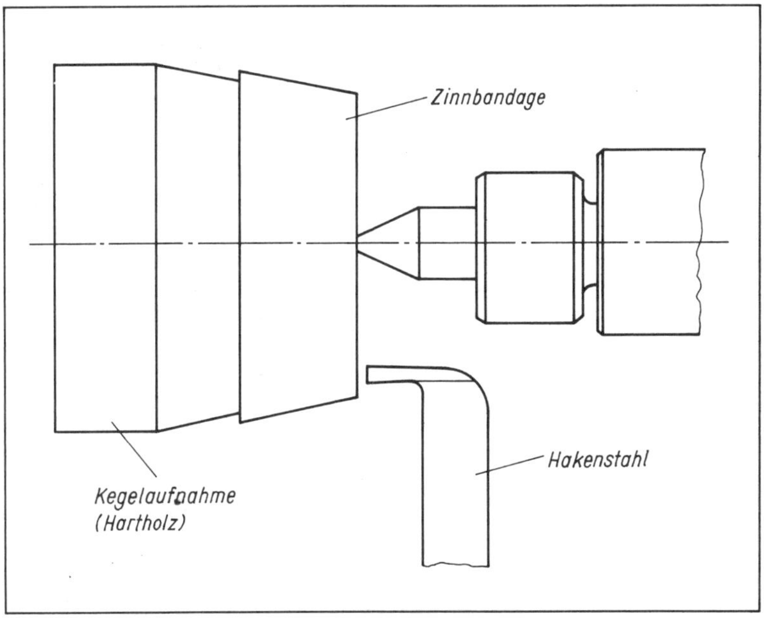

Bild 183. Spannweise zum Ausstechen der Stirnwand einer Zinnbandage für die Unterseite eines Holzfäßchens. Für die Oberseite wird nur ein Loch ausgestochen zur Aufnahme des Gewindestutzens

Bereits für den Arbeitsgang – Andrehen der Faßenden – ist eine sogenannte »Aufnahme« nützlich und notwendig. Aus Hartholz (Buche o. ä.) wird ein Ring gedreht, der mit seiner konischen Bohrung das Faßende mit oder ohne Bandage aufnehmen kann. Der erforderliche Innendurchmesser ist entsprechend festzulegen. Bei der Aufnahme mit angedrehtem Konus rutscht das Faßende am weitesten hinein. Der Holzring muß also breit genug sein.

Zur Drehbankarbeit an den Zinnbandagen

Bei eigenen Werkstattversuchen ergab sich als günstigste Variante, wenn die obere Zinnbandage zunächst an ihrer Stirnseite durch Überdrehen und Bohren für das Einsetzen und Einlöten des Gewindestutzens vorbereitet wird (Bild 183). Da nun eine zentrierte Gewindekappe aufgeschraubt werden kann, wird für die obere Bandage bei hoher Genauigkeit des Rundlaufs die Spannarbeit sehr erleichtert (Bild 184). Anschließend sind beide Zinnbandagen auf die Faßenden mit Duosan oder ähnlichem Kleber aufzukleben. Das Aufkleben kann jedoch entfallen, wenn Fräsarbeiten im Holz für Intarsien, die im folgenden Abschnitt behandelt werden, vorgesehen sind.

Falls das Fäßchen zwei Böden hat, ist natürlich der obere zuvor auszustechen. Werden die Zinnbandagen ungeklebt aufgezogen, können sie beim Bearbeiten mit Profilstählen auf dem Holz rutschen, also stehenbleiben. Sie laufen anschließend nicht mehr rund, was die ganze Arbeit erschwert und möglicherweise zum Ausschuß führt. Man kann sich mit Faßpech helfen und eine provisorische, leicht wieder lösbare Klebeverbindung herstellen.

Eine historisch originalgetreue und ästhetisch wirkungsvolle dekorative Gestaltung der Zinnbandagen sind erhabene Profilwülste, zwischen denen 1 ... 2 mm breite Felder stehenbleiben (Bild 185). Diese werden mit einem entsprechend schmalen, hohlgeschliffenen Profilstahl ebenfalls zu erhabenen Profilen geformt, so daß sich je ein breites Feld mit einem schmalen abwechselt.

Die beiden Bandagen bilden stets ein Paar und sollen gleiches Profilbild und gleiche Profilbreite aufweisen. Falls wegen unterschiedlicher Bandagenbreite (bedingt durch die Dicke der Stirnwand oben) die Felderaufteilung schwierig wird, sollte eine Korrektur nur an den schmalen Profilen erfolgen. Dies ist weniger

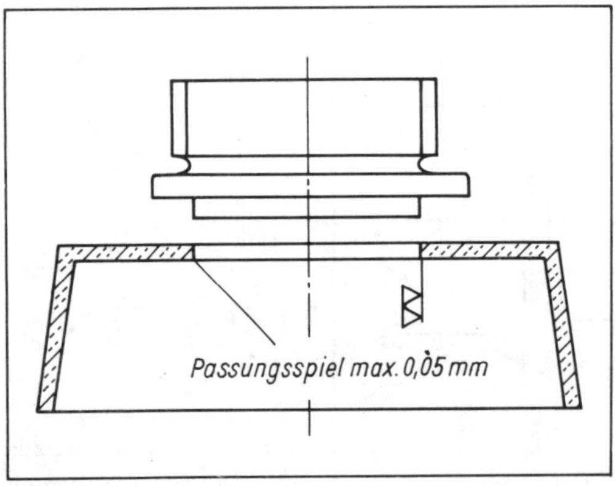

Bild 184. Der Gewindestutzen sollte unbedingt für den Sitz in der oberen Zinnbandage einen Ansatz haben, der möglichst spielfrei in die Stirnwand paßt, innen etwas übersteht und verlötet wird. Die Genauigkeit dieser Passung ist für den Rundlauf des Fäßchens sehr wichtig

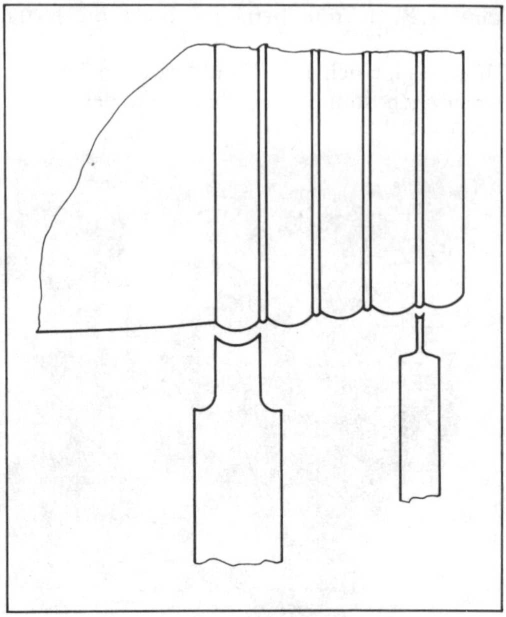

Bild 185. Eine Variante der Profilgestaltung an Zinnbandagen nach historischem Vorbild. Zuerst wird das breite Profil eingestochen, so daß schmale Felder stehenbleiben, die im 2. Arbeitsgang mit dem schmalen Formstahl profiliert werden

Bild 186. Intarsienfäßchen mit Formhälften für das Eingießen der Zinnintarsie (schematisch)

auffällig, als wenn die breiten Profilwülste von der oberen zur unteren Bandage variiert werden.

Zinnintarsie an Holzfäßchen nach »Lichtenhainer« Art

Am Beispiel des konischen Holzdaubenkrugs wurde der Werdegang der Intarsie durch Eingießen bereits behandelt. Die Einsparung von Arbeitszeit im Vergleich zum recht mühseligen Einschmelzen mit dem Lötkolben ist sehr hoch (Bild 186). Jedoch wäre die Anfertigung einer geteilten, innen ebenfalls bauchigen Gießform für Holzfäßchen recht aufwendig, so daß sich das Eingießen eher für eine kleine Serie eignet (Bild 187). Andererseits ist beim aufwendigeren Einschmelzen eine bessere Kontrolle darüber möglich, ob das flüssige Zinn alle Hohlräume ausfüllt. Das Einschmelzen kann somit auch Vorteile bringen, weshalb es etwas ausführlicher behandelt werden soll.

Zur Wahl der Motive

Die Motive an Holzfäßchen sind denen an konischen Daubenkrügen ähnlich, es dominieren Tiere und Pflanzen. Bei den Tieren sind es sehr oft Hirsche und Vögel, bei den Pflanzen Rankenwerk mit Blättern und Blüten. Meist ist die Intarsie symmetrisch angeordnet. Auf konischen Intarsienkrügen und auch auf Holzfäßchen finden sich oft Wappenschilder mit gravierten Initialen und einer Krone darüber. Die Übernahme eines Wappenschilds oder einer Kartusche in ein neu zu gestaltendes Intarsienbild ist durchaus möglich und liegt auch im Interesse der Symmetrie. Dagegen erscheint heute die Krönung von Wappenschild oder Kartusche antiquiert und nicht zeitgemäß. Bei alten Stücken deutet die Krone darauf hin, wer die Auftraggeber dieser Stücke waren.

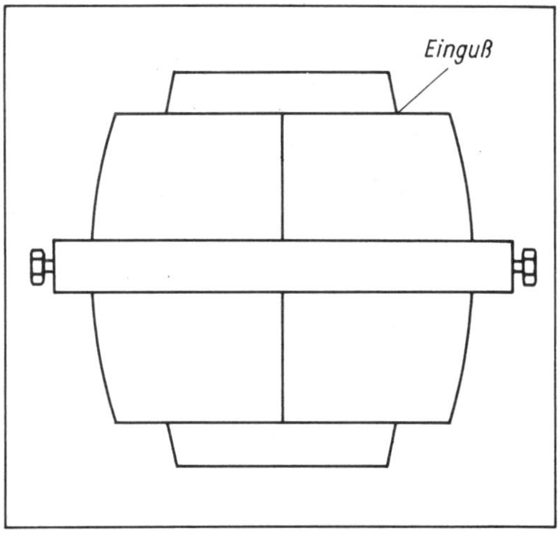

Bild 187. Intarsienfäßchen, zum Gießen in die Form gespannt

Kartuschen müssen nicht immer als ovales oder ellipsenförmiges Schild gestaltet sein. Bei *Kaiser* (1983) ist eine kugelförmige Schraubflasche abgebildet (1. Hälfte 18. Jahrh.), die aus einem massiven Holzklotz gedrechselt wurde.

Im symmetrischen Rankenwerk steht als Kartusche ein Herz mit gravierten Initialen und einer Krone darüber.

Sich kreuzende Kanäle sind gut möglich, etwa im Rankenwerk. Dadurch entsteht mit der späteren Gravur eine plastische Bildwirkung mit Vorder- und Hintergrund. Durch spitzwinklig sich kreuzende Konturen bilden sich jedoch bruchgefährdete Keile, deren Anzahl möglichst reduziert werden sollte. Es ist also eine Zeichnung notwendig, aus der Flächenaufteilung, Abstände und Überschneidungen vorher abzulesen sind. Wird der Maßstab 1:1 eingehalten, ist die Übertragung der Maße leicht möglich.

Es ist zweckmäßig, wenigstens an einigen Stellen Berührungspunkte der Intarsie mit den Zinnbandagen vorzusehen, besonders mit der oberen Bandage. Sonst hängt allein an dieser Klebverbindung das Gewicht des Fäßchens, möglicherweise zuzüglich Inhalt. Ist die obere Bandage (sinngemäß auch die untere) jedoch an einigen Stellen mit der Intarsie verlötet, kann sich auch bei unwirksam gewordener Klebverbindung (z. B. durch Holzschrumpfung) keine Bandage lösen.

Zu den Motiven auf historischen Intarsienkrügen gehört häufig der kapitale Rothirsch mit seinem gewaltigen Geweih, oftmals ein Zwölfender und stärker. Es ist jedoch nicht möglich, ein solches Geweih in Seitenansicht ohne mehrfache Überschneidungen wiederzugeben. Um diese zu umgehen, wurden schon früher die Geweihstangen »entzerrt« und eine etwas unnatürliche Stellung mindestens einer Geweihstange in Kauf genommen. Von dieser künstlerischen Gestaltungsfreiheit darf auch der Kunsthandwerker unserer Zeit Gebrauch machen; er muß sich nicht unbedingt an das Original gebunden fühlen. Das gilt auch für die Darstellung von Pflanzen, Rankenwerk und Blüten.

Bild 188. Holzfäßchen während der Fräsarbeit für die Intarsie

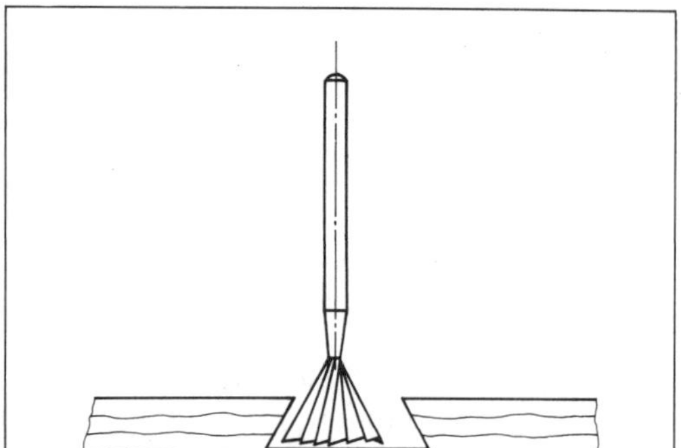

Bild 189. Fräserform und schwalbenschwanzartiges Fräsprofil für unterschnittene Kanten zum Eingießen oder Einschmelzen der Zinnintarsie

Herausarbeiten des Intarsienbildes

Nachdem das Intarsienbild mit weichem Bleistift auf das Holz aufgezeichnet wurde, ist es durch Ausfräsen oder Schnitzen herauszuarbeiten (Bild 188). Laien der Holzbearbeitung fällt das Ausfräsen mit Hilfe einer biegsamen Welle voraussichtlich leichter als der Umgang mit Schnitz- und Holzbildhauerwerkzeugen. In der eigenen Werkstatt führte das Ausfräsen mit Dentalfräsern bereits am konischen Holzdaubenkrug sowie an Intarsiendosen zu einem brauchbaren Ergebnis, weshalb diese Technologie hier berücksichtigt werden soll.

Zahnärztliche Fräskörper sind nicht in allen gewünschten Größen und Formen für unsere

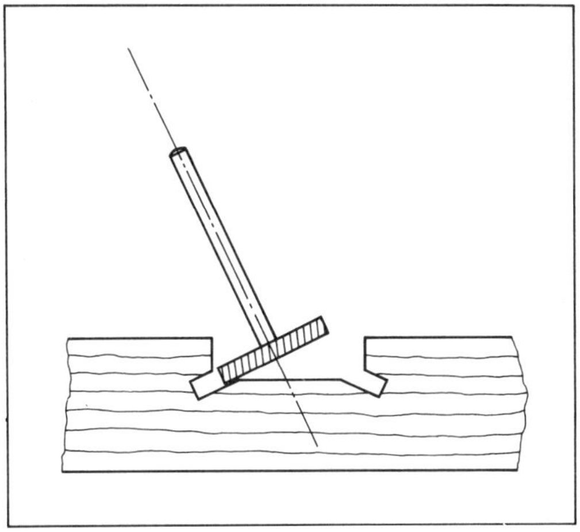

Bild 190. Eine weitere Möglichkeit, größere Intarsien sicher zu verankern, ist das Einfräsen mit kleinen Scheibenfräsern. Der Vorteil: Auch beim stärkeren Überdrehen der Holzoberfläche verändert sich das Intarsienbild nicht gleich, während es sich beim keilförmigen Profil sofort verbreitert.

Zwecke handelsüblich. Das betrifft besonders konische Fräser (mit »Blumentopfprofil«), deren großer Durchmesser also nach vorn zeigt. Die Länge sollte 6 ... 8 mm betragen. Solche Fräser sind erforderlich, um alle zugänglichen Kanten zu unterschneiden, damit die Intarsie nicht wieder herausfallen kann (Bilder 189 und 190). Einem geschickten Bastler wird es vielleicht möglich sein, solche Fräser mit entsprechend feiner Schneidenzahnung (damit die empfindlichen Kanten nicht ausbrechen) anzufertigen.

Das freihändige Ausfräsen mit Dentalwerkzeugen hat im Vergleich zum sauberen Schnitt der Schnitzeisen den Nachteil, daß die Kanten eher wellig werden. Solange es sich um Blätter und Rankenwerk handelt, fällt eine etwas wellige Kante nicht sehr auf, wirkt jedoch an geometrisch exakten Konturen von Wappen u. ä. sehr störend. Deshalb ist es nützlich, wenigstens für solche Intarsienteile Messer und Schnitzeisen (ersatzweise zurechtgeschliffene Schlüsselfeilen) zu verwenden. Wo jedoch schmale, keilförmige Stege (besonders in Querrichtung zum Faserverlauf) stehenbleiben sollen, z. B. in Hirschgeweihen, an Vogelfedern, zwischen den Beinen von Tieren usw., besteht bei der Verwendung von Schnitzeisen eher die Gefahr, daß die Spitzen dieser Keile wegbrechen (Bild 191). Auch aus diesem Grunde ist dem im Holzschnitzen weniger geübten Handwerker zur »gemischten« Arbeitsweise von Schnitzeisen *und* Dentalfräsern zu raten. Dennoch kann es beim Ausstemmen mit Schnitzeisen wie auch durch rotierende Fräser passieren, daß eine Spitze wegbricht. Es ist selbstverständlich, daß ein solcher Schaden ausgebessert werden muß. Ideal wäre es, wenn ein entsprechend der Frästiefe dünnes Brett der gleichen Holzart vorhanden ist. Andernfalls sollte eine zusätzliche Faßdaube bereitgehalten werden, aus der das erforderliche Paßstück geschnitzt wird. Dieses sollte größer sein als die abgebrochene Spitze und muß an der sauber abgestochenen Kante gut anliegen. Das Paßstück wird mit Duosan aufgeklebt und nach der Aushärtung (24 Stunden) passend bearbeitet.

Spitze Keile können schon allein durch die ständige Benutzung Schaden leiden und abbrechen. Sind solche Schäden zu erwarten, ist das partieweise Einschmelzen bzw. Umgießen bereits fertiger Teilbereiche zu empfehlen. Da-

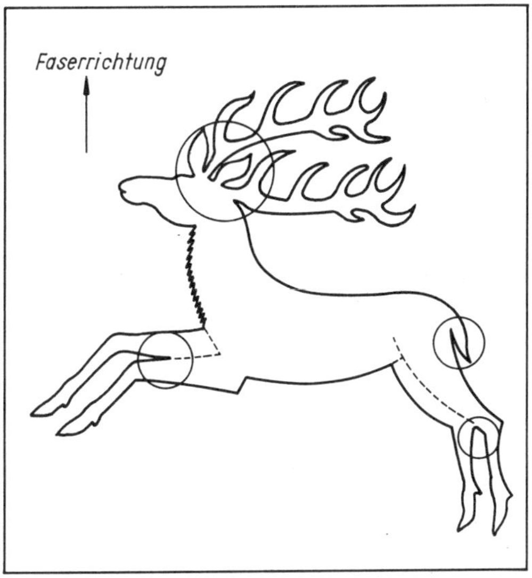

Bild 191. Die eingekreisten Partien am auszufräsenden Hirsch-Motiv sind bei der Holzbearbeitung besonders empfindlich gegen das Abbrechen, was sinngemäß für ähnliche Motive gilt. Nur das unverzügliche Umgießen oder Einschmelzen kann hier die stehenbleibenden Keile vor Schaden bewahren. Die gestrichelten Linien kennzeichnen die später vom Graveur einzuarbeitenden Konturen

durch ist nicht mehr die große Vorsicht erforderlich, denn nun werden alle kritischen schwachwandigen und spitzkeiligen Stellen durch das eingeschmolzene Zinn gestützt.

Zur Frästiefe wurden bereits Hinweise gegeben. Reichlicher bemessene Tiefen kosten zwar mehr Zinn, bieten aber größere Sicherheit, daß nicht schon beim Überdrehen die Intarsie herausfällt oder beim Gravieren Intarsienteile herausgehoben werden. Zu diesem Problem gibt *Haedeke* (1975) eine von *Mory* genannte Herstellungsweise wieder, wonach in die ausgeschnitzte Bildfläche kleine verzinnte Messingnägelchen (mit Köpfen) eingeschlagen werden, falls nicht feine, durch das Holz gebohrte Löcher dem flüssigen Zinn Verankerungsmöglichkeiten bieten. Diese letzte Variante läßt sich leicht auf Brauchbarkeit überprüfen. In Hartholz gebohrte Löcher von 2 mm Durchmesser liefen im Versuch beim Aufgießen nicht voll Zinn. Dieses sackt nur wenig ein, so daß die Verankerung recht unsicher ist und anschließend nur schlecht kontrolliert werden kann. Erst ab 3 mm Durchmesser laufen gebohrte Löcher voll Zinn, aber dann muß innen für Abdichtung gesorgt werden. Durch die unausbleibliche Holzschrumpfung könnten später die durchgebohrten Löcher undicht werden, wenn nicht eine Isolierung mit Faßpech erfolgt.

Auch die Variante mit den Messingnägeln ist kritisch zu betrachten. Diese bilden zwar für großflächige Intarsien eine wirksame zusätzliche Sicherung, sind aber für dünne Intarsien kaum zu gebrauchen. Die Messingnägel dürfen bei einer Intarsiendicke von 3 mm maximal 2 mm hervorstehen, damit durch die Bearbeitung und die Gravur nirgends die Nägelköpfe zum Vorschein kommen.

Gegen die Benutzung von Messingnägeln spricht die Möglichkeit der elektrochemischen Korrosion. Die Elemente stehen in der Spannungsreihe genügend weit auseinander (Zinn gegen die Kupfer-Zink-Legierung Messing). Sind die Messingnägel unvollständig verzinnt und dringt im praktischen Gebrauch Nässe in das Holz, so kann durch das Elektrolyt die elektrochemische Korrosion ausgelöst werden.

Soll auf die zusätzliche Verankerung mit Messingnägeln verzichtet werden, bleibt als Optimallösung eine über 3 mm hinausgehende Intarsiendicke und die Gestaltung einer an möglichst vielen Punkten miteinander verbundenen, rund um den Holzkörper reichenden Intarsie, die auch noch mit beiden Zinnbandagen durch Lötstellen verbunden ist.

Vorbereitung des Schmelzgutes

Krauss (1960) empfiehlt für Zinnintarsien eine Zinnlegierung mit 40% Bleianteil. Der Grund ist klar. Durch die eutektische Eigenschaft läßt sich eine solche Legierung leicht schmelzen und fließt gut in alle Hohlräume. Aber der hohe Bleianteil bedeutet, daß die Intarsie nicht lange silbrig glänzt, sondern grau wird. Der Bleianteil sollte deshalb auf 20% reduziert werden. Die Beimischung von etwas Wismut ist sehr zu empfehlen. Dadurch wird die Fließfähigkeit der Legierung wieder verbessert.

Es ist stets die für einen Krug erforderliche Menge einer Legierung vorzubereiten, damit nicht Farbunterschiede durch eine zweite, nachträglich gemischte Legierung auftreten. In der Intarsie des abgebildeten Holzfäßchens verblieben nach der Bearbeitung 250 g Zinnlegierung bei einer Frästiefe von 3,5 ... 4 mm. Die Zugabe für das Abdrehen betrug 150 g. Damit zur Sicherheit ein Rest verbleibt, war somit die doppelte Menge, also 500 g Zinnlegierung, je Holzfäßchen zum Einschmelzen vorzubereiten.

Die flüssige Zinnlegierung wird langsam in ein mit Wasser gefülltes Gefäß gegossen. Ob sich jedoch Kügelchen bilden, ist recht ungewiß. Bei keinem der eigenen Versuche gelang es, auf die von *Krauss* beschriebene Weise Zinnkügelchen zu erzeugen. Es sind stets Hütchen

Bild 192. Verschieden geformte Zinntropfen zum Einschmelzen der Intarsie

und Trichter geworden, in denen Wasser eingeschlossen war (Bild 192). Das Wasser verpufft dann im Moment des Einschmelzens, spritzt auf das Holz oder auch in die Augen (Vorsicht!).

Auch die von *Flade* (1986) beschriebene Variante, während des Eingießens der Zinnlegierung das Wasser mit einem kleinen Reisigbesen zu schlagen, führte nicht zum Entstehen von Zinnkügelchen. Es bildeten sich kleine, 2 bis 3 cm lange massive Würstchen mit zugespitzten Enden.

Gleichmäßig runde Kügelchen können wahrscheinlich nur im Luftstrom durch freien Fall erzeugt werden, wozu das flüssige Zinn aus einer Höhe von mindestens 12 m herabgegossen werden müßte. Dies ist im allgemeinen nicht praktikabel, so daß Notlösungen in Frage kommen. Man kann die flüssige Zinnlegierung durch ein feines Metallsieb (Kaffeesieb) gießen. Das Wasser in der darunter stehenden Schüssel muß jedoch hoch genug stehen, möglichst höher als 13 cm. Beträgt der Wasserstand nur etwa 6 cm, bilden sich korallenartig zusammenhängende Gebilde, weil die einzelnen Tropfen erst nach dem Aufeinandertreffen erstarren.

Für die verschieden großen Intarsienteile können die Zinntropfen auch unterschiedlich groß sein. Man muß also nicht den gesamten Vorrat zu möglichst kleinen Kügelchen verarbeiten. Für Wappenschilder und großflächige Tierkörper können ohne Bedenken die bereits beschriebenen Trichter und Hütchen verwendet werden, soweit man sich mit der ständigen Verpuffung des eingeschlossenen Wassers abfindet.

Einschmelzen der Intarsie

Für das Einschmelzen der Zinntropfen genügt im allgemeinen ein elektrischer Lötkolben mit 100 W Leistungsaufnahme (Bild 193). Um auch sehr schmale Kanäle gut bearbeiten zu können, ist die Finne des Lötkolbens (nur im ausgebauten Zustand!) entsprechend kalt auszuschmieden, so daß ein schlanker Keil entsteht. Für sehr großflächige Intarsien kommt auch ein Lötkolben mit mehr als 100 W in Frage. Auf keinen Fall ist es möglich, mit der offenen Flamme das Material einzuschmelzen, weil sofort die Ränder verkohlen.

Unter der heißen Finne des Lötkolbens sackt das Zinn ein, so daß nachgefüllt werden muß. Langsam wird der Lötkolben weitergezogen, so daß allmählich das gesamte Intarsienbild ausgefüllt ist. Beim Weiterziehen wird durch die Oberflächenspannung zuweilen flüssiges Zinn wieder mit fortgerissen. Hier muß der Lötkolben nochmals angesetzt, gegebenenfalls in entgegengesetzter Richtung bewegt werden. Es ist stets reichlich Zinn aufzuschmelzen. Trotzdem kann es vorkommen, daß Kanäle nicht bis zum Grund ausgefüllt sind. Hier muß man versuchen, das Zinn im noch flüssigen Zustand mit

Bild 193. Das Einschmelzen mit dem Lötkolben. Die Kolbenfinne darf wegen der Verkohlungsgefahr das Holz nicht berühren

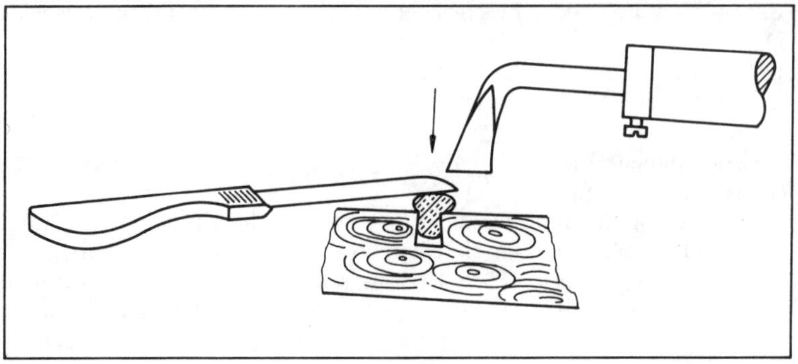

Bild 194. Einschmelzen von Zinnhütchen, Zinnkugeln u. ä. unter Druckeinwirkung in enge Kanäle

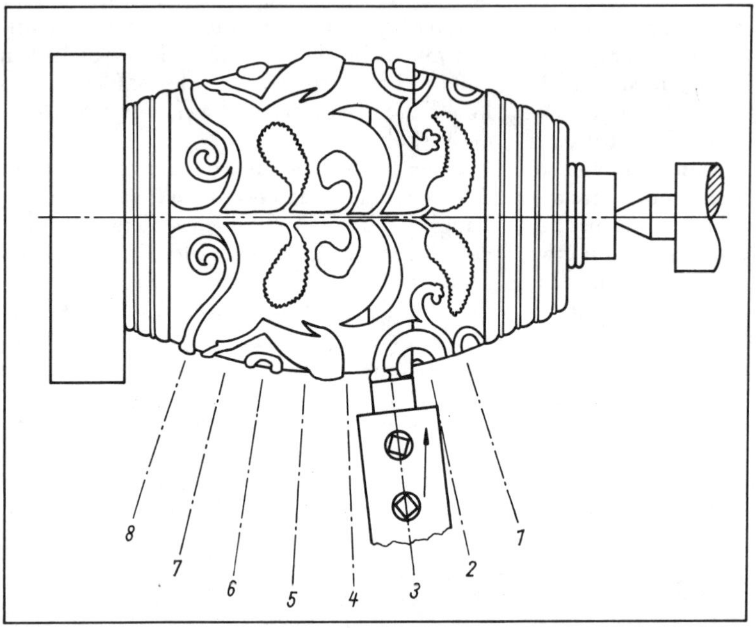

Bild 195. Partieweises Abdrehen der eingeschmolzenen Intarsie entsprechend der Breite des Stechstahls. Als Maximalbreite können 15...20 mm gelten. Bei breiteren Stählen droht die Gefahr der Rattermarkenbildung. Es verstärken sich auch die kantigen Absätze, was vermehrte Handarbeit bedeutet

einem Messer o. ä. niederzudrücken, bis es erstarrt ist. Dies ist besonders in schmalen Kanälen von nur 2,5 mm Breite erforderlich (Bild 194). Hier fließt das flüssige Zinn nicht hinein, weil die Oberflächenspannung es verhindert. Aber durch fortlaufendes Schmelzen und sofortiges Andrücken mit einem Messer läßt sich ein lückenloses Auffüllen erreichen. Ein sehr langes Verweilen mit dem heißen Lötkolben führt an solchen Stellen zum Verkohlen des Holzes!

Die Benutzung von Lötfett fördert das Abschmelzen der Zinntropfen, aber es können auf dem Holz lästige Fettflecken entstehen. Deshalb ist im Umgang mit Lötfett eine gewisse Vorsicht ratsam.

Ein Tropfen reines, echtes Terpentin, auf die flüssige Legierung gegeben, fördert die Fließfähigkeit des Zinns und hinterläßt auf dem Holz keine Spuren.

Bearbeiten der eingeschmolzenen Intarsie

Ist rundum die Intarsie eingeschmolzen und die Verbindung mit den Zinnbandagen hergestellt, kann das Überdrehen mit dem Stichel auf der Drehbank beginnen. Aber durch den unterbrochenen Schnitt und die stoßweise Belastung des Stichels entstehen sofort Rattermarken. Somit ist auch die maschinelle Bearbeitung mit dem fest eingespannten Drehstahl in Betracht

Bild 196. Bearbeitung der Zinnintarsie auf der Drehbank

zu ziehen. Allerdings läßt sich die Außenkontur des Fäßchens nicht exakt bogenförmig abfahren, dazu brauchte man eine recht aufwendige Leiteinrichtung. Es ist jedoch möglich, Stück für Stück entsprechend der Schneidenbreite eines sehr breiten, geraden Stechstahls abzudrehen (Bild 195). Hat der Stechstahl die Holzoberfläche erreicht, muß er umgespannt und in eine neue, radiale Stellung gebracht werden. Ein guter Rundlauf des Fäßchens ist allerdings notwendig (Bild 196). Wurde der Gewindestutzen mit reichlich Spiel in die Bohrung der Stirnwand eingelötet, entsteht schon hierdurch ein unrunder Lauf. Berührt der Stahl das Holz, steht auf der Gegenseite die Intarsie um den Betrag des Rundlauffehlers vor und ist mit der Feile bei stillgesetzter Maschine zu egalisieren. Das Feilen muß mit »geigenden« Bewegungen erfolgen, was für Metallfacharbeiter zur täglichen Übung und Routine gehört. Es kommen für diese Arbeit nur saubere, möglichst neue Schlichtfeilen in Betracht. Auch die vom Stechstahl stammenden Absätze werden so geglättet, daß die Zinnintarsie nirgends aus dem Holz herausragt. Beim Feilen sind die Zinnspäne ständig wegzublasen, damit sie nicht in das Holz hineingearbeitet werden. Eine Verschmutzung des Holzes tritt ein, wenn nach der Feilarbeit mit feinster, neuer Schmirgelleinwand oder Schleifpapier überschliffen wird, was bei umsichtigem Vorgehen auch bei laufender Drehbank möglich ist. Die Verschmutzung kann mit einem in Spiritus getränkten, sauberen Lappen wieder beseitigt werden. Hierbei wird sich bei Eiche der Farbton zunächst etwas aufhellen, er dunkelt dann aber in wenigen Tagen stark nach.

Nach der Oberflächenbearbeitung wird das Intarsienfäßchen einem Graveur übergeben, der die gesamte Intarsie mit dekorativer Gravur versieht.

Falls im Interesse des Gebrauchswertes das Holzfäßchen innen »verpicht« werden soll, kann das die Böttcherei besorgen. In früherer Zeit wurde stets Faßpech verwendet. Heute wird in den Böttcherbetrieben Lebensmittellack eingesetzt, der für solche kunsthandwerklichen Erzeugnisse noch besser geeignet ist.

Die Holzoberfläche ist stets porig und hinsichtlich der Schmutzaufnahme (allein durch fettige Finger) sehr empfindlich, weshalb die Böttcherei eine hauchdünne Schutzlackierung empfehlen könnte. Aber damit würde auch die Zinnintarsie mit Lack überzogen. Es erscheint fraglich, ob durch die Lackierung die künstlerische Wirkung erhalten bleibt.

Durch den hohen handwerklichen Aufwand (allein für die abgebildete Intarsie im Einschmelzverfahren 35 Stunden Handarbeit, ohne Gravur) wird sich dieses Erzeugnis – Holzfäßchen mit Zinnmontierung und Intarsie nach »Lichtenhainer« Art – nicht für den Verkauf im Kunstgewerbe eignen, auch nicht in kleinen Serien. Im Vergleich zu ähnlich gestalteten Zinngefäßen würde der erheblich höhere Preis der »Lichtenhainer« normalerweise jeden Interessenten abschrecken. Tatsächlich ist gegenwärtig kein einziger gewerblicher Hersteller bekannt. Nach *Haedeke* (1975) wurde von der Firma *Weygang* in Öhringen im Jahre 1927 eine »Holzkanne mit Zinnauflagen« im Versandkatalog angeboten sowie im Katalog von 1915 eine »Holzpitsche mit Zinneinlage« der Firma *Ludwig Mory*, München.

So haben Zinngießer wie Böttcher und Graveur in unserer Zeit die Gewißheit, sich mit einem ganz ungewöhnlichen und durchaus seltenen Kunstgegenstand zu beschäftigen, auf den sich das rege Interesse aller Kenner und Sammler richten wird.

Randprobleme des Zinngießens

Zinngegenstände – aus Blech gefertigt

In der Zinngießerei wird zuweilen auch Zinnblech verarbeitet. Mancher kompliziert geformte, aber glattflächige Zinngegenstand läßt sich aus zusammengelöteten Blechteilen leichter herstellen, als dies gegossen möglich wäre. Besonders Schraubflaschen, die es u. a. in spiraliger, viereckiger, sechseckiger und achteckiger Ausführung gibt, sind hierfür ein Beispiel (Bild 197). In der Schweiz und im Elsaß existiert ein aus der Feldflasche entstandener flacher Gefäßtyp, der »Bulge« genannt wird. Manche dieser Stücke ähneln in ihrem Grundriß dem einer unten gekürzten Violine und wurden in vielen Fällen aus Zinnblech hergestellt. Auch für ekkige Dosen und Kassetten wurde oft Zinnblech verwendet, manchmal auch in Kombination mit gegossenen Einzelteilen. Beispielsweise konnte der profilierte Rahmen einer Kassette gegossen sein, und für Wände, Deckel und Boden wurde Zinnblech verwendet (Bild 198).

Es soll nicht unerwähnt bleiben, daß manche Zinngießer in der Verarbeitung von Blech recht weit gingen. Mancher große Zinnkrug weist an seinem zylindrischen Mantel eine senkrechte Lötnaht auf. Die meist gut verputzte Naht verrät, daß der Krugmantel nicht gegossen, sondern aus Blech hergestellt wurde. Bei runden Zinngegenständen ist das gemischte Verfahren mit gegossenen und aus Blech gefertigten Einzelteilen stets sehr kritisch zu betrachten. Der

Bild 197. Schraubflasche aus Zinnblech, graviert (um 1740)

Bild 198. Zinnkassette, aus Blech gefertigt (um 1800)

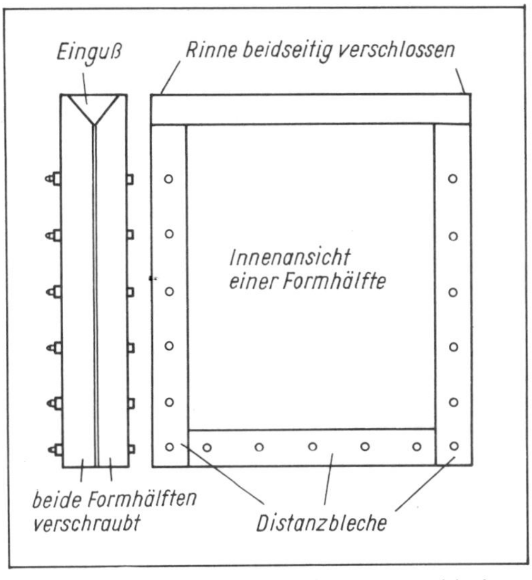

Bild 199. Metallform zum Gießen von Zinnblech. Die innere Flächengröße ist von der gewünschten Blechdicke abhängig. Bei 1,5 mm Dicke ist die Größe 160 mm · 220 mm gut zu erreichen. Dünnere Bleche erfordern eine Reduzierung in Höhe und Breite

gegossene Fuß eines Krugs ist genau rund, nicht aber der aus Blech geformte Mantel. Es muß zwangsläufig zu Ungenauigkeiten kommen, die den ästhetischen Eindruck beeinträchtigen.

Die Beschaffung gewalzter Zinnbleche kann sehr schwierig sein, so daß die Selbsthilfe angebracht ist. Man gießt sich dünne Platten und läßt diese in einer Goldschmiede (oder ähnlichem Metallbetrieb) auswalzen. Für Gefäße hat sich im allgemeinen eine Blechdicke von 1,6 mm bewährt. Hierbei ist folgendes zu beachten: Reines Zinn läßt sich gut auswalzen, aber es ist sehr weich und biegsam. Das Legieren mit Antimon bzw. mit Weißmetall kann beim Walzen zum Brechen der Platte führen. Günstiger wirkt sich ein Kupferzusatz aus. 2% Kupfer und ein Bleizusatz entsprechend den gesetzlichen Vorschriften, gegebenenfalls auch ein geringer Wismutzusatz ergeben eine Zinnlegierung von hoher Festigkeit, die beim Walzen nicht bricht. Im allgemeinen werden Platten bis zu 10 mm Dicke gewalzt. Die Größe der Platten richtet sich nach der Arbeitsbreite der Walzen. Bei einer Walzenbreite von 25 cm dürfen die gegossenen Platten nicht breiter als etwa 18 cm sein.

Gegossenes Zinnblech

Zinnplatten in einer Goldschmiede zum Auswalzen unterzubringen, kann möglicherweise auch auf Schwierigkeiten stoßen, weil die Walzen verunreinigt werden und die Goldbearbeitung nicht ohne weiteres fortgesetzt werden kann. Deshalb soll auf das Gießen von Zinnblech hingewiesen werden.

2 Metallplatten, die sich bei Erwärmung auf

250 °C nicht verziehen, werden durch zwischengelegte Distanzbleche auf 1,5 mm Abstand gebracht (als Beispiel, soweit nicht Zinnblech anderer Dicke gewünscht wird), fest zusammengeschraubt und unten sowie an den Seiten gut abgedichtet, wofür Gips geeignet ist (Bild 199). Als Werkstoff für die Metallplatten ist Aluminium verlockend. Aber Graugußplatten lassen sich auf der Magnetplatte einer Schleifmaschine planschleifen, so daß sich eine sehr saubere Oberfläche für die Zinnbleche ergibt. Bei einer Plattengröße der Gießform von 200 mm × 250 mm erscheint eine Dicke der Graugußplatten von 12 ... 14 mm ausreichend. Für Aluminium wären etwa 20 mm Dicke anzusetzen.

Das gegossene Zinnblech läßt den Zinnschrei hören, einen entsprechenden Reinheitsgrad der Legierung vorausgesetzt. Für Schraubkannen und Schraubflaschen verschiedener Formen (Sechskantschraubflasche, Schraubflasche mit Schulterform u. ä.) ist gegossenes Zinnblech gut geeignet (Bild 200). Orgelpfeifen werden auch heute noch aus Zinnblech geformt und zusammengelötet und nicht etwa als Hohlkörper gegossen. Unterschiedliche Zinnblechdicken wurden früher durch das Abdrehen auf Walzen gespannter Dickbleche erzeugt. In manchen Landschaften wurde bevorzugt Zinnblech verarbeitet. Besonders in Sachsen bog man die zylindrischen Mäntel großer Walzenkrüge aus Blech und lötete den Stoß entlang der Henkelpartie zusammen. Diese Arbeitsweise hat dann im Kruginnern ihre Spuren hinterlassen.

Bild 200. Sechseckige Schraubflasche und der Hartholzkörper, mit dem das Zinnblech geformt wurde. Der Boden verursacht kaum Schwierigkeiten beim Zuschnitt und Einlöten, wohl aber das gegossene, runde Oberteil. Die sechskantig bearbeitete Kontur muß zum konvexen Profil überall den gleichen Abstand haben, aber auch in den (sehr stabilen!) Blechmantel gut hineinpassen

Auslöten fehlerhafter Stellen

Trotz größter Sorgfalt kann es vorkommen, daß am fertig bearbeiteten Zinnwerkstück fehlerhafte Stellen verbleiben. Meist sind es winzige poröse Stellen, in denen schwarzer Poldreck eingeschlossen ist. Besonders auf großen glatten Flächen, wie Tellerböden, sind diese schwärzlichen Punkte sehr störend. Ein nochmaliges Bearbeiten der gesamten Fläche kommt meist nicht in Frage, und es ist nicht sicher, daß hierbei nicht noch weitere poröse Stellen eröffnet werden. Die Beseitigung solcher Fehler ist nur durch das Auslöten zu erreichen.

Auszulötende Stellen sind mit einem kleinen Bohrer bzw. Gravierfräser auszubohren, damit eine saubere Kontaktfläche entsteht. Anschließend ist ein geeignetes Lot aufzutragen. Wird Lot mit einem gegenüber dem Zinnwerkstück niedrigeren Schmelzpunkt verwendet, läuft das Loch zwar sehr gut voll, aber die Lötstelle weist einen Farbunterschied auf. Fast immer erscheint die Lötstelle als dunkler Fleck, was sich aus der unterschiedlichen Zusammensetzung der Legierungen erklären läßt. Eine recht sichere Methode ist die Verwendung eines Lots der gleichen Legierung. Allerdings kann dann nur mit dem Lötkolben gearbeitet werden.

Wodurch wird die Dunkelfärbung verursacht?

Unter den dunkelfärbenden Stoffen steht Blei an der Spitze. Je mehr Blei ein Lot enthält, desto dunkler (blaugrau) erscheint die Lötstelle. Den hellsten Farbton hat Reinzinn. Leider läßt es sich nicht gut löten, denn es läuft nur schlecht in Löcher hinein, sondern erstarrt manchmal bereits an der Oberfläche. Nach dem Überarbeiten der Lötstelle öffnet sich das Loch wieder, und die Prozedur beginnt von vorn. Wird ein leistungsstarker Lötkolben verwendet, kann die

Wand durchschmelzen, so daß auf der Rückseite mühsame Nacharbeit erforderlich wird. Auch für das Zulöten von Löchern aus der Luftblasenbildung ist Reinzinn nicht gut geeignet.

Am sichersten gelingt das Löten unter der offenen Gasflamme (Propan), wenn das Lot einen niedrigeren Schmelzpunkt aufweist als das Zinnwerkstück. Da Blei als Legierungsbestandteil für das Löten von Reinzinn wegen der Verfärbung kaum in Frage kommt, ist Wismut in Betracht zu ziehen. Der Wismutanteil am Lot bewirkt nur eine geringe Dunkelfärbung, etwa nur ein Drittel von der eines gleichen Bleianteils.

Ein aus Reinzinn (99% Sn) hergestellter Zinngegenstand läßt sich mit einem Lot aus Reinzinn, dem 8 ... 10% Wismut beigemischt sind, gut löten. Eine Verfärbung tritt noch nicht ein, aber der Schmelzpunkt ist merklich herabgesetzt.

Handelt es sich um das Auslöten fehlerhafter Stellen an bleihaltigen Zinngegenständen bzw. bei Reparaturen, ist eine entsprechende farbtongerechte Anpassung des Lots ebenfalls erforderlich. Aus den Komponenten Zinn, Blei und Wismut läßt sich eine Palette von Farbtonabstufungen für Vergleichszwecke etwa nach folgendem Schema zusammenstellen:

Masse-% Reinzinn	Masse-% Wismut	Masse-% Blei	Färbung
50	30	20	dunkel
50	35	15	↑
50	40	10	│
50	45		│
50	50		│
60	40		│
70	30		│
80	20		│
90	10		↓
95	5		hell

Recht aufwendig ist eine chemische Vergleichsmethode, bei der eine Strichprobe auf chromatographischem Papier ausgeführt wird unter Verwendung von Salpetersäure und Kaliumjodid. Es wird der Bleigehalt ermittelt unter Verwendung einer entsprechenden Serie von Zinnblechproben mit steigendem Bleigehalt in Stufen von je 5%. Da jede Reaktion abgewartet werden muß, kann eine Untersuchung sehr zeitaufwendig sein. Diese Materialprüfungen gehen im allgemeinen über das herkömmliche Arbeitsgebiet des Zinngießers hinaus und liegen im Wirkungsbereich des Restaurators.

Zinnkrankheiten

Hierunter sind 2 schädigende chemische bzw. elektrochemische Prozesse zu verstehen, die die Zinnsubstanz angreifen: Zinnfraß und Zinnpest.

Beim *Zinnfraß* handelt es sich um einen elektrochemischen Korrosionsvorgang, der vom ungleichmäßigen Einwirken aggressiver Stoffe (gegebenenfalls auch fremder Metalle) ausgelöst wird. Es entstehen schwarze, rauhe und poröse Flecken auf der Zinnoberfläche. Diese sichtbaren Merkmale werden in der Fachsprache der Zinnrestauratoren »Ausblühen« genannt. Durch eine ausschließlich mechanische Beseitigung der Flecken wird dem Voranschreiten des Zinnfraßes kaum Einhalt geboten. Deshalb wird die Bekämpfung dieser Korrosion auch durch elektrolytische Spezialbehandlung versucht.

Häufiger als der Zinnfraß kommt die *Zinnpest* vor (Bild 201). Sie äußert sich durch dunkelgefärbte Aufblähungen, die bei Berührung mit einem harten Gegenstand zu schwarzgrauem kristallinem Pulver zerfallen. Es handelt sich bei dieser Allotropie (Eigenschaft chemischer Elemente, in verschiedenen Zustandsformen aufzutreten, z. B. Kohlenstoff als Diamant und Graphit) um eine chemische Reaktion, die von Kälteeinwirkung begünstigt wird. Der Umwandlungsprozeß in eine graue, pulvrige, nichtmetallische Modifikation ist auf die Umwandlung von der tetragonalen in die kubische Kristallform im Gitteraufbau zurückzuführen. Das Atomgitter verändert sich sofort, wenn reines Zinn mit Blei, Antimon, Wismut oder anderen Elementen legiert wird. Hierdurch läßt sich mancher Widerspruch in der Beurteilung der Ursachen erklären. Beispielsweise wird der schädigende Einfluß der Kälte oft bestritten mit dem Hinweis auf die Tatsache, daß Zinngerät in ungeheizten Kirchen unbeschädigt die Zeiten überdauert hat. Aber ohne Berücksichtigung der Zusammensetzung der Zinnlegierung wird eine solche Beurteilung unzureichend bleiben müssen.

Bild 201. Gravierter Zinnteller, vom Zinnfraß befallen

Ist die Zinnpest übertragbar?

Daß die Zinnpest von einem befallenen Stück *nicht* auf ein gesundes Stück übertragbar ist, konnte inzwischen mit Sicherheit geklärt werden. *Bertram* und *Zimmermann* (1967) und andere Sammler und Sachverständige äußern sich übereinstimmend, daß eine Übertragung nicht stattfindet. Selbst nach jahrzehntelangem Kontakt aufeinandergepreßter gesunder und befallener Zinnteller konnte *Bertram* keine Übertragung feststellen.

Die Zinnpest befällt das Feinzinn (höchster Reinheitsgrad) am stärksten, das Probezinn (10% Bleigehalt) kaum, und Ziergeräte mit höherem Bleigehalt bleiben frei von Zinnpest. Zinnfigurengießer, die zwecks besserer Gießfähigkeit Wismut beimischen, machten ähnliche Erfahrungen. Die mit Wismutlegierung gegossenen Zinnfiguren blieben stets frei von Zinnpest.

Eine verbürgte Geschichte zur Zinnpest

Etwa um 1900 wurden im Zeughaus zu Petersburg russische Armeeuniformen aufbewahrt. Bei einer Revision wurde festgestellt, daß sämtliche zinnernen Uniformknöpfe verschwunden waren und statt dessen nur pulvriger Dreck vorhanden war. Der Zeughausmeister wurde der Veruntreuung beschuldigt und in Haft genommen, bis durch ausländische Sachverständige die Zinnpest als Ursache festgestellt und ihre zerstörerische Wirkung aufgeklärt werden konnte.

Restaurieren von Zinngegenständen

Zinngegenstände, von manchen Autoren nur als Zinngerät bezeichnet, gehören in vielen Fällen zum wertvollen Kulturgut. Sie sind Zeugen vergangener Zeiten und veranschaulichen Eß-, Trink- und Wohnkultur, Sitten und Bräuche sowie das sich wandelnde Schönheitsempfinden der Menschen in den verschiedenen Stilepochen, aber auch die Entwicklung des handwerklichen Zinngießens. Es ist also wichtig, daß die vielen typischen Merkmale der Zinngegenstände erhalten bleiben und nicht durch eine unsachgemäßte Restaurierung verdeckt oder verfälscht werden. In speziellen Fällen muß die Restaurierung auf die Konservierung beschränkt bleiben. Das ist zum Beispiel bei Funden durch Baggerarbeiten der Fall, wo Jahrhunderte alte Stücke, z. B. Grabbeigaben, zutage gefördert werden. Hier kommt es auf die Wiederherstellung des Gebrauchswertes überhaupt nicht an. Es wäre z. B. ein schwerer und unverzeihlicher Fehler, Löcher in derartigen Zinngefäßen zulöten zu wollen oder fehlende Teile, wie Deckel

Bild 202. Zinnkrug vor der Restaurierung

bzw. Henkel, durch neue zu ersetzen. Bei solchen Funden hat sich die Restaurierung auf den Erhalt des musealen Schauwertes zu beschränken.

Für defekte Stücke geringeren Alters wird im allgemeinen nicht dieser strenge Maßstab angelegt, aber in jedem Fall findet vor Beginn der Restaurierung zwischen Restaurator und Eigentümer eine Absprache statt. Gegebenenfalls wird in kritischen Fällen ein Kunstsachverständiger hinzugezogen.

Ein Grundsatz der Restaurierung besagt, daß jeder Eingriff möglichst wenig sichtbar, besser noch, kaum feststellbar sein darf. Zum Restaurieren von Zinngegenständen gehört zuweilen auch der Ersatz zerstörter oder fehlender Teile durch neugegossene Teile. Solche Arbeiten, soweit ein Ersatz durch Neuteile überhaupt in Frage kommt, sind mehr oder weniger begrenzt. Die zulässige Obergrenze ist zwar nicht gesetzlich geregelt, wird aber von Sachkennern, Museen, Taxatoren, Auktionatoren usw. bei Überschreitung einer (fließenden) Höchstgrenze beanstandet und führt zur Wertminderung des betreffenden Stücks. Die höchstzulässige Obergrenze liegt bei etwa einem Drittel des Gesamtstücks. Bei Überschreitung ist von einer Verfälschung zu sprechen. Diese erhebliche Spanne ergibt sich aus dem sehr unterschiedlichen Wert der Gegenstände. Alter, Seltenheit und Einstufung als Gebrauchszinn, Zunftzinn usw., aber auch die individuelle Haltung des Restaurators mit seiner Erfahrung und seinem Können spielen hierbei eine große Rolle.

Im Idealfall sind alle Teile vollständig vorhanden. Sie werden überarbeitet, Deformierungen beseitigt, hauptsächlich durch Ausbeulen, beschädigte Scharniere instandgesetzt, so daß ihre technische Funktion wiederhergestellt ist (Bilder 202 bis 204). Recht oft sind auch Schäden zu beheben, die durch unsachgemäße Restaurierung entstanden sind. An Kannen und Krügen sind es stark bleihaltige Lötstellen an den typischen Verschleißteilen Deckel und Scharnier sowie an den Wandungen dieser und ähnlicher Gefäße. Nach dem Ausfräsen der Lötstellen muß hier eine der Materialqualität speziell angepaßte Zinnlegierung aufgetragen und überarbeitet werden. Nur auf diese Weise sind unnatürliche und wertmindernde Färbungsunterschiede auszuschalten. Der Werde-

Bild 203. Die Deckelplatine hat sich vom angegossenen Scharnierteil gelöst

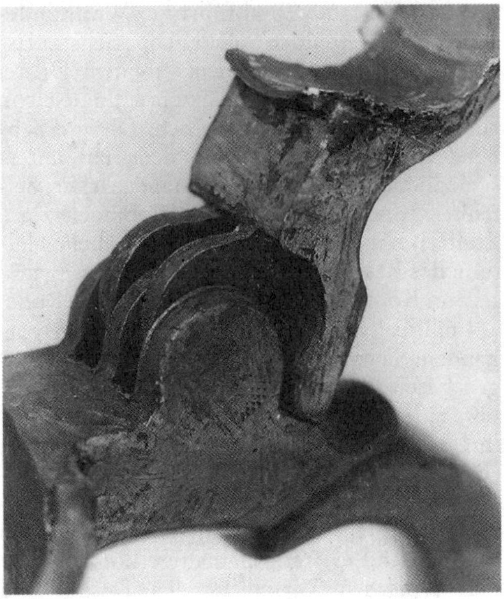

Bild 204. Der Scharnierstift ist abgeschert. Somit muß aufgebohrt, die alten Bohrungen nachgearbeitet und zum Schluß ein dickerer Stift eingepaßt und verlötet werden

Bild 205. Deckel mit Scharnieroberteil nach der Restaurierung

Bild 206. Der fertig restaurierte Zinnkrug (bis auf den noch einzusetzenden Scharnierstift). Restaurierung ausgeführt vom Zinn-Atelier *Dietmar Jacob*, Reichenbach/Vogtl.

gang der Restaurierung ist von Objekt zu Objekt unterschiedlich und wird jeweils aufs neue festgelegt. Fast immer beginnt es mit der Reinigung. Bereits mit warmem Seifenwasser, Naturhaarpinsel und Schwamm ist eine weitgehende Säuberung möglich, ohne daß die Patina angegriffen wird. Risse, Löcher und poröse Stellen infolge von Zinnfraß sind so leichter zu erkennen. Von den am häufigsten wiederkehrenden Arbeiten des Zinnrestaurators sollen hier einige behandelt werden. Siehe hierzu Bilder 205 und 206.

Ausbeulen

Das Ausbeulen einer Zinnwand durch Schlag oder Druck kann Einfluß auf das Gefüge haben. Alte Zinngegenstände haben im Laufe der Zeit eine solche Sprödigkeit erlangt, daß es beim Ausbeulen zur Rißbildung, möglicherweise zu totalen Brüchen kommen kann. Deshalb kann bei bestimmten Stücken zuvor eine Wärmebehandlung notwendig werden, damit sich die Gefügestruktur stabilisiert.

Der Restaurator benutzt für vorsichtige Schläge Hämmer in verschiedenen Größen und mit verschiedenen Profilen der Schlagflächen. Stets sind diese mit Wildleder überspannt. Es

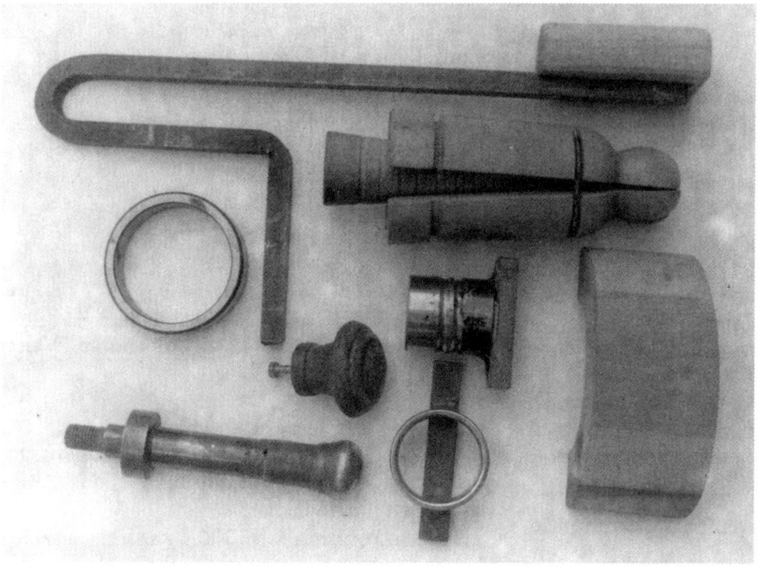

Bild 207. Einige Werkzeuge für das Ausbeulen von Zinngefäßen. Zuweilen werden auch Gürtlerwerkzeuge benutzt

werden auch Holzhämmer verwendet, ebenfalls mit Wildleder überspannt. Gummihämmer werden im allgemeinen nicht benutzt, weil sie relativ hart sind und Abdrücke hinterlassen.

Für das Gegenhalten in zylindrischen Hohlkörpern werden viergeteilte Holzformen verwendet, die stufenlos für verschiedene Durchmesser einstellbar sind. Siehe hierzu Bild 207.

Lötarbeiten an sehr dünnen Wänden

Alte Zinngegenstände können infolge starker Abnutzung über Jahrhunderte sehr dünnwandig sein. Bei manchen Stücken beträgt die Wanddicke nur noch 0,25 mm. Auch bei vorsichtigster Berührung mit der offenen Lötflamme schmilzt eine derartig dünne Wand sofort zusammen. Hier kann nur die indirekte Erwärmung mit Hilfe eines PVC-Heißgasschweißgeräts (z. B. ZIS 487) weiterhelfen (Bild 208). Mit dem Luftstrom des Gebläses kann man die Temperatur bis auf etwa 150 °C regeln. Lötverbindungen zwischen dicken und sehr dünnen Teilen sind ebenfalls gut möglich. Das speziell zusammengesetzte Lot ist in dünner Folie an der Lötstelle anzuordnen oder in Form feiner Körner perlenartig an der geplanten Lötnaht aufzureihen. Die vom Heißgasschweißgerät erzeugte Hitze wird geregelt und in der Nähe der Lötstelle, aber möglichst an einer dickwandigen Partie, eingeleitet. Der Hitzestrom wird also nicht etwa direkt auf die Lötstelle gerichtet, so daß man von indirekter Erwärmung sprechen kann. In der Restaurierungswerkstatt von *Dietmar Jacob* wird statt des originalen Gebläses ein größerer Staubsauger mit regelbarem Luftdurchlaß verwendet, was sich gut bewährt hat.

Der Restaurator wählt (unter Beachtung der Giftwirkung von Blei und Kadmium) aus Loten verschiedener Schmelzpunkte:

Tabelle siehe Seite 206

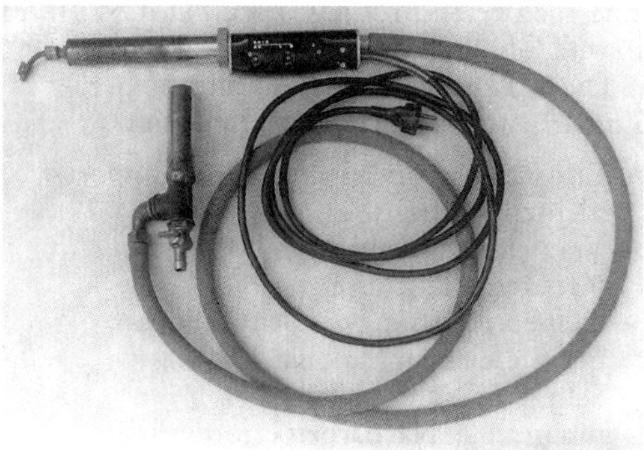

Bild 208. PVC-Heißgasschweißgerät ZIS 487, hier ohne Gebläse abgebildet

Legierungen in Masse-%

Zinn	Blei	Wismut	Kadmium	Schmelzpunkt	Eigenschaften
2	–	1	–	113 °C	ungiftig
4	8	15	3	70 °C	silberweiß, gut walzbar
2	–	3	1	95 °C	
3	–	5	1	95 °C	
1	–	2	1	95 °C	
3	8	8	9	75 °C	sehr giftig!
2	4	7	1	70 °C	

Nur diese Legierung läßt sich mit Vorteil zum Löten von dünnwandigem Zinn verwenden, indem man einen dünnen Streifen dieses Lotes zwischen die zu lötenden Teile bringt und diese in 75 ... 80 °C erwärmtes Wasser taucht, dem einige Tropfen konzentrierte Salzsäure zugesetzt wurden.

Trennen und Zerlegen von Zinngegenständen

In manchen Fällen sind die zu restaurierenden Partien unzugänglich, so daß das betreffende Stück zerlegt werden muß. Bei alten Stücken kann man infolge der tiefgreifenden Diffusion der Kristalle nicht mehr entlöten. Solche unlösbaren Verbindungen können nur auf mechanische Weise mit der Säge getrennt werden. Der Sägeschnitt (im allgemeinen mit der Laubsäge ausgeführt) kann unter Umständen auch quer durch einen bauchigen Gefäßkörper geführt werden, um z. B. bequemer ausbeulen zu können. Bei solchen Eingriffen werden die Sägespäne sorgfältig gesammelt und für das spätere Wiederzusammenfügen verwendet. Eine neue Lötverbindung, etwa mit leichtflüssigem Lot, würde eine auffällige und häßliche Verfärbung zur Folge haben. Besonders durch Blei- und Wismutanteile tritt eine starke Dunkelfärbung bei der chemischen Alterung mit Ätzmitteln ein. Deshalb werden Lötverbindungen umgangen und artgleiches Material (also kein Lot) an der Fuge verschmolzen, so daß wir es nun mit einem Schweißvorgang zu tun haben.

Zinnschweißen und seine Bedeutung

Der VEB Lötgeräte Dresden fertigt als neuartiges Erzeugnis der Autogentechnik Mikrobrenner B 3000.1 mit 5 Brennereinsätzen (ähnlich gestaltet wie medizinische Kanülen) für feinste Löt- und Schweißarbeiten, speziell für den Werkstattbedarf der Augenoptiker, Goldschmiede, Juweliere, Feinmechaniker, Dentaltechniker, für Elektrotechnik/Elektronik sowie für Glasschmelz- und Laborarbeiten. Zinngießer bzw. Zinnrestauratoren werden nicht genannt, jedoch ist die Eignung für das Zinnschweißen nachweisbar.

Der Mikrobrenner B 3000.1 kann als einzelne Garnitur ohne Sauerstoff- und Gasflasche bezogen werden, diese können dann auch nicht nachgeliefert werden.

Im Interesse eines optimalen Gebrauchswerts auch für Hobbyzwecke wurde vom Hersteller ein komplettes Autogen-Schweißgerät entwickelt als Mikrobrenner-Set »micro 3000.3«, der aus folgenden Teilen besteht:

Teile und Technische Daten des »micro 3000.3« auf Seite 207, linke Spalte.

Im Prospekt für das Mikrobrenner-Set »micro 3000.3« wird die Druckgasflasche als nachfüllbar bezeichnet, ist jedoch lt. Schreiben des Herstellers vom April 1987 als Einwegbehälter (Wegwerfbehälter) vorgesehen. Voraussetzung für den Kauf dieses Geräts »micro 3000.3« ist eine Schweißerprüfung nach TGL 2847/21 bzw. TGL 2847/02.

Die sich aus dem Einsatz dieses Geräts für Zinnarbeiten ergebenden Vorteile sind

- Einsparung von Wismut (NSW-Import, bilanzpflichtig)
- Verzicht auf bleihaltiges Lot (Gesundheitsschutz)
- Keine Verfärbung der Schweißnaht bei artgleichem Material
- Sehr gute Nahtqualität, nur geringe Nacharbeit erforderlich

Teile des Microbrenner-Sets »micro 3000.3«:

- Mikrobrenner B 3000.1 mit 5 steckbaren Brennereinsätzen 0,5 ... 1,5 mm ∅ (Kanülen Luer-System)
- Konstant-Druckregler für Sauerstoff
- 1-l-Sauerstoff-Druckflasche
- 0,4-kg-Brenngas-Druckflasche
- Transportgestell
- Brennerablage

Technische Daten:

Verwendbare Gase	Brenngas, z. B. Propan/Butan
Druckgasbehälter für Sauerstoff	0,98 l
Druckgasbehälter für Propan	0,4 kg
Gasnenndruckbereich	0,1 ... 0,25 MPa
Flammtemperatur	2850 °C (Propan)
Brennermasse (ohne Anschlüsse)	130 g
Löt- (Schweiß-) Bereich	0,1 ... 2 mm
Schlauch	PUR-Gasschlauch rot/blau eingefärbt, 1,5 m lang
Druckminderer	konstant etwa 0,2 MPa für Brenngas und Sauerstoff
Gesamtmasse	etwa 5 kg
Brenndauer	je nach Flammgröße etwa 20 h
Hauptabmessungen (Gestell)	275 mm × 90 mm × 420 mm (L × T × H)

Künstliches Altern

Das Angleichen des Farbtons eines restaurierten Teils an die übrigen Partien des betreffenden Zinngegenstands gehört zu den schwierigen Abschnitten der Restaurierungsarbeit. Die vollkommene Übereinstimmung wäre dadurch möglich, daß vor der Restaurierung das gesamte Stück saubergebeizt wird und nach erfolgter Restaurierung eine einheitliche chemische Patinierung erfolgt. Aber diese kommt nur dann in Frage, wenn von einer alten und echten Patina nicht gesprochen werden kann und die »antike« Dunkelfärbung auf Zinnfraß, Schmutz und vielen bleihaltigen Lötstellen beruht.

Beim chemischen Dunkelfärben der bearbeiteten alten oder neuen Zinnoberfläche handelt es sich oftmals um Ätzvorgänge, z. B. beim hauptsächlich verwendeten Eisen-III-Chlorid, dessen Dunkelfärbung etwas ins Bräunliche geht. Antimonchlorid färbt dagegen tiefschwarz, wobei es sich um einen elektrochemischen Vorgang handelt, indem sich schwarzes Antimon auf dem Zinn niederschlägt. Es werden auch organische Substanzen verwendet, z. B. Knoblauch. Dem Ätzen und dem Färben geht das Entfetten mit Waschbenzin voraus. Die chemischen Flüssigkeiten können mit dem Pinsel aufgetragen oder als Bad eingerichtet werden. Das Dunkelfärben kann in weniger als einer Minute abgeschlossen sein, je nach Konzentration der Lösung. Ist die Zinnoberfläche schon dunkler geworden als gewünscht, wird nach dem Spülen im Wasser und der Trocknung in Sägespänen »zurückgeputzt« bis der gewünschte Farbton erreicht ist. Allerdings kommt es oft genug vor, daß die Zinnoberfläche scheckig wird, weil die Ätzlösung nicht gleichmäßig angriff. Mangelhafte Entfettung ist meist die Ursache dieses Mißerfolgs. Die gleichmäßige Dunkelfärbung muß also sorgfältig überwacht werden.

Hochgradig reines Zinn (99,5% Sn) läßt sich nur schlecht mit den genannten Ätzmitteln altern. Besonders bei der Verwendung von Eisen-III-Chlorid bilden sich innerhalb weniger Minuten auf der Zinnoberfläche große, glitzernde Kristalle, die weder stumpf werden noch sich verfärben. Erst durch das Legieren mit Blei und Wismut setzt eine gleichmäßigere Dunkelfärbung ein. Bei hochgradigem Bleianteil kann sich diese Färbung bis zum schwärzlichen Farbton steigern. Wird dieser vom Restaurator nicht abgeschwächt und weiterbearbeitet, kann eine solche Alterung auch von Laien sofort erkannt werden.

Mancher Restaurator hat eigene (Geheim-) Rezepte entwickelt, die selbst Experten das Erkennen restaurierter und künstlich gealterter Teile eines Zinngegenstands fast unmöglich machen.

Um trotz der abstumpfenden Wirkung chemischer Ätzmittel dem Zinngegenstand wieder einen schönen Glanz zu verleihen, kann eine Kochsalzbehandlung die Alterung abschließen. Der Zinngegenstand und ein weiches Tuch werden naß gehalten und trockenes Kochsalz kräftig verrieben. Die Zinnoberfläche erhält dadurch einen griffesten, eigenartig warmen Glanz.

Das künstliche Altern wird jedoch nicht nur bei Restaurierungen praktiziert. Auch für neue Zinnerzeugnisse kann das Abstumpfen des metallischen Glanzes und zusätzlich eine gewisse Dunkelfärbung erwünscht sein, letztgenanntes besonders für die tieferliegenden Partien beim Reliefguß. Das gesamte Relief wird z. B. mit Antimonchlorid überpinselt und dann das erhabene Relief geputzt.

Es kann die chemische mit der mechanischen Behandlung gekoppelt sein. Durch hochtourig rotierende Bürsten mit Kunststoffborsten (zuweilen auch Messingdraht) wird die hellglänzende Oberfläche aufgerauht und somit stumpf und dunkler. Für vollplastische Zinnfiguren kann dies erwünscht sein, soweit sie nicht bemalt werden sollen. Dem maschinellen Bürsten (für Zinnfiguren eignet sich sehr gut die zahnärztliche Bohrmaschine) kann die chemische Behandlung vorausgehen. Für die genannten vollplastischen Vitrinenfiguren wird meist verdünnte Salzsäure verwendet.

Beim Einsatz von Säuren und Ätzmitteln müssen die gesetzlichen Vorschriften zum Arbeits- und Gesundheitsschutz beachtet werden. Deutliche, originale Etikettierung und Verschlußsicherheit gegenüber Kindern gehören dazu. In der DDR ist der Bezug von Säuren giftscheinpflichtig!

Zur Behandlung von Zinnpest und Zinnfraß

Durch Zinnpest oder Zinnfraß angegriffene Stellen werden nach der Reinigung vom Restaurator zunächst mit konzentrierter Salzsäure angeätzt. Dann erfolgt die Neutralisation mit Seifenlösung (Kernseife). Anschließend werden die geschädigten Stellen ausgekratzt und ausgeschabt. Sind alle Fraßspuren beseitigt, erfolgt das Auslöten oder Ausschweißen mit artgleichem Material, wobei am günstigsten mit dem Lötkolben gearbeitet wird.

Fälschungen, Imitationen, Kopien

So alt wie die Sammlerleidenschaft ist auch die Geschichte der Fälschungen. In vielen Fällen ist der Anlaß zur Fälschung die Gewinnaussicht, unechte Stücke als echt zu entsprechend überhöhten Preisen abzusetzen, was sinngemäß für neuere Stücke gilt, die nach spezieller mechanischer und chemischer Behandlung als alt angeboten werden. Das Erkennen unechter, gefälschter Zinngegenstände ist zuweilen sehr schwierig, nachzuweisen durch den jahrzehntelangen Verbleib mancher Fälschungen in renommierten Museen bis zu ihrer Entdeckung. Auch das Auftauchen gefälschter Stücke in hochrangigen Auktionen ist hier zu nennen.

Fälschungen sind im allgemeinen so zu definieren, daß mit Vorsatz Betrug begangen wurde bzw. begangen werden sollte. Somit ergibt sich eine scharfe Abgrenzung zu Kopien und Imitationen, die vom Hersteller als solche gekennzeichnet sind. In der BRD ist es zum Beispiel die seit 1726 bestehende Firma August Weygang in Öhringen, deren Musterbücher ein breites Sortiment von Zinngegenständen ausweisen, die Nachbildungen aus verschiedenen Stilepochen sind. Nach *Haedeke* (in *Baer* u. a. 1981) sind im ältesten Musterbuch von 1902 insgesamt 257 Stücke in »antik-imitiert« und 35 »polierte Weinkannen und Becher zu Gebrauchszwecken« aufgeführt. Nach *Haedeke* könnten heute etwa 50 bis 60 dieser Erzeugnisse durch den inzwischen erfolgten mehrfachen Weiterverkauf für Sammler ein Risiko bedeuten. Zum Teil werden solche, auf legitime Weise hergestellte Erzeugnisse verändert und verfälscht durch Gravuren mit irreführenden alten Jahreszahlen, durch nachträglich eingeschlagene oder aus anderen Stücken stammende Zinngießermarken. Daß neue Punzstempel nach alten Zinngießermarken angefertigt, aber auch mit erfundenen Marken und nachgeahmten Bodenrosetten (in Stegkannen) gefälscht wurden, wird von *Schneider* (in *Baer* u. a. 1981) für die Schweiz an Stitzen, Schnabelstitzen, Stegkannen, Glockenkannen, Humpen, Bauchkannen, Prismenkannen u. a. nachgewiesen.

Außer an gefälschten Zinnmarken kann mehr oder weniger deutlich am gesamten Aussehen, Gewicht und Klang eines fraglichen Stücks, an Herstellungs- und Abnutzungsspuren oder auch an den Gravuren die Fälschung erkannt oder zunächst vermutet werden. Es gibt plumpe Fälschungen, z. B. mitgegossene Gravuren und nachgemachte *Trenck*-Becher (echte Stücke entstanden um 1760), deren Gravuren mit dem elektrischen Signierstift vorgezeichnet wurden (*Mory* 1971).

Es ist vermutlich nicht so, daß Gravuren an schönen echten und alten Zinngegenständen auch meisterhaft ausgeführt sein müssen. Das weiche, leicht zu gravierende Material hat manchen Zinngießer verleitet, selbst zu gravieren. Wir finden deshalb auf alten Tellern, Kannen und Krügen zuweilen recht ungekonnte, steife Formen (Menschen, Tiere, Blumen, Landschaften) in der damals beliebten Flecheltechnik. Nach *Haedeke* (in *Baer* u. a. 1981) kann sich ein Fälscher in seiner Gravur verraten durch die steife Haltung der Figuren, ungeschickte und mißverstandene Tätigkeit des abgebildeten Handwerkers (hier auf einem gefälschten Teller, ein Bader vor dem Kunden stehend, wohl beim Schärfen des Rasiermessers dargestellt, während der Kunde noch nicht eingeseift ist u. a.). Aber in solchen Fehlern kann immer nur ein Indiz erblickt werden, und es müssen weitere, den Verdacht auf Fälschung stützende Einzelheiten erkannt werden, was bei diesem, angeblich von 1764 stammenden Teller auch gelang.

Ich sah einmal auf einem echten, alten Fayencekrug des 18. Jahrhunderts farbig gemalte Musiker, von denen einer die Geige beim Spiel in der rechten Hand hielt statt in der linken. Dieser Fehler ändert jedoch nichts an der Echtheit des Kruges.

Manche Autoren (*Verster* 1966, *Haedeke* 1973 u. a.) erblicken in den möglichst deutlichen Drehriefen (auch Drehrillen genannt) ein typisches Merkmal alter Handwerkskunst und somit ein Erkennungszeichen für ein entsprechend hohes Alter des Gegenstands. Das ist nicht ohne Vorbehalt einzusehen, denn ein praktischer Zinngießer kann heute auch auf modernen Werkzeugmaschinen in Handarbeit Drehriefen in beliebiger Ausführung erzeugen, d. h. flach oder tief, breit oder schmal, spiralig rechts- wie auch linksdrehend. Von allen Erkennungsmerkmalen sind die Drehriefen noch am leichtesten nachzuahmen, so daß sie für das Erkennen von Fälschungen nicht von primärer Bedeutung sein dürften. – Mehr oder weniger ausgeprägte Drehriefen sind in historischer Zeit sicher nicht aus Mangel an geeigneten Werkzeugen oder wegen zu langsam laufender Maschinen entstanden, sondern können durchaus als dekorativer Schmuck empfunden worden sein. An mächtigen Schleifkannen des 17. Jahrhunderts sah ich innen gewaltige Drehriefen von etwa 6 mm Breite und 0,4 mm Tiefe bei einer Wanddicke von mehr als 6 mm.

In einer neueren Abhandlung äußert sich *Haedeke* (in *Baer* u. a. 1981) zu Abdrehriefen eingehend und präziser, womit der tatsächliche Sachverhalt besser erfaßt wird: »Auch bei Gefäßen verdienen die Abdrehspuren Beachtung. Unregelmäßig verlaufende spiralige Rillen mit Absätzen, nicht ganz exakten Abständen und leichten Niveauunterschieden sprechen für frühere Entstehung, exakte, penible und dünnlinige Rillen, vielleicht sogar noch konzentrisch verlaufend, lassen auf späte Entstehung – also Kopie oder Fälschung – schließen. Gebrauchsteller – auch alte – haben fast nie unter dem Boden Abdrehrillen.«

Die Betrachtung alter handwerklicher Praktiken muß aber nicht immer zu richtigen Schlußfolgerungen führen. So muß das Fehlen des Leinenabdrucks an der Kruginnenwand durchaus nicht bedeuten, daß es sich um ein neueres bzw. gefälschtes Stück handeln muß, weil der Henkel nicht angegossen, sondern angelötet wurde. *Haedeke* (in *Baer* u. a. 1981) will dies jedoch nachweisen und stellt einer Kölner Kanne, 18. Jahrhundert, mit angegossenem Dreibakkenscharnier und Leinenfleck eine Kölner Kanne, Anfang 20. Jahrhundert, der Firma A. Weygang gegenüber. Diese neuere Kanne hat nur ein einfaches Zweibackenscharnier, keinen Leinenfleck. In der unterschiedlichen Scharnierausführung könnte vielleicht ein Erkennungsmerkmal liegen, weil das aufwendigere Dreibackenscharnier eher dem 18. Jahrhundert zuzuordnen ist als das einfache Zweibackenscharnier. Aber die Firma A. Weygang hat auch Deckelkrüge in der Art des 18. Jahrhunderts hergestellt mit angegossenem Henkel, mit Leinenflecken und mit Abdrehriefen innen und unter dem Boden (*Haedeke*, Bild 13, Deckelkrug). Dabei handelt es sich hierbei um einen blanken Krug (Höhe 24 cm), der keinen Anspruch auf ein höheres Alter haben kann, aber alle typischen Echtheitsmerkmale aufweist.

Die in vielen Abhandlungen wiederkehrenden Hinweise auf Leinenflecken als Echtheitszeichen für ein hohes Alter des betreffenden Stücks sind bedenklich. Manches echte und alte Stück hat einen angelöteten Henkel bzw. Scharnier, und hier ist somit auch kein Leinenfleck zu finden!

Dagegen wäre es heute einem Fälscher möglich, eine Henkellötstelle dennoch mit einem Leinenfleck zu versehen, indem die Kruginnenseite an dieser Ansatzstelle mit einer spitzen Flamme oberflächlich aufgeweicht und mit grobem Leinen ein Webmuster eingedrückt wird. Man könnte dem entgegenhalten, daß die Aufdeckung dieser Fälschung leicht möglich ist, weil der mit einem leichtflüssigen Zinnlot angelötete Henkel bereits nach mäßiger Erhitzung herunterfallen müßte. Das muß jedoch nicht der Fall sein, denn durch aufgelötete Zapfen, die durch gebohrte Löcher in das Kruginnere hineinragen, kann eine feste Lötverbindung zustande kommen, die sich nicht durch Erhitzen lösen kann.

Daß es Unsicherheiten und Fehlinterpretationen zu dieser speziellen Thematik gibt, ist bei *Haedeke* (in *Baer* u. a. 1981, S. 24) nachzulesen. Hier ist einmal vom Eingießen, dann vom Angießen des Henkels die Rede. Hierzu sollen an den vorgesehenen Ansatzstellen aus dem Gefäßkörper entsprechende Stücke ausgeschnitten (!) worden sein. Demnach würde der Henkel nicht auf den Gefäßmantel, sondern gegen einen Klumpen Ton gegossen, dem ein Stück nasses Tuch aufliegt. – Was wäre die Folge? Bei dieser nutzlosen Technologie würden infolge Verpuffung durch Wasserdampf stark deformierte Ansatzstellen im Kruginnern entstehen. Das aber ist bei keinem alten Stück der Fall. Die Ansatzstellen sind nie herausgeschnitten worden (wozu auch?), denn die Innenwände sind stets unverletzt geblieben. Nur der Leinenabdruck blieb als Spur vom gegengehaltenen feuchten Lappen, damit hier das flüssige Zinn des Henkelgusses den Krugmantel nicht durchschmelzen konnte.

Die Notwendigkeit dieser Vorsichtsmaßnahme ergab sich aus der Volumendifferenz. Der Henkel ist stets dicker als die Krugwand. Bis an der Ansatzstelle das flüssige Zinn erstarrt, kann es durch das größere Volumen die relativ dünne Krugwand durchschmelzen und den Krug bzw. die Kanne zerstören.

Unter weiteren, auf eine Fälschung hinweisenden Kriterien wird von manchen Autoren die künstliche, chemisch aufgetragene Patina genannt. Diese soll sich mit Zitronensäure leicht entfernen lassen bzw. angreifen (*Verster* 1966, *Haedecke* 1973). Eigene Versuche mit Zitronensäure ergaben folgendes Resultat:

Echte, alte Patina (80 Jahre und älter) wird nicht angegriffen. Mit Eisen-III-Chlorid frisch behandelte Stücke ließen sich nur sehr unvollkommen reinigen. Es blieb stets eine deutliche Dunkelfärbung bestehen. Auch nach mehrfach wiederholten Versuchen gelang es nicht, den vorherigen silbernen Glanz der neuen Zinnoberfläche wiederherzustellen. Besonders deutlich wurde die nur schwache Wirkung der Zitronensäure an frisch geätztem Zinn mit 10% Bleianteil (und mehr) sowie an hochgradig reinen Zinndeckeln, die bereits 9 Jahre zuvor mit Eisen-III-Chlorid gealtert wurden. Hier war die Abnahme (Aufhellung) der Dunkelfärbung nur sehr gering und hörte nach wiederholten Versuchen ganz auf, so daß diese Stücke fast unverändert dunkel blieben.

Mit Antimonchlorid behandeltes Reinzinn (5 Stunden im Bad) ließ sich mit Zitronensäure besser reinigen, jedoch blieb die Oberfläche matt. Das Ätzen mit Essigsäure brachte ein ähnliches Ergebnis.

Neben der chemischen Behandlung ist zum Erkennen von Fälschungen das Augenmerk auf die mechanische Alterung zu richten. Echte, alte Stücke sind an ihren Oberflächen (soweit es sich um Gebrauchszinn handelt) kenntlich durch Kratzer, Schnitte, Schläge, Beulen, aber auch durch glattpolierte Partien, wie an Handgriffen, Kugeln, Henkeln. Die Verteilung der mechanischen Altersspuren ist ungleichmäßig, entsprechend der praktischen Handhabung. Fälscher sind jedoch in der Lage, Abnutzungsspuren künstlich einzuarbeiten. Vom Original abgeformt, können sie mitgegossen werden, was auch für Gravuren gilt. Diese Technik findet beim Einsatz von Silikonkautschuk für die Gießform ihre Perfektion, ist aber auf kleinere Stücke beschränkt. Hierbei ist in allen Vertiefungen die porige Gußhaut nachweisbar, wenn auch nur mit starker Lupe.

Fertige Zinngegenstände werden auch »gepeitscht«. In die Lederschnüre sind kleine Nägel, Büroklammern, Reißzwecken u. ä. gesteckt, die ihre Spuren auf der Zinnoberfläche hinterlassen. Aber diese Bearbeitung erfolgt über alle Partien wahllos. Es werden die künstlichen Altersspuren ziemlich gleichmäßig über den ganzen Gegenstand verteilt, so daß entsprechende Schlußfolgerungen möglich sind.

Haedecke (1973, S. 347) macht auf den oft höheren Bleigehalt der Fälschungen im Vergleich zu Originalen aufmerksam. Bei nachgemachten Tellern soll sich häufig feststellen lassen, daß sie schwerer im Guß ausfallen, was *Haedeke* zum Teil mit der vom Fälscher angestrebten Materialersparnis begründet. Aber raffinierte Fälscher dürften kaum so armselig kalkulieren. Sie setzen mehr Blei zu wegen der besseren Gießfähigkeit (etwa bei Reliefguß zwecks schärferer Konturen) sowie der gleichmäßigen und intensiveren Dunkelfärbung nach chemischer Alterung.

Der Begriff Fälschung ist sehr weitreichend und berührt den Bereich, der nichts mit Betrug zu tun hat. Ein zum Beispiel aus dem 17. Jahrhundert stammendes Stück kann im 18. Jahrhundert, dann nochmals im 19. Jahrhundert infolge einer Restaurierung verfälscht worden sein. Beschädigte Teile können verändert oder mit Teilen aus anderen Stücken ausgetauscht worden sein, so daß ein stilwidriges oder fremdartiges Stück entstand, das kaum noch in Beziehung steht zu den ursprünglichen Zinnmarken und ihrem Meister. Hier kann nur von *Verfälschung* die Rede sein, für die es manches Beispiel gibt. Dagegen gilt als *Fälschung*, wenn man echte alte Zinnmarken aus einem zu restaurierenden Stück herausschneidet und sie in einen neuen Boden, Deckel usw. für diesen Zinngegenstand wieder einsetzt. Die Täuschungsabsicht gilt hier als erwiesen.

Für das Erkennen von Fälschungen ist die Kenntnis alter handwerklicher Techniken stets eine Grundvoraussetzung. So wurden zum Beispiel die bereits zu Anfang des 16. Jahrhunderts entstandenen schlanken Balusterkannen (wurden vielleicht auch als Trinkkrüge benutzt) zu-

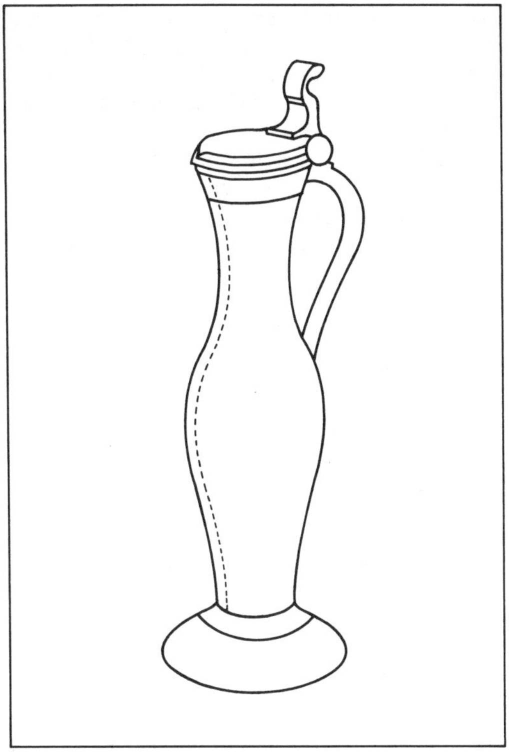

Bild 209. Balusterkanne (Brandenburg, um 1530). Eines der Echtheitsmerkmale sind die senkrecht verlaufenden Lötnähte; hier ist eine solche gestrichelt angedeutet

mindest in einigen Gegenden nach dem Gießen in Längsrichtung aufgeschnitten, der lange Kern herausgelöst und die Längshälften wieder zusammengesetzt. Die Lötnähte verlaufen also vertikal über das Gefäß, das etwas unrund geblieben ist (Bild 209). Findet man heute eine Balusterkanne mit Quernaht, kann das als Hinweis auf eine Fälschung gelten.

Recht kompliziert ist hingegen die Unterscheidung zwischen Original zu Abguß und Nachguß, wofür *Mory* (1972) den Begriff »Plagiat« verwendet. Manche Kopie stammt aus der gleichen Gießform wie das Original. Bei Eisen- und Messingformen ist eine in die Tausende gehende Vervielfältigung möglich, wie es nach *Mory* bei kleinen Nürnberger Relieftellern bereits seit dem 18. und 19. Jahrhundert bis in das 20. Jahrhundert hinein der Fall war.

Den Abguß setzt *Mory* mit deutlich geringerer Qualität gleich, bedingt durch die Abformmaterialien Sand, Lehm oder Gips (statt Lehm könnte Ton gemeint sein, Verf.). Silikonkautschuk wird nicht genannt. Ein solcher Abguß könnte jedoch wieder die Qualität des Originals erreichen.

Der Nachguß entsteht durch die nach einem Original angefertigte neue Gießform, die selbstverständlich nicht der abgenutzten alten Originalform gleichen kann. Es kann nicht von Fälschung die Rede sein, wenn solche Imitationen den Stempel des Herstellers tragen und die kunstgewerbliche Vervielfältigung ersichtlich ist.

Es ist bemerkenswert, daß sich unter den vielen in der Literatur aufgeführten Zinn-Fälschungen kein einziger Holzdaubenkrug mit Zinnmontierung und Intarsie befindet, obwohl es sich bei solchen Originalen um ungewöhnlich wertvolle Raritäten handelt, die zum Fälschen verleiten müßten.

Schlußbemerkungen

Aus dem Werdegang der meisten beschriebenen Zinnarbeiten ist zu ersehen, daß elementare Kenntnisse in der Metallbearbeitung sehr erwünscht sind. Für die Anfertigung von Metallgießformen sind sie sogar eine Voraussetzung. Manche Darlegung zum Bau eigener Gießformen ist nur als Vorschlag zu betrachten. Beispielsweise läßt sich eine Scharnierform auch anders als in der hier aufgezeigten Weise anfertigen. In vielen Fällen wird das konstruktive Vorgehen von den Abmessungen und der Qualität des vorhandenen Materials diktiert werden, so daß manche Abweichung von der üblichen oder ursprünglich beabsichtigten Bauweise in Kauf zu nehmen ist. Der Aufwand für den Selbstbau von Metallgießformen mag hoch erscheinen und wird bei größeren Objekten, wie Weinkanne oder Teller, die Hilfe einer Metallwerkstatt erfordern. Solche Gießformen stellen stets Wertobjekte dar, für deren ökonomische Nutzung die Gründung einer Arbeitsgemeinschaft zweckmäßig sein kann.

Das Abformen und Abgießen fremder Arbeiten aus Porzellan, Messing usw. ist keine künstlerische Leistung und sollte im allgemeinen unterbleiben. Allenfalls kann bei Münzen, Medaillen und Plaketten eine Ausnahme eingeräumt werden. Aber diese Stücke sind dann als Kopien entsprechend einzustufen und zu kennzeichnen.

In der Metallgießtechnik werden Metallformen zum Gießen von Blöcken, Barren und Formteilen *Kokillen* genannt. Da die Kokille erst relativ spät in der Metallindustrie entwickelt wurde, kommt diese Benennung im alten Zinngießerhandwerk nicht vor. Dagegen wurde früher im Zinngießerhandwerk der Formmantel (Mantelform, Außenform) Hobel oder auch Hubel genannt. Diese Bezeichnung ist weder im Duden noch im Fremdwörterbuch zu finden und wurde deshalb nicht verwendet.

Literaturverzeichnis

Zur handwerklichen Praxis des Zinngießens sind nur wenige Veröffentlichungen erschienen. Zur Vertiefung des Wissens ist jedoch auch das Studium kunstgeschichtlicher Abhandlungen zu empfehlen. Der Interessierte findet in den Bibliotheken Spezialwerke zur geschichtlichen Entwicklung der Zinngießerkunst und über verschiedene Kunststile, das Markenwesen, bedeutende Sammlungen, berühmte Zinngießer und Werkstätten, die Entwicklung der Offizinen und ihren Einfluß auf die Verbreitung von Zinnminiaturen, das Zinngerät in verschiedenen Landschaften und manches andere.

Baer, I., H.-U. Haedeke, T. Kohlmann, und H. Schneider: Zinn. Kopie – Imitation – Fälschung – Verfälschung. Bd. 3 der Reihe Kunst und Fälschung. Verlag Kunst & Antiquitäten GmbH. Hannover 1981

Berling, K.: Altes Zinn, 2. Aufl. Berlin: Verlag Richard Carl Schmidt & Co. 1920
Bertram, F., und *H. Zimmermann:* Begegnungen mit Zinn. Prag: Artia-Verlag 1967
Diderot et d'Alembert: Encyclopedie. Paris 1771
Flade, H.: Intarsia. Verlag der Kunst, Dresden 1986
Haedeke, H.-U.: Zinn. 2. Aufl. Braunschweig: Verlag Klinkhardt & Biermann 1973
Haedeke, H.-U.: Altes Zinn. Leipzig: Insel-Verlag Anton Kippenberg 1963
Haedeke, H.-U.: Zinn. Leipzig: Verlag Koehler und Amelang 1973
Haedeke, H.-U.: Sächsisches Zinn. Leipzig: Prisma-Verlag Zenner und Gürchott 1975
Haedeke, H.-U.: Die sogenannten »Lichtenhainer« Bierkrüge. – In: Jahrbuch 1976 d. Ges. f. d. Geschichte u. Bibliographie des Brauwesens e. V. Berlin (West), S. 91 bis 106
Halle, J. S.: Werkstätte der heutigen Künste, I. Band: Die achte Abhandlung – Der Zinngießer. Brandenburg und Leipzig 1971
Hanisch, A.: Zinn. Schriftenreihe des Museums des Kunsthandwerks Leipzig, Nr. 17. Leipzig 1972
Heinz, K.: Ursprungsland Thüringen. Neue Erkenntnisse über die Herkunft der »Lichtenhainer Krüge«. – Weltkunst Heft 22, S. 3608 bis 3611, 1986
Hintze, E.: Die deutschen Zinngießer und ihre Marken. Band I bis VII. (1921 bis 1931). Neudruck Aalen: Otto Zeller, Verlagsbuchhandlung, 1964
Hintze, E.: Nürnberger Zinn. Leipzig: Verlag Karl W. Hiersemann 1921
Kaiser, H.: Falsch benannte Lichtenhainer Krüge? – Zur Herkunft und Bezeichnung alter Daubenkrüge mit Zinnmontierung. – Zeitschrift f. Kunstfreunde, Sammler und Museen, München 1983, Heft VI, S. 40 bis 50
Krauss, F.: Intarsien. Leipzig: VEB Fachbuchverlag 1960
Mory, L.: Schönes Zinn. 4. Aufl. München: Verlag Bruckmann KG 1972
Ortmann, E.: Zinnfiguren einst und jetzt. Leipzig: Verlag Edition 1973
Reinheckel, G.: Zinnsammlung im Zwinger, Dresden. Schriftenreihe der Staatlichen Kunstsammlungen, Dresden 1966
Salmon, M.: Art du Potier d'Etain. Paris 1788. Deutsche Übersetzung von Rosenthal: Schauplatz der Künste und Handwerke. Berlin: Buchhandlung des Königl. Preuß. Geh. Commerzien-Raths Pauli 1795
Sprengel, P. N.: Handwerke und Künste in Tabellen. Vierte Sammlung, 3. Abschnitt – Der Zinngießer. Berlin: Verlag der Realschulbuchhandlung 1769
Streubel, C.: Handbuch der Gravierkunst, 3., überarb. und erw. Auflage. Leipzig: VEB Fachbuchverlag 1959
Verster, A. J. G.: Das Buch vom Zinn. (Titel der holländischen Originalausgabe: Tin door de Eeuwen). Hannover: Fackelträger-Verlag 1966
Wittich, I.: Celler Zinngießer. Celle: Bomann-Archiv 7/8, 1967

Bildquellenverzeichnis

Alle Bilder, mit Ausnahme des Bildes 56, stammen vom Verfasser.

Sachwortverzeichnis

ISBN 3-343-00550-9

4. Auflage
Lizenznummer: 114-210/117/89
LSV: 3603
Gestaltung: Renate Schiwek
Printed in GDR
Gesamtherstellung: Offizin Andersen Nexö,
Graphischer Großbetrieb, Leipzig III/18/38
Redaktionsschluß: 15. 2. 1989
Bestellnummer: 547 575 5
02600

I.G.W.
C.K
I·T·B.
1708.
H G
F.W.
1853
C V
D G B
1708
G.A.E.I.
1705
E I
H G